요한복음 강해

나의 주님, 나의 하나님

조경철 지음

My Lord and my God
ο κυριος μου και ο Θεος μου
Dominus meus et Deus meus
Mein Herr und mein Gott

kmc

요한복음 강해

나의 주님, 나의 하나님

초판 1쇄   2012년 2월 15일
　　2쇄   2019년 9월 27일

조경철 지음

발 행 인   전명구
편 집 인   한만철
펴 낸 곳   도서출판kmc
등록번호   제2-1607호
등록일자   1993년 9월 4일

서울특별시 종로구 세종대로 149 감리회관 16층
(재)기독교대한감리회 도서출판kmc
전화 02-399-2008 팩스 02-399-2085
www.kmcpress.co.kr

인　　쇄   리더스커뮤니케이션

ISBN 978-89-8430-550-2 03230
값 19,000원

이 책은 서울남연회 서초지방 남산교회(담임 이원재 목사)
모든 성도들의 기도와 후원으로 출판되었습니다.

"나의 주님, 나의 하나님"

부활 예수에게 도마가 "나의 주님, 나의 하나님"이라고 고백하자(20:28), 예수께서 "너는 나를 본고로 믿느냐? 보지 못하고 믿는 자가 복되도다."라고 말씀하셨다(20:29). 이어서 요한복음 저자는 예수께서 하나님의 아들이요 그리스도이심을 믿는 사람은 생명을 얻는다고 말하면서 그의 복음서를 마무리한다(20:31). 육신의 예수와 부활의 예수를 눈으로 직접 보지 못한 사람들. 그들은 예수께서 부활 승천하신 이후 시대의 모든 그리스도인들이다. 바로 우리이다. 우리는 어떻게 예수를 믿으면서 그에게 "나의 주님, 나의 하나님"이라고 고백할 수 있으며, 그래서 영원한 생명을 얻는 복을 누릴 수 있을까? 이는 요한복음이 대답해 주려는 단 하나의 물음이다.

필자는 신학공부를 시작하면서부터 요한복음에 관심을 가지고 있었다. 다른 사정으로 인하여 바울서신들에서 논문의 주제를 선택했지만, 기회 되는대로 요한복음에 관한 강의를 듣고, 공부를 하였다. 특히 박사학위 주임교수였던 호피우스(O. Hofius) 박사가 두 학기에 걸쳐서 행했던 요한복음 강의는 필자를 깊은 황홀경으로 인도하였다. 넓은 강의실에 빽빽하게 들어찬 젊은 학생들 사이에 머리가 희끗한 많은 목사들과 평신도들까지 나와 같은 황홀경에 빠져서 넋을 잃고 열렬하게 청강하는 모습은 지금도 뇌리에서 떠나지 않는다. 신학강의 시간에도 집단 황홀경에 빠질 수 있다는 경험을 그때 할 수 있었다.

유학시절뿐만 아니라, 귀국해서 20여 년 동안 교수님의 강의를 회고하며, 연이어 발표한 그의 요한복음에 관한 많은 논문들을 읽고, 다른 학자들의 견해에도 귀를 기울였다. 교수님의 강의는 목회자들이나 관심이 있는 평신도들에게도 어렵지 않아 보였다. 교수가 된 후 나도 그런 강의를 하고 싶었고, 그 내용을 여러 사람들과 나누고 싶었다. 그래서 모교의 교수가 된 이후 나는 줄곧 요한복음 세미나를 했다. 요한복음으로 학위논문을 쓴 동료 교수도 있지만, 나는 고집스럽게 요한복음에 매달렸다. 그 결과가 이 책이다. 이 책은 학문적인 토론을 과감하게 생략했다. 보다 많은 독자들에게 쉽게 다가가고 싶기 때문이다. 그렇다고 목회자들이 교회에서 하는 강해설교와 같은 것은 아니다. 설교 이전 단계에서 본문을 바르게 이해할 수 있도록 돕고 싶었다. 특히 한국의 신학생들과 함께 공부하면서 또 목회자들이나 평신도 지도자들과 대화하면서 그들의 눈높이에 맞추고 싶었다. 아무리 심오한 진리도 그들이 읽지 않는다면, 캠퍼스의 한계에서 벗어날 수 없다. 그래서 각주나 학문적인 토론은 꼭 필요한 것이 아니면 생략했다. 이 책은 한 구절 한 구절, 한 단어 한 단어를 세세하게 해설하는 주석이 아니다. 중요하다고 여기는 단락에 대해서는 상세하게 해설하였지만, 그렇지 않은 단락에 대해서는 간단한 설명으로 그쳤다. 그러나 단 한 단락도 그냥 넘어가지는 않았다. 요한복음의 메시지를 전체적으로나 부분적으로나 이해할 수 있게 안내한다. 중요한 신학주제에 대해서는 별도의 해설을 첨가하였다.

예수를 눈으로 볼 수 없는 모든 독자들이 도마처럼 부활하신 예수에게 "나의 주님, 나의 하나님"이라고 고백하는 데 이 책이 작은 안내가 될 수 있기를 바란다. 책을 만드는 데 수고한 모든 이들에게 감사하며, 특히 함께 수업시간에 요한복음을 연구한 모든 학생들에게 감사한다. 연구할 수 있도록 도와준 서초지방 남산교회 성도들에게도 감사드린다.

2012년 2월
조경철

차례

로고스 송가(頌歌)
예수는 하나님이다

　　신약성서에 있는 네 개의 복음서들을 시작하는 첫 마디를 보면, 그 복음
서들의 특징이 드러난다. 마가복음은 "하나님의 아들 예수 그리스도의 복음
의 시작"이라는 말로 시작하면서(1:1), 예수 그리스도가 하나님의 아들이라
는 복음을 말한다. 마태복음과 누가복음은 각기 독특한 예수 탄생이야기로
시작한다. 마태복음은 예수의 족보, 동정녀 탄생이야기로 시작하면서, 예수
가 아브라함과 다윗의 후손이라고 강조하며 유대적인 색채를 드러낸다. 누
가복음은 마태복음처럼 예수를 아브라함과 다윗의 후손으로 소개하지 않고,
오히려 세례자 요한의 출생과 뒤섞어서 말하며, 족보를 아담으로까지 소급
하면서, 하나님의 인간 구원의 역사를 말한다.

　　공관복음과 달리 요한복음은 예수를 세상 창조 이전부터 계신 로고스(말
씀)라고 찬양하면서 시작한다. 1:1~18을 "로고스 송가"라고 한다. 요한복음
을 시작하는 이 송가가 예수를 창조 이전에 하나님과 함께 계시던 로고스라
고 찬양한다면, 요한복음을 마무리하는 20:31은, 예수 그리스도를 하나님의

아들로 믿고 생명에 참여하게 하기 위해서 기록한다고 말한다. 그러므로 요한복음은 시작과 마무리에서 예수 그리스도를 하나님의 아들이라고 한다. 그 중간에 있는 복음서는, 예수 그리스도께서 말씀과 행위를 통해서 자신이 하나님의 아들이라는 것을 드러내는 계시이다. 요한복음은 마가복음처럼 예수가 하나님의 아들이라는 복음을 말하지만, 공생애로부터 출발하는 마가복음과는 달리 예수가 창조 이전부터 계셔서 하나님과 함께 세상만물을 창조하신 하나님의 아들이라고 한다.

초대교회는 찬양하는 공동체였다

초대교회는 노래하는 공동체였다. 고린도전서 14:26; 골로새서 3:16; 에베소서 5:19~20 등을 읽어보라. AD 2세기에 소아시아의 총독이었던 플리니우스 2세가 로마의 트라얀 황제에게 보낸 편지에 따르면, 그리스도인들은 모여서 예수를 하나님으로 경배하는 노래를 불렀다. AD 315년 무렵에 교회사를 기록한 역사가 오이셉은, 그리스도인들이 많은 노래와 시를 지어서 그리스도의 신성을 찬양한다고 했다. 초대교회는 구약성서의 시편 외에도 새로이 노랫말을 지어서 찬양했다. 신약성서 안에도 그러한 찬양의 흔적이 많이 남아 있다. 빌립보서 2:6~11; 디모데전서 3:16; 골로새서 1:15~20; 히브리서 1:3~4 등이 그런 노랫말이며, 요한복음 1:1~18도 바로 그러한 송가이다. 그러므로 우리는 한 편의 아름다운 시를 감상하듯이, 그렇게 1:1~18을 읽어야 한다.

1 1:1~3 말씀(로고스)은 하나님이며 창조주

1 태초에 말씀이 계시니라 이 말씀이 하나님과 함께 계셨으니 이 말씀은 곧 하나님이시니라 2 그가 태초에 하나님과 함께 계셨고 3 만물이 그로 말미암아 지은 바 되

었으니 지은 것이 하나도 그가 없이는 된 것이 없느니라

요한복음을 시작하는 이 세 구절은 인간이 되셔서 세상에 오기 이전의 로고스를 하나님이며 창조주라고 노래한다.

1a절 태초에 말씀이 계시니라

"태초(맨 처음)"은 세상이 창조되기 이전이다(창 1:1). 로고스는 창조 이전부터 계셨다. 하나님이 세상을 창조하면서 시간도 시작되었다. "태초"는 모든 시간이 생기기 이전의 시간이다. 우리가 사용하는 시간 개념으로는 표현할 수 없는 차원의 시간이다. 세상이 존재하기 이전의 시간(17:5) 혹은 세상의 토대가 세워지기 이전의 시간이다(17:24). 그때에도 로고스는 계셨다. 그러므로 로고스는 피조물이 아니다. 고대 교회에서 이단으로 추방되었던 아리우스는 요한복음 1:1을 해석하면서 "로고스가 존재하지 않았던 시대가 있었다."고 말했지만, 그것은 옳지 않다. 로고스는 시간이 창조되기 이전에 하나님과 함께 계셨다.

1b절 이 말씀이 하나님과 함께 계셨다

시간적인 차원에 이어서 공간적인 차원에서 로고스를 설명한다. 창조 이전에는 오직 하나님 홀로 존재하셨다(시 90편). 하나님처럼 로고스가 창조 이전에 존재했다면, 하나님과 로고스는 어떤 관계에 있는가? "태초"에는 하나님 이외의 누구도 존재할 수 없다. 그렇다면 "태초"에 하나님과 함께 존재하고 있는 로고스는 무엇인가? 로고스는 하나님 이외의 다른 어떤 신인가? 그러므로 신이 둘이었는가? 로고스는 하나님과 더불어 있는 존재이다. 이것은 두 가지를 의미한다.

첫째, 하나님과 로고스는 뗄 수 없이 연합되어 있다. 로고스는 완전히 하

나님께 속해 있어서, 하나님과 가장 밀접한 교제를 나눈다. 둘째, 그러나 하나님과 로고스는 동일한 하나의 존재는 아니다. 그러므로 하나님과 로고스의 관계는 완전한 연합과 구별이라는 역설적이고 이중적이다.

이러한 하나님과 로고스의 이중적인 관계를 오해한 것이 영지주의 이단이었다. 영지주의는 맨 처음에 오직 하나님만 존재했는데, 이 하나님이 점점 확장되어 결국 세상을 창조하기에 이르렀다고 주장했다. 하나님의 충만이 넘쳐서 세상이 창조되었다는 것이다. 그러므로 영지주의는 로고스를 독립적인 인격으로 보지 않고, 단순히 신적인 유출로 보았다. 그러나 요한복음 1:1은 분명히 창조 이전부터 하나님과 로고스가 함께 있었다고 한다. 로고스는 하나님과 분리될 수 없는 교제 속에 있으면서도 동시에 하나님 그 자체는 아니다. 인간의 이성으로는 이런 관계를 이해하기 어렵다. 하나님과 로고스의 관계는 오직 믿음으로만 받아들일 수 있는 비밀이다. 믿으면 이해가 되는 하나님의 비밀이다.

1c절 이 말씀은 곧 하나님이다

"하나님은 이 말씀이다"라고 번역해서는 안 되고, "이 말씀은 하나님이다"로 번역해야 한다. 로고스의 신성을 말하기 때문에, 로고스가 주어이다. 로고스는 존재론적인 차원에서 하나님과 동일하다.

4:24의 "하나님은 영이시다"와 마찬가지로 관사가 없는 술어($\theta \varepsilon o \varsigma$; 하나님)가 사용된 것은 당연하다. 술어에 관사가 없다는 사실은 중요하다. 만일 여기에 관사를 가진 술어($o \theta \varepsilon o \varsigma$)가 사용되었다면, 하나님과 함께 계셨던 "로고스가 그 하나님 자체이다"라는 논리적이지 못한 문장이 된다. 1b절에서 보았듯이, 하나님과 로고스는 신적인 본질에서는 동일하지만, 그러나 구별된다. 로고스는 하나님과 동등하지만, 그러나 일치되지 않는다. 인격에서는 다르지만 본질에서는 동일하다. 니케아 신조는 이런 관계를 삼위일체 신앙으로 고백했다.

2절 그가 태초에 하나님과 함께 계셨다

2절은 1a~c절의 내용을 요약하면서 반복한다. 본질상 하나님과 동일한 로고스는 세상이 창조되기 이전, 태초에 하나님과 함께 계셨다. 로고스는 하나님과의 영원한 결합과 교제 속에 있으며, 하나님과 본질을 공유하는 관계 속에서 영원한 신적인 존재이다.

3절 로고스는 창조주

3 만물이 그로 말미암아 지은 바 되었으니 지은 것이 하나도 그가 없이는 된 것이 없느니라

1~2절이 로고스의 신적인 본질을 노래했다면, 3절은 로고스의 창조 사역을 노래한다. "만물"(παντα)은 피조물 전체를 말한다. 그러므로 온 우주, 모든 창조 세계를 의미하며, 10절의 "세상"과 같다. 창조 세계에서 로고스를 통하여 창조되지 않은 것은 없다.

"말미암아"(혹은 "통해서")로 번역된 헬라어 전치사(δια)를 해석하는 두 가지 가능성이 있다. 도구적인 의미로 보면, 로고스를 도구로 삼아 하나님이 세상을 창조했다는 뜻이다. 이 경우에 로고스는 창조의 주체가 아니라, 하나님이 사용하신 도구이다. 그러나 이 전치사를 주체적인 의미로 해석하면, 로고스는 도구가 아니라, 세상을 창조한 주체이다. 어느 해석이 정당할까? 3절만으로는 대답을 내릴 수 없다. 창조와 그리스도의 관계를 말하는 신약성서의 다른 언급들을 살펴보아야 한다.

고전 8:6 "그러나 우리에게는 한 하나님 곧 아버지가 계시니 만물이 그에게서 났고 우리도 그를 위하여 있고 또한 한 주 예수 그리스도께서 계시니 만물이 그로 말미암고 우리도 그로 말미암아 있느니라"

골 1:16 "만물이 그에게서 창조되되 하늘과 땅에서 보이는 것들과 보이지 않는 것들과 혹은 왕권들이나 주권들이나 통치자들이나 권세들이나 만물이 다 그로 말미암고 그를 위하여 창조되었고"

히 1:2 "이 모든 날 마지막에는 아들을 통하여 우리에게 말씀하셨으니 이 아들을 만유의 상속자로 세우시고 또 그로 말미암아 모든 세계를 지으셨느니라"

이러한 말씀들과 함께 본문을 읽을 때, 로고스는 단순히 창조의 도구가 아니라, 창조의 주체이다. 하나님이 천지를 창조하실 때, 로고스도 그 창조 사역에 함께 동참했다. 로고스는 신적인 본질에서 하나님과 동일하기 때문에, 하나님과 함께 세상을 창조하셨다. 1:10에 의하면, 로고스인 예수 그리스도가 세상의 주인이라면, 그는 세상의 창조자이기 때문이다. 단순한 도구가 주인이 될 수 없다. 로고스가 세상을 창조하였기 때문에, 로고스는 세상의 주인이다. 3절은 사람이 되기 이전에 로고스가 창조자라고 말하고, 10~11절은 사람이 된 이후 로고스가 창조자라고 말한다.

2 1:4~5.9 로고스의 기능과 활동

4 그 안에 생명이 있었으니 이 생명은 사람들의 빛이라 **5** 빛이 어둠에 비치되 어둠이 깨닫지 못하더라 **9** 참 빛 곧 세상에 와서 각 사람에게 비추는 빛이 있었나니

로고스가 세상에 오기 이전에 세상을 창조하였고, 또 창조 세계의 생명을 유지하는 역할을 했다. 생명유지의 역할에서 가장 핵심은 인간의 생명을 유지하는 것이다. 모든 창조 세계와 인간의 생명은 로고스로부터 기원되었고, 지금도 여전히 로고스에 의해서 보존된다. 골로새서 1:17과 히브리서 1:3도

같은 것을 말한다. 이 말씀들에 따르면, 그리스도는 만세전에 이미 계셨고, 창조 세계는 그 안에서 생명을 유지한다.

4a절 그 안에 생명이 있었다

진정한 생명은 로고스 안에만 있다. 창세 이전부터 존재했고, 하나님과 더불어 있었으며, 세상을 창조하신 로고스 안에만 생명이 있다. ην("있었다")은 미완료 과거형이지만, 1a절에서처럼 시간을 초월하여 영원 전부터 영원 후까지 있음을 말한다. 그러므로 시간을 초월한 영원한 존재인 로고스 안에 생명이 있다. 생명은 로고스로부터 출발해서, 로고스 안에서만 살 수 있다. 로고스를 떠난 피조물은 허무와 죽음에 빠질 뿐이다.

4b절 그리고 이 생명은 사람들의 빛이었다

창조 세계로부터 인간에게로 시선을 좁혀서 집중한다. 구약성서에서 빛과 생명은 동의어이다. 시편 36:9는 "진실로 생명의 원천이 주께 있사오니 주의 빛 안에서 우리가 빛을 보리이다"라고 노래한다. 요한복음에서 빛과 생명은 예수 그리스도를 말한다.[1] 우주적인 생명원리를 말하는 문맥에서 사람을 언급하는 것도 구약성서에서 온 것이다. 창세기의 창조이야기에 따르면, 하나님의 세상창조는 인간창조에서 최종 목적에 이른다. 하나님의 사랑은 궁극적으로는 인간을 향한 사랑이다. 인간은 세상의 대표이다. 그래서 인간의 타락은 세상의 타락이다. 세상과 인간은 자신 안에 생명을 가지고 있는 자생적인 존재가 아니다. 달이 해로부터 빛을 받아야 빛나듯이, 세상과 인간은 항상 창조주인 로고스로부터 생명을 받아야 산다. 그러므로 창조 세

---

1) 생명에 대해서는 3:15~16; 4:14; 5:24~29; 6:35.63; 10:10; 17:3 등을 보고, 빛에 대해서는 8:12; 12:35~36.46 등을 보라.

계와 인간은 동일한 본질을 가진 운명 공동체이다.

5절 이 빛이 어둠 속에서 빛나고 있으나, 어둠이 그것을 받아들이지 않았다

어둠은 항상 창조 세계를 혼돈과 죽음으로 떨어뜨리려는 위협적인 힘을 가지고 있다. 모든 창조 세계는 언제나 어둠의 위협에 직면해 있다(창 1:2~5). 생명의 빛인 로고스는 생명을 위협하는 어둠 속에서 빛을 발하여 창조 세계의 생명을 지킨다. 요한복음에서 빛과 어둠은 항상 대조적이다.[2] $\varphi\alpha\iota\nu\epsilon\iota$ ("빛나다")를 성육신으로 해석하는 사람도 있지만, 세상이 창조된 이래로 줄곧 생명을 위협하는 어둠 속에서 빛을 발하여 생명을 지키는 로고스의 역할을 말한다. 어둠은 결코 생명의 원천인 로고스의 빛을 이길 수 없다. 헬라어 동사 $\kappa\alpha\tau\epsilon\lambda\alpha\beta\epsilon\nu$은 우리말 개역성경처럼 "받아들이다"로 번역할 수도 있지만, "이기다, 극복하다"라는 좀 더 적극적인 번역이 더 적절하다. 어둠은 생명파괴의 힘이지만, 빛은 생명창조와 보호의 힘이기 때문에, 어둠은 빛을 결코 이기지 못한다.

9절 로고스는 인간의 생명원리요 유지자

모든 창조 세계의 생명의 원리인 로고스를 인간 세계로 집중해서 다시 설명한다. 해석과 번역의 논란은 9c절의 분사($\epsilon\rho\chi\omega\mu\epsilon\nu\omega\nu$; "오다")를 어디로 연결할 것이냐 하는 것에 있다. 두 가지 가능성이 있다.

첫째, 남성분사로 볼 경우에는 9b절의 남성 단수 4격 명사인 $\alpha\nu\theta\rho\omega\pi\omega\nu$ ("사람")과 연결하여 사람으로 해석할 수 있다. 그러면 9c절의 분사구문은 "세상으로 태어나는(오는) 사람"으로 번역된다. 그러면 9절은 "참된 빛이 있

---

2) 8:12; 12:35,46.

었는데, 그 빛은 세상에 오는(태어나는) 모든 사람을 비춘다."가 된다. 둘째, 중성분사로 볼 경우에는 9b절의 첫 단어인 중성 단수 관계대명사(ὅ)에 연결 되며, 이는 다시 9a절의 "빛"(τὸ φῶς 중성 단수 주격)으로 연결해서 그리스도 로 해석할 수 있다. 이 경우 9c절은 "세상에 오는 빛", 곧 성육신하는 그리스 도를 말한다. 이 경우 9절은 "참된 빛이 있었는데, 이 빛이 세상으로 와서 (혹은 세상으로 오면서) 모든 사람들을 비춘다."가 된다.[3)]

　문법적으로는 두 가지 모두 가능하지만, 문법을 넘어서 내용을 보아야 한 다. 로고스는 유일한 생명의 원리이기 때문에, 로고스는 유일하게 참되다. 이 빛이 세상에 오는 모든 사람을 비춘다는 것은, 모든 인간의 생명을 유지 하고 보호한다는 뜻이다. 햇빛이 없으면 생명의 존재가 불가능하듯이, 로고 스가 비추지 않으면 생명이 불가능하다. 인간을 포함한 모든 존재는 로고스 안에서만 살 수 있다. 여기서 로고스는 아직 세상으로 온 예수 그리스도가 아니고, 하나님과 더불어 계시는 로고스이다. 육신으로 계셨던, 그러므로 시 간과 공간의 제약 속에서 살아야 했던 인간 예수는 "모든" 사람을 비출 수 없다. 인간 예수는 모든 사람을 만나서 생명을 줄 수 없다. 그러나 성육신하 기 이전 하나님과 함께 계시던 로고스는 시공간의 제약을 받지 않고, 모든 사람에게 생명을 줄 수 있다. 부활한 이후 보혜사 성령도 역시 시간과 공간 의 제약을 받지 않고 모든 인간을 비출 수 있다. 그러나 시공간의 제약 속에 서 살아야 했던 인간 예수는 그럴 수 없다. 그러므로 첫 번째 "사람"과 연결 하는 해석이 타당하다. 하나님과 함께 계시며, 세상을 창조하신 로고스는 세 상에 오는 모든 사람을 비추어 생명을 준다.

---

3) 우리말 개역성경이 이런 번역을 한다.

3 1:6~8(첫 번째 해설) 빛의 증인 – 세례자 요한

6 하나님께로부터 보내심을 받은 사람이 있으니 그의 이름은 요한이라 **7** 그가 증언하러 왔으니 곧 빛에 대하여 증언하고 모든 사람이 자기로 말미암아 믿게 하려 함이라 **8** 그는 이 빛이 아니요 이 빛에 대하여 증언하러 온 자라

"빛"에 대한 중간 해설이다. 하나님은 빛이신 로고스를 위한 증인으로 요한을 보내셨다. 왜 이 대목에서 저자가 이러한 해설을 삽입했는지, 그 이유를 요한복음에 나오는 요한에 관한 본문들을 읽으면 알 수 있다.[4] 초대교회 당시에 요한의 제자들은 스승 요한을 구원자로 보았고, 그래서 예수를 유일한 구원자로 믿는 예수의 제자들과 상당한 긴장 관계에 있었다. 요한의 제자들은 요한을 빛이라고 전파했고, 이에 대해서 요한복음은 오직 예수만이 빛이라고 한다. 요한도 로고스에게 생명을 받아야만 살 수 있는 인간들 중의 한 사람에 불과하다. 15절에서도 요한은 예수가 그보다 먼저 계셨다고 증언한다. 요한이 하나님께서 보내신 증인이라는 점에서 요한은 특별한 사람이다. 그러므로 요한복음은 요한을 비난하지 않는다. 그러나 빛을 증언하는 요한을 빛 자체와 혼동해서는 안 된다. 요한에 대한 믿음은 있을 수 없지만, 요한의 증언에 대한 믿음은 있다. 예수가 하나님의 아들이라는 그의 증언이 중요하지, 요한이라는 사람이 중요한 게 아니다. 요한의 말을 바르게 듣고 이해하는 사람은 예수의 제자가 된다. 요한의 제자들을 향하여 복음서 저자는 "너희는 스승 요한의 말을 제대로 이해하지 못했다!"라고 비판하고 있다. 본문은 요한에 대한 반론이 아니라, 요한을 메시아로 추종하는 그의 제자들에 대한 반론이다. 그들은 해를 가리키는 손가락만 보고, 해 자체를 보지 않는 사람들과 같다.

---

4) 1:19~36; 3:25~36; 5:33~36, 5:35에 의하면, 세례 요한은 "등불", "빛"이다. 그래서 1:9는 로고스를 "참 빛"이라고 말한다. 세례 요한은 "참 빛"을 증언한다는 차원에서 일종의 "빛"이었다. 그러나 빛 그 자체는 아니었다.

4 1:10~12 육신이 되어 세상으로 온 로고스

10 그가 세상에 계셨으며 세상은 그로 말미암아 지은 바 되었으되 세상이 그를 알지 못하였고 **11** 자기 땅에 오매 자기 백성이 영접하지 아니하였으나 **12** 영접하는 자에게는 하나님의 자녀가 되는 권세를 주셨으니

이제부터 역사 이전의 로고스에서 역사 속의 로고스로, 창조 이전의 로고스로부터 창조 세계 속으로 온 로고스로, 사람이 되기 이전의 로고스로부터 사람이 되신 로고스로 시각을 옮긴다. 로고스는 이 세상의 한복판에 구체적인 사람으로 왔다. 10~11절은 "세상"($\kappa o \sigma \mu o \varsigma$)을 세 번이나 반복해서 강조한다. 또한 "자기"(혹은 "그의")라는 소유대명사($\iota \delta \iota a$, $\iota \delta \iota o \iota$)도 반복하는데, 이로써 세상이 로고스의 소유라는 사실을 강조한다.

10a절 그가 세상에 오셨다

로고스는 자신이 창조한 세상으로 왔다(3절 해설 참조). 세상의 대표는 인간이다. 그러므로 로고스는 인간으로 세상에 왔다. 세상과 인간은 로고스에 의해서 창조되었으며, 그러므로 세상의 창조주인 로고스가 그의 창조 세계, 그의 소유에게로 왔다. "계셨다"로 번역된 동사($\eta \nu$)는 11a절의 동사($\eta \lambda \theta \epsilon \nu$)와 마찬가지로 "왔다"로 번역하는 것이 좋다. 이제 주인이 그의 소유세계로 왔다. 로고스가 성육신했다.

10b절 세상은 그를 통해서 지어졌다

로고스가 세상을 창조했기 때문에, 세상은 로고스의 소유이다(3b절 참조). 로고스가 세상에 대한 소유권을 주장하는 것은, 그가 세상을 창조했기 때문이다. 로고스는 세상을 창조했을 뿐만 아니라, 세상의 생명을 유지하고 보호

한다(4~5.9절). 로고스 없이는 세상과 인간은 창조되지도 않았고 그 생명을 유지할 수도 없다.

10c절 그러나 세상은 그를 알지 못했다

이것이 세상의 근원적인 죄요, 세상을 대표하는 인간의 근원적인 비극이다(고전 1:21도 참조). 창조자를 부정하는 세상과 인간을 고발한다. 주인을 거부하는 인간의 죄를 고발한다. 낳아주시고 길러주신 부모를 부정하는 불효 자식처럼, 세상은 자기를 창조하고, 보호하고, 유지해 주는 생명의 원천이요 주인인 로고스를 거부한다.

요한복음에서 "알다"는 단순히 지적인 작용을 말하지 않는다. 히브리어에서 온 이 말은 지적으로 아는 것에 그치는 것이 아니라, 사랑과 순종의 관계를 맺으며 산다는 뜻이다. 예수는 아버지를 그렇게 알고, 아버지 또한 예수를 그렇게 알고 있다.[5] 양이 목자를 알고, 목자도 양을 안다.[6] 양은 목자를 따르고, 목자는 양을 위하여 목숨을 내어놓는다. 이것이 바로 진정한 앎이다. 그러나 세상은 창조주를 받아들이지도, 순종하지도 않았다. 세상은 창조주 로고스를 알지 못했다.

11절 그의 창조 세계로 왔지만, 그의 사람들은 그를 영접하지 않았다

11절은 10절을 강조하면서 반복한다. "세상"의 정체가 여기서 밝혀진다. 세상은 로고스의 "자기 소유"이고, 인간은 "그의 백성"이다. 11a절에서 우리말 개역성경이 "자기 땅"으로 번역한 헬라어 표현($\tau\alpha$ $\iota\delta\iota\alpha$)은 창조 세계를 말한다. "자기 백성"으로 번역한 11b절의 헬라어 표현($o\iota$ $\iota\delta\iota o\iota$)은 이스라엘

---

5) 10:15; 17:25~26.
6) 10:14 외에도 6:69; 8:32.55; 10:4; 13:17; 14:7.17; 15:15; 17:8 등을 참조.

백성을 말하는 것이 아니라, 로고스에 의해서 창조된 모든 사람을 말한다. 창조 세계와 인간은 모두 로고스에 의해서 창조된 그의 소유이다.

창조 세계의 대표인 인간은 사람으로 오신 주인 로고스를 영접하지 않았다. "영접하다"는, 요한복음 5:43~44의 의미에서 볼 때, "믿다"를 뜻한다. 인간 세상은 육신으로 오신 로고스, 예수 그리스도를 하나님, 창조주, 주인, 생명의 근원으로 믿지 않았다. 이것은 자기 존재의 기반을 부정하는 인간의 근원적인 죄이다. 로마서에서 바울이 인간의 죄를 우상숭배로 고발하고(롬 1:18~3:20), 마태복음이 예수의 탄생 이야기를 통해서 아기 예수를 거부하는 인간의 죄를 고발한다면, 요한복음은 로고스 송가를 통해서 같은 죄를 고발한다.

12a절 그러나 그를 영접한 사람들

마태복음과 누가복음의 예수 탄생 이야기에서도 대다수의 사람들이 예수를 거부했지만, 소수의 사람들은 아기 예수를 경배한다. 그처럼 요한복음에서도 로고스를 거부한 사람들과는 반대로 인간이 된 로고스를 영접한 사람들이 있다. 이들은 누구인가? 어떤 사람인가? 로고스를 거부하고 영접하지 않은 죄인들과는 다른 기질이나 성품의 사람들인가? 그러나 그런 사람은 처음부터 없었다. 모든 인간은 예외 없이 죄인이기 때문이다. 그러나 성육신하신 로고스를 믿는 사람들이 분명히 있다. 이들이 어떤 사람들인지, 그들이 어떻게 해서 그런 믿음을 갖게 되었는지에 대해서는 아래의 12d~13절과 14절, 16절이 설명한다. 이들은 다른 사람들과 동일한 죄인들이지만, 하나님에 의해서 선택된 사람들이며, 세상에 오신 독생자의 영광을 본 사람들이며, 그 독생자로부터 충만한 은혜를 받은 사람들이다.

12b.c절 그들에게 하나님의 자녀가 되는 권세를 주셨다

로고스를 하나님, 창조주 그리고 생명의 빛으로 영접하고 믿는 사람들에게는 하나님의 자녀가 되는 권세가 주어진다. "주다"의 주어는 로고스이다. 로고스는 창조주이며 동시에 새 창조주이다. "권세"는 로고스가 가지고 있는 새 창조의 힘이다. 그는 믿는 사람들을 죄로부터 해방시켜서 새롭게 창조한다. 그래서 그들을 하나님의 자녀가 되게 한다. "하나님의 자녀"는 요한복음에서 믿는 사람들이다. 모든 사람이 태어나면서부터 자동으로 하나님의 자녀가 되는 것이 아니다. 육신으로 오신 로고스 곧 예수 그리스도를 믿음으로 영접하는 사람에게만 하나님의 자녀가 되는 권세가 주어진다. 그러므로 하나님의 자녀는 선택받고 구원받은 사람이다. 이들이 누리는 "권세"가 어떤 것인지는, 하나님의 아들 예수가 요한복음 전체를 통해서 보여준다. 세상을 이기는 권세, 세상이 알 수도 없는 평화를 누리는 권세, 하나님을 아버지라고 부를 수 있는 권세, 어둠의 세력 앞에서도 당당하게 진리를 증언할 수 있는 권세, 영원히 목마르지 않고, 배고프지 않는 권세, 죽어서 썩어 냄새나는 무덤을 뚫고 나올 수 있는 권세⋯. 이 모든 권세들이 예수를 하나님의 아들로 믿는 사람들에게 주어진다.

5 1:12d~13(두 번째 해설) 누가 믿을 수 있는가?

12d 곧 그 이름을 믿는 자들에게는 **13** 이는 혈통으로나 육정으로나 사람의 뜻으로 나지 아니하고 오직 하나님께로부터 난 자들이니라

누가 과연 예수를 하나님의 아들로 믿을 수 있는가? 우리말 번역에서는 두 번째 표현으로 와 있는 "곧 그 이름을 믿는 자들에게"는 헬라어 본문에서 12절의 맨 마지막에 나온다(12d절). "이름"과 "믿다"의 결합은 2:23; 3:8; 20:31에서도 볼 수 있다. 12d~13절은 로고스 송가에 복음서 저자가 덧붙인 해설이다.

10~12c절에서 우리는 두 가지 상이한 사람들을 보았다. 로고스가 왔으나 모든 사람들이 그를 영접하지 않았다(10~11절), 그러나 그를 영접한 사람들도 있었다(12a~c절). 언뜻 읽으면, 이것은 서로 충돌되는 말이다. 요한복음 저자도 그런 충돌을 잘 알고 있었기 때문에, 12c절 다음에 곧바로 12d~13절의 해설을 덧붙여 오해를 풀어 준다. 그러므로 12d~13절은 10~11절과 12a.b.c절 사이에 있는 논리적인 모순을 해소하려는 해설이다.

사람이 되어서 인간 세계로 오신 로고스를 영접하는 것은 그의 이름을 믿는 것이다. 믿음은 육신이 되신 로고스, 그의 이름을 영접하는 것이다(12d절). "이름"은 로고스가 가지고 있는 모든 신적인 본질, 기능 그리고 힘을 말한다. 그러므로 그의 이름을 믿는다는 것은, 예수가 하나님과 신적인 본성을 공유하시는 분이시고, 창조주가 되시며, 창조 세계의 주인이시고, 생명을 구원하고 살리는 빛이라는 것을 믿는 것이다. 그러나 이런 믿음은 어디에서 오는가? 누가 이런 믿음을 가질 수 있는가? 모든 사람들은 사람이 되신 로고스를 거부했는데도 불구하고, 그를 영접하고 믿는 사람이 있다면, 그들은 도대체 누구인가? 대다수의 다른 사람들과는 달리 그들에게는 믿음을 가질 만한 어떤 특별한 능력이나 기질이 원래부터 있었는가? 그래서 그들은 특별한 의지와 자유를 가진 사람들인가? 그렇지 않다. 믿음은 사람에게서 나오지 않는다. 인간의 의지와 노력으로는 믿을 수 없다. 인간의 태어난 성품이나 질적인 수준에서 믿음이 나올 수 없다. 오직 하나님이 믿게 해 주실 때에만 사람은 믿을 수 있다. 그러므로 믿음은 은혜의 사건이다. "이는 혈통으로나 육정으로나 사람의 뜻으로 나지 아니하고 오직 하나님께로부터 난 자들이니라."

바로 여기서 사람의 영역과 하나님의 영역이 뚜렷이 구분된다. 사람의 영역에서는 그리스도를 믿고 영접하는 일은 불가능하다. 그러나 하나님의 영역에서는 참된 믿음이 가능하다. 요한복음에 의하면, 믿음과 구원은 오직 하나님에 의해서만 가능하다(특히 3장의 니고데모와 예수의 대화를 참조). 혈통, 육정, 사람의 뜻은 인간의 모든 영역, 곧 인간적인 생각, 의지, 노력 등을 말한다. 하나님의 자녀가 되는 것은 그런 인간적인 의지나 노력으로 되는 것이 아니다(롬 9:16도 참조). 믿는 것과 하나님의 자녀가 되는 일은 인간의 능력을 초월한 하나님의 일이다. 요한복음은 구원에 있어서 인간의 자유의지와 결단을 허용하지 않는다. 오로지 하나님의 은혜에 의해서만 인간은 믿을 수 있고 구원을 받을 수 있다.

6 1:14.16 믿는 사람들 가운데 계시는 로고스

14 말씀이 육신이 되어 우리 가운데 거하시매 우리가 그의 영광을 보니 아버지의 독생자의 영광이요 은혜와 진리가 충만하더라 **16** 우리가 다 그의 충만한 데서 받으니 은혜 위에 은혜러라

14절에서 로고스 송가는 절정에 이른다. 태초에 하나님과 함께 계셨고, 하나님이셨던 로고스가 육신이 되어 우리 가운데 계신다.

14절 예수에게서 하나님의 독생자의 영광을 보는 것이 믿음이다

인간의 육신을 입은 로고스는 "은혜와 진리로 충만"하다. 하나님과 동일한 신적인 본질을 가진 로고스가 육신이 되었다.

14절의 "육신"($\sigma\alpha\rho\xi$; בשׂר)은 구약성서와 유대교에서 인간을 일컫는 말이다.[7] "육신"은 연약하고, 무너지기 쉽고, 허무하고, 덧없이 죽어가는 인간이다. 그러므로 "육신"은 하나님과는 전혀 다른 존재이다. "말씀이 육신이 되었다." 이 말은 "영원하신 하나님이 죽을 수밖에 없는 인간이 되었다"는 전

---

7) 그러므로 여기서 말하는 육신($\sigma\alpha\rho\xi$)은 바울 서신이나 쿰란문헌이 말하는 육신과는 다른 의미를 갖는다. 그들은 육신으로써 죄인을 말한다. 요한복음에서 $\sigma\alpha\rho\xi$는 $\theta\epsilon o \varsigma$의 반대 개념이다.

대미문의 역설이다.

14절의 "거하다"는 "천막을 치다"는 뜻이지만, 하나님이 우리 가운데 일시적으로 천막을 쳤다가 거두어 가신다는 의미가 아니다. 하나님은 육신이 되어 우리 가운데 일시적으로 거하시는 것이 아니고, 영원히 우리와 함께 하신다. 구약성서가 말하는 "성소에 거하시는 하나님"이라는 말씀과 같은 뜻이다.[8] 하나님이 그의 백성과 함께 거하신다는 것은 미래에 이루어질 구원에 관한 예언이다.[9] 구약성서의 그러한 예언이 예수의 성육신으로 실현되었다.

"우리" 믿음의 공동체는 인간 예수 그리스도 안에서 영원한 신적인 로고스의 영광을 본다. 여기서 보는 것은 단순히 눈으로 보는 것이 아니라, 믿음의 깨우침을 가져오는 시각작용이다. 믿음과 깨우침의 눈을 받은 사람은 인간 예수 그리스도 안에서 하나님의 충만한 영광을 본다.

육신이 된 로고스 안에 하나님의 영광이 빛나고 있다. 구약성서에 의하면, 하나님이 거주하시는 곳에는 하나님의 영광이 빛난다.[10] 그러므로 예수 그리스도 안에 하나님이 거주하신다. 죽어야 할 허무한 육신이 되셨지만, 그 육신에는 여전히 하나님의 영광이 빛나고 있다. 예수 그리스도는 죽어야 할 인간이면서 동시에 영원하신 하나님이다. 믿음은 예수 그리스도 안에서 가장 처참한 십자가의 죽음과 그 안에서 빛나고 있는 가장 영광스러운 하나님의 광채를 동시에 본다.

14절이 비로소 로고스를 하나님의 아들이라고 말한다. 그것도 하나뿐인 아들이다. 예수는 하나님의 아들이다. 하나님의 아들이라는 말은 하나님의 모든 영광이 아들에게 그대로 나타난다는 뜻이다. 그러므로 하나님의 영광이 아들에게도 충만하다. "은혜와 진리"는 이스라엘이 하나님 신앙을 말하거나(출 34:6) 하나님이 베푸실 종말론적인 구원을 일컫는 말이다(시

---

8) 출 25:8; 29:45; 레 26:11~12 등.
9) 겔 37:27; 43:9; 슥 2:14(LXX).
10) 출 40:34~35; 사 6:3; 시 57:5; 72:19.

85:10~11). "은혜와 진리"는 하나님이 우리에게 베푸시는 구원 곧 영원한 생명이다. 하나님이면서도 육신이 되어 우리 가운데 거하시는 예수 그리스도 안에 구원이 있다.

주제해설 1

1:14의 해석을 둘러싼 불트만과 케제만의 논쟁

불트만은 그의 요한복음 주석[11]에서 14a절("말씀이 육신이 되다")을 핵심으로 본다. 그러므로 요한복음은 순수한(pure) 육신 속에서 신적인 영광의 계시가 일어나는 역설을 강조한다. 계시자는 사람 이외의 다른 존재가 아니다. 그의 영광은 육신($\sigma\alpha\rho\xi$) 이외의 다른 어느 곳에는 없다. 인간 예수는 계시자이기 때문에 로고스이다. 그러므로 불트만은 예수를 순전한 인간(purus homo)으로 보며, 그의 말씀이 구원을 가져오는 하나님의 계시라고 주장한다. 육신의 인간 예수를 강조한다는 점에서 불트만은 확고부동한 반(反)가현설을 주장한다.

그러나 케제만은 불트만을 비판한다.[12] 불트만과는 달리 그는 14c절("우리가 그의 영광을 보니")을 핵심으로 본다. 14a절은 14c절의 빛 속에서 해석되어야 한다. 14a절은 10절의 "그가 세상에 왔다"는 말과 같다. 14a절은 14c절로 넘어가기 위한 과정일 뿐이다. 14a절은 말씀이 인간의 형상을 취함으로써 만날 수 있는 존재가 되었다고 한다. 그러므로 이는 purus homo를 말하지 않고, 오히려 세상을 거니는 하나님의 출현을 말한다. 그러므로 케제만은 요한복음에서 일종의 가현설을 본다. 세상을 거니는 하나님이 사람처럼 보였을 따름이다.

불트만은 "순전한 인간" 예수를 강조하고, 케제만은 "순전한 하나님" 예수를

---

11) R. Bultmann, Johannes, 38 이하.
12) E. Käsemann, EVB II, 155~180; Jesu letzter Wille nach Joh 17, 17.61~62.98.145.158 등.

강조한다. 불트만이 14a절은 핵심으로 본 것은 정당하다. 그러나 불트만은 신적인 로고스가 인간으로 녹아 버림으로써 신적인 본질이 남아 있지 않은 것처럼 만들어 버렸다. 그러므로 'vere homo'(진정한 인간)만 남고, 'vere deus'(진정한 하나님)는 계시의 기능일 뿐이다. 요한복음은 로고스 송가와 마찬가지로 예수를 순전히 한 인간으로만 말하지 않는다. 그것은 바로 요한복음이 반대해서 싸웠던 유대인들의 주장이었다.[13] 그러므로 요한복음은 예수를 단순히 한 인간으로만 강조하지 않고, 동시에 하나님으로 말한다.

그런 점에서 케제만의 비판과 주장은 옳다. 요한복음은 세상을 거니는 하나님을 말한다. 그러나 케제만은 14a절을 너무 가볍게 보았다. 요한복음은 로고스가 육신의 형태로 나타났다고 말하지 않고, 실제로 육신이 되었다고 한다. ἐγένετο(되다)라는 동사의 의미가 그렇다. 로고스가 육신으로 나타난 것이 아니라, 실제로 육신이 되었다.

불트만과 케제만은 각기 한 측면만을 강조함으로써 오류를 범하고 있다. 요한복음은 예수를 동시에 vere deus(진정한 하나님)와 vere homo(진정한 인간)로 고백한다.

16절 구원의 은혜

믿음은 예수 그리스도 안에서 하나님의 영광을 본다. 그러므로 믿음을 가지고 있는 "우리 모두"는 은혜 위에 은혜를 받았다. 오직 은혜를 받은 사람만이 예수 안에서 하나님의 영광을 본다. "그의 충만"은 로고스 안에 신성이 온전하게 있다는 말이다. 신성은 태초부터 로고스 안에 있었고, 인간이 된 이후에도 여전히 예수에게 그대로 고스란히 남아 있다. 예수 안에 있는 영광스러운 신성은 그를 믿는 사람들에게 구원을 가져온다. 믿고 구원을 받은

---

13) 5:18; 6:41~42; 8:53; 10:33.

사람들은 하나님의 자녀이다(12절). "은혜 위에 은혜"는 믿음으로써 받는 구원은 인간의 노력이나 의지의 결과가 아니라, 오로지 하나님께서 베푸신 은혜에 의한 것이라는 은혜적인 성격을 강조한다. 하나님이 베푸신 구원은 영원토록 그치지 않고, 변화되지 않으며, 마르지 않는, 끊임없이 파도처럼 밀려오는 은혜이다.

7 1:15.17~18(세 번째 해설) 오직 예수 안에만 구원이 있다

15 요한이 그에 대하여 증언하여 외쳐 이르되 내가 전에 말하기를 내 뒤에 오시는 이가 나보다 앞선 것은 나보다 먼저 계심이라 한 것이 이 사람을 가리킴이라 하니라 **17** 율법은 모세로 말미암아 주어진 것이요 은혜와 진리는 예수 그리스도로 말미암아 온 것이라 **18** 본래 하나님을 본 사람이 없으되 아버지 품 속에 있는 독생하신 하나님이 나타내셨느니라

15절은 6~8절과 마찬가지로 요한에 대해서 말한다. 요한은 육신으로 오신 로고스의 선재(先在)를 증언했다(8:58). 요한은 영원한 신적인 로고스가 나사렛 예수가 되었다고 증언한다. 그런데 요한은 자기가 "전에 말했다"고 하는데, "전에"는 언제인가? 1:30에서도 "전에 말하기를"이라는 표현을 반복한다. 요한은 이 구절에 앞서서는 그런 증언을 한 적이 없다. 1:6~8에는 빛에 관해 증언하기 위해서 하나님이 보낸 사람이라는 설명뿐이었지, 요한이 증언했다는 말은 없다. 요한복음은 요한이 예수에 관한 증언을 한 훨씬 후에 기록되었으며, 그러므로 저작 시점에 요한의 증언을 회상하기 때문에 "전에"라고 말한다. 복음서가 기록될 당시 요한의 증언은 이미 과거의 사건이다. 요한은 예수가 자기보다 늦게 세상에 오기는 했지만, 그러나 자신보다 "먼저 계신" 분이라는 사실을 이미 여러 해 전에 증언했다. 요한의 이런 증언은 복음서가 기록될 당시에도 여전히 유효한 증언으로 남아 있다. 이것은 사용된 동사의 시제에서도 알 수 있다. "외치다"는 현재 완료형이고, "증언

하다"는 현재형이다. 그러므로 요한이 과거에 외친 증언은 지금도 여전히 유효하다.

15절과 17~18절은 구약성서와 예수를 대조해서 설명한다. 요한은 구약성서의 마지막 예언자로서 예수의 선재를 증언했고, 17~18절은 구약성서의 율법에는 구원이 없고, 오직 육신이 된 로고스, 예수 그리스도 안에만 구원이 있다고 한다. 17~18절은 16절에 대한 해설이다. 구원은 오직 육신으로 오신 로고스, 예수 그리스도 안에만 있다. 이것을 그 당시 유대교의 율법 구원신학과 대조한다.

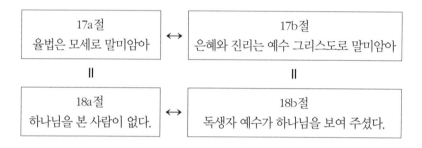

17a절과 18a절에 의하면, 모세와 그를 통해서 주어진 율법이 구원을 줄수 없다. 이로써 유대교의 구원이해는 부정된다. 모세나 율법을 포함한 인간의 어떤 종교나 철학도 인간에게 구원을 줄 수 없다. 그러므로 예수 밖에서는 하나님을 본 사람이 없다. "하나님을 보는 것"은 구원받는 것이다(1:14 해설 참조). 17b절과 18b절에 의하면, 오직 예수를 통해서만 구원을 받는다. 오직 예수 안에서만 하나님은 자신을 보여 주신다. 하나님을 볼 수 있는 길은 오직 예수뿐이다. 예수 외에 다른 길은 없다. 그러나 하나님의 아들, 예수의 절대성을 역사적인 존재로서의 기독교의 절대성과 혼동해서는 안 된다. 역사적인 실체로서의 교회는 잘못을 범할 수 있기에 교회는 절대적일 수 없다. 교회의 역사에서 많은 교권주의자들이 범한 잘못이 여기에 있다. 그들은 예수와 교회를 혼동한다. 하나님의 아들 예수 그리스도는 절대적이다. 율법도 하나님에게서 나온 말씀이지만, 구원을 가져다주는 말씀은 아니다.

오직 예수와 그의 입에서 나온 말씀만이 구원을 준다. 그런 점에서 요한복음은 바울이나 히브리서 그리고 마가복음 등과 동일한 신학을 말한다. 이들은 모두 율법을 하나님의 말씀으로 인정하지만, 그러나 율법이 구원을 주지 못한다고 한다.

17절의 "율법"으로 번역된 헬라어($\nu o\mu o\varsigma$)는 구약성서가 아니라, 시내 산에서 모세를 통해서 주어진, 출애굽기 20장부터 신명기 사이에 기록되어 있는 율법을 말한다. 이 율법은 모세라는 중재자를 통해서 "주어진 것이다"(갈 3:19). "주어지다"는 신적인 수동태로서 모세를 통해서 율법을 주신 분은 하나님이다. 그러므로 율법은 하나님의 말씀이다. 그러나 율법은 인간에게 구원을 줄 수 없다. 구원은 오직 예수 그리스도 안에만 있기 때문이다.

"은혜와 진리"는 14절에서처럼 하나님의 종말론적인 구원을 말한다. 요한복음에서는 처음으로 여기에 "예수 그리스도"라는 이름이 나온다. 이후부터는 "예수"라는 이름을 계속 사용한다. "예수 그리스도"는 한참 후인 17:3에서 비로소 다시 언급된다.

"예수 그리스도로 말미암아"는 "모세로 말미암아"와는 다른 의미를 가지고 있다. 물론 동일한 전치사 $\delta\iota\alpha$("말미암아")를 사용하고 있지만, 말하려는 의미는 다르다. 모세를 "통해서" 율법이 전달되었지만, 구원은 예수 그리스도 "안에" 있다.[14] 예수 그리스도는 단순히 구원의 통로가 아니라, 구원 그 자체이며 구원이 드러난 장소이다. 이사야가 예언했던 바로 그 구원이 그리스도 안에서 일어난 것이다(사 12장). 요한복음 5장에서 "성경에 나에 관해서 말한 것"은 이를 두고 한 말이다.

18절은 17절의 말씀을 더 상세하게 풀이한다. 누구도 하나님을 본 적이 없다. 이는 디모데전서 6:16에도 나오는 말씀이다. 심지어 모세도 하나님을

---

14) 예수에게는 전치사 $\varepsilon\nu$을 사용하는 것이 더 적절했을 것이다. 다른 전치사를 사용하는 것이 적절함에도 불구하고 동일한 전치사를 한 묶음으로 사용하는 것은 헬라어에서 흔히 있는 일이다. 예를 들어서 히 1:1~2에서 예언자들과 아들에게 모두 전치사 $\varepsilon\nu$을 사용하지만, 사실은 예언자들에게는 $\delta\iota\alpha$를 사용하고, 아들에게만 $\varepsilon\nu$을 사용해야 한다.

보지 못했다(출 33:20 참조). 모세도 다른 사람들과 동일한 인간적 한계 속에 있었던 인물이었다. "아버지의 품 속에 있는 독생하신 하나님"은 1:1~3과 비슷한 말씀이다. 잠언 8:22~31은 지혜에 대해서 비슷한 말을 한다. 창조 이전에 하나님과 함께 계신 아들, 예수 그리스도는 하나님의 품 속에 있는 하나님이다. 그러므로 하나님은 오로지 예수 안에 나타나셨다. 그래서 예수는 "나를 본 사람은 하나님을 보았다"고 말한다(12:45; 17:9). 창조 이전에 하나님과 함께 계시면서 하나님과 신성을 공유하셨던 로고스가 사람 예수가 된 후에도 원래의 신성은 전혀 변질되지 않고 온전하게 예수 안에 있기 때문에, 예수는 하나님을 온전히 계시할 수 있다. 이 진리를 믿는 사람은 영생에 참여한다(20:31).

로고스 송가의 신학

하나님과 로고스

하나님은 항상 로고스와 더불어 존재하는 하나님이다. 하나님은 홀로 존재하는 외롭고 고독한 분이 아니다. 하나님은 영원히 로고스와 함께 교제를 나누는 분이다. 하나님과 로고스는 인격에 있어서는 구분되나, 그 본질에 있어서는 완전하게 일치한다.

요한복음이 예수를 하나님에게 예속되는 것으로 말한다고 주장하는 사람들이 있다. 그러나 이때 "예속하다"는 말을 어떻게 이해하느냐가 중요한다. 만일 본질적인 차원에서 예수가 하나님과 다르기 때문에 예수는 하나님께 예속된다고 말한다면, 그것은 요한복음이 말하려는 것과 다르다. 그러나 예속이라는 말이 하나님과 예수 사이의 관계를 나타내는 말이라면 받아들일 수 있다. 아버지가 아들을 낳은 것이지, 아들이 아버지를 낳지 않았으며, 아버지가 아들을 보낸 것이지 그 반대는 아니라는 차원에서 하나님과 예수 사이의 바뀔 수 없는 관계를 말할 수 있다. 그러나 아버지와 아들 사이에는 본질 차원에서는 전혀 차이가 없는 일치를 이룬다. 니케아 신조가 그것을 말한다.

로고스 기독론

로고스는 신적인 본질을 가지고 있다. 로고스가 육신이 되었다는 것은 신적인 본질이 변했거나 버렸다는 것이 아니다. 로고스가 육신이 된 이후에도 그 안에 신적인 본질, 신적인 영광을 전혀 변함이 없이 그대로 가지고 있다. 그러므로 육신이 된 로고스, 예수를 만난 사람은 로고스의 신적인 본질을 만나는 것이고, 그러므로 하나님 자신을 만나는 것이다. 반대로 로고스가 육신이 되었다는 것은 단지 겉모양으로만 육신이 되었다는 것이 아니다. 로고스는 진정한 인간이 되었다. 로고스 송가는 이러한 두 가지의 역설적인 차원을 1절과 14절에서 두 동사를 통하여 말한다. 1절의 $\eta\nu$("이다")와 14절의 $\varepsilon\gamma\varepsilon\nu\varepsilon\tau o$("되었다")를 항상 함께 생각해야 한다. 신적인 본질의 로고스가 먼저 있었고, 그 로고스가 육신이 됨으로써 인간 예수가 태어났다. 인간 예수가 먼저 있었고, 나중에 로고스와 결합된 것이 아니다. 육신이 로고스를 입은 것이 아니라, 로고스가 육신을 취하였다. 그러므로 로고스 송가는 소위 양자론이나 네스토리아니즘을 단호하게 거부한다. 로고스는 원래의 신적인 본질을 변화시키거나 버리지 않은 그대로 육신 곧 사람이 되었다. 그래서 예수가 태어났다. 로고스 송가와 요한복음에서 예수는 vere homo(진정한 인간)이자 동시에 vere deus(진정한 하나님)이다.

구원론

예수가 가지고 있는 로고스의 본질을 확신할 때, 예수가 인간의 구원자라는 사실을 믿을 수 있다. 인간은 예수 안에서 하나님의 은혜와 진리의 충만을 본다. 인간은 오로지 예수 안에서 하나님을 본다. 예수는 모든 믿는 사람들에게 영생을 준다. 구약성서에 따르면, 그것은 오직 하나님 홀로 주실 수 있다. 그러므로 예수가 하나님이 아니라면, 인간에게 영생을 줄 수 없다. 예수는 하나님이다. 그러므로 그는 인간에게 영원한 구원을 줄 수 있다. 그러므로 구원론은 예수가 누구냐는 기독론에 의해서 결정된다. 만일 예수가 일반 사람들과 동일한 한 사람에 불과하다면, 그가 어떻게 인간에게 구원을 줄 수 있겠는가? 예수가 하나님일 때에만 인간의 구원자가 될 수 있다.

로고스는 계시의 주체

성육신은 하나님을 드러내는 계시의 수단이 아니라, 하나님의 계시 그 자체다. 만일 예수가 인간뿐이었다면, 그 역시도 하나님을 알 수 없다(18절). 어느 인간도 보지 못하고 알지 못한 하나님을 예수는 어디서 보고 알았을까? 예수가 창조 이전에 하나님과 함께 있던 신적인 본질의 로고스이기 때문이다. 로고스는 하나님을 드러내는 주체와 힘이고 동시에 장소이다. 그러므로 계시는 인간의 영역에 속하는 것이 아니라, 로고스의 영역에 속한다. 육신이 되신 로고스가 예수이다. 그러므로 예수는 요한복음에서 하나님을 드러낸다. 육신이 되신 로고스, 예수를 만나는 사람은 하나님의 영광을 본다. 모든 종교들을 통해서도 하나님을 만날 수 있다는 다원주의적인 견해는 요한복음에서는 찾을 수 없다.

로고스 송가는 요한복음을 해석하는 원리

하나님은 로고스인 아들을 통해서 말씀하신다. 오직 예수 안에서만 -다시 말해서 그의 말씀을 통해서만- 하나님은 인간에게 말씀하신다. 마치 인간이 자기 자신을 다른 사람에게 드러내 보일 때 말을 사용하는 것처럼, 하나님께서도 말씀을 통하여 자신을 사람들에게 드러내신다. 바로 이 하나님의 말씀이 예수 그리스도다. 인간 예수가 하나님의 자기 계시의 말씀이다. 히브리서 1:1이 말하듯이, 모든 시대의 마지막에 하나님은 그의 아들 안에서 궁극적으로 말씀하셨다.

로고스 송가가 요한복음을 해석하는 원리라는 것은 1:18에서 알 수 있다. 18a절에 의하면, 누구도 하나님을 본 사람이 없다. 어떤 인간도 하나님에 대해서 알지 못한다. 그러나 18b절에 의하면, 오직 유일한 아들, 하나님이신 아들만이 하나님을 알려준다. 바로 이것이 종교개혁자들의 원리였다: 오직 그리스도(solus

Christus)! 예수 그리스도 외의 어떤 다른 하나님도 알고 싶지 않다; 예수, 그가 진정한 주, 하나님이다. 루터는 그렇게 말했다.

예수 그리스도만이 하나님을 알게 해 주고, 깨닫게 해 주고, 믿게 해준다. 예수 그리스도 외의 다른 어느 누구도, 다른 어디에서도 인간은 하나님을 알 수 없다. 예수는 하나님이다. 하나님의 역할을 한다는 단순한 기능적인 차원에서가 아니라, 존재적인 차원에서 예수는 하나님이다. 모하메드가 알라 신의 위대한 예언자라든가, 모세가 야웨 하나님의 위대한 종이라고 말하는 차원과는 근본적으로 다르다. 예수는 하나님 그 자신이다. 복음서의 저자는 이 진리를 보혜사 성령을 통하여 깨우쳤다. 보혜사 성령으로 오신 예수 그리스도가 저자에게 깨우치고 말씀하신 것을 기록한 것이 요한복음이다. 로고스 송가는 서두에서 요한복음 전체 메시지의 본질과 핵심을 명백하게 말하고 있다.

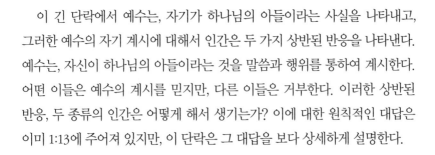

예수의 자기 계시
믿는 자들과 믿지 못하는 자들

이 긴 단락에서 예수는, 자기가 하나님의 아들이라는 사실을 나타내고, 그러한 예수의 자기 계시에 대해서 인간은 두 가지 상반된 반응을 나타낸다. 예수는, 자신이 하나님의 아들이라는 것을 말씀과 행위를 통하여 계시한다. 어떤 이들은 예수의 계시를 믿지만, 다른 이들은 거부한다. 이러한 상반된 반응, 두 종류의 인간은 어떻게 해서 생기는가? 이에 대한 원칙적인 대답은 이미 1:13에 주어져 있지만, 이 단락은 그 대답을 보다 상세하게 설명한다.

1 1:19~34 세례자 요한의 그리스도 증언

세례자 요한이 누구이고, 그가 세상에 와서 해야 할 사명이 무엇인지에 대해서 요한복음의 저자는 이미 로고스 송가의 흐름을 끊는 1:6~8.15에서 말하였다. 19~34절에서 보다 상세하게 요한에 대해서 말할 기회가 있음에도 불구하고 로고스 송가 안에 그런 언급을 앞당겨 한 것은, 요한에 대한 언급이 그만큼 중요했다는 뜻이다. 요한 공동체가 직면한 중대한 문제들 중의 하나가, 누가 진정한 메시아이냐는 물음을 둘러싸고 요한의 제자들과 벌였던 논쟁이었다. 요한 자신은 그리스도가 아니고, 예수가 하나님의 아들, 그리스도라는 사실을 최초로 증언한 사람이다. 요한복음에서 요한은, 하나님이 보내신 최초의 위대한 증인이다.

19~28절 "나는 아니다."

19 유대인들이 예루살렘에서 제사장들과 레위인들을 요한에게 보내어 네가 누구냐 물을 때에 요한의 증언이 이러하니라 **20** 요한이 드러내어 말하고 숨기지 아니하니 드러내어 하는 말이 나는 그리스도가 아니라 한대 **21** 또 묻되 그러면 누구냐 네가 엘리야냐 이르되 나는 아니라 또 묻되 네가 그 선지자냐 대답하되 아니라 **22** 또 말하되 누구냐 우리를 보낸 이들에게 대답하게 하라 너는 네게 대하여 무엇이라 하느냐 **23** 이르되 나는 선지자 이사야의 말과 같이 주의 길을 곧게 하라고 광야에서 외치는 자의 소리로라 하니라 **24** 그들은 바리새인들이 보낸 자라 **25** 또 물어 이르되 네가 만일 그리스도도 아니요 엘리야도 아니요 그 선지자도 아닐진대 어찌하여 세례를 베푸느냐 **26** 요한이 대답하되 나는 물로 세례를 베풀거니와 너희 가운데 너희가 알지 못하는 한 사람이 섰으니 **27** 곧 내 뒤에 오시는 그이라 나는 그의 신발끈을 풀기도 감당하지 못하겠노라 하더라 **28** 이 일은 요한이 세례 베풀던 곳 요단 강 건너편 베다니에서 일어난 일이니라

유대인들의 대표자들은 요한에게 두 개의 질문을 제기한다. "네가 누구냐?"(19절) "어찌하여 세례를 베푸느냐?"(25절). 먼저 "네가 누구냐?"는 물음에 대해서 요한은 "나는 그리스도가 아니다"라고 답한다(20절). "엘리야냐?" 아니면 "선지자냐?" 하는 연속적인 물음에 대해서도 요한은 "아니다"라고 한다(21절). 정체를 다그치는 유대인들의 물음에 요한은 이사야의 말씀을 빌어서, 자신은 주의 길을 예비하기 위하여 온 "광야에서 외치는 자의 소리"라고 한다(22~23절). 요한이 계속해서 "나는 아니다"(εγω ουκ ειμι; I am not)라고 자기를 부정하는 말은 차후에 예수가 "나는 …이다"(εγω ειμι; I am)라고 자기 정체를 밝히는 말과 대조가 된다. 그럼으로써 요한을 메시아라고 믿는 사람들에게 요한의 입을 통해서 요한이 아니고, 예수가 메시아임을 분명히 말한다.

요한의 제자들은, 그들의 스승이 메시아이거나 혹은 재생한 엘리야 혹은 종말론적인 선지자라고 믿었던 같다. 그러나 요한복음의 저자는 요한의 입을 통해서 그 모든 것을 부정하고, 요한의 역할을 오직 이사야 40:3의 말씀에 의거해서 예수를 증언하는 것이라고 한다. 요한의 제자들뿐만 아니라, 그리스도인들도 구약성서에 이미 예수가 메시아라는 진리가 예언되어 있다는 사실을 알아야 한다.

요한이 자신의 정체와 역할을 오직 "주의 길"을 예비하는 것이라고 밝히자, 유대인 대표자들은, 25절에서 요한이 베푼 세례의 의미에 대해서 묻는다. 26절에서 요한은, 자신이 물로 세례를 베풀었다는 사실을 인정하지만, 공관복음[15]에서와는 달리, 그것이 죄 사함을 위한 세례라고는 말하지 않는다. 오히려 27절에서 요한은, 자신과는 결코 비교할 수 없는 "내 뒤에 오시는 분"을 말함으로써, 듣는 사람들에게 미지의 인물에 대한 극도의 호기심을 유발한다.

29~34절 "이 사람이다."

29 이튿날 요한이 예수께서 자기에게 나아오심을 보고 이르되 보라 세상 죄를 지고 가는 하나님의 어린 양이로다 **30** 내가 전에 말하기를 내 뒤에 오는 사람이 있는데 나보다 앞선 것은 그가 나보다 먼저 계심이라 한 것이 이 사람을 가리킴이라 **31** 나도 그를 알지 못하였으나 내가 와서 물로 세례를 베푸는 것은 그를 이스라엘에 나타내려 함이라 하니라 **32** 요한이 또 증언하여 이르되 내가 보매 성령이 비둘기 같이 하늘로부터 내려와서 그의 위에 머물렀더라 **33** 나도 그를 알지 못하였으나 나를 보내어 물

---

15) 막 1:4~5; 눅 3:3~6.

로 세례를 베풀라 하신 그이가 나에게 말씀하시되 성령이 내려서 누구 위에든지 머무는 것을 보거든 그가 곧 성령으로 세례를 베푸는 이인 줄 알라 하셨기에 **34** 내가 보고 그가 하나님의 아들이심을 증언하였노라 하니라

　　요한은 27절에서 "내 뒤에 오시는 그이"라는 표현으로써 신비한 호기심의 대상이었던 "예수"를 소개한다. 질문을 퍼부어대던 유대인들이 사라진 "이튿날"에는 오직 예수만이 증언과 관심의 대상이다. 요한은 예수를 향하여 "세상 죄를 지고 가는 하나님의 어린 양"이라고 증언한다(29절). 예수를 향한 요한의 첫 번째 증언에는 이사야 53장을 바탕으로 예수의 운명과 그가 해야 할 사명이 무엇인지가 드러난다. "세상의 죄"를 씻기 위하여 유월절의 어린 양으로 죽어야 하는 것이 예수의 운명이고 사명이다. 예수는 유월절 희생양으로서 죽임을 당한다(18:28; 19:36). 유월절은 유대인들의 축제이지만, 유월절의 희생양으로서 예수의 죽음은 유대인들을 넘어 "세상의 죄"를 씻는다. 예수가 세상의 죄 문제를 해결할 수 있는 것은, 그가 단순히 한 인간이 아니라, 요한이 있기 이전에, 더 나아가서 세상이 창조되기 이전부터 하나님과 함께 계셨던 분이기 때문이다(30절; 15절).

　　요한이, 예수가 누구인지를 몰랐다는 말을 반복함으로써(31.33절), 그 자신이 메시아가 아니라는 것을 강조한다. 요한이 예수의 정체와 사명을 알아본 것은, 성령이 비둘기 같이 예수 위에 내려와 머무는 것을 보았기 때문이다(32~34절). 이사야의 말씀에 의하면, 메시아의 사명을 감당할 이에게 "주 여호와의 영"이 임한다(사 61:1 이하 외에도 11:2; 42:1 참조). 요한이 물로 세례를 베푼 것은 "그"를 알리기 위한 것뿐이다. 그러므로 요한의 물세례는 죄사함의 효력을 가져오지 않는다. 하나님의 영은 예수 위에 내려와서 "머문다." 일시적으로 왔다가 사라지는 것이 아니라, 예수의 생애 내내 성령은 그와 함께 있다. 예수가 생애 내내 행한 모든 말씀과 행동은 성령의 능력 안에서 일어난다.

　　34절에서 요한은 "그가 하나님의 아들"이라고 증언한다. 로고스 송가를

통해서 예수가 하나님의 아들이라고 증언한 복음서 저자는 여기서 다시 요한의 입을 통하여 동일한 메시지를 증언한다. 그리고 20:31에서 저자는 복음서 전체의 저술 목적으로 예수가 하나님의 아들, 그리스도이심을 믿게 하는 것이라고 말한다. 이처럼 요한복음 전체는 오직 하나의 메시지, 곧 예수가 하나님의 아들이라는 메시지를 반복해서 가르치고 선포한다.

2 1:35~51 첫 번째 제자들

요한의 증언을 통하여 예수를 따르는 제자들이 나타난다. 이제부터 요한은 사라지고, 예수가 역사의 무대 전면에 나타난다. 요한은 신랑을 안내하고 사라지고, 이제부터 신랑 예수의 시대가 시작된다(3:29).

35~42절 안드레, 이름이 없는 제자 그리고 베드로 – "와서 보라."

35 또 이튿날 요한이 자기 제자 중 두 사람과 함께 섰다가 **36** 예수께서 거니심을 보고 말하되 보라 하나님의 어린 양이로다 **37** 두 제자가 그의 말을 듣고 예수를 따르거늘 **38** 예수께서 돌이켜 그 따르는 것을 보시고 물어 이르시되 무엇을 구하느냐 이르되 랍비여 어디 계시오니이까 하니 (랍비는 번역하면 선생이라) **39** 예수께서 이르시되 와서 보라 그러므로 그들이 가서 계신 데를 보고 그 날 함께 거하니 때가 열 시쯤 되었더라 **40** 요한의 말을 듣고 예수를 따르는 두 사람 중의 하나는 시몬 베드로의 형제 안드레라 **41** 그가 먼저 자기의 형제 시몬을 찾아 말하되 우리가 메시야를 만났다 하고 (메시야는 번역하면 그리스도라) **42** 데리고 예수께로 오니 예수께서 보시고 이르시되 네가 요한의 아들 시몬이니 장차 게바라 하리라 하시니라 (게바는 번역하면 베드로라)

요한은 제자들에게 29절과 동일한 말로써 예수를 증언한다. "보라. 하나님의 어린 양이라." 어린 양은 낮고 연약한 모습으로 인간에게 오시는 하나님의 모습이다. 요한의 증언에 의해서 따르는 두 제자들에게 예수는 "무엇을 구하느냐?"고 묻는다(38절). 이 물음은 요한복음에서 예수가 한 첫 번째 말씀이다. 이는 두 제자들을 향한 물음만은 아니고, 요한 공동체의 그리스도인 그리고 모든 시대의 그리스도인들을 향한 물음이다. 그리스도인들이 가장 먼저 물어야 하는 것은, 자신들이 예수에게서 무엇을 찾고, 무엇을 원하는가 하는 것이다.

제자들은 "랍비여, 어디 계시오니이까?"라고 묻고, 이에 예수는 "와서 보라"고 답한다(39절). 예수가 어디에 사는가? 이는 단순히 예수가 거주하는 집을 묻는 것이 아니라, 14:2의 말씀처럼, "아버지의 집"에 대한 물음이다. 두 제자들은 예수에게서 하나님의 아들을 보았고, 그러므로 아버지의 집에 대해서 물었다. 예수는 하나님의 아들로서 하나님과 함께 계시며, 그러므로 그의 집은 하나님의 품이다(1:18). 예수는 제자들에게 하나님의 품으로 "와서 보라"고 초대한다. 예수의 초대를 받은 제자들은 "가서 계신 데를 보고 함께 거했다." 그래서 그들은 예수와 더불어 하나님의 품에 머무는 제자들이 되었다. 그들이 찾고자 하는 것은 예수 안에 계시는 하나님, 하나님 품에 계시는 예수였다. 예수의 초대는 그들로 하여금 찾고자 하는 것을 찾게 하였고, 하나님의 품에 거하는 가족이 되게 하였다.

40절에서야 비로소 두 제자 중의 한 사람의 이름이 "안드레"로 밝혀진다. 그러나 다른 한 제자의 이름은 끝내 밝혀지지 않는다. 이 사람이 누구일까? 13장부터 나타나기 시작해서 수난과 부활 이야기에서 베드로와 함께 결정적인 역할을 한 예수의 "사랑받는 제자"인가? 중요한 역할을 하지만 이름을 밝히지 않는다는 점에서 그렇게 추측할 수도 있지만, 확실하게 말할 수는 없다. 안드레를 "시몬 베드로의 형제"라고 소개하지만, 베드로는 41절에서 안드레의 증언을 통해서 예수께로 온다. 공관복음에서는 베드로와 안드레가 동시에 예수의 부르심을 받았던 것과는 조금 다르다(막 1:16~17). 안드레를 말하면서, 그를 그보다 나중에 예수의 제자가 된 베드로의 형제라고 소개하는 것은, 복음서의 기록이 순전히 연대적인 순서에 의한 것이 아니기 때문이다. 안드레는 형제 시몬에게 "우리가 메시아를 만났다"고 증언한다(41절).

1:20에서 요한은 "나는 그리스도가 아니다"라고 했는데, 그의 제자였던 안드레는 예수가 그리스도(메시아)라고 증언한다. 그러므로 요한이 메시아가 아니라는 것을 그의 제자였던 안드레가 확인한다. 이는 복음서 저작 당시 여전히 요한을 메시아로 따르고 있는 사람들을 향한 강력한 부정의 증언이다.

안드레의 인도를 받아서 온 베드로의 정체를 예수는 즉각 알아본다. 이로써 복음서는, 예수가 하나님의 아들이라는 것을 간접적으로 말한다. 초자연적인 능력으로 사람을 꿰뚫어보며 그의 정체를 파악하는 예수는 하나님의 아들이다. 예수는 곧바로 시몬에게 "베드로"라고 번역되는 "게바"라는 이름을 준다. 반석이라는 뜻을 가진 이름을 예수가 시몬에게 주었다는 사실은, 예수가 그에게 무엇을 바라고 있으며, 또 그를 어떤 역할을 하는 인물로 만드실 것인지를 드러낸다. 반석처럼 믿음의 흔들림이 없는 확고부동한 신앙의 인물, 그래서 그러한 신앙고백과 베드로라는 인물 위에 교회를 세우겠다는 것이 예수의 뜻이다(21:15~19 참조). 그러므로 베드로라는 이름에는 교회의 토대가 된다는 침범할 수 없는 권위가 들어 있다. 그러나 요한복음에서는 베드로의 권위만큼이나 "사랑받는 제자"의 권위가 강조된다.[16]

43~51절 빌립과 나다나엘 - "더 큰 일을 보리라."

43 이튿날 예수께서 갈릴리로 나가려 하시다가 빌립을 만나 이르시되 나를 따르라 하시니 **44** 빌립은 안드레와 베드로와 한 동네 벳새다 사람이라 **45** 빌립이 나다나엘을 찾아 이르되 모세가 율법에 기록하였고 여러 선지자가 기록한 그이를 우리가 만났으니 요셉의 아들 나사렛 예수니라 **46** 나다나엘이 이르되 나사렛에서 무슨 선한 것이 날 수 있느냐 빌립이 이르되 와서 보라 하니라 **47** 예수께서 나다나엘이 자기에게 오는 것을 보시고 그를 가리켜 이르시되 보라 이는 참으로 이스라엘 사람이라 그 속에 간사한 것이 없도다 **48** 나다나엘이 이르되 어떻게 나를 아시나이까 예수께서 대답하여 이르시되 빌립이 너를 부르기 전에 네가 무화과나무 아래에 있을 때에 보았노라 **49** 나다나엘이 대답하되 랍비여 당신은 하나님의 아들이시요 당신은 이스라엘의 임

---

16) 아래 요 21장의 해설을 더 참조.

금이로소이다 **50** 예수께서 대답하여 이르시되 내가 너를 무화과나무 아래에서 보았다 하므로 믿느냐 이보다 더 큰 일을 보리라 **51** 또 이르시되 진실로 진실로 너희에게 이르노니 하늘이 열리고 하나님의 사자들이 인자 위에 오르락 내리락 하는 것을 보리라 하시니라

다시 "이튿날" 예수께서 갈릴리에서 빌립을 부르셨다. 앞에서 말한 세 제자들의 부르심은 요한이 세례를 베풀던 "요단 강 건너편"에서 일어난 것이라면(1:28), 빌립과 나다나엘의 부르심은 갈릴리에서 일어났다. 요한의 증언을 통하여 예수께로 왔던 안드레나 무명의 제자와는 달리, 빌립은 예수에 의해서 직접 제자로 부름을 받는다. "나를 따르라." 이 말씀에 대해서는 마가복음 1:16~20; 2:14; 마태복음 8:21~22 등을 보라. 빌립, 안드레 그리고 베드로는 다 같이 벳새다 출신이다. 안드레가 형제 베드로를 예수께 인도했듯이, 빌립은 나다나엘을 예수께 인도한다. 공관복음에서는 예수께서 모든 제자들을 직접 부르시는 데 반하여, 요한복음에서는 다양한 경로를 통해서 제자들이 예수께로 나오며, 특히 요한복음은 12제자라는 숫자에는 별로 관심이 없다.

안드레가 베드로에게 "우리가 메시아를 만났다"고 전했듯이(41절), 빌립은 나다나엘에게 "모세가 율법에 기록하였고, 여러 선지자가 기록한 그이를 우리가 만났다"고 하면서, 구체적으로 "요셉의 아들, 나사렛 예수"라고 밝힌다(45절). 안드레의 증언에 비해서 빌립의 증언은 더욱 구체적이다. "율법과 선지자"는 구약성서를 뜻한다. 그러므로 빌립은 예수를 구약성서에 예언된 바로 그분이라고 소개한다. 구약성서에 예언된 하나님의 구원의 뜻을 실현하실 그분이 예수라는 증언이다. 갈릴리에서는 어떤 선한 것이 나올 수 없다는 나다나엘의 부정적인 반문은(46절), 그 당시 유대인들 사이에 널리 알려져 있던 견해였다. 나사렛에서 하나님의 메시아가 나올 수 없다는 것이다. 실제로 구약성서 어디에도 나사렛에서 메시아가 나오리라는 말씀은 없다. 이렇게 부정적인 나다나엘에게 빌립은 마치 예수가 안드레에게 했듯이(39절) "와서 보라"고 초대한다. 나다나엘의 부정적인 견해를 극복하는 길은

예수를 직접 만나는 길밖에는 없다. 전도자는 사람을 예수께로 인도하는 것으로 그치는 것이고, 전도를 받은 사람은 예수를 만나서 모든 의심을 해결하고 믿음을 받아야 한다.

빌립의 초대에 따르는 나다나엘의 사람 됨됨이를, 마치 42절에서 베드로를 꿰뚫어보았듯이, 그렇게 예수는 꿰뚫어본다(47절). 더구나 빌립이 그를 초대하기 이전에 이미 예수는 그를 알고 있었다(48절). 여기서 우리는 10:14에서 예수가 하신 말씀을 앞당겨 생각해 볼 수 있다. "나는 선한 목자이다. 나는 내 양을 안다." 그리고 나다나엘이 예수의 양이기 때문에, "랍비여, 당신은 하나님의 아들이십니다. 이스라엘의 임금입니다"라고 고백하며, 그의 목자이신 예수를 안다(49절). 나다나엘의 의심은 예수를 만남으로써 극복되고, 그는 예수를 향하여 믿음을 고백한다. 예수의 양은 거짓이 없는 "참 이스라엘 사람"이고, 그런 참 이스라엘 사람은 그의 목자 예수를 알아본다.

50절에서 예수는 나다나엘에게 "더 큰 일"을 보게 되리라고 약속한다. 나다나엘이 보게 될 더 큰 일은 지금부터 하나님의 아들로서 예수께서 행하실 계시의 말씀과 행위들이다. 가나의 혼인잔치에서 물로 포도주를 만들고, 오병이어의 표적으로 행하고, 죽은 지 나흘이 된 나사로를 살려내실 뿐만 아니라, "나는 …이다"는 자신의 정체를 밝히는 계시의 말씀을 나다나엘은 보고 듣게 될 것이다. 이 모든 계시의 말씀과 행동은 예수 안에서 세상과 하나님이 만나는 "더 큰 일"이다. 그러므로 52절에서 예수는 창세기 28:12를 빗대어 하늘과 땅 사이에 사다리가 놓여 소통하는 모습을 말한다. 예수 안에서 하늘과 땅이 만난다. 예수 안에서 하나님은 세상을 사랑하시며, 세상은 하나님을 만난다. 바울이 고린도후서 5:19에서 말했듯이, "하나님께서는 그리스도 안에 계셔서 세상을 자기와 화목하게 하신다." 또 바울이 로마서 5:1에서 말했듯이, 우리는 "주 예수 그리스도로 말미암아 하나님과 화평을 누린다." 부름을 받은 나다나엘처럼, 제자로 부름을 받은 그리스도인들은 예수 안에서 하나님과 세상이 만나 소통하는 황홀한 경험을 하게 될 것이다.

예수와 제자들

이 단락에는 예수에 대한 다양한 호칭들이 나온다. "하나님의 어린 양", "메시아(그리스도)", "모세가 율법에 기록하였고 여러 선지자가 기록한 그 이", "요셉의 아들, 나사렛 사람 예수", "랍비", "하나님의 아들", "이스라엘 의 임금", "인자" 등 신약성서에 나오는 예수에 대한 칭호가 "주"를 제외하 고는 망라되어 있다. 제자로 부르심을 받은 이들은 "요셉의 아들, 나사렛 사 람 예수"를 이처럼 다양한 칭호로 부르고 고백한다. 제자들에게 예수는 하 나님의 구원약속이 실현되고, 인간의 구원기대가 충족되는 유일한 장소이 다. 이것을 믿고, 고백하기 때문에, 제자들은 사람들에게 "와서 보라"고 초 대한다.

3 2:1~4:54 예수의 자기 계시와 믿는 자들

나다나엘이 보게 될 "더 큰 일"(1:50)이 지금부터 일어난다. 예수 안에서 하늘과 세상이 어떻게 만나게 되는지 여기서 밝혀진다. 그 모든 것은 예수 께서 자신의 정체를 밝히기 위해서 행한 것들이다. 이 단락은 하나님의 아 들로서 자신의 정체를 밝히는 예수의 계시를 믿음으로 받아들이는 사람들 의 긍정적인 반응을 말한다.

1) 2:1~12 물이 포도주로 변하다(첫 번째 표적)

요한복음에서 예수가 행한 첫 번째 일은 엄청난 양의 포도주를 만들어 마 시게 하는 것이었다. 술을 멀리하는 경건한 사람들에게는 예수의 이러한 사 역은 참으로 기이하게 보일 수 있다. 가나의 기적은 예수가 행한 수많은 표 적들 중에서(12:37; 20:30) "첫 번째 표적"이다. 이 표적에서 예수는 그의 영광을 나타냈고, 제자들은 "그를 믿었다."(2:11) 가나의 사건이 일어난 후, 예수는 예루살렘에 올라가서 성전을 정화하며 유대교와 충돌한다(2:12~25). 그리고 유대교와의 충돌은 유대교의 대표적인 인물 니고데모와 예수 사이의 대화로 이어진다(3:1~21). 그러므로 가나의 표적사건으로부터 예수에 대한 믿음이 분명히 나타나지만, 동시에 그로 인하여 유대교와 충돌도 또한 본격화된다.

본문은 기적행위 자체에 대해서는 거의 말하지 않는다. 기적 자체에 큰 관심이 없다. 기적에 대한 군중들의 반응에 대해서도 말하지 않는다. 갈릴리 사람들은 4:45에서야, 그것도 예수가 예루살렘에서 행한 기적 때문에, 커다란 반응을 보였을 뿐이고, 포도주 기적에 대해서는 아무런 반응을 보이지 않는다. 이러한 현상은, 이 포도주-기적 사건이 특별한 메시지를 말하려는 데에만 관심을 가지고 있기 때문이다.

1~5절 상황설정

1 사흘째 되던 날 갈릴리 가나에 혼례가 있어 예수의 어머니도 거기 계시고 **2** 예수와 그 제자들도 혼례에 청함을 받았더니 **3** 포도주가 떨어진지라 예수의 어머니가 예수에게 이르되 저들에게 포도주가 없다 하니 **4** 예수께서 이르시되 여자여 나와 무슨 상관이 있나이까 내 때가 아직 이르지 아니하였나이다 **5** 그의 어머니가 하인들에게 이르되 너희에게 무슨 말씀을 하시든지 그대로 하라 하니라

"이튿날"을 세 번이나 연속해서 말한 후(1:29.35.43), 이제 1절은 "사흘째 되던 날"을 말한다. 예수의 부활을 상기시키는 이런 언급은, 새로운 일이 일어날 징조이다. 가나는 4:46; 21:2에도 나오는데, 예수께 호의적인 도시이며, 나다나엘의 고향이다. 일반적으로 유대인의 결혼식은 7일 동안 계속되었고, 어떤 경우에는 14일 동안 계속되기도 했다.[17] 결혼하는 사람이 누구인지 알

---

17) Tobias 8:9; 11:18 참조.

려져 있지 않다. 예수의 어머니가 결혼식에 참석했는데, 그녀의 이름 "마리아"는 언급되지 않는다. 요한복음에서 "마리아"라는 그녀의 이름이 언급되는 경우는 거의 없고, 그냥 예수의 어머니라고만 한다.

예수와 그의 제자들도 결혼식에 초대를 받았다(2절). 제자들이 이 자리에 초대를 받았다는 사실은, 11절을 앞당겨 생각하면, 사건의 전개와 결말을 위해서 결정적으로 중요하다. 제자들은 반드시 이 자리에 있어야 한다. 제자들이 유일하게 부름을 받아 믿음을 가진 사람들이었고, 예수가 행한 기적에서 표적을 본 증인들이기 때문이다. 신학적인 차원에서는 제자들이 이야기 전개와 의미에 결정적인 사람들이라면, 결혼식에서 결정적인 주인공들인 신랑과 신부 및 그 가족들이나 하객들에 대해서는 전혀 말하지 않는다. 본문이 결혼식에 관심하는 것이 아니라, 사건의 신학적인 메시지 전달에 집중하고 있다는 증거이다.

혼주에게 낭패스런 일이 벌어졌다. 결혼식에 포도주가 떨어진 것이다. 예수의 어머니가 예수에게 포도주가 떨어진 사실을 알린다(3절). 손님에 불과한 어머니가 역시 손님이었던 아들에게 그런 사실을 알려야 할 필요가 있었을까? 이야기는 일상적인 차원을 넘어선다. 5절로 미루어 볼 때, 어머니는 이미 아들 예수가 큰 기적을 행할 수 있다고 믿고 있었고, 그래서 어머니는 아들에게 포도주를 마련해서 난처한 입장에 처한 혼주를 도와달라고 요청한다. 11:20~27에서 마르다가 예수에게 행한 말도 비슷하다. 예수의 어머니와 마르다, 이 두 여인들은 현실적인 고통을 해결해달라고 예수께 간청한다. 그럼으로써 그들은 예수가 누구인지를 이미 알고 있다는 것을 드러낸다.

4절에서 예수는 어머니의 요청에 "여자여, 나와 무슨 상관이 있나이까?"라고 하며 시큰둥하게 반응한다. 예수와 어머니가 상관이 없다는 뜻이 아니고, 포도주가 떨어진 사건과 예수가 무슨 상관이 있느냐는 물음이다. "나와 상관이 없는 일에 나를 끌어들이지 말고, 나를 그냥 조용히 있게 하라"는 말이다. 이런 말은 구약성서에 자주 나오는 표현방식이다.[18] 어머니를 "여자여"라고 부르는 것은 당시 헬라세계에서는 일반적이었지만, 유대인들에게는 흔한 호칭이 아니었다. 19:26에서도 예수는 어머니를 그렇게 부른다. 이 일이 예수와 상관이 없다는 예수의 대답은 "내 때가 아직 이르지 아니하였다"는 것을 의미한다. "때"에 관한 언급은 요한복음에 거듭 반복된다.[19] 이 "때"는 예수가 십자가에 매달려서 "다 이루었다"고 말하게 되는 바로 그 "때"이다(19:30). 요한복음은, 예수가 십자가에 달린 때를 예수가 하나님의 뜻을 다 이루고 하나님 아버지께로 돌아가는 때 곧 영광을 받을 때라고 한다(12:31~32; 13:31~32 참조). 19장에 의하면, 예수가 십자가에 달려서 "다 이루었다"고 말할 때, 그의 어머니 마리아도 그 자리에 있었다. 그러므로 본문 4절은 이미 십자가를 암시하고 있다. 예수는 십자가에서 자신의 정체를 분명히 드러내시고, 하나님의 뜻을 이루셔서 인간 구원을 완수하셨다. 시간적인 순서로만 보면, 가나의 혼인잔치의 시점은 아직 십자가의 시점보다 훨씬 이전이지만, 이미 복음서는 십자가의 사건으로부터 예수 사건 전체를 보고 있다. 포도주 사건은 예수의 십자가 사건을 상징적으로 예고한다. 포도주의 풍성함은 구원의 시대를 상징하는 유대적인 표현이다. 예수의 십자가 사건으로 인하여 도래하게 될 구원의 시대가 얼마나 풍성한 생명으로 가득하게 될 것인지를 예시한다.

예수가 아직은 공개적으로 나서서 자신의 정체를 밝힐 때가 아니라고 대답을 했음에도 불구하고, 어머니는 하인들에게 예수의 말에 절대 순종하라고 한다(5절). 그렇게 함으로써 그녀는 예수가 행할 기적을 준비시키고 있으며, 십자가에서 이루게 될 때의 도래를 준비한다. 어머니 마리아는 예수가 어떤 인물인지를 이미 알고 있다.

6~10절 물이 포도주로 변하는 표적

6 거기에 유대인의 정결 예식을 따라 두세 통 드는 돌항아리 여섯이 놓였는지라 **7**

---

18) 삿 11:12; 삼하 16:10; 19:22; 대하 35:21; 막 1:24; 5:7; 마 8:29; 눅 4:34; 8:28 등.
19) 7:6, 30; 8:20; 12:23, 27; 13:1; 17:1.

예수께서 그들에게 이르시되 항아리에 물을 채우라 하신즉 아귀까지 채우니 **8** 이제는 떠서 연회장에게 갖다 주라 하시매 갖다 주었더니 **9** 연회장은 물로 된 포도주를 맛보고도 어디서 났는지 알지 못하되 물 떠온 하인들은 알더라 연회장이 신랑을 불러 **10** 말하되 사람마다 먼저 좋은 포도주를 내고 취한 후에 낮은 것을 내거늘 그대는 지금까지 좋은 포도주를 두었도다 하니라

유대인들은 "정결예식"을 위하여 "물 항아리"를 땅에 묻어 놓고, 목욕하거나 손발을 씻는다(6절). "통"으로 번역된 헬라어($\mu\varepsilon\tau\rho\eta\tau\eta\varsigma$)는 보통 39.39리터 정도를 담을 수 있는 그릇인데, 2~3통이라면 대략 80~120리터 정도이다. 그런 양의 물을 담을 수 있는 항아리가 6개 있었다면, 그 물의 총량은 대략 500~700리터 정도라고 할 수 있다. 유대교에서 정결예식을 위하여 몸을 씻으려면 이 정도의 물이 필요했다.

예수의 명을 받은 하인들이 물을 항아리의 "아귀"까지 채웠더니, 그 물이 모두 포도주로 변화되었다. 500~700리터의 물이 포도주로 변했다. 도대체이 많은 양의 포도주가 실제로 필요했을까? 하인들까지 둔 부유한 혼주가많은 양의 포도주를 준비했을 텐데, 거기에다 이 많은 양의 포도주를 더 주었다면, 엄청난 포도주가 혼인잔치에서 마셔진 셈이다. 그렇게 많은 양의 포도주는, 예수가 베푸는 생명의 풍성함을 표현한다. 예수는 이런 기적을 일으키기 위하여 무엇을 하거나 어떠한 말도 하지 않았다. 물을 채우고 연회장에가 갖다 주라고 했을 뿐인데, 그 사이에 기적이 일어났다. 예수는 물이 변한 포도주를 연회장에게 가져다주라고 명령하고, 하인들은 아무런 대꾸도없이 묵묵히 순종한다. 연회장의 말에서 비로소 기적이 일어났다는 사실이확인되었다. 포도주가 "어디서 났는지" 연회장은 알 수 없었고, 그 내막을알고 있는 하인들은 침묵한다. 그러므로 이야기는 기적 행위 자체를 묘사하는 데는 별 흥미를 보이지 않으며, 오히려 이를 통하여 속히 무언가를 말하려고 한다. "어디서 났는가?" 요한복음에서 이 물음은 중요하며, 그러므로반복해서 나온다. "우리는 이 사람이 어디서 왔는지 아노라"(7:27~28); "나는내가 어디서 오며 어디로 가는 것을 알거니와 너희는 내가 어디서 오며 어

디로 가는 것을 알지 못하느니라(8:14). 그 외에도 9:29~30; 19:9 등을 읽어보라. 포도주의 근원이 어디인가? 예수이다. 예수로부터 맛좋고 풍성한 포도주가 나왔다. 맛좋고 풍성한 포도주는 생명의 행복함과 풍성함 곧 구원을 상징한다. 그러므로 이 사건은 생명의 근원이신 예수 그리스도, 바로 그분을 말한다. 진정한 생명은 어디에 있는가? 진정하고 풍성한 생명은 오직 예수 그리스도로부터만 나온다.

10절에서 연회장이 한 말은 매우 기이하게 들린다. 연회장은 모든 잔치를 책임지는 사람이다. 그런 연회장이 포도주의 출처를 모른다는 것은 상식적으로 있을 수 없는 일이다. 연회장은 실제로 그 사이에 어떤 일이 일어났는지 알지 못했다. 연회장은 신랑이 좋은 포도주를 감추었다가 뒤늦게 내어놓은 것으로 오해한다. 이런 연회장의 말로써 이 사건에 관한 이야기는 끝이 난다. 그러나 그가 말한 "좋은 포도주"는 무엇인가 중요한 것을 드러낸다. 사람이 만든 포도주와는 비교할 수 없는 포도주이다. 예수가 준 포도주는 사람이 만들어 지금까지 마셨던 것과는 비교할 수 없다. 구약성서에서 포도주는 생명의 풍성함을 의미한다. 그렇다면 세상의 어떤 포도주와도 비교할 수 없이 "좋은 포도주"는 예수가 준 생명의 풍성함을 상징한다. 진정한 생명, 풍성한 생명은 오직 예수께로부터 나오며, 이러한 진정한 생명, 풍성한 생명은 세상의 생명과는 비교할 수 없다. 바로 이것이 가나의 포도주 기적 사건의 핵심적인 메시지이다.

여기서 요한복음의 예수께서 자주 하신 말씀이 떠오른다. 세상이 주는 물은 다시 목마르게 하지만, 예수가 주는 물은 영원히 목마르지 않게 한다(4:13~14). "내가 너희에게 주는 평안은 세상이 주는 것과 같지 아니하다"(14:27). 특히 15장에 나오는 "나는 포도나무이다"는 예수의 자기 계시의 말씀과 포도주 표적사건을 연결해서 생각할 수 있다. 포도나무에 붙어 있는 가지들은 풍성한 포도열매를 맺을 수 있다.

11~12절 표적의 의미와 효력 – "제자들이 그를 믿으니라."

11 예수께서 이 첫 표적을 갈릴리 가나에서 행하여 그의 영광을 나타내시매 제자들이 그를 믿으니라 **12** 그 후에 예수께서 그 어머니와 형제들과 제자들과 함께 가버나움으로 내려가셨으나 거기에 여러 날 계시지는 아니하시니라

요한복음의 저자는, 이 기적이 예수가 갈릴리 가나에서 행하여 그의 영광을 드러낸 첫 번째 표적이라고 한다. 복음서 기자가 이 표적을 첫 번째 표적이라고 순서를 매겨서 말한다면, 그것은 이후로 두 번째, 세 번째 계속되는 예수의 영광을 드러내는 표적 사건들이 일어날 것임을 예고하는 말이다. 4:54는 갈릴리에서 행한 두 번째 표적을 말한다. 그러나 2:23에 의하면, 예수는 예루살렘에서도 표적을 행하였다고 한다. 20:30에 의하면, 예수는 요한복음에 언급되지 않은 표적들도 많이 행하셨다. 요한복음 저자는 그 많은 표적들 중에서 필요한 것만을 선별해서 그의 복음서에 기록한 것이다.

이 이야기의 핵심은 "그의 영광을 나타내시매"라는 표현에 있다. 예수는 물을 포도주로 변화시키는 놀라운 기적을 통해서 그의 영광을 공개적으로 드러내셨다. 그의 영광은 독생자의 영광이다(1:14). 하나님 홀로 가지고 계시는 신적인 본질(영광)이 아들 예수에게서 나타났다. 그러므로 예수는 하나님과 동일한 신적인 본질을 가지신 분이며, 하나님과 동일한 영광 가운데 계신 분이다. 그는 하나님의 아들로서의 자신의 정체를 드러내 보였다. 인간적으로는 갈릴리에서 태어나고(1:45~46; 7:41~42.52), 그의 부모가 잘 알려져 있는(6:42) 예수, 그러나 그의 진정한 정체는 하늘로부터 온 하나님의 아들이다.[20] 그러므로 예수 안에는 하나님이 온전히 계신다. 가나의 포도주 기적 사건은 이러한 예수의 정체를 백일하에 드러낸 최초의 사건이다.

이 이야기의 두 번째 핵심은 "제자들이 그를 믿으니라"는 말씀에 있다.

---

20) 3:13.31; 8:23; 8:42; 16:27~28; 17:8.

표현의 순서에 주목해야 한다. 본문은 그를 믿으니 제자가 되었다고 하지 않고, 제자로 부름을 받았기 때문에, 그들이 그를 믿었다고 한다. 제자의 부름이 이 단락에 앞서 일어난 것은 우연이 아니다(1:35~51). 믿음의 행위가 비로소 제자의 신분을 결정하는 것이 아니라, 먼저 제자로 부름을 받았기 때문에 예수를 믿을 수 있다. 믿음이 제자의 신분을 결정하는 것이 아니라, 부름을 받은 제자들만 예수가 하나님의 아들이심을 믿을 수 있다. 1:13의 해설에서도 밝혔듯이, 요한복음에서 믿음은 인간의 행위가 아니라, 하나님의 선물이다.

주제해설 3

포도주 표적 사건의 신학

1. 어떻게 예수의 영광을 드러내느냐 하는 것이 사건의 핵심이다. 단순히 역사적인 차원에서 이 사건을 보면 핵심을 놓친다. 유대인들은 결혼식에 대비해서 충분한 포도주를 준비하기 때문에, 하객들은 포도주가 떨어질 정도로 이미 술을 마셨다. 여기에 예수가 700리터 정도의 술을 더 만들어주었다. 그렇다면 예수는 만취한 하객들을 아주 곤드레만드레 취하게 만든 셈이다. 칼빈에 따르면, 예수가 작은 양의 포도주를 만드는 기적을 행했다면, 사람들은 그 포도주가 어디 감춰져 있다가 나온 것으로 볼 수도 있기 때문에, 예수는 모든 사람이 다 기적을 알아 볼 수 있도록 엄청나게 많은 양의 포도주를 만들었다고 해석하기도 했다. 그러나 실제로 일어난 사건이냐 아니냐는 이 단락에서 큰 의미가 없다.

2. 이 사건이 말하려는 깊은 의미는 상징적인 것이다. 포도주 기적은 예수 안에서 하나님이 계신다는 현현 이야기이다. 포도주는 구약성서와 유대교에서 구원시대의 상징이며 생명으로 충만한 현상을 표현한다.[21] 마가복음 2:22(병행)에서 새

시대가 새 포도주라고 말하는 것도 그런 의미이다.

예수는 엄청난 양의 포도주를 만들었다. 그로써 예수와 더불어 구원의 시대가 세상에 풍성하게 시작되었다는 사실을 밝힌다. 이런 예수의 모습은 4:10; 4:14; 7:37~38 등에 나오는 생명수를 주시는 예수, 그리고 6장에서 생명의 빵을 주시는 예수의 모습과 같다. "나는 하늘에서 내려온 생명의 빵이다"라고 말씀하신 예수 께서는 가나의 기적을 통해서 "나는 세상에 풍성한 생명과 구원을 가져온 좋은 포도주이다"라고 말씀하신다.

3. 엄청난 양의 포도주는 유대교의 정결예식을 위하여 목욕을 할 수 있는 양이다. 유대인들은 죄를 씻고 하나님께 제사를 드리기 위하여 항아리의 물로 목욕을 한다. 그 물을 모두 포도주로 변화시켰다는 것은, 물로써 죄를 씻는 것이 아니라, 예수께서 죄를 씻어 주신다는 것을 의미한다. 그러므로 예수를 믿고, 그 안에 머무는 사람은 더 이상 정결의식을 행할 필요가 없다(13:10). 물은 유대교의 정결예식에 필요한 것이지만, 예수는 그 물을 포도주로 변화시켰다. 그것은 유대교의 정결예식이 가져올 수 없는 참 생명을 예수께서 가져왔다는 것을 말한다. 그러므로 1:17~18에서 모세의 율법으로는 하나님을 볼 수 없고, 오직 예수 안에서만 하나님을 볼 수 있다고 한 말씀과 포도주 사건은 동일한 메시지를 말한다. 모세의 율법이 이루지 못한 것 곧 구원을 예수께서 이루셨다.

4. 요한복음에서는 예수가 십자가에 매달려서 "다 이루었다"고 말한 그 "때" (19:30)가 예수의 정체가 분명히 드러나는 때이다. 가나에서는 아직 때가 아니다. 그러나 예수의 어머니는 십자가의 때를 알고 있다. 19장에 의하면, 예수가 십자가에 달릴 때, 마리아도 그 자리에 있었기 때문이다. 그러므로 이 단락은 철저히 십자가의 빛 속에서 읽혀야 한다. 예수는 십자가에서 구원을 완성하였다. 그러므로

---

21) 창 49:11~12; 암 9:13; 욜 3:18; 사 25:6; 렘 31:5 등. 그 외에도 에디오피아 에녹서 10:19; 시리아 바룩서 29:5; 시빌레 II, 317~8; III, 620 등과 같은 유대교 문헌을 참조.

그의 십자가에서 그의 영광이 드러난 것이다. 포도주 사건은 이러한 십자가 사건을 상징적으로 말한다.

5. 예수가 행한 표적에서 하나님의 영광을 볼 수 있는 사람은 오직 부르심을 받은 제자들뿐이다. 어머니 마리아는 포도주 표적 사건에서 결정적인 역할을 하지만, 그녀가 제자들처럼 하나님의 영광을 보고 믿었다는 말은 없다. 하인들도 어떻게 그리고 누구에 의해서 기적이 일어났는지를 잘 알았지만, 그들도 거기서 하나님의 영광을 보고 믿었다는 말이 없다. 오로지 제자들만이 하나님의 영광을 보고 믿었다. 1:13이 말하듯이, 오로지 하나님으로부터 난 자들만이 예수에게서 하나님의 영광과 풍성한 생명을 보고 믿는다.

2) 2:13~22 예루살렘 성전 정화

갈릴리에서 활동하시던 예수가 첫 번째 예루살렘 여행을 한다. 예루살렘에 가서 그는 먼저 성전을 정화한다(2:13~22). 이어서 깊은 밤에 유대인의 선생인 니고데모와 대화를 나눈다(3:1~21). 이로써 첫 번째 예루살렘 여행은 끝난다.

13~17절 예루살렘 성전을 정화하다 - 진정한 성전은 예수 자신이다

13 유대인의 유월절이 가까운지라 예수께서 예루살렘으로 올라가셨더니 **14** 성전 안에서 소와 양과 비둘기 파는 사람들과 돈 바꾸는 사람들이 앉아 있는 것을 보시고 **15** 노끈으로 채찍을 만드사 양이나 소를 다 성전에서 내쫓으시고 돈 바꾸는 사람들의 돈을 쏟으시며 상을 엎으시고 **16** 비둘기 파는 사람들에게 이르시되 이것을 여기서 가져가라 내 아버지의 집으로 장사하는 집을 만들지 말라 하시니 **17** 제자들이 성경 말씀에 주의 전을 사모하는 열심이 나를 삼키리라 한 것을 기억하더라

13절의 유월절에 대한 언급은 예수의 죽음을 암시한다. 성전정화 사건은 예수에게 죽음의 그림자를 짙게 드리우는 사건이다. 예수는 성전에서 장사하여 이득을 챙기는 사람들을 내쫓는다. 이들은 성전의 가장 바깥 뜰 곧 이방인의 뜰에서 장사를 하였다. 모든 이스라엘 남자들이 의무적으로 내야 하는 성전세는 성전에서만 통용되는 화폐로 납부해야 했기 때문에, 성전에서 제사를 드리려는 사람은 성전에 들어서기 전에 이방인의 뜰에서 환전을 해야 했다. 그러므로 성전을 정화한 예수의 행동은 유대교의 성전제사에 대한 강력한 비판이다. 구원은 오직 하나님의 아들, 예수를 믿음으로 영접하고 예수의 뒤를 따라 살아야 받는다. 그러므로 성전에서 동물의 피를 드려서 제사를 드림으로써 하나님의 백성이 된다는 성전제사를 예수는 비판한다.

16절의 말씀은, 하나님을 예배하는 것이 아니라, 하나님을 오로지 이득을 위한 도구로만 사용하고 있다는 비판이다. 이러한 비판의 근거로서 예수는 "내 아버지의 집으로 장사하는 집을 만들지 말라"는 스가랴 14:21의 말씀을 제시한다. 반면에 공관복음에서 예수는 이사야 56:7("내 집은 만민의 기도하는 집이라 칭함을 받으리라")과 예레미야 7:11("강도의 소굴을 만들었다")의 말씀을 인용한다. 성전정화를 통해서 예수는 예루살렘 성전이 아버지의 집이라는 사실을 부정하지 않는다. 오히려 예수는 성전을 하나님을 경배하는 장소가 아닌 다른 목적을 위한 장소로 이용하는 것을 비판한다.

17절은 제자들의 기억이다. 제자들은 성전을 정화하는 예수의 격정적인 모습을 보면서 "주의 전을 사모하는 열심히 나를 삼키리라"는 말씀을 기억한다. 이는 시편 69:9의 말씀인데, 요한복음은 70인 역 구약성서(LXX)의 과거형을 미래 의미를 가진 현재형으로 바꾸어 사용한다. 이것은 예수의 죽음에 대한 지적이다. 성전을 정화하는 예수의 행동은 유대 지도자들로 하여금 예수를 죽이려는 결심을 하게 만드는 결정적인 동기로 작용한다.

왜 요한복음은 성전정화 사건을 공생애 앞부분에 놓았을까?

공관복음에서는 성전정화 사건이 예수의 생애 마지막 한 주간의 첫날, 그러므로 고난주간의 첫날에 예루살렘에 입성하자 곧바로 일어난다(막 11:15~17; 마 21:12~13; 눅 19:45~46). 반면에 요한복음은 이 사건을 예수의 공생애 처음에 일어난 것이라고 한다. 그렇다고 예수가 두 번 성전정화를 한 것은 아니다. 공관복음과 요한복음이 성전정화 사건이 일어난 시점을 의도적으로 다르게 배치하고 있으며, 우리가 물어야 하는 것은, 이러한 변경을 통해서 어떤 신학적인 메시지를 던지느냐 하는 것이다.

공생애 마지막 일주간의 첫날에 성전정화 사건이 일어났다는 공관복음의 언급이 역사적으로는 사실에 해당된다고 할 수 있고, 요한복음은 신학적인 의도 때문에, 이 사건을 의도적으로 공생애 초기에 일어난 사건으로 배열하였다. 요한복음 저자에게는 역사적인 것을 그대로 전달하는 것이 중요하지 않았다. 예수가 죽기 위하여 이 세상에 오셨다는 것을 공생애의 처음부터 분명히 하려는 신학적인 의도 때문에 요한복음은 대담하게 이 사건을 역사적 순서에서 떼어내어 공생애 초기에 일어난 사건으로 말한다. 성전정화 사건은 예수가 십자가에서 죽게 된 중요한 동기이다. 성전은 유대인들의 구원신학의 중심이다. 더구나 제사장들에게 성전은 삶의 터전이다. 로마 총독에게 성전은 질서유지의 핵심이다. 이러한 성전에 대한 예수의 도전은 종교적으로나 사회정치적으로 죽음을 자초하는 것이나 같았다.

요한복음은 이 사건을 공생애 서두에 놓음으로써, 예수가 공생애 처음부터 죽음의 길을 적극적으로 가고 있으며, 그의 모든 삶은 십자가의 표적 아래 놓여 있다는 것을 분명히 밝힌다. 예수는 스스로 자기 목숨을 내어놓는다. 생명을 스스로 내어놓을 수도 있고, 그 생명을 다시 얻을 수도 있는 권능을 가지신 분으로서 예수는 자기 생명을 내어놓는다. 예수는 어쩔 수 없이 죽음의 길을 간 것이 아니라, 자발적으로 주도권을 가지고 죽음의 길을 가고 있다. 그것도 이 세상에 태어나면서부터 그렇다.

예수는 진정한 성전이다(1:51; 7:38). 이는 에스겔 47:1~12을 수용하는 말씀이다. 이에 따르면 생명수가 종말론적인 성전으로부터 흘러나온다. 하나님이 항상 함께 계시는 사람인 예수가 자신을 스스로 죽음에 내어 준다. 그러므로 구원을 위하여 그 이상의 다른 제사나 희생제물이 필요하지 않다. 구원은 오직 예수의 자기희생에서 일어났다. 구원과 예수의 죽음은 뗄 수 없다. 요한복음은 성전정화사건을 의도적으로 공생애 처음에 일어난 사건으로 만들어서, 예수의 죽음에서 인간의 구원이 완성되었다는 메시지를 던진다. 그럼으로써 동시에 예루살렘 성전제사를 통해서 구원을 얻을 수 있다고 믿는 유대인들의 생각을 부정한다.

요한복음이 유대인의 명절을 유난히 자주 말하는 것도 이와 관련이 있다. 요한복음은 유월절(2:1; 6:2; 11:55; 12:1)을 자주 말하고, 이름이 없는 명절(5:1), 초막절(7:2), 수전절(10:22) 등도 말한다. 유대들이 지키는 성전제사, 정결예식 그리고 명절의 의미가 예수 안에서 이미 성취되었기 때문에, 그리스도인들에게는 그러한 것들은 더 이상 의미가 없으며, 그러므로 지킬 필요가 없다는 것을 요한복음은 말한다. 예수의 부활 이후에 그 모든 의미가 분명해졌기 때문에, 그리스도인들은 유대인의 명절 대신에 부활절을 지키며, 성전제사 대신에 십자가에 달려 자기를 희생의 제물로 바치고 부활 승천하신 예수 그리스도를 찬양하고 예배한다.

18~22절 예수의 권한

18 이에 유대인들이 대답하여 예수께 말하기를 네가 이런 일을 행하니 무슨 표적을 우리에게 보이겠느냐 **19** 예수께서 대답하여 이르시되 너희가 이 성전을 헐라 내가 사흘 동안에 일으키리라 **20** 유대인들이 이르되 이 성전은 사십육 년 동안에 지었거늘 네가 삼 일 동안에 일으키겠느냐 하더라 **21** 그러나 예수는 성전된 자기 육체를 가리켜 말씀하신 것이라 **22** 죽은 자 가운데서 살아나신 후에야 제자들이 이 말씀하신 것을 기억하고 성경과 예수께서 하신 말씀을 믿었더라

유대인들은 예수에게 성전정화 행동의 권한에 대해서 질문한다. "당신은 어떻게, 그리고 무엇으로 당신의 그런 행동이 정당하다는 것을 입증하겠는가?" 이 물음에 대해 19절에서 예수는 수수께끼 같은 말로 응답한다. "이 성전을 허물면 내가 3일 만에 다시 세우리라." 오해를 불러일으킬 수 있는 이 말은 예수의 죽음과 부활에 관한 말이다. 3일이란 매우 짧은 기간을 의미한다. 히브리어나 아람어에는 며칠이라는 말이 없기 때문에, 일반적으로 3일을 사용해서 며칠을 표현한다. 그러므로 이 말은 예수가 자신의 삶을 스스로 죽음에 내어주었다가 며칠(3일) 후에 다시 살아나리라는 예고이다. 누구도 예수에게 죽음을 강요할 수 없다. 예수는 자신의 죽음과 부활의 주도권을 가지고 있다(10:17~18도 참조).

예수는 성전을 자신의 생명으로 해석한다(21절). 동시에 부활 이후의 예수가 하나님의 진정한 성전이라고 한다. 예수의 부활 이후로부터는 예루살렘 성전의 예배가 아니라, 오로지 신령과 진리 안에서 드리는 예배가 있을 뿐이다(4:23). 하나님의 진정한 성전인 예수 안에서만 인간은 하나님을 만나서 교제하며 예배할 수 있다(1:51). 이것은 단순히 유대교나 예루살렘 성전에만 해당되는 것이 아니고, 모든 시대의 교회와 예배당에도 해당되는 말씀이다. 예수 그리스도가 없는 건물은 아무리 화려해도 그 안에서 하나님을 만날 수 없다. 예수 그리스도 안에서 하나님을 만나는 것이지, 동물을 제물로 드리는 제사에서나 혹은 화려한 건물에서 하나님을 만나는 것이 아니다.

예수의 부활로써 예루살렘의 성전은 그 존엄성을 상실한다. 물론 이는 유대인들로서는 도저히 이해할 수 없다. 예루살렘 성전은 46년 동안에 지어진 것이다. 그것을 3일 만에 다시 짓겠다는 것을 그들은 도저히 이해할 수 없었다. 유대인들뿐만 아니라, 제자들도 그 당시에는 이해할 수 없었다(22절). 부활 이후에야 제자들은 예수가 한 말씀을 이해하고 믿을 수 있었다. "성경과 예수께서 하신 말씀"(22절)이라는 표현에 주목할 필요가 있다. 성경(구약성경)은 예수의 부활을 예고했고, 부활 이후 오신 보혜사 성령이 구약성경의 증언과 지상에 계시는 동안 예수가 하신 말씀을 제자들에게 이해할 수 있게 해 주었다.

예수의 말씀과 사람들의 오해

하나님의 사건이 인간의 사건으로 나타나는 곳에서는 언제나 오해가 일어날 수밖에 없다. 인간이 어떻게 하나님의 일을 제대로 이해할 수 있겠는가? 요한복음에서는 이중적인 개념을 통해서 이러한 오해를 말한다. 2:19~22에서 예수는 "이 성전", "허물다", "세우다" 등에 관해서 말씀한다. 그와 대화를 나누는 사람들은 이것들을 예루살렘에 서 있는 성전과 연결해서 이해하지만, 예수는 자기 자신 곧 그의 죽음과 부활에 관련해서 말씀한다. 동일한 말을 하지만 예수와 사람들은 서로 다른 생각을 하고 있다. 예수는 하나님의 사건을 말씀하고, 사람들은 그것을 도무지 이해하지 못한다. 예수의 부활을 경험한 제자들만이 나중에 예수의 진정한 말씀을 이해한다.

4:10~11에서도 마찬가지이다. 예수는 그가 주는 생수로써 영원한 생명을 뜻하지만, 그러나 사마리아 여인은 우물물을 생각한다. 그 당시의 사람들은 우물물을 생수라고 이해하였기 때문이다. 4:32~33에서도 그런 오해가 일어난다. 예수는 하나님의 아들이라는 그의 인격적 비밀을 양식이라고 말씀하지만, 제자들은 누가 그에게 먹을거리를 가져다주었을까 라고 묻는다. 6:51~52에서도 예수는 십자가에 달리실 자신의 몸을 하늘에서 내려온 떡이라고 말한다. 이 몸은 그를 믿는 사람들에게 구원을 가져다준다. 그러나 대화의 상대방인 유대인들은 이를 오해하여 인육을 먹는 것을 생각한다. 7:33~36에서 예수는 하늘 아버지께로 돌아갈 것을 말씀하나, 유대인들은 그가 헬라 세계로 갈 것으로 오해한다. 8:21~22에서도 예수는 하나님께로 돌아갈 것을 말씀하나, 유대인들은 자살할 것인가라고 오해한다. 11:11~12에서 예수는 나사로의 죽음을 잠들었다고 말씀하며 그의 부활을 말

씀하지만, 제자들은 나사로가 잠들었다가 깨어날 것으로 오해한다.[22]

이처럼 요한복음에 빈번히 나타나는 오해는 예수가 하신 말씀과 관련된 것이다. 어느 인간도 예수가 하신 깊은 하늘의 계시를 이해할 수 없기 때문에 오해할 수밖에 없다. 계시자인 예수에 의해서 그 의미가 열려질 때, 비로소 사람들은 그것을 이해할 수 있다. 인간 자신의 힘으로는 하나님의 사건이나 말씀을 이해할 수 없다. 그러니 오해할 수밖에 없다. 그러므로 오해는 하나님을 떠난 인간, 하나님 없는 인간이 하나님의 사건이나 말씀을 이해할 수 없다는 것을 말한다. 그러므로 예수의 말씀에 대한 오해는 하나님을 떠난 무신론자 인간의 근원적인 문제이다.

그러나 언뜻 보면, 오해의 주제가 나타난 것처럼 보이지만, 실제는 오해가 아니라, 부지불식간에 진리를 말하고 있는 현상도 요한복음에서 읽을 수 있다. 사람들은 그들 자신도 의미를 모르는 말을 하면서 실제로는 진리를 말한다. 예를 들어서 11:50에서 대제사장 가야바는 정치적인 책략으로써 한 사람이 죽어서 많은 사람이 살게 된다고 말하는데, 이 말은 역설적으로 진리이다. 예수가 많은 사람들을 살리기 위하여 실제로 죽을 것이기 때문이다. 19:19 이하에서 빌라도는 십자가에 "유대인의 왕"이라는 팻말을 붙인다. 빌라도는 이 팻말을 비꼬는 의미로 내달았지만, 그것은 진리이다. 예수는 진정한 유대인의 왕이다.

3) 2:23~25 기적에 매달리는 거짓 믿음

23 유월절에 예수께서 예루살렘에 계시니 많은 사람이 그의 행하시는 표적을 보고 그의 이름을 믿었으나 **24** 예수는 그의 몸을 그들에게 의탁하지 아니하셨으니 이는 친히 모든 사람을 아심이요 **25** 또 사람에 대하여 누구의 증언도 받으실 필요가 없었으니 이는 그가 친히 사람의 속에 있는 것을 아셨음이니라

23~25절은 표적을 보고 예수를 믿는 듯이 보이지만, 실제로는 진실로 믿는 것이 아니라고 말한다. 이 단락을 니고데모 단락과 하나로 읽으면, 3:1 이

---

22) 3:3~4; 6:41~42; 8:31~33; 8:51~53; 8:56~58 등은 오해를 다루지 않는다.

하의 니고데모는 이러한 진실하지 못한 믿음의 대표자로 예수에게 온 것처럼 보이지만, 그러나 그것은 니고데모와의 대화를 잘못 이해하는 것이다. 예수가 행한 기적이 니고데모를 (거짓) 믿음으로 인도하였다는 말은 어디에도 없다. 니고데모는 단지 물음을 가지고 예수께 나왔을 뿐이다. 3:1을 시작하는 ην δε("그런데")는 11:1과 11:55에서도 새로운 단락을 시작할 때 사용되는 표현이며,[23] 그러므로 3:1 이하는 전혀 새로운 단락이다.

23~25절은 많은 사람들이 기적으로 인하여 예수의 이름을 믿었다고 한다. 그러나 이 많은 사람들의 믿음은 믿은 것처럼 보였을 뿐이지, 진실로 믿은 것은 아니다. 기적에 매달린 믿음은 외면적으로만 믿음으로 보일 뿐이다. 기적은 믿음을 불러오지 않는다. 요한복음에서 기적은 그 기적을 행한 예수 그리스도를 지적하고 드러내는 표적일 뿐이다. 기적은 해를 가리키는 손가락이고, 기적이 실제로 말하고자 하는 것은 예수 그리스도이다. 요한복음에서 "많은 사람들이 믿었다"는 표현이 나올 때마다 그 믿음은 항상 외면적인 믿음, 그러므로 진실하지 못한 믿음을 말한다. 그들이 믿었다는 것은, 예수가 하나님의 아들이라는 진리를 믿은 것이 아니라, 기적을 행하는 예수에 대해서 놀라움을 가졌다는 뜻에 불과하다. 그러나 예수는 그를 향하여 놀라워하는 사람들을 원하지 않는다. 사람들은 마술사에 대해서 놀라워할 수 있다. 그처럼 놀라움을 주는 사람들은 어디에나 있다. 예수는 자신을 단순히 기적이나 행하여 사람들의 놀라움을 불러일으키는 사람으로 보고, 자신을 따르는 것을 원하지 않는다. 예수가 원하는 것은, 그가 하나님의 아들이라는 진리를 믿고 그의 뒤를 따르는 제자가 되는 것이다. 경이적인 사건에 놀라서 따르는 사람들은 많을 수 있으나, 예수의 인격적인 비밀을 깨우치고 따르는 제자들은 적다. 예수는 그를 오로지 기적행위자로만 보는 사람들에게 자신을 내맡기지 않는다. 황홀한 종교적 체험만을 추구하거나, 기적을 통해서 자신들의 욕구만을 해결하고자 하는 사람들에게 예수는 자신을 맡기며 교제

---

23) 우리말 개역성경은 11:1.55에서 "그런데"를 번역하지 않는다.

하지 않는다. 그들은 예수 자신을 원하고 따르는 사람들이 아니라, 예수로부터 무엇인가를 얻어서 자기 이득을 챙기려는 사람들에 불과하기 때문이다. 진정한 그리스도인은 예수와의 친밀한 관계 속에서 교제를 나누는 사람이다. 진정으로 예수를 의지하고, 예수 또한 의지할 수 있는 참된 교제를 나누는 것이 바로 믿음이다. 예수는 인간 안에 있는 모든 것을 꿰뚫어 알고 계신다. 그렇게 아실 수 있는 분은 오로지 하나님뿐이기 때문에, 예수는 하나님이다. 그러므로 예수 앞에서 인간은 어느 것 하나라도 숨길 수 없다. 요한복음에서 믿음은 예수를 향해서 "나의 주, 나의 하나님"이라고 고백하는 것이다(20:28).

4) 3:1~21 예수와 니고데모의 대화 – 인간은 어떻게 구원을 받는가?

1~21절은 하나의 단락이다. 니고데모는 2:23이 말하는 거짓된 믿음을 가진 "많은 사람들" 중의 한 사람이 아니다. 거짓된 믿음을 가진 "많은 사람들"과는 달리 니고데모는 매우 지위가 높은 신분이고, 수준 높은 신학자이다. 그러므로 모든 인간적인 차원에서 최고의 능력을 가지고 있는 사람으로서 니고데모는 매우 진지한 물음을 가지고 예수를 찾아왔다. 그러므로 그는 "많은 사람들"처럼 예수가 행한 기적을 보고 마냥 "환상적이다"라고 외치며 예수를 찾아온 사람이 아니다. 물론 니고데모도 그 스스로의 힘으로는 구원에 이를 수 없다는 점에서 "많은 사람들"과 같다.

3:1~12만을 대화의 단락으로 보려는 이들도 있지만,[24] 이어지는 13~21절까지를 같은 대화의 단락으로 보는 것이 좋다. 1~11절은 "땅의 일"을 말하고, 12~21절은 "하늘의 일"을 말한다. 13~21절은 니고데모 대화에서 예수의 가장 중요한 대답이다. 니고데모와의 대화를 살펴보면, 인간 편에서는 "어

---

24) R. Schnackenburg, Johannes, 375.379.393 등은 31~36절과 13~21절의 순서를 바꾸려고 한다. 그렇게 해서 그는 니고데모 대화 단락은 12절로 끝나고, 31~36.13~21절을 한 단락으로 묶으려고 한다.

떻게?"를 계속해서 묻고, 예수는 이에 대해서 성령과 인간으로 오셔서 십자가에 달리셔서 죽으신 하나님의 아들에 대해서 말한다. 구원은 인간에 의한 것이 아니라, 성령의 사역이고 하나님의 일이다.

1절 니고데모 - "최고의 인간"

1 그런데 바리새인 중에 니고데모라 하는 사람이 있으니 유대인의 지도자라

니고데모는 "바리새인", "유대인의 지도자"(1절) 그리고 "이스라엘의 선생"이다. 세 번째 신분은 예수께서 그를 그렇게 부른데서 기인하지만(10절), 처음 두 신분에 근거해서 그가 이스라엘의 선생이라는 것은 의심할 여지가 없다.

니고데모는 "바리새인 중에" 한 사람이다. 니고데모는 7:50~52와 19:39에도 등장한다. 또 그는 "유대인의 지도자"였다. 이는 유대교 최고기관인 산헤드린의 회원이었다는 뜻이다. 그를 설명하는 이 두 가지 표현은 니고데모가 일반인이 아니라, 유대교의 공식적인 대변자, 선생의 신분으로서 예수를 찾았다는 것을 말한다. 이런 신분으로 볼 때, 그는 엄격한 율법 실천을 목표로 하는 바리새인의 한 사람으로 하나님 앞에서 올바른 삶을 살기 위하여 최선을 다하는 진지하고 성실한 사람이었다. AD 70년 이후의 바리새파는 유대교를 대표하는 종파였다. 그러므로 요한복음이 기록될 당시 유대교의 상징적인 인물이 예수를 찾아 온 것이다. 그러므로 니고데모는 1인칭 복수 "우리가"를 사용하고(2절), 예수 역시 니고데모에게 "너희"라는 2인칭 복수형을 사용한다(11~12절). 니고데모는 예수에게 매우 존경하는 호칭을 사용하고 있는 무리를 대표하는 인물이다. 바리새인들 중에도 예수를 매우 훌륭한 선생으로 인정하는 무리가 있었다. 니고데모는 예수를 "랍비"라고 부른다. 1:49에서도 나다나엘이 그렇게 예수를 불렀다. 이스라엘의 선생인 니고데모가 평범한 사람인 예수에게 와서 "랍비"라고 부르는 것은 결코 사소한 일이

아니다. 그는 지금 매우 진지하게 그렇게 부르고 있다. 예수를 존경했던 바리새인들을 대표해서 니고데모는 예수께 왔다. 그러므로 니고데모와 예수의 대화는 "선생" 대 "선생"의 대화이다. 니고데모는 예수가 대단한 권능을 가진 사람임을 인정한다. 아마도 그는 예수를 하나님이 보내신 위대한 예언자라고 생각했을 것이다. 그는 예수가 행한 표적들에 압도되었고, 그래서 하나님이 보내신 예언자라고 생각했다. 모세나 엘리야와 같은 예언자들도 엄청난 표적을 행했지 않았는가? 그러므로 니고데모는 예수를 한 인간으로서 생각할 수 있는 최대로 평가한다.

2a절 대화의 시각 "밤"

2a 그가 밤에 예수께 와서 이르되

이 대화는 "밤에" 일어났다. 왜 니고데모가 "밤에" 예수를 찾아왔을까? "밤에"라는 말을 해석하는 데 다양한 의견들이 있다.

첫째, 19:38~39와 연관해서 해석하며, 니고데모는 유대인들이 무서워서 "밤에" 예수를 몰래 찾아온 것이라고 할 수 있다. 둘째, 어두움에서 빛으로 나오는 것을 상징적으로 말하기 위해서 "밤에"를 말하고 있다는 해석이 있다. 그러나 예수도 역시 니고데모와 함께 밤에 있었는데, 예수도 어둠에 붙잡혀 있었다고 할 수 없기 때문에, 적절한 해석이라고 할 수 없다. 셋째, 랍비들의 관습에 따라서 "밤에" 진지하고 깊이 있는 대화를 하기 위하여 왔다고 해석할 수 있다.[25]

이런 해석 중에서 어느 것도 분명하지 않지만, 아마도 세 번째 해석이 가장 적절하게 여겨진다. 하나님의 비밀에 관한 진지하고 심오한 대화는 분주하고 시끄러운 낮보다는 고요한 밤이 가장 적절했을 것이다.

---

25) Billerbeck II, 419~420은 밤에 공부하고 토론하는 랍비들의 습관을 말한다.

2b~3절 첫 번째 대화 – 존재의 변화(거듭남) 없이는 구원 받을 수 없다

2b 랍비여 우리가 당신은 하나님께로부터 오신 선생인 줄 아나이다 하나님이 함께 하시지 아니하시면 당신이 행하시는 이 표적을 아무도 할 수 없음이니이다 **3** 예수께서 대답하여 이르시되 진실로 진실로 네게 이르노니 사람이 거듭나지 아니하면 하나님의 나라를 볼 수 없느니라

니고데모의 질문(2b절)

그는 구원에 대한 물음을 가지고 밤에 예수를 찾아왔다. "우리"라는 말은, 7b.11~12절에서 예수가 "너희"라고 하는 말과 상응하는 복수 표현이다.[26] "우리"는 유대인들 전체를 말하는 것이 아니라, 니고데모처럼 예수를 존경하는 유대인들이나 2:23이 말하는 유대인들이다. 모든 바리새인들이 예수를 그처럼 존경한 것은 아니었다. 그러므로 니고데모는 예수를 인간적으로 존경하는 사람들, 예수의 표적을 보고 예수에 대한 깊은 관심을 가진 유대인들의 대표로서 예수를 찾아왔다. 예수에 대한 존중은 "하나님께로부터 오신 선생"이라는 말에 나타나 있다. 니고데모는 예수를 대단한 권위를 가진 선생으로, 혹은 하나님이 보내신 예언자로 여겼다. "하나님이 함께 하시지 아니하시면" 이런 표적을 행할 수 없기 때문에, 예수 안에서, 예수를 통해서 하나님이 작용하고 계신다는 것을 니고데모는 인정한 것이다.

그러나 결정적인 점에서 니고데모는 예수를 잘못 알고 있다. 그는 예수께 $\alpha\pi o\ \theta\epsilon o\upsilon\ \epsilon\lambda\eta\lambda\upsilon\theta\alpha\varsigma$("하나님께로부터 오신")라고 말한다. 그러나 예수에게는 $\alpha\pi o\ \theta\epsilon o\upsilon\ \epsilon\xi\epsilon\lambda\eta\lambda\upsilon\theta\alpha\varsigma$ 라고 하든가(13:3; 16:30) 혹은 $\epsilon\kappa/\pi\alpha\rho\alpha\ \tau o\upsilon\ \theta\epsilon o\upsilon\ \epsilon\xi\epsilon\lambda\eta\lambda\upsilon\theta\alpha\varsigma$(8:42; 16:27~28; 17:8)라고 해야 한다. 이러한 헬라어 표현들을 우리말로 구분해서 번역하는 것은 어렵다. 우리말 개역성경은 모두 동일하게 번역한다. 그러나 요한복음은 이 표현들을 엄격히 구분하며, 전혀 다른 의미로

---

26) 우리말 개역성경은 7b절에서 "너희가"라는 주어를 생략해버린다. "내가 네게, '너희가 거듭나야 하겠다.' 하는 말을 놀랍게 여기지 말라"가 온전한 번역이다.

사용한다. 예수를 하나님이 보내신 예언자라고 보는 것이 근본적인 잘못이다.[27] 예언자는 사람이다. 그래서 니고데모는 예수를 "하나님께로부터 오신"(απο θεου εληλυθας) 사람이라고 말한다. 그러나 예수는 하나님이 보내신 사람, 예언자가 아니라, 하나님과 본질과 신성에서 일치하는, 그러므로 하나님과 일치 가운데서 행동하는 하나님의 아들이다.[28] 1:18의 말대로 하면, 예수는 하나님의 "품속에 있는 하나님"이다. 니고데모는 인간에게 할 수 있는 최고의 존경을 예수께 표했지만, 그러나 예수는 훌륭한 사람이 아니라, 하나님의 아들이라는 것을 니고데모는 아직 모른다. 하나님과 본질과 신성을 공유하고 계시는 예수는 인간이 생각하고 표현할 수 있는 영역 바깥에 계시는 분이다. 요즘도 예수를 인류의 위대한 성인들 중의 한 사람으로 여기는 이들이 있는데, 이들은 니고데모와 같은 사람들이다.

대화란 상대방을 바로 알아야 제대로 진행될 수 있는데, 니고데모는 대화의 상대방인 예수를 바로 알지 못했다. 그러니 대화가 정상적으로 진행되기 어려웠다. 니고데모는 자신이 가지고 온 질문을 제대로 묻지도 못했다. 그러나 그가 무엇을 물으려고 하는지 예수는 이미 알고 계셨고, 3b절에서 예수께서 그것을 꼭 짚어서 말씀하셨다. 니고데모는 구원의 문제에 대해서 예수께 묻고 싶었다. 바리새인으로서 그는 율법의 실천을 통하여 구원을 받는 문제에 관해서 예수와 토론하고 싶었을 것이다. 그러나 이스라엘의 선생으로서 예수께 와서 율법과 구원의 문제에 대해서 대화하려 했으나, 예수는 단순히 이스라엘의 선생 차원에 계시는 분이 아니었다. 예수와 니고데모는 이 주제를 놓고 대화를 하기에는 근본적으로 다른 영역에 있는 존재들이었다. 니고데모는 예수와 신학적인 토론을 하려고 했으나, 예수는 토론이 아니라, 구원에 대한 하나님의 진리를 권위 있게 계시하셨다.

---

27) 4:19; 6:14; 7:40; 9:17.
28) 10:30,38; 12:45; 14:9,10~11,20; 17:11,21 이하 등을 보라.

예수의 대답(3절)

예수는 니고데모와 신학적인 토론을 하는 것이 아니라, 하나님의 진리를 권위 있게 계시한다. 요한복음에서 "아멘, 아멘."이라는 표현은 무려 25회가 사용되며,[29] 그때마다 예수는 하나님의 진리를 신적인 권능으로써 선포한다. 이렇게 선포된 진리는 아무나 이해할 수 있는 것이 아니라. 오직 하나님이 허락한 사람들만이 그 진리를 알아들을 수 있다.

"하나님 나라를 보는 것"은 종말론적인 구원에 참여한다는 말이다. 공관복음에는 매우 자주 사용되지만, 요한복음에서는 오직 3:3.5에만 사용되는 "하나님 나라"는 요한복음이 자주 말하는 "생명" 혹은 "영생"과 내용적으로 동일한 것이다. 하나님 나라를 보기 위해서 사람은 반드시 $\gamma\varepsilon\nu\nu\eta\theta\eta\ \alpha\nu\omega\theta\varepsilon\nu$ 해야 한다고 예수는 말한다.

$\gamma\varepsilon\nu\nu\eta\theta\eta\ \alpha\nu\omega\theta\varepsilon\nu$에 관한 해석이 분분하지만, 세 가지 해석이 가능하다. a) "위로부터 태어나다." 3:31; 19:11.23에서 $\alpha\nu\omega\theta\varepsilon\nu$이 "위로부터"를 의미하고 있다는 것을 우리의 구절에 적용한 해석이다. b) "새로 다시(거듭) 태어나다." 4절의 니고데모의 반응에 의해서 보면, 새롭게 다시 태어나는 것을 말하는 것으로 볼 수 있다. c) 그 둘을 혼합해서, "위로부터 태어남으로써 새로운 존재가 되는 것"으로 해석할 수 있다.

어떤 번역이나 해석을 선택하든지, 이 말은 인간에게 일어나야 하는 근본적인 변화를 말한다. 인간의 존재를 근본적으로 변화시키는 일은 사람의 일이 아니라, 하나님께서 하시는 일이다. 하나님에 의해서 새롭게 변화되지 않은 사람은 하늘나라에 갈 수 없다. 만일 니고데모가 바리새인으로서 구원을 받기 위해서 율법을 실천해야 한다고 말했다면, 이에 대해서 예수는 행위가 아니라 인간의 존재의 변화를 말한다. 영생에 참여하기 위해서 인간에게 필요한 것은 어떤 특별한 행위가 아니라, 존재의 근본적인 변화이다.

---

29) 1:51; 3:3.5.11; 5:19.24.25; 6:26.32.47.53; 8:34.51.58; 10:1.7; 12:24; 13:16.20.21.38; 14:12; 16:20.23; 21:18.

4~8절 두 번째 대화 - 존재의 변화는 성령의 일이다

4 니고데모가 이르되 사람이 늙으면 어떻게 날 수 있사옵나이까 두 번째 모태에 들어갔다가 날 수 있사옵나이까 **5** 예수께서 대답하시되 진실로 진실로 네게 이르노니 사람이 물과 성령으로 나지 아니하면 하나님의 나라에 들어갈 수 없느니라 **6** 육으로 난 것은 육이요 영으로 난 것은 영이니 **7** 내가 네게 거듭나야 하겠다 하는 말을 놀랍게 여기지 말라 **8** 바람이 임의로 불매 네가 그 소리는 들어도 어디서 와서 어디로 가는지 알지 못하나니 성령으로 난 사람도 다 그러하니라

니고데모의 질문(4절)

하나님 나라를 보기 위해서 곧 영생을 얻기 위해서는 인간의 존재가 근본적으로 변화되어야 한다는 예수의 말의 진정한 의미를 니고데모는 이해하지 못했다. 그러므로 그는 "어떻게?"를 묻는다. 어떻게 사람이 다시 태어날 수 있는가? 다시 태어난다는 것이 사람에게 도대체 가능한 일인가? 어머니의 태를 떠나 장성한 인간이 그 안으로 다시 들어갈 수 있다는 말인가? 니고데모는 단순히 오해하고 있는 것이 아니다.[30] 그는 진지한 사람이고 이스라엘의 선생이다. 니고데모를 예수의 말씀을 단순히 육체적으로 오해나 하는 무지한 사람으로 보면서 "어리석고 기괴한"[31] 사람으로 보아서는 안 된다. 오히려 그는 구원에 깊은 관심을 가지고 밤에 예수를 찾아올 정도로 진지하고 심각한 사람이다. 그는 진지하게 예수의 말을 되새기고 있다. 과연 어떻게 가능할까? 새로 태어나야 구원을 받을 수 있다는 말까지는 니고데모가 이해할 수 있었다. 그러나 "어떻게" 새로 태어날 수 있다는 말인가? "늙으면 … 모태에 들어갔다가 날 수 있겠느냐"는 수사학적인 질문을 통해서 그런 일은 도저히 일어날 수 없다고 한다. 그것이 불가능하다면, 이 세상에는 구원을 받을 수 있는 사람이 없는가? 이는 마가복음 10:26에서 예수의 제자가

---

30) 요한복음의 "오해"에 대해서는 59쪽의 위의 주제해설4를 보라.
31) H. Haenchen, Johannes, 217. 그런 평가는 반(反)유대교적이고, 니고데모와 예수와의 대화가 갖는 진지함과 신학적인 깊이를 간과하는 것이다.

제기한 질문 "누가 구원을 얻을 수 있는가?"와 같은 물음이다. 최고의 지식과 신분을 가진 니고데모는 어떻게 이런 절망적인 결론에 이르게 되었는가? 만일 율법에 구원의 가능성이 있었다면, 이스라엘의 선생이요 바리새인인 그가 그런 절망적인 결론에 이르지 않았을 것이다. 대답은 하나뿐이다. 그는 예수가 누구인지를 몰랐기 때문이다. 예수를 단순히 한 인간 곧 니고데모 자신이나 다른 사람들과 동일한 차원의 인간으로 생각했기 때문이다. 예수를 훌륭한 예언자로 존경하기는 했지만, 보통 사람과 근본적으로 다르지 않은 그런 사람으로 보았기 때문이다. 그래서 예수의 말을 훌륭한 인간의 말로 받아들였기 때문이다. 예수를 모든 인간이 서 있는 동일한 조건하에서 이해했기 때문이다. 예수를 성인이라고 인정할지라도, 순전히 사람으로만 보는 사람은 누구나, 구원의 문제 앞에서 니고데모와 같이 "어떻게?"라고 물을 수밖에 없다. 니고데모의 대답은 인간적인 차원에서는 정당한 것이지만, 하나님의 차원에서는 정당하지 못한 것이다. 아무리 훌륭한 인간일지라도 니고데모는 그 스스로의 힘으로는 하나님의 차원에 접근할 수 없다.

예수의 대답(5~8절)

인간존재의 근본적인 변화는 성령에 의해서 일어난다. 6절은, 거듭남이 인간에게는 불가능하지만, 그러나 오직 성령에 의해서만 가능하다고 한다. 7절에서 예수는 세 번째로 거듭나야 하는 필연성을 강조하며, 8절에서는 또다시 거듭남이 성령의 창조사역이라고 한다.

예수는 니고데모의 두 번에 걸친 불가능의 답변(4절)에 맞서 역시 두 번에 걸쳐서 거듭나야 하는 필연성(must)을 강조한다(5.7절). 예수의 대답에서 중심이 되는 단어는 다섯 번이나 사용되는 "영"($\pi\nu\varepsilon\nu\mu\alpha$)이다. 그러나 이 다섯 번이나 사용된 영이 모두 동일한 영이 아니다. 예수의 대답은 세 가지를 말한다. a) 죄인이 구원을 받기 위해서는 반드시 거듭나야 한다(must). b) 그러나 거듭남은 인간에게는 불가능하다(can not). 그러므로 4절의 니고데모의 물음은 인간적으로 당연한 물음이다. 거듭남은 인간이 할 수 있는 행위나 공적이 아니다. c) 거듭남은 오로지 하나님의 영의 일이다. 니고데모는 이것을 몰랐다. 거듭남은 오직 하나님에 의해서만 가능하다. 5~8절에 있는 예수의 대답은 마가복음 10:27의 말씀과 같다. 사람으로는 할 수 없으나, 하나님에게는 할 수 있다.

3절이 "하나님 나라를 보다"를 말한다면, 5절은 "하나님 나라에 들어가다"(막 9:47; 10:15 등)를 말한다. 이들은 표현은 다르지만, 모두 동일한 내용을 말하는데, 그것은 종말론적인 구원 곧 영생에 참여하는 것이다. 영생에 참여하기 위해서는 "거듭나야" 하는데, 인간 존재가 근본적으로 변화되어야 하는데, 그런 변화는 "물과 영"으로만 일어날 수 있다. "물과 영으로 난다"는 거듭남의 방식을 말한다. "물과 영"에 대한 두 가지 해석이 있다.

a) "물과 영"을 동의어로 보는 해석이다. 물을 영을 상징하는 말로 보기 때문에, 실제로 말하려는 것은 "영"이다. 이러한 해석의 근거는 다음과 같다. i) 6~8절은 오직 영을 말하고 있기 때문에, 여기서도 물은 영을 상징하는 것으로 보는 것이 자연스럽다. ii) 영을 상징하는 물에 관한 언급은 7:38~39에도 나온다.[32] iii) 에스겔 36:25~27; 이사야 44:3에서 물은 영을 말한다. 정결하게 하고 생명을 살리는 물을 영의 상징으로 해석할 때, 거듭남은 정결하게 하고 소생하게 하는 그리고 새롭게 창조하는 하나님의 영의 일이다.

b) 물을 세례로 해석할 수 있다. 그렇다면 물은 상징적인 의미가 아니라 실제적이고 구체적인 것을 의미한다. 이 해석의 근거는 다음과 같다. i) 디도서 3:5이 세례를 말한다면, 물을 세례로 해석하는 근거가 될 수 있다. ii) 순교자 저스틴(Apol 66,1)은 "거듭남을 가져오는 세례"를 말했다. 그래서 5절에서 물이 세례를 의미한다면, 세례는 거듭남을 일으키는 도구이고, 그 근원은 영이라는 뜻이다. 그러면 물세례와 영은 뗄 수 없이 밀접하게 결합된다. 세례에 앞서서 하나님의 영이 인간을 거듭나게 하는 은혜를 베풀고, 세례는 그

---

32) 그 외에도 19:34의 "물"도 성령을 상징한다고 할 수 있다. 십자가에 달린 예수에게서 나온 "피"는 속죄하는 피를 말하고, "물"은 생명을 살리는 영을 상징한다.

것을 드러내는 표시가 된다는 뜻이다.

두 가지의 해석 중에서 어느 해석을 선택해야 할 것인지는 결정하기 어렵다. 그러나 어느 해석을 택하든지 상관없이, 말하고자 하는 핵심은, 영생에 참여하기 위해서 인간은 반드시 거듭나서 존재가 변화되어야 하는데, 그러나 이 거듭남은 인간에게는 불가능한 일이고, 오로지 하나님의 영이 일으킬 수 있다는 것이다.

6절은 "인간에게 불가능–하나님에게 가능"이라는 대조적인 표현을 통해서 5절의 내용을 더 설명한다. "것"으로 번역된 헬라어의 중성 표현은 원래 남성 형(8b절)이어야 하지만, 중요한 원리를 말할 때는 남성 형을 중성 형으로 변화시켜 사용할 수 있는 것이 헬라어 문법이다.[33] 그러므로 "것"은 "사람"이다. "영"이 두 번 사용되지만, 의미는 각기 다르다. 동일한 단어를 다른 의미로 연속해서 사용하고 있다. 우리말 성경은 그 의미를 살려서 "성령"과 "영"으로 구분하여 번역한다. "하나님의 영으로 태어난 사람은 오직 그 영에 힘입어 생겨난 새로운 존재이다."

6절의 해석에서 중요한 것은 "육과 영"의 이원론이다. 육과 영은 두 가지 영역을 말하며, 인간의 두 가지 존재 방식을 말한다. 육은 현세적인 인간의 영역으로서 죽음의 운명에 빠진 존재방식이며, 영은 하나님의 구원의 영역으로서 영원한 생명의 영역이며, 하나님과 교제를 나누는 존재 방식이다. 모든 인간은 예외 없이 육의 영역에 속하며, 그러므로 철저히 하나님과 구분된다. "…로부터 난 것"은 근원을 말하며, 근원은 본질을 결정한다. 영으로부터 난 사람, 예수의 근원은 하나님이다. 그러므로 본질적으로 예수는 하나님께 속한다. 혈과 육으로 난 인간은 육으로부터 태어났다. 그러므로 인간은 육이다.[34]

"육으로 난 것"은 자연적인 출생을 말한다. 자연적인 출생을 통해서 태어

---

33) 요일 5:4와 3:9; 5:18을 비교.
34) 이는 3:31; 8:23,44,47; 15:19; 17:14,16; 18:36~37에도 거듭 나오는 요한복음의 중요한 원리이다.

난 인간은 본질적으로 육의 존재이다. 그에게는 신적인 것이 없다. 그러므로 하나님과 교제할 수 없다. 이러한 인간이 만들고 행한 모든 것, 아무리 위대한 업적이라 할지라도 그 모든 것들은 어디까지나 육에 속할 뿐이다. 그러므로 그 모든 것들은 허무와 죽음에 빠진 것들이다. 그것들은 인간을 구원으로 한 발짝도 인도하지 못한다. 니고데모가 그 대표적인 사람이다. 경건하고, 고상하고, 지혜롭고, 지위가 높고, 학식이 있는 사람이지만, 구원에 있어서는 여느 사람과 전혀 다르지 않다. 도덕적인 차원이나 인간적인 능력 혹은 지위나 신분 등에서 인간은 천차만별일 수 있으나, 구원에 관한 한 모두가 동일하게 무능한 존재일 뿐이다. 그러므로 구원을 위해서 인간에게는 새로운 근원이 필요하다. 그러므로 구원을 위해서 인간은 거듭나야 하고, 존재의 변화를 받아야 한다. 새로운 근원과 존재를 인간 스스로 만들거나 찾을 수 없고, 오직 하나님에 의해서 그에게 주어져야 한다. 이것이 본문이 말하는 "거듭남"이다.

니고데모를 포함한 인간들이 서 있는 세상(육)의 영역과 예수께서 오신 하나님(영)의 영역 사이에는 연결 다리가 없다. 어느 인간도 스스로의 힘으로는 자신에게서 벗어나서 하나님께로 갈 수 없다. 인간은 항상 옛 사람일 뿐이다. 그것이 우리의 솔직한 경험이다. 요한복음의 예수는 이러한 인간의 운명, 곧 구원을 받기에는 전적으로 무능한 인간을 보면서, 인간의 거듭남이 반드시 필요하다는 사실을 강조한다.

7절은 거듭남의 필연성을 거듭 강조한다. "너희"[35]는 니고데모를 포함한 모든 인간을 말한다. 육에서 난 인간이라면 누구도 예외 없이 거듭나야만 영생에 참여할 수 있다. 육적인 존재, 죽음에 빠진 허무한 존재, 그리고 스스로의 힘으로는 결코 거기에서 빠져나올 수 없는 자기중심적인 존재인 인간이 죽음과 허무의 터널에서 빠져나와 영생에 참여하기 위해서는 존재의 변화를 겪어서 "영으로 난 자"가 되어야 한다. 이것은 너무도 당연한 영의 진

---

35) 우리말 개역성경에서 "너희"는 번역되지 않고 있다.

리이기 때문에, 니고데모를 포함한 어느 인간도 그것을 "기이히 여기지 말아야" 한다.

8절에서 예수는 어희(語戲, word play)를 이용한다. 이러한 어희는 히브리어나 헬라어에서 흔히 사용되는 표현법이다. 프뉴마(πνευμα)가 동시에 바람과 영을 의미한다는 점에 착안한 어희이다. 이 어희를 너무 지나치게 해석해서는 안 된다. 가령 바람이 불고 싶은 대로 부는 것처럼 영도 그처럼 하고 싶은 대로 한다는 식으로 해석해서는 안 된다. 여기서 예수가 어희를 통해서 말하려는 것은, 이해할 수 없고, 조작할 수 없는 영의 활동이다(전도서 11:5 참조). 바람의 길을 알 수 없듯이, 하나님의 영의 활동을 인간은 알 수 없다. 그러므로 하나님이 영을 통해서 일으키는 인간의 거듭남은, 인간이 이해할 수도 없고, 붙잡아 조작할 수도 없다. 순전히 하나님의 선물이며, 인간은 오직 그 선물을 수동적으로 받아들일 뿐이다. 인간은 스스로 거듭남을 일으킬 수 없고, 오직 경험할 수 있다.

9~17절 세 번째 대화 - 예수 안에 나타난 하나님의 사랑

9 니고데모가 대답하여 이르되 어찌 그러한 일이 있을 수 있나이까 **10** 예수께서 그에게 대답하여 이르시되 너는 이스라엘의 선생으로서 이러한 것들을 알지 못하느냐 **11** 진실로 진실로 네게 이르노니 우리는 아는 것을 말하고 본 것을 증언하노라 그러나 너희가 우리의 증언을 받지 아니하는도다 **12** 내가 땅의 일을 말하여도 너희가 믿지 아니하거든 하물며 하늘의 일을 말하면 어떻게 믿겠느냐 **13** 하늘에서 내려온 자 곧 인자 외에는 하늘에 올라간 자가 없느니라 **14** 모세가 광야에서 뱀을 든 것 같이 인자도 들려야 하리니 **15** 이는 그를 믿는 자마다 영생을 얻게 하려 하심이니라 **16** 하나님이 세상을 이처럼 사랑하사 독생자를 주셨으니 이는 그를 믿는 자마다 멸망하지 않고 영생을 얻게 하려 하심이라 **17** 하나님이 그 아들을 세상에 보내신 것은 세상을 심판하려 하심이 아니요 그로 말미암아 세상이 구원을 받게 하려 하심이라

니고데모의 질문(9절)

"그러한 일"은 성령의 활동으로 말미암아 거듭나는 것이다. "어떻게" 그

런 거듭남이 일어나는가? 예수의 대답을 듣고 니고데모는 거듭해서 가능성에 대해서 질문한다. 이러한 질문을 제기하는 니고데모를 이성주의자나 회의주의자 혹은 믿음이 없는 사색가로 보아서는 안 된다. 여기서 니고데모는 6절에서 언급한 육으로 난 인간의 대표자이다. 그러므로 육으로 난 그는 근원적으로 그러한 질문을 할 수밖에 없다. 그가 만일 예수께서 말씀하신 영을 통한 거듭남을 이해하고, 더 이상 질문을 제기하지 않았다면, 그는 더 이상 육에서 난 사람이 아니고, 이미 영에서 난 사람이다. 그러므로 니고데모의 물음은 자연인이 제기할 수 있는 너무도 당연한 질문이다. 그는 아직 믿음의 사람이 아니다. 그러므로 아직 거듭나지 못했다. 그러므로 그는 그렇게 물을 수밖에 없었고, 다른 가능성은 그에게 없었다. 18:37~38의 빌라도는 진리로부터 난 사람이 아니기 때문에, 진리가 무엇이냐고 물을 수밖에 없었던 것과 같다. 만약 그가 진리로부터 난 사람이었다면, 그런 질문을 할 필요가 없었을 것이다. "어찌 그러한 일이 있을 수 있나이까?"는 물음은 해명을 요구하는 질문이 아니라, 영을 통한 거듭남을 이해하지 못한 사람이 거듭남의 필연성을 부정하는 말이다. 영으로 거듭날 수 있는 방법의 문제를 제기하고 설명으로 요구하는 것이 아니라, 영으로 거듭난다는 사실 자체에 대한 무지요 부정이다. "어떻게?" 거듭나지 못한 모든 사람은 누구나 니고데모처럼 그렇게 물을 수밖에 없다.

예수의 대답 I(10~12절)

예수의 대답은 21절까지 길게 이어진다. 두 번이나 "어떻게?"를 물으며 영을 통해서 거듭나야 한다는 말을 이해할 수도, 믿을 수도 없는 인간은 더 이상 할 말이 없다. 그러므로 이제 그는 침묵해야 하고, 예수 홀로 길게 말씀한다.

10절에서 예수가 반문한다. "이스라엘의 선생"이라는 말은 잘 알려진 명망 있는 학자를 말한다. 아마도 그는 예수를 믿지 않는 사람이지만, 종교적으로나 학문적으로 매우 높은 인물이다. 그런 니고데모에게 예수는 반문한다. "이스라엘의 선생으로서 당신은 성경이 거듭남에 대해서 말하고 있는 것을 알고 있으며, 성령의 활동에 대해서 알고 있고, 성령이 종말에 새 창조를 일으킨다는 사실을 알고 있지 않는가? 그럼에도 불구하고 나의 말을 이해하지 못하는가?" 그러나 이것은 니고데모를 향한 책망이 아니다. 이스라엘의 선생이라 하더라도 예수를 믿지 않으면, 성경이 말하는 것을 이해할 수 없다. 죄의식을 가지고 있다고 모든 사람이 자신의 죄를 인정하고 고백하는 것은 아니다. 믿음이 없이는 죄를 고백하지 못한다. 믿음이 없이는 기껏해야 죄의식을 느낄 따름이다. 구약성경은 예수를 증언한다. 그러나 구약성경을 읽고, 연구한다고 하더라도, 예수를 믿지 않으면, 구약성경이 말하는 진리를 이해하지 못하고, 신앙을 고백하지도 못한다. 최고의 신학자일지라도 진리를 고백하지 못할 수 있다. 오직 예수 그리스도에 대한 믿음 안에서만 성경의 진리는 열린다(5:39~40 참조). 그러므로 예수의 반문은 니고데모에 대한 책망이 아니라, 아무리 대단한 성경학자라 해도 예수 믿음 없이는 결코 진리를 알거나 고백할 수 없다는 확증이다. 하나님의 구원활동은 인간의 이성과 능력으로는 이해할 수 없다.

11절의 예수의 대답 속에 있는 "우리"는 예수의 제자들이나 믿는 사람들 혹은 사도적인 증인들을 말한다고 해석하는 이들도 있지만, 그러나 예수 자신을 말한다(3:32 참조). 예수 자신을 말하기 위해서 복수형 "우리"를 사용하는 예는 많다(9:4). 예수라는 인물을 둘러싼 비밀은 인간의 지식에 의해서는 접근할 수 없고, 오직 그 자신이 스스로를 드러내야 알 수 있다. 오직 예수의 말씀과 증언 속에서만 하나님으로부터 오신 분, 하나님의 아들이신 그분이 계시된다(8:26,28,38,40,45~46 등). 예수 자신이 스스로의 인격적인 비밀을 증언하고 계시한다. 예수의 증언과 말씀은 하나님으로부터 온 사람, 하나님의 아들의 권위 있는 말씀이요 증언이다. 그의 말씀은 하나님의 말씀이다(17:17).

11절부터 돌연히 2인칭 복수 "너희"가 사용된다. 2인칭 복수는 이미 7절에서도 사용된 바 있고, 2절의 "우리"도 "너희"에 상응하는 말이다. 이로써 예수의 대화 상대는 단지 니고데모 개인이 아니라, 이스라엘 전체를 넘어서 모든 인간으로 확대된다. 육으로 난 인간 모두가 거듭나야 할 사람이요, 예수의 가르침을 받아야 할 대상이다. 이스라엘의 선생인 니고데모도 여느 인간과 다르지 않다. 구원에 관한한 모든 인간은 동일한 상황에 있는 곧 "육으로 난" 사람들이다(7절).[36] 인간은 예수의 진리의 말씀을 받아들이지 않는다. 이는 1:10~11에서도 읽은 바 있다. 인간은 세상에 오신 하나님의 진리, 예수를 외면했다. 예수와 그의 말씀에서 인간의 본질이 나타난다. 인간은 육에서 난 존재이다. 그러므로 영적인 진리를 이해하지도 못하고, 받아들이지도 못한다. 모든 인간은 하나님의 계시 앞에 눈 먼 장님과 귀머거리로 멍청하게 서 있을 뿐이다. 믿지 못하는 사람은 이해하지 못하는 사람이다. 그러므로 요한복음에 의하면 믿지 못함은 곧 죄이다.

12절은 11절의 사람들이 예수의 증언을 받아들이지 않았다는 말을 해설한다. 예수가 이미 행한 증언은 "땅의 일"에 관한 것이었다. 예수는 "땅의 일"에 관해서는 이미 말했으나, "하늘 일"에 대해서는 아직 말하지 않았다.[37] 예수가 이미 말씀하신 "땅의 일"은 무엇인가? 11~12절과 31~32절은 매우 유사하기 때문에, 문맥상 "땅의 일"은 "땅에서 난 이"(31절) 곧 사람과 관련한 일이다. "육에서 난"(6절) 사람은 육의 한계를 넘어서지 못하는 사람이다. 그러므로 그에게는 "하늘로 가는" 길이 없다(13절). 그가 구원에 참여하고자 한다면, 반드시 거듭나야 한다(3b,5b,7b절). 하늘에서 난 사람 곧 영으로 난 사람이 아니고는 하늘에 갈 자가 없다(3b,5b~8절). 이것이 예수께서 말씀하신 "땅의 일"이다. 이미 예수께서는 이것을 말씀하셨지만, 사람들이 받아들이지 아니하였다.

"하늘의 일"은 13절 이하에서 설명한다. 그것은 예수가 하늘로부터 이 세상에 와서(13,17절; 성육신) 십자가에 달리게 될 사건을 말한다. 성육신과 십

---

36) "너희"는 16,17,19절의 "세상"과 동일하다.
37) 언어적으로 12절은 두 개의 조건 문장으로 되어 있다. εἰ와 직설법 동사로 된 첫 번째 조건 문장은 이미 일어난 사건을 말하며, ἐάν과 가정법 동사로 된 두 번째 조건 문장은 아직 일어나지 않은 사건을 말한다.

자가 사건은 "하늘로부터 오시는 이"(31절) 곧 그리스도의 일이며, 그러므로 땅의 일이 아니라, 하늘의 일이다. 땅의 일은 육으로 사는 인간에게는 구원이 없으며, 그러므로 반드시 거듭나야 한다는 것이고, 하늘의 일은 성육신과 십자가 죽음이라는 구원사건을 말한다. 땅의 일을 믿지 못하는 사람은 하늘의 일을 믿지 못한다. 인간이 구원을 받을 수 없는 죄인이라는 사실을 믿지 못하면, 그리스도의 십자가와 부활을 통하여 구원을 받게 되리라는 것을 믿지 못한다. 반대로 하늘의 일을 알고 믿으면 땅의 일도 이해한다. 그리스도 사건(하늘의 일)으로부터 우리는 인간이 거듭나야 한다는 필연성(땅의 일)을 알게 된다. 거듭나야 구원에 참여할 수 있다는 예수의 말씀을 이해할 수 있는 사람은 오직 믿음의 사람뿐이다.

예수의 대답 Ⅱ (13~21절)
먼저 13~17절은 "하늘의 일" 곧 성육신과 십자가 사건을 교차법적인 문장구조를 통해서 설명한다.

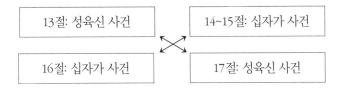

13절에 의하면, 어떤 사람도 하늘에 올라간 적이 없고, 그러므로 하늘을 알지 못한다. 오직 하늘에서 온 사람 곧 인자 홀로 하늘을 안다. 인간은 예외 없이 하나님을 아는 지식에 도달할 수 없다(잠언 30:4 참조). 인간(σαρξ)에게는 하나님께 가는 통로가 허락되지 않았다. 이 통로는 하나님에게서 온 사람, 그 한 분에게만 열려 있다. 이는 1:18과 동일한 말씀이다. "내려가다"(κατ αβαινειν)는 요한복음에서 성육신을 말하기 위하여 자주 사용된다.[38] 반면

---

38) 6:33, 38, 41~42, 50~51, 58.

에 "올라가다"($\alpha\nu\alpha\beta\alpha\iota\nu\epsilon\iota\nu$)는 아버지께로 되돌아가는 것을 말한다. 여기서 벌써 되돌아감을 말하는 것은 복음서 저자가 십자가와 부활 승천을 이미 체험하고 난 후에 그의 복음서를 기록했기 때문이다.

14~15절은 예수의 십자가 사건과 민수기 21:4~9의 모세 이야기를 비교한다. 민수기에서는 죽음의 위기에 빠진 인간들 한가운데 구원의 표시로 뱀이 높이 올려졌다(지혜서 16:6 참조). 비교되는 것은 올려짐과 바라봄이다. 이로 인하여 곧 죽어야 할 사람들에게 구원이 주어진다. 구원을 가져오는 믿음은 죽어야 할 사람들을 위해서 십자가에 달려 높이 세워진 그분을 바라보는 것이다. 예수는 반드시 십자가에 달려야 한다($\delta\epsilon\iota$; must). 12:34에도 나오는 이 $\delta\epsilon\iota$(must)-문장은 공관복음서의 수난 예고에도 나온다(막 8:31 병행). 인자 예수가(1:51; 5:27) 십자가에 높이 들려야 한다.[39] 인자가 왜 반드시 십자가에서 죽어야 했는가? 인자는 그 자신을 위해서가 아니라, 우리를 위해서 십자가에 달려야 했다. 죽어야 할 인간을 살리기 위해서다. 죄를 짓고 죽어야 할 세상이지만, 하나님은 세상을 포기하지 않으신다. 세상을 살리기 위해서 하나님은 예수를 십자가에 달리게 하신 것이다. 예수의 십자가 죽음은 인간에게 구원을 가져오는 사건이기 때문에, 반드시(must) 일어나야 할 하나님의 사건이다.

십자가에 달림으로써 예수는 원수를 이겼다. 십자가는 적들에 대한 승리이다.[40] 십자가에 달리는 것을 높이 올리어지는 것이라고 말함으로써 요한복음은 예수께서는 십자가에서 승리하셨다는 것을 말한다. 십자가의 죽음은 그 자체로서 구원하는 능력이다. 그것은 육으로 난 사람, 죄와 죽음에 떨어진 사람을 구원하는 능력이다. 그러므로 예수의 십자가는 광야에서 높이 들려진 뱀에 비교된다.

---

39) 8:28; 12:32.34. 반면에 "영광을 받다"는 십자가 죽음, 부활 그리고 승천을 포괄해서 말한다(7:39; 12:16.23; 13:31~32).
40) 12:31; 16:11.33.

15절의 "그를(εν αυτω) 믿다"는 "그 안에서 얻다"로 번역되어야 한다.[41] "믿는 사람이 그 안에서 영생을 얻게 하려 하심이라." 요한복음에서 "믿다" 동사는 목적어 없이 사용되는 경우가 자주 있는데, 믿음의 대상은 당연히 3:16에서처럼 "십자가에 달리신 그리스도"이다. 예수 안에 영생이 있다. "영생"(ζωη αιωνιος)이라는 말은 여기서 처음 나오지만, 이후부터 요한복음의 중심 용어가 된다.[42] 영생은 요한복음이 전문적으로 사용하는 용어이다. 영생은 예수와 교제하는 삶으로서, 하나님의 종말론적인 구원을 말한다. 십자가에 달려 죽으신 예수 그리스도를 믿는 사람이 그리스도 안에서 영생을 얻게 하시려는 것이 하나님의 뜻이다.

16절은 신약성서에서 가장 널리 알려져 있는 말씀이다. 하나님의 사랑이 독생자를 십자가에 달리게 했다. 아들을 내어 주신 것은 하나님의 사랑의 증거이다(요일 4:9~10). 그러므로 예수는 진노한 하나님을 위무하기 위해서 십자가에 달린 것이 아니라, 예수 자체가 하나님의 사랑이다. 그러므로 예수를 십자가에 달리게 하신 하나님은 진노하시는 하나님이 아니라, 사랑의 하나님이다. 교회의 역사에서 제기되었던 소위 "위무설"은 여기에서 근거를 잃는다.

"세상"(κοσμος)은 하나님을 떠나 죽음에 빠진 인간 세상이다(1:29). 요한복음에서 세상이 하나님의 사랑의 대상으로 나타나는 것은 이곳뿐이고,[43] 다른 곳에서 하나님의 사랑의 대상은 아들 혹은 그리스도를 사랑하는 사람들(16:27) 혹은 예수를 믿는 사람들뿐이다(17:23). 하나님은 "세상"을 사랑하

---

41) 우리말 개역성서는 "믿다"와 연결해서 번역한다. "믿다"로 연결하려면, 16절처럼 εις αυτον이어야 한다.

42) 3:16,36; 4:14,36; 5:24,39; 6:27,40,47,54,68; 10:28; 12:25,50; 17:2~3 등. 5:24,40; 6:33,35,48,51,53,63; 8:12; 10:10; 11:25; 14:6; 20:31 등에 사용되는 ζωη(생명)도 "영생"과 같은 뜻이다.

43) "세상"에 관해서 요한복음은 때로는 긍정적으로(3:16), 때로는 부정적으로 말하기도 하고(1:10; 7:7; 8:23; 12:25; 14:17,22,27,30; 15:18~19; 16:8,20,33; 17:6,7,11,13,14,16,25; 18:36 등), 때로는 중립적으로 말하기도 한다(1:3~4; 6:14,33; 11:27 등). 세상은 포기할 수 없는 하나님의 창조 세계이고, 사랑과 구원의 대상이다(4:42; 9:5). 세상에 대한 긍정과 부정의 기준은 믿음이다.

시기 때문에, 모든 사람을 사랑하시고, 구원하기를 원하신다. 하나님은 원수까지도 사랑하신다. "사랑하셨다"(ηγαπησαν)는 단순과거 동사로서 이미 단번에 나타난 하나님의 사랑을 말하며, 그러므로 세상을 위하여 십자가에서 죽은 예수 안에 나타난 하나님의 사랑을 말한다. 십자가는 반복될 수 없는 단 한 번 일어난 사건이며, 하나님이 세상을 얼마나 사랑하고 계시는지를 나타내는 가장 분명한 표식이다.

"주셨다"(εδωκεν)는 성육신을 말하는지, 십자가를 말하는지, 혹은 그 둘을 모두 말하는지 해석을 둘러싼 논란이 있다. 그러나 여기서는 오직 십자가 사건을 의미한다. 그러면 로마서 8:32의 "내주신"(παρεδωκεν)과 같은 의미이다.[44] 그러므로 "죽음에"를 보충해서 "죽음에 내주셨다"로 읽어야 한다. "주셨다"가 오직 십자가의 죽음을 의미하는 근거로는 a) 14~15절과 연결할 때 분명하며, b) 성육신을 위해 보내심을 말할 때, 요한복음은 3:16처럼 "내주다"(εδωκεν)가 아니라, "보내다"(αποστελλειν[45]) 혹은 πεμπειν[46])를 사용하기 때문이다. 16절은 이사야 53장을 배경으로 한다. 이사야에 의하면, 한 사람이 다른 사람들의 죄를 대신하여 짊어지고 죽는다. 요한복음에서 다른 사람들의 죄를 짊어진 한 사람은 예수 그리스도이다. 하나님의 아들 외에는 누구도 다른 사람들의 죄를 대속할 수 없다.

16a절이 14절을 반복한다면, 16b절은 15절을 반복한다. "멸망"은 영원히 하나님으로부터 떨어져 나간 인간(κοσμος)의 운명이다. 이에 대한 반대 개념은 17절의 "구원"이다. 하나님이 독생자를 십자가에 내어주신 목적은 죄와 죽음에 빠진 인간을 구원하기 위함이다. 예외 없이 모든 사람이 죄와 죽음에 빠졌기 때문에, 하나님의 구원하시는 사랑에서 배제되는 사람은 없다. "믿는 자마다"가 그것을 말한다(롬 1:16 참조). 믿음은 인간이 성취할 수 있는 구원의 조건이 아니다. 하나님이 "세상으로부터" 아들에게 준 사람들은 아

---

44) 갈 1:4과 갈 2:20의 동사들을 비교.
45) 3:17,34; 5:36,38; 6:29,57; 7:29; 8:42; 10:36; 11:42; 17:3,8,18,21,23,25; 20:21; 요일 4:9~10,14.
46) 4:34; 5:23~24,30,37; 6:38~39,44; 7:16,18,26,29; 9:4; 12:44~45,49; 13:20; 14:24; 15:21; 16:5 등.

들을 믿는다(15:19; 17:6). 모든 사람은 하나님의 구원의 대상이지만, 그러나 하나님께서 믿게 해 주신 사람만이 구원을 받는다. 이처럼 요한복음에서는 보편주의와 예정사상이 나란히 나타난다.[47] 하나님은 세상을 사랑하시지만 (보편주의), 오직 그가 부르신 사람들에게만 믿게 하신다(예정사상).

17절은 13절로 연결하면서 성육신을 말한다. 예수는 십자가에서 죽으려고 세상으로 왔다. 17절에는 "세상"이 3번이나 나온다. 첫 번째 "세상"은 말 그대로 세상 전체를 의미하고, 두 번째와 세 번째 "세상"은 16절이 말한 인간 전체를 말한다(1:10에서도 그렇다). 예수가 세상에 오신 목적은 스스로의 힘으로는 도저히 구원의 길을 갈 수 없는 세상 곧 사람들을 구원하기 위해서다(4:42). 그러므로 인간을 심판하기 위해서 예수가 이 세상에 오신 것이 아니다. 이 점에서 요한복음과 공관복음이 차이를 보인다. 공관복음에서는 믿는 사람이나 그렇지 않은 사람이나 모두 "심판"을 받으며, 그러므로 심판의 결과는 구원이거나 멸망이지만, 그러나 요한복음에서 믿는 사람은 심판을 받지 않고 영생을 얻는다(18절; 5:24). 심판은 믿지 않는 사람에게만 주어지는 저주와 멸망이다.[48] 예수를 믿지 않음은 심판을 받았다는 표식이고, 예수를 믿음은 구원을 받았다는 표식이다. "구원을 받다"는 3절과 5절이 말하는 하나님의 나라에 들어가는 것, 15~16절이 말하는 영생을 얻는 것이다.[49]

예수는 세상을 심판하기 위해서 오신 것이 아니지만, 그러나 세상은 예수와 만남으로써 심판을 받는다. 구원하시기 위하여 오신 예수를 거부함으로써 세상은 구원자를 거부해버리는 것이고, 그럼으로써 스스로를 심판하는 것이다(18절). 그러므로 구원은 하나님의 은혜의 선물이지만, 심판은 인간 스스로의 책임이다.

---

47) 5:25; 6:45; 11:51~52; 12:32.
48) 3:17~18.19; 5:22.24.27.29.30; 8:15~18; 12:31.47~48; 16:8.11.
49) 5:34; 10:9; 12:47; 4:22.42.

18~21절 대화의 마무리 – 믿는 사람은 심판을 받지 않는다

18 그를 믿는 자는 심판을 받지 아니하는 것이요 믿지 아니하는 자는 하나님의 독생자의 이름을 믿지 아니하므로 벌써 심판을 받은 것이니라 **19** 그 정죄는 이것이니 곧 빛이 세상에 왔으되 사람들이 자기 행위가 악하므로 빛보다 어둠을 더 사랑한 것이니라 **20** 악을 행하는 자마다 빛을 미워하여 빛으로 오지 아니하나니 이는 그 행위가 드러날까 함이요 **21** 진리를 따르는 자는 빛으로 오나니 이는 그 행위가 하나님 안에서 행한 것임을 나타내려 함이라 하시니라

이 단락은 두 가지를 반복한다. a) 인간으로부터는 오직 멸망의 가능성 밖에는 없으며, 인간은 육(σαρξ)에 속한 자로서 죽음과 저주에 빠진 존재이다. b) 이러한 인간에게 구원은 오직 하나님에 의해 주어질 뿐이고, 그러므로 믿음 안에서 거듭남을 경험하는 기적으로만 구원을 얻는다. 그러므로 니고데모와의 대화를 요약하는 단락이다.

18절과 유사한 말씀은 3:36과 5:24에도 있다. 18a절은 믿음을 말한다. 본질상 저주와 죽음에 빠진 인간은 구원하러 오신 하나님의 독생자를 믿음으로써 저주와 죽음에서 벗어난다. 그러므로 믿는 자는 죽음의 심판을 받지 아니하고, 영생에 참여한다(3:36a; 5:24; 6:47). 하나님의 아들을 믿는 사람은 이미 죽음에서 생명으로 옮겨진 사람이다. 그는 그리스도의 죽음을 통해서 하나님과 교제를 나누게 된 사람이기 때문에, 이미 지금 여기서 영생을 산다.

18b절에 의하면, 믿지 않는 사람은 믿지 않음으로 자신이 이미 저주와 죽음의 심판에 빠져 있다는 사실이 확증된다. 그는 믿지 않았기 때문에 심판을 받은 것이 아니다. 그의 믿지 않음이 저주와 죽음의 심판을 받는 원인이 아니다. 그의 믿지 않음은 원인이 아니라, 결과이며 증명이다. 믿지 않음은 구원받지 못하고 저주받았다는 것을 증명한다. 믿지 않음은 예수와 교제하지 않음이며, 예수와 교제하는 삶 외에는 어디에도 생명이 없다. 그러므로 믿지 아니하는 자는 오직 하나님의 진노 아래 있을 뿐이다(36b절).

19절에 의하면, 빛이신 하나님의 아들이 세상에 왔으나 사람들이 빛을 거

부하고 어둠을 더 사랑한 것이 심판("정죄")이다. 예수는 세상을 심판하기 위해서 오시지 않았다(17절). 세상 사람들이 빛을 거부하고 어둠을 사랑함으로써 스스로 심판에 빠졌다. 빛보다 어둠을 "더 사랑한 것"이라는 표현은 비교하려는 것이 아니고, 빛을 전혀 사랑하지 않았고, 오직 어둠을 사랑했다는 뜻이다(12:43). 비교 형식으로 절대적인 뜻을 말하는 것은 히브리어 표현 방식이다.

"사람들"은 누구인가? "사람들"은 모든 사람들, 한 사람의 예외도 없이 세상에 온 모든 사람들이다. 모든 인간은 한 사람의 예외도 없이 죄와 죽음에 빠졌다. 1:10~11이 말했듯이, 사람들은 예외 없이 세상에 오신 로고스, 세상에 오신 빛을 거부했다. 그럼에도 불구하고 빛을 사랑하는 사람이 있다면, 그는 예외적인 사람이 아니라, 성령의 거듭나게 하시는 기적을 체험한 사람, 하나님으로부터 난 사람이다(1:12~13). 하나님은 성령의 활동을 통해서 어떤 사람들 안에 빛을 사랑하는 놀라운 기적을 일으킨다.

사람들이 어둠을 사랑한 이유는 그들의 행위가 악하기 때문이다. 인간의 "악한 행위"를 도덕적인 차원으로 보아서는 안 된다. 행위(τα εργα)는 인간의 개별적이고 도덕적 행위들을 말하는 것이 아니라, 인간의 본질의 표현을 의미하며, "악한"이라는 말은 8:34에서처럼 "죄를 행함"을 말한다. "죄를 행하는 자마다 죄의 노예이다."(8:34) 그러므로 "악한 행위"는 도덕적인 타락 이전에 오염된 인간 존재를 드러내는 행위이다. "악한 행위"를 하지 않을 사람은 존재하지 않는다. "악한 행위"는 모든 인간을 절망적으로 붙잡고 있는 감옥이다. 악은 인간을 지배하고 규정하는 힘이기 때문에, 인간이면 누구나 예외 없이 악한 행위를 할 수밖에 없다. 그러므로 모든 사람은 어둠을 사랑하고, 빛을 배척한다. 빛을 배척한 것은 인간이 어둠에 갇혀 있다는 증거이다. 그것이 죄인인 인간의 운명이고 심판이다. 죄에 짓눌려 있는 사람에게는 결코 하나님께 나아가서 빛을 사랑할 자유가 없다(렘 13:23; 호 5:4). 어둠에 붙잡힌 사람의 행위는 악할 수밖에 없다. 인간이 악한 행위를 하기 때문에 악한 것이 아니라, 인간이 어둠 속에 있는 존재이기 때문에 악한 행위를 할 수밖에 없다. 6:29에 의하면, 하나님이 원하시는 행위는 믿음이다. 믿지 않음은 하나님이 원하지 않은 행위 곧 악한 행위이다. 인간이 "악한 행위"를 하지 않고, 아들을 믿기 위해서는 먼저 인간 존재를 붙잡고 있는 죄의 감옥을 무너뜨려야 한다. 그러나 인간의 힘으로는 불가능하며, 오직 하나님만이 홀로 죄의 감옥을 깨뜨릴 수 있다. 그것을 거듭남이라고 한다.

20~21절은 19절의 내용을 대조하는 구조를 통해서 더 깊이 해설한다. 이런 대조는 일반적인 경험의 법칙에서 나온다. 누구나 악을 행하면 빛을 싫어하고, 의를 행하면 빛을 사랑한다. 이런 일반적인 경험법칙이 19절의 내용과 결합되어 의미의 변화가 일어났다. 20절은 죄에 떨어진 인간 곧 모든 인간에 관한 말씀이다. "악을 행하는" 사람은 "죄의 종"으로서 오로지 죄를 지어 악행을 할 수밖에 없는 인간이다(19절의 "사람들"; 8:34 참조). 그러므로 인간은 빛을 미워하고, 빛으로 나오지 않는다. "행위"는 도덕적인 개념이 아니라,50) 죄의 종이 된 인간이 행할 수밖에 없는 운명적인 행위 전체를 말한다. 죄인이 참 빛이신 예수께로 나오면, 그 진정한 모습이 폭로되어, 인간의 잃어버린 존재, 죽을 수밖에 없는 존재, 멸망의 길을 가고 있는 존재의 현주소가 적나라하게 드러난다(8:12; 12:46). 그러므로 구원을 받기 위해서 육으로부터 난(3:6) 인간은 필연적으로 거듭나야 한다(3:5.7).

1:11과 1:12; 3:32와 3:33처럼, 3:20과 3:21도 대조적인 구조이다. 모든 인간이 죄의 종이 되어 빛을 거부할 수밖에 없지만, 그럼에도 불구하고 "진리를 행하는"51) 사람들이 있다. 절대 다수의 죄의 종들과는 달리 예외적으로 죄의 종이 아닌 사람들도 있다는 말인가? 그렇게 해석하면서, 도덕적으로 선하고 하나님의 뜻에 합당하게 행동하는 더 좋은 기질을 가진 사람들이 있

---

50) 유대교나 야고보서 혹은 마태복음에서라면 이러한 말씀은 윤리적으로 이해하는 데 별 문제가 없을 것이다. 그러나 요한복음에서 이 두 구절은 19절과의 맥락 속에서 해석되어야 한다. 20~21절은 19절의 근거를 말한다. 19절에 의하면 죄에 빠진 인간 존재는 빛으로 이 세상에 오신 예수 그리스도를 필연적으로 거부할 수밖에 없다.
51) 우리말 개역성경은 "진리를 따르는"으로 번역한다.

다고 주장하는 사람도 있다. "이런 식으로 하나님을 붙잡고 그의 뜻을 성취하려고 하는 사람은 … 하나님이 보내신 분의 말씀을 듣고 받아들일 수 있는 기질을 가지고 있다."[52] 어떤 인간 안에는 그런 기질이 있고, 어떤 다른 인간 안에는 그런 기질이 없다는 말인가? 그럴 수 없다. 요한복음은 예수께로 올 수 있는 어떤 도덕적 기질을 가진 특별한 사람이 있다고 하지 않는다. 모든 사람은 어둠 속에 있는데, 어떤 몇 사람은 그러한 기질을 가지고 있어서 스스로의 힘으로 어둠을 벗어나서 빛으로 나올 수 있는가? 요한복음은 그렇게 말하지 않는다.

20~21절은 전적으로 8:34,36의 빛에서 해석해야 한다. 20절은 8:34와, 21절은 8:36과 연결된다. 21절이 말하는 사람 곧 진리를 행하는 사람이 되려면, 먼저 그는 거듭나야 한다. "빛으로 오다"는 예수께로 오는 것이다(6:44; 6:65). 인간이 자신 안에 있는 어떤 기질로 인하여 예수께로 올 수 있는가? 결코 아니다. 아버지께서 이끌어주지 않으면 누구도 예수께로 올 수 없다. 그러므로 20절은 18b절처럼 하나님을 떠난 모든 인간의 절망적 상태와 그 결과를 말하며, 반면에 21절은 하나님의 사랑과 능력으로 믿음의 자유를 선물 받은 사람을 말한다. 모두가 죄의 종이 되어 빛을 싫어하지만, "진리를 따르는" 사람이 있다면, 그것은 전적으로 하나님이 베푸신 기적과 은혜의 산물이지, 인간 안에 있는 어떤 기질이 일으키는 것이 아니다. "진리를 행하는" 자는 "진리에 속한" 자이다(18:37). 진리를 행하는 자는 하나님의 일을 행하는 자이며, 하나님의 일은 예수를 믿는 것이다(6:29). "하나님 안에서" 곧 하나님과의 교제 가운데 거듭난 사람만이 믿을 수 있다. 그러므로 믿음은 전적으로 하나님의 은혜의 선물이다(6:44.65). 빛을 믿고 진리를 따르는 사람도 그 스스로는 타락하여 죽을 수밖에 없는 인간에 속하지만, 하나님의 은혜로 말미암아 거듭난 사람이 되어, "사망에서 생명으로 옮겨진" 사람이다(5:24; 8:34~36도 참조).

---

52) Schnackenburg, Johannes, 430~431.

니고데모 단락에 나타난 요한복음의 신학

니고데모와의 대화 단락은 요한복음의 신학적인 메시지가 갖는 성격을 분명하게 보여준다.

1. 이 단락에는 "할 수 있다" 혹은 "할 수 없다"(δυνασθαι; can; can not)와 "해야한다"(δει; must)는 표현이 반복된다. δυνασθαι는 3b.5b.4a.b.9b절 등에 5번이나 반복되는데,[53] 3b.5b절은 예수의 말이고, 4a.b.9b절은 니고데모의 말이다. 예수는 거듭나지 않은 사람은 하나님 나라를 볼 수 없고(3b), 들어갈 수 없다(5b)고 말한다. 그러므로 하나님 나라를 보고 들어가려는 사람은 반드시 거듭나야 한다. 이에 대해서 니고데모는 "어떻게" 사람이 거듭 태어날 수 있겠느냐고 반문한다(4a.b.9b). 이에 대해서 예수는 사람은 반드시(δει) 거듭나야 한다고 거듭 강조한다(7절). 예수는 거듭나야 할 필연성을 말하고, 니고데모는 거듭날 수 있는 가능성을 부정한다. 여기에 인간의 딜레마가 있다. 반드시 거듭나서 새사람이 되어야 구원을 받는데, 그럴 능력이 인간에게는 없다. 인간은 자신의 구원을 위해서 할 수 있는 일이 없다. 바로 여기서 또 하나의 δει를 생각하게 된다. "인자는 반드시 십자가에 달려야 한다."(14절) 거듭나서 새사람이 될 가능성(can)이 인간 자신에게는 없기 때문에, 인간을 대신해서 인자가 십자가에 달려야만(must) 했다. 그 외의 다른 길이 없다. 두 개의 δει문장은 결코 우연이 아니다. 인간은 반드시 거듭나야 하기 때문에(7b절), 인자는 반드시 십자가에 달려야 했다(14b절). 그러기 위해서 하나님의 아들은 세상에 왔다(16~17절). 이처럼 인간의 거듭남의 필연성과 인자의 십자가 죽음의 필연성은 서로 얽혀 있다.

---

[53] 니고데모의 말인 2절까지 합하면 6번이다. 그러나 2절의 δυνασθαι는 다른 범주에서 생각해야 한다.

2. 그러므로 예수의 십자가 죽음이 인간을 거듭나게 해서 구원에 이르게 하였다. 예수의 십자가 죽음이 어떻게 죽음에 빠진 인간에게 생명을 가져다줄 수 있는가? 예수의 죽음은 대리적인 속죄의 죽음이기 때문이다. 요한복음은 예수의 대리적인 속죄죽음을 말한다.

a) 예수는 하나님의 어린 양이다(1:29). 요한복음은 이 말로 시작해서 수난사 전체를 통해서 이것을 주제화한다. 19:36은 명시적으로 말한다(출 12:46; 민 9:12; 시 34:20 참조). 예수를 유월절 양이라고 하거나 또 요한복음이 공관복음과는 다르게 양의 도살 날짜를 유월절 전날로 변경한 것은 예수를 세상 죄를 지고 도살당하는 종말론적인 유월절 양으로 보기 때문이다.

b) 19:34에 의하면, 한 군인이 예수의 옆구리를 창으로 찌르자 피와 물이 쏟아졌다. 이것은 십자가 죽음을 통해서 속죄와 정결이 일어났다는 것을 상징적으로 보여준다. 십자가에서 물과 피를 통한 죄인의 거듭남이 일어났다.

c) 대리적인 죽음에 관한 언급은 10:11,15; 11:50 이하; 15:13; 18:14 등에도 나온다. 그는 스스로를 죽음에 내어주었다는 전형적인 어투가 사용되는데, 이 어투는 17:19에서 속죄신학으로 설명된다. 수난을 앞두고 예수가 아버지와 나누는 대화이다. 이 말은 수난사에서 일어날 일을 미리 드러낸다. 예수는 제자들을 대신해서 바쳐질 제물로서 자신을 거룩하게 구별한다. 제물로 바쳐진 예수를 통해서 제자들이 하나님께 드려진다. 죽음을 통해서 하나님께 드려지는 참 생명이 되는 것이 속죄의 진정한 의미이다.

d) 19:31은 내용적으로 신명기 21:22~23과 관련된다. 나무에 매달린 자는 하나님의 저주를 받은 자이다. 바울이 갈라디아서 3:13에서 말한 것을 요한복음도 말하고 있다. 요한복음에서도 바울 서신에서와 같이 예수의 십자가 죽음은 인간이 받아야 할 저주를 대신 짊어진 속죄의 죽음이다. 저주는 하나님으로부터 분리되는 것이다. 그러므로 저주가 제거됨으로써 하나님과의 사귐이 회복되었다. 이것이 바로 속죄 사상의 핵심이다.

e) 내포적 대리(內包的 代理; inkludierende Stellvertretung)는 속죄사상에서 가장 독특한 것이다. 12:24이 이것을 말한다. 떨어져 죽은 씨앗 속에는 많은 열매들

이 내포되어 있다. 예수의 죽음에는 많은 사람의 죽음이 내포되어 있으며, 이 죽음으로부터 한 씨앗이 많은 사람에게 생명을 가져다준다. 12:32은 이것을 신학적으로 설명한다. 십자가에서 죽은 예수가 이 땅에서 올리어지면, 모든 사람을 자신과 함께 묶어서 구원으로 인도한다. 예수의 부활과 승천에는 모든 사람의 부활과 승천이 내포되어 있다.

3. 거듭남과 믿음은 오로지 선물로 받는다

3b절과 5b절 그리고 15.16.18절을 비교해 보면, 분명한 그림이 그려진다. 먼저 3b절과 5b절은 거듭나야 하나님 나라를 볼 수 있고, 갈 수 있다고 하며, 반면에 15.16.18절은 "그를 믿는 자"가 심판을 받지 않고 영생을 얻는다고 한다(20:31도 참조). 거듭나는 것과 믿는 것의 결과가 하나님 나라에 가는 것 곧 영생을 얻는 것이다. 그러므로 거듭나는 것은 믿는 것이다. 믿는다는 것은 전혀 새로운 사람으로 거듭나는 것이다. 그러므로 거듭남은 특별하고 신기한 거듭남의 경험이 있어야 하는 것은 아니다. 예수 그리스도를 하나님의 아들로 믿는 것, 믿음으로써 하나님의 자녀가 되는 것이 곧 거듭나는 것이다(1:12 참조). 특히 요한1서 5:1에 의하면, 예수가 그리스도이심을 믿는 자가 하나님께로부터 난 자이다. 바울도 고린도후서 5:17에서 그리스도 안에 있는 사람이 새로운 피조물이라고 한다. 니고데모가 계속해서 거듭남의 불가능성을 말한다면, 그것은 그가 아직 믿음으로 들어오지 못했다는 표식이다.

그러면 누가 어떻게 믿음을 갖고 거듭나 새사람이 될 수 있는가? 이 물음에 답하기 위해서 니고데모가 어떤 사람인지를 알아야 한다. 그는 "바리새인", "산헤드린 회원", 그리고 "이스라엘의 선생"이다. 이런 신분은 그가 보통 사람이 아니라, 당시 유대인들이 종교적으로나 사회적으로 그리고 학문적으로 생각할 수 있는 최고의 사람이다. 그런 사람이 예수께서 거듭나야 하겠다는 말씀을 했을 때, 전혀 이해하지 못한다. 니고데모는 이해력이 없는 이성주의자나 회의주의자가 아니다. 니고데모에게는 예수의 말씀을 이해할 수 있는 능력이 부족하거나 사용하지 않아서 예수의 말씀을 이해하지 못한 것이 아니다. 그에게는 근본적으로 예수의 말씀을 이해할 능력이 없다. 요한복음이 니고데모를 그 당시 최고의 인물로 소개하면서도 그가 예수의 말씀을 이해하지 못했다고 한다면, 그로써 무엇을 말하는가? 니고데모 같이 최고의 인물도 예수의 말씀을 이해하지 못한다면, 하물며 보통의 사람들은 어떠할까? 간단히 말해서 인간은 누구를 막론하고 예수의 말씀을 이해할 수 없다. 그럴 능력이 인간에게는 아예 없다. 루터는 이렇게 말했다. "하나님은 우리에게 예를 하나 들어주셨다. 자연 속에서 가장 좋은 것이라도 아무것도 아니라는 것을 알라고. 가장 아름답고, 밝고, 빛나는 곳에서도 자연은 눈이 멀었다. 그래서 질투와 미움으로 가득 차 있다. … 이성은 하나님 앞에서 눈이 멀고 죽은 것 외의 아무것도 아니다. 그러므로 자연은 하나님의 일을 그리워할 수도 없고, 추구하지도 않는다." 루터는 니고데모에 관해서 이렇게 말한다. "그는 정말로 하나님에 관해서 많이 알고 있었다. 그러므로 이 사람은 지혜롭고 학식 있는 모든 사람의 모형이다. 최고의 이성을 가지고 있다. 그러나 그리스도가 말하는 것을 전혀 이해하지 못하는 사람의 모형이다."[54]

니고데모는 유대교 회당의 대표로서 혹은 기독교의 문지방을 넘지 못한 모든 유대인들의 대표자로서만 예수와 대화를 하고 있는 것이 아니고, 니고데모는 모든 인간의 대표로서 예수 앞에 서 있다. 니고데모가 예수의 말씀을 이해하지 못하고, 거듭남의 불가능성을 말한다면, 그것은 모든 인간이 그렇게 말하는 것이다.

믿음은 하나님의 선물이다. 후기 루터주의나 경건주의는 다르게 말한다. 그들은 거듭남의 경험을 말하며, 그 경험의 근거 위에 믿음이 세워진다고 한다. 이는 오늘날도 흔히 들을 수 있는 말이다. 그러나 믿음은 거듭나기 위해서 인간이 성취해야 할 조건이나 전제가 아니다. 믿음은 거듭남 그 자체이지, 거듭남을 체험하기 위한 전제가 아니다. 믿으면 거듭난다가 아니라, 믿음이 곧 거듭남이다. 믿음은 영생을 얻기 위한 인간적인 수단이나 도구가 아니다. 믿음은 하나님이 주시는 선물로서, 믿음은 영생에 참여한다. 믿음은 영생을 얻는 방법이 아니라, 영생에의

---

54) WA XV 567,7ff.

참여 그 자체이다. 하나님의 아들을 믿는 믿음 자체가 영생이다. 거듭남은 볼 수 도 없고 입증할 수도 없다. 거듭남은 인간의 체험능력이 가진 심리적인 영역에 자 리 잡을 수 없다. 어느 사람이 이미 하늘나라에 있느냐, 영생을 얻었느냐를 보여 줄 수 없는 것처럼 거듭남도 입증할 수 없다. 오직 믿음이 그가 믿고 있음을 믿을 수 있다.

모든 인간에게는 거듭남의 가능성이 없다면, 누가 어떻게 거듭날 수 있는가? "물과 성령으로" 거듭나야 한다(5절). "물"은 "성령"을 말하는 다른 단어이다. 그 러므로 거듭남은 성령의 활동이다. 다음으로 우리는 13~17절이 집중적으로 말하 는 그리스도 사건에 주목해야 한다. 그리스도는 죄인의 거듭남을 위하여, 죄인의 영생을 위하여 이 세상에 왔고, 십자가에서 죽었다. 그리스도의 십자가 죽음에서 사람의 거듭남이 일어났다.

요한복음에서 성령과 그리스도는 떨어질 수 없는 관계에 있다. 그리스도는 "성 령으로" 세례를 베푸는 분이고(1:33), "성령을 한량없이 주시는" 분이다(3:34).[55] 그리스도께서 하신 말씀은 "영과 생명"으로서(6:63), 영생을 가져오는 말씀이다 (6:68). 그리스도는 하나님에 의해서 이 세상으로 보내졌고 십자가에 달린 아들이 다. 그러므로 그리스도는 하나님으로 말미암아 태어났다. 하나님으로부터 태어난 사람은(1:13) 영으로 태어난 사람이다(5~8절). 그리스도의 십자가 죽음에서 모든 사람의 거듭남이 일어났고, 성령의 새롭게 하는 활동을 통해서 개인은 십자가에 서 일어난 거듭남에 참여함으로써 새사람이 된다.

하나님은 그리스도와 성령의 활동을 통해서 인간을 거듭나게 한다. 인간을 거 듭나게 하시는 분은 하나님이다. 그러므로 인간은 거듭남을 받는 수동적인 위치 에 있다. 인간이 모태에서 능동적으로 자신을 만들 수 없고, 오직 만들어지는 것처 럼, 거듭남도 마찬가지이다. 인간은 오직 거듭나게 될 뿐이고, 인간 스스로의 결 단, 힘이나 행동을 통해서 거듭날 수 없다. 거듭남은 인간의 자유결단과 행동에 의

---

55) 우리말 개역성서는 여기서 "하나님"을 주어로 번역한다. 그러나 문장의 주어는 "하나님이 보내신 이" 곧 그리스도다. Kammler, Jesus Christus und der Geistparaklet, 170ff. 참조.

거해서 일어나는 것이 아니라,[56] 오직 하나님이 그리스도 안에서 성령을 통해서 우리를 거듭나게 할 뿐이다.[57] 거듭남은 성령의 일이며, 그 자체로 기적이다. 성령을 통한 거듭남의 기적은 성육신과 십자가의 기적에 상응한다. 성육신과 십자가의 기적은 "나를 위한" 것이며, 그러므로 나의 거듭남은 그 둘과 근본적으로 동일한 기적이다.

믿음과 거듭남이 인간 자신의 결단이나 행동을 통해서 성취될 수 있는 것이 아니고, 오직 하나님께서 그를 믿게 하고 거듭나게 해줄 수 있을 뿐이라면, 인간의 믿음과 거듭남은 전적으로 하나님의 결정에 달렸고, 그러므로 전적으로 하나님의 은혜이다. 이것을 신학적으로는 하나님의 예정이라고 말할 수 있다. 불트만은 실존주의적인 해석을 통해서 하나님의 예정에 관한 신학적인 언급을 불확실하게 만들어 버린다.[58] 요한복음에서는 오로지 죽은 자의 부활이라는 방식으로 믿음에 이를 수 있을 뿐이다.[59] 모든 인간은 죽은 자일뿐이고, 죽은 자를 다시 살리는 하나님의 능력이 인간으로 하여금 믿게 하고 거듭나게 하여 영생에 참여하게 한다.

구원에 관한 한 인간에게 자유의지는 없다. 구원론에서 자유의지는 복음, 특히 기독론을 해체해 버린다. 루터는 이렇게 말했다. "그러므로 여러분은 이성과 자유의지가 할 수 있는 것이 무엇인지를 분명히 안다. 여러분은 그것을 니고데모에게서 본다. 그는 가장 좋은 전형적인 인물이다. 여러분은 여기서 본다. 그리스도와 만나기 위하여 온 사람들은 전적으로 눈이 멀었고 죽은 자들이다. 그들이 아무리 거룩하게 보일지라도 관계없이 그렇다. 이성은 아무것도 볼 수 없는 장님이다."[60]

---

56) 가톨릭 주석학자들인 Gnilka와 Schnackenburg가 이 대목에서 인간의 결단을 강조한다. J. Gnilka, Johannes, 29~30; R. Schnackenburg, Johannes, 427.
57) 루터가 강조했듯이, 요 3:1~21은 -요한복음 전체와 마찬가지로- 인간의 liberum arbitrium 교리를 반대한다. WA XV 570,10~11
58) R. Bultmann, Theologie des NT, 367ff.373ff.427ff.
59) E. Käsemann, Jesu Letzte Wille nach Joh 17, 138 각주 18d.
60) M. Luther, Evangelienauslegung VI 125.

4. 거듭남은 수선이나 개선이 아니다

칼빈은 이렇게 말했다. "거듭남이라는 개념을 통해서 예수 그리스도는 인간의 한 부분을 개조하는 것을 말한 것이 아니라, 인간 전 존재를 전적으로 갱신하는 것을 말한다. 부분적으로든 전체적으로든 인간이 갱신되어야 한다면, 우리 인간 안에는 완전한 것이라고는 없다. 그러므로 우리는 전적으로 타락했음을 전제로 한다. 우리의 전체 본질 속에는 단 한 방울의 옳음도 없다. 그러므로 거듭남은 옛 것을 수선하는 것이 아니라, 옛 것과는 전적으로 구분된다. 마치 영과 육이 구분되듯이 그렇다."[61]

칼빈의 말은 하나님의 나라를 향하여 단 한 발자국도 옮길 수 없는 인간의 전적인 무능을 말한다. 이는 고린도전서 15:50에서 바울이 말한 것과 같다. 육($\sigma\alpha\rho\xi$)의 차원에서 인간은 하나님의 나라와 연결될 수 있는 어떠한 것도 가지고 있지 못하다. 하나님 나라에 들어갈 수 있는 어떠한 차원의 기질도 인간에게는 없다. 이런 말들은 하나님의 새 창조를 그만큼 철저하게 말하려는 것이다. 인간은 그리스도 안에서 전적으로 새로 태어나야 한다. 거듭남은 옛사람을 수선해서 다시 사용하는 것이 아니고, 옛사람을 완전히 없애고 새사람으로 새롭게 창조하는 것이다. 이렇게 은혜로써 새롭게 창조된 사람이 하나님 나라에 가고, 영생에 참여한다.

5) 3:22~36 유대에서의 예수 그리고 거듭되는 세례자 요한의 증언

22~30절은 예수와 요한의 관계를 말하고, 31~36절은 요한의 그리스도 증언이다. 여기에서는 요한의 인물은 사라지고, 오직 그의 증언만 남는다. 요한의 제자들과 예수의 제자들인 요한 공동체 회원들 사이에 예수와 요한 중에서 누가 과연 메시아인가라는 물음을 둘러싸고 뜨거운 논쟁이 있었다. 요한은 예수를 증언하는 인물에 불과하며, 그러므로 요한을 메시아로 추종하는 제자들은 요한을 추종하는 일을 그만두고 예수를 따르는 요한 공동체에

---

61) J. Calvin, Evangelium Joannis, 82.

참여해야 한다. 요한의 예수 증언은, 예수가 그 자신에 대해서 한 증언과 일치한다. 이것은 바로 요한복음의 신학적 의도이다. 요한은 하나님이 그에게 알려 주신 것을 증언하며, 예수 또한 그렇기 때문에, 요한과 예수의 증언은 일치할 수밖에 없다.

22~30절 예수와 요한의 관계 - "그는 흥하여야 하고, 나는 쇠하여야 하리라."

22 그 후에 예수께서 제자들과 유대 땅으로 가서 거기 함께 유하시며 세례를 베푸시더라 **23** 요한도 살렘 가까운 애논에서 세례를 베푸니 거기 물이 많음이라 그러므로 사람들이 와서 세례를 받더라 **24** 요한이 아직 옥에 갇히지 아니하였더라 **25** 이에 요한의 제자 중에서 한 유대인과 더불어 정결예식에 대하여 변론이 되었더니 **26** 그들이 요한에게 가서 이르되 랍비여 선생님과 함께 요단 강 저편에 있던 이 곧 선생님이 증언하시던 이가 세례를 베풀매 사람이 다 그에게로 가더이다 **27** 요한이 대답하여 이르되 만일 하늘에서 주신 바 아니면 사람이 아무 것도 받을 수 없느니라 **28** 내가 말한 바 나는 그리스도가 아니요 그의 앞에 보내심을 받은 자라고 한 것을 증언할 자는 너희니라 **29** 신부를 취하는 자는 신랑이나 서서 신랑의 음성을 듣는 친구가 크게 기뻐하나니 나는 이러한 기쁨으로 충만하였노라 **30** 그는 흥하여야 하겠고 나는 쇠하여야 하리라 하니라

예수의 활동 무대가 예루살렘에서 다시 유대로 바뀐다. 예수의 활동은 세례를 베푸는 활동으로 간략히 언급되고, 그것이 계기가 되어 예수에 대한 요한의 증언이 길게 이어진다. 예수가 세례를 베풀었다는 것은, 공관복음에는 전혀 언급되지 않지만, 요한복음에는 거듭 나온다(3:22, 26; 4:1). 그러나 4:2는 예수가 세례를 베풀었다는 사실을 수정한다. 그러므로 예수가 과연 세례를 베푸는 활동을 했는지에 대해서 논란이 있을 수 있다.

23~24절이 말하는 살렘과 애논은 정확하게 알려지지 않은 장소이다. 그 장소가 어디에 있느냐는 별로 중요하지 않다. 공관복음에서는 요한이 감옥에 잡혀 들어간 이후에 예수가 공적인 활동을 시작하지만, 요한복음에서는

예수의 공적 활동이 시작된 이후에도 요한은 여전히 세례를 베풀었다. 그가 메시아라고 증언하는 예수가 활동을 시작했는데, 요한은 왜 활동을 중단하고 사람들을 예수에게 보내지 않았을까? 이러한 질문이 당시 요한복음이 기록되었던 공동체 안에서 제기되었을 것이다. 그래서 이 대목에서 복음서 기자는 다시 한 번 요한으로 하여금 예수를 증언하게 한다.

25~26절은, 요한의 제자가 한 유대인과 논쟁을 벌이게 된 원인을 "정결예식"에 관한 것이라고 하는데, 이는 아마도 요한복음이 기록되었던 예수 공동체가 베풀고 있던 기독교의 세례 때문이었을 것이다. 4:2로 볼 때, 예수가 세례를 베푼 것이 아니라, 그의 제자들이 세례를 베풀었고, 요한복음의 저작 시대에는 요한 공동체가 세례를 베풀었다. 이런 기독교 세례에 대한 논란이 있었고, 복음서는 예수 시대로 거슬러 올라가서 이 문제에 대한 답을 찾으려고 했기 때문에, 예수가 세례를 베풀었다는 식으로 말한다. 어떤 세례가 진정한 정결을 가져오는 것일까? 유대교의 정결예식인가? 혹은 요한의 세례인가? 혹은 기독교의 세례인가?

요한은, 많은 사람이 예수에게 가는 것은 당연한 일이라고 대답한다. 그것이 하나님의 뜻이기 때문이다. 그리고 요한은 자신이 그리스도가 아니고, 예수가 그리스도라는 사실을 다시 한 번 분명하게 증언한다. 요한의 제자들도 스승이 무엇을 말했는지를 분명히 알아야 한다. 스승의 증언을 정확하게 안다면, 그들은 요한을 추종할 것이 아니라, 예수의 제자들이 되어야 마땅하다.

29절에서 요한은 26절의 불평어린 물음에 대해 구체적이고 알레고리적으로 대답한다. 신랑은 예수이고, 신부는 구원 공동체 곧 제자 공동체이다. 그리고 신랑의 친구는 요한이다. 신랑의 친구는 매우 중요한 인물이다. 결혼식 때에 신부를 신랑에게 안내해 주는 역할을 맡은 사람이기 때문이다. 그러므로 "신랑의 친구"는 결혼식에서 특정한 역할을 수행해야 하는 공식적인 타이틀이다. 신랑의 친구가 신부를 신랑에게 안내하면, 신랑과 신부는 함께 신방으로 들어간다. 그 친구는 신방 밖에서 "결혼식이 성공적으로 끝났다"는 소리를 기다린다. 요한복음은 이러한 당시의 결혼식의 모습을 차용해서 요한을 설명한다. 많은 사람들이 예수에게로 간다면, 신랑의 친구 요한은 신부를 신랑에게 인도하는 사명을 수행한 것이며, 그러므로 오로지 기뻐할 뿐이다. 요한의 제자들은 이 말을 똑똑히 들어야 한다. 요한이 신랑이 아니고, 신랑의 친구라는 사실을 말이다. 여전히 요한을 메시아로 추종한다면, 그것은 신랑과 신랑의 친구를 혼동하는 잘못이다.

요한의 영향력은 점차 사라져야 하고, 예수의 영광은 점차 빛나야 한다(30절). 해의 빛이 나타나면, 달의 빛이 사라지는 것과 같다. 요한은 사람들을 예수에게로 인도함으로써 그의 사명을 완수하였기 때문에, 이제 점차 무대에서 사라진다. 그러나 그는 사라지지만, 예수에 대한 그의 증언은 여전히 남는다.

31~36절 요한의 증언 – "하늘로부터 오시는 이"와 "땅에서 난 이"

31 위로부터 오시는 이는 만물 위에 계시고 땅에서 난 이는 땅에 속하여 땅에 속한 것을 말하느니라 하늘로부터 오시는 이는 만물 위에 계시나니 **32** 그가 친히 보고 들은 것을 증언하되 그의 증언을 받는 자가 없도다 **33** 그의 증언을 받는 자는 하나님이 참되시다는 것을 인쳤느니라 **34** 하나님이 보내신 이는 하나님의 말씀을 하나니 이는 하나님이 성령을 한량 없이 주심이니라 **35** 아버지께서 아들을 사랑하사 만물을 다 그의 손에 주셨으니 **36** 아들을 믿는 자에게는 영생이 있고 아들에게 순종하지 아니하는 자는 영생을 보지 못하고 도리어 하나님의 진노가 그 위에 머물러 있느니라

형식적으로는 이 단락에서 예수에 대한 요한의 증언이 계속된다. 요한은 더 이상 전면에 나타나지 않지만, 그의 증언은 남는다. 내용적으로는 예수의 자기 증언과 요한의 예수 증언이 일치한다. 이 단락에는 두 가지 차원의 말씀이 대조되어 있다.

31a절: 위로부터 오시는 이는 만물 위에 계시고 31c절: 하늘로부터 오시는 이는 32a절: 하늘에서 오신 예수는 하늘에서 직접 보고 들은 것을 말하지만, 34절: 하나님이 보내신 이는 하나님의 말씀을 하나니 이는 하나님이 성령을 한량없이 주심이라. 35절: 아버지께서 아들을 사랑하사 만물을 다 그의 손에 주셨으니 33절: 그의 증언을 받는 자는 하나님이 참되시다는 것을 확신한다. 36a절: 아들을 믿는 자에게는 영생이 있고	31b절: 땅에 속하여 땅에 속한 것을 말하는 사람들 32b절: 땅에 속한 사람들은 그의 증언을 받을 수 없다. 36b절: 아들에게 순종하지 아니하는 자는 영생을 보지 못하고 도리어 하나님의 진노가 그 위에 머물러 있느니라.

왼쪽에 있는 말씀들은 위로부터 곧 하늘로부터 오신 이, 만물을 다스리는 권세를 가지신 분, 예수를 말한다. 하나님께서 그를 사랑하기 때문에 그에게 만물을 다스리는 권세를 주셨다. 그러므로 그가 한 말은 하늘에서 직접 보고 들은 말씀이며, 그러므로 신적인 권위를 가진 말씀이다. 그러므로 33절과 36a절에 의하면, 예수의 신적인 권위를 가진 증언을 믿음으로 받는 사람은 영생의 축복을 받는다.

반면에 오른 편에 있는 말씀들은 "땅에 속한" 사람들에 관한 말이다. 31b절은 사람들의 본질을 말하는데, 그들은 땅에 속하여 땅의 말을 하는 사람들이며, 예수와는 전혀 다른 근원에서 온 사람들이다. 이런 사람들이 예수의 증언을 받아들이지 못하는 것은 너무도 당연하다. 땅에 속한 사람들은 예수의 말씀을 받아들이려는 의지가 없는 것이 아니라 아예 그럴 능력이 없다(32b절). 그들은 영생을 보지 못하고 하나님의 진노의 대상이 될 뿐이다(36b절).

31절에는 하늘의 영역과 인간의 영역이 대조된다. 위로부터 곧 하늘로부터 온 인간은 오로지 예수뿐이다. 그러므로 예수는 다른 모든 사람들과 근원에서부터 다르다. 두 번이나 반복되는 "만물 위에 계시다"라는 표현은, 로마서 9:5에 의하면, 하나님을 일컫는 말이다. 그러므로 위로부터 온 예수는 하나님이다. 예수는 하늘로부터 온 하나님이기 때문에, 그는 보고 들은 것을 말하며, 그러므로 그의 말씀은 하나님을 계시하는 말씀이다. 그가 하늘에서 오지 않았다면, 결코 하나님을 나타낼 수 없다. 어느 인간도 하나님을 계시할 수 없다. 하나님이 누구이고, 어떤 분인지를 말할 수 있는 인간은 없다. 구약성서의 예언자들도 기껏해야 하나님의 뜻을 드러내고, 하나님의 율법과 심판을 드러낼 수는 있었지만, 하나님 그 자신을 드러낼 수는 없었다.

"땅에 속하여 땅에 속한 것을" 말하는 사람은 예수를 제외한 모든 인간이다. 모든 인간의 근원은 땅 곧 세상이다. 그러므로 인간은 땅의 한계성 안에 있고, 그러므로 이 세상에 주어진 것 이상의 것을 생각하거나 이해할 수 없다. 그러므로 인간은 하늘로부터 온 예수의 증언을 받아들일 의지도 없고 능력도 없다.

32절에 의하면, 예수의 증언은 어느 인간도 스스로의 힘으로는 받아들일 수 없는 하나님의 말씀이다. 하나님의 말씀은 하나님이 들을 수 있는 귀를 열어 주기 전에는 어느 인간에게도 들려지지 않는 거룩한 비밀이다.

그럼에도 불구하고 33절은 예수의 증언을 받아들이는 사람들이 있다고 한다. 그것은 놀라운 일이며 기적이다. 예수의 증언을 받아들임으로써 그는 하나님이 참되다는 사실을 확인한다(8:26도 참조). 여기에는 부정과거 분사($\lambda\alpha\beta\omega\nu$: 받는 자)가 사용되고 있다. 이 단어는 로고스 송가에서도 중요한 역할을 했다. 1:10~11에 의하면, 이 땅에 오신 로고스는 그의 백성에 의해서 영접을 받지($\pi\alpha\rho\epsilon\lambda\alpha\beta\omega\nu$) 못했지만, 그러나 1:12에서는 영접하는 자($\epsilon\lambda\alpha\beta\omega\nu$)가 있다. 32절에는 그의 증언을 받은 자가 없다고 말하고 이어서 33절에서는 그의 증언을 받은 자가 있다고 한다. 모든 인간이 그리스도를 받아들이지 않았지만, 그럼에도 불구하고 그를 받아들이는 사람이 있다. 이로써 그를 받아들인 사람은 예외적인 특별한 능력이나 기질을 가진 인간이라는 것을 말하려는 것이 아니라, 하나님이 일으키신 놀라운 기적을 말한다. 모두가 거부하는 상황 속에서 예수의 증언을 받아들인 사람이 있다는 것은 이해할 수 없는 놀라운 일이다.

하나님의 은혜와 기적에 의해서 예수의 증언을 받아들인 사람이 있다는 사실은, 예수 안에 진정한 하나님이 나타나 있다는 것을 확인한다. 믿는 사람의 말이, 하나님이 참되심을 확인해 주는 것이 아니라, 믿는 사람이 있다는 객관적 사실 자체가 하나님의 참되심을 확인해준다. 믿음은 하나님과 관계되는 것이고, 그 믿음이 있다는 것은 하나님이 계시다는 객관적 증거이다. 오로지 하나님의 말씀만이 사람을 믿음으로 부를 수 있기 때문에, 믿는 사람이 있다는 것은, 예수의 말씀이 하나님의 말씀이라는 뜻이다. 어느 인간도 스스로의 힘으로는 믿음을 가질 수 없다. 그럼에도 불구하고 믿음의 사람이 있다는 것은, 하나님의 참됨을 확인해 주는 사실이다.

34절에 의하면, 하나님이 보내신 이는 하나님의 말씀을 말한다. 예수는 하나님이기 때문에 예수의 말씀은 곧 하나님의 말씀이다. 예언자들과는 근본적으로 다르다. 예언자들의 말씀이 곧 하나님의 말씀은 아니다. 예언자들은 하나님의 말씀을 전하는 사람들일뿐이다. 설교자는 하나님의 말씀을 선포하지만, 그러나 설교자의 말씀이 곧 하나님의 말씀은 아니다. 그러나 예수의 말씀은 곧 하나님의 말씀이다. 예수는 단순히 하나님의 말씀을 전달하거나 선포 혹은 가져다주는 정도가 아니라, 예수와 하나님, 예수의 말씀과 하나님의 말씀은 동일하다(13:20; 14:10 등 참조).

34b절은, 예수의 말씀이 곧 하나님의 말씀이라는 사실을 설명한다. 성령을 주시는 분이 누구인가? 우리말 번역 성서는 주어를 "하나님"이라고 하지만(상당수의 사본들도 그렇다), 그러나 헬라어 원문에는 주어가 명시되지 않았다. 오히려 주어는 "하나님이 보내신 이" 곧 예수라고 보는 것이 더 적절하다. 예수는 하나님의 말씀을 하면서 성령을 한량없이 주신다. 예수가 하신 하나님의 말씀은 그 자체 안에 성령을 포함하고 있기 때문에, 성령은 말씀을 통하여 나타난다. 그러므로 예수의 말씀에는 생명을 살리는 창조적인 힘이 있다.

35절에는 "아버지"가 새로운 주어로 나온다. 아버지는 아들을 사랑하신다. "사랑하다"는 동사가 현재형이다. 헬라어 동사의 현재형은 언제나 유효한 사건을 말한다. 그러므로 하나님은 항상 아들을 사랑하신다. 아버지가 아들을 사랑하시지 않는 단 한순간도 없다. 그것은 아버지와 아들 사이의 가장 긴밀한 관계를 말한다. 아버지가 아들의 손에 만물을 주셨다. "만물"이 무엇을 의미하며, 왜 만물을 다스리는 권세를 아들에게 주셨는지는 17:2이 설명한다. "아버지께서 아들에게 주신 모든 사람에게 영생을 주게 하시려고 만민을 다스리는 권세를 아들에게 주셨다." 인간에게 영생을 줄 수 있는 분은 오직 하나님 한 분뿐이다. 그러므로 예수는 하나님이다. 5:26에 따르면, 아버지 안에 있는 생명과 동일한 생명이 아들 안에도 있다. 17:22에 의하면, 아들은 하나님의 영광이고, 17:11~12에 의하면, 아들은 아버지의 이름을 가지고 다니며, 17:8에 의하면, 아버지의 말씀이 아들에게 주어졌다. 아버지 하나님과 아들 예수 그리스도 사이의 이러한 뗄 수 없는 관계는 "사랑하다"는 표현에 나타난다.

아들을 믿는 자는 곧 아버지를 믿는 자이기 때문에, 그에게는 영생이 주어진다(36절). 아들에게 순종하지 않는 사람은 생명을 보지 못하고, 도리어 그에게는 하나님의 진노가 임한다. 불순종은 원래 윤리적인 개념이지만, 요한복음에서는 믿지 않음과 같은 뜻이다. "보지 못할 것이다"라는 미래형($o\psi\varepsilon\tau\alpha\iota$)은 논리적인 미래로서, 이미 불순종하는 사람에게는 하나님의 진노가 항상 임하여 있다는 것을 말한다. 가톨릭 성서학자 슈낙켄부르크에 따르면,[62] 궁극적인 결단 곧 유일하신 구원자를 믿을 것이냐 믿지 않을 것이냐, 구원을 붙잡을 것이냐 아니면 죽음의 심판을 택할 것이냐 하는 결단 앞에서 있다고 한다. 그러나 본문은 그런 결단에 대해서 말하지 않는다. 그것은 가톨릭의 교리적인 선입견을 가지고 본문을 해석하는 것이다. 땅에 속하여 땅의 것만을 말하는 인간, 위로부터 온 예수의 말씀을 도무지 이해할 수도

---

62) R. Schnackenburg, Johannes, 401~404.

받아들일 수도 없는 인간이 어떻게 그런 결단을 할 수 있겠는가? 하나님의 말씀은 단순히 구원을 제시하는 것으로 그치지 않는다. 하나님의 말씀은 인간과 거래하지 않는다. 하나님의 말씀은 구원을 창조하는 영이다. 하나님의 말씀이 선포되면, 그곳에는 반드시 생명이 창조되고, 구원이 이루어진다. 그것은 인간의 결단과는 상관없다. 구원은 인간의 결단의 산물이 아니고, 하나님이 베푸신 은혜의 선물이다.

6) 4:1~42 예수와 사마리아 여인과의 대화 – 영원히 목마르지 않는 물

1:36~51의 제자를 부르는 단락에서처럼 이 단락에도 예수에 대한 다양한 호칭들이 나온다. "유대인", "야곱보다 더 큰 이", "선지자", "메시아", 그리고 "세상의 구주" 등이다. 이는 아마도 사마리아 사람들 사이에 예수의 정체에 대한 다양한 생각들이 있었다는 것을 반증하며, 결국 많은 사마리아 사람들이 예수를 "세상의 구주"로 믿게 되었다는 것을 말한다. 그러므로 요한복음이 기록될 당시에 요한 공동체 안에는 사마리아 출신의 그리스도인들이 상당수 있었을 것으로 추정할 수 있다.

1~6절 상황설명

1 예수께서 제자를 삼고 세례를 베푸시는 것이 요한보다 많다 하는 말을 바리새인들이 들은 줄을 주께서 아신지라 **2** (예수께서 친히 세례를 베푸신 것이 아니요 제자들이 베푼 것이라) **3** 유대를 떠나사 다시 갈릴리로 가실새 **4** 사마리아를 통과하여야 하겠는지라 **5** 사마리아에 있는 수가라 하는 동네에 이르시니 야곱이 그 아들 요셉에게 준 땅이 가깝고 **6** 거기 또 야곱의 우물이 있더라 예수께서 길 가시다가 피곤하여 우물 곁에 그대로 앉으시니 때가 여섯 시쯤 되었더라

예수가 요한보다 더 많이 세례를 베풀고 더 많은 제자들을 얻었다는 말을 바리새인들이 알게 되었다는 소식을 전해들은 예수는 유대를 떠나서 갈릴

리로 가려고 길을 나섰다. 예수의 성공은 바리새인들에게는 커다란 위기였다. 예수가 세례를 베풀었다는 특이한 언급 때문에, 2절에서 복음서의 저자는, 예수가 세례를 베푼 것이 아니라, 제자들이 베풀었고 설명한다. 그럼으로써 예수와 요한이 같은 차원에서 세례를 베푸는 경쟁자가 되지 않게 한다. 비교되는 것은 요한과 예수의 제자들이다. 유대에서 갈릴리로 가는 가장 좋은 길은 사마리아를 통과하는 길이고, 그렇지 않으면 요르단 계곡을 건너서 동쪽 길로 우회해야 하지만, 이 길은 멀 뿐만 아니라 덥고 힘든 길이다. 예수는 단순히 좋은 길로 가기 위해서 이 길을 선택한 것은 아니고, 사마리아에서 그의 정체를 계시하려는 의도로 이 길을 선택하였다.

도중에 예수는 야곱의 우물에서 휴식을 취한다. 이 우물은 지금도 존재하고 있는, 깊이가 대략 32m나 된다. 이 깊은 우물에서 물을 긷기 위해서는 줄을 길게 매달은 두레박이 필요했다. 제자들은 음식을 구하러 우물로부터 약 1km 떨어진 수가라는 동네로 가고 없었다. 예수는 우물가에서 쉬며, 대화의 파트너가 될 사마리아 여인이 물을 긷기 위하여 온다. 여인이 우물에 온 때가 "여섯 시" 무렵이었다. 여섯 시는 지금의 시간으로 하면 대략 정오 무렵이다. 정오에 우물가에서 예수와 여인은 일대일의 대화를 나눈다.

이런 상황설정에 이어지는 대화를 니고데모와의 대화와 비교해 보자.

	니고데모와의 대화	사마리아 여인과의 대화
대화 상대방	바리새인, 유대 지도자 이스라엘의 선생, 남자	사마리아인 여섯 남자와 동거 여인
대화 장소	예루살렘	사마리아 수가 성 우물가
대화 시간	밤	정오 무렵
대화 주제	거듭남, 영생	생수, 메시아
공 통 점	두 사람 모두 예수의 말씀을 이해하지 못한다.	
대화 결과	언급 없음	예수를 믿고, 동네사람들에게 전파하여 함께 믿음

이 대화의 한쪽은 하나님의 아들이고 한쪽은 사람이다. 그러므로 이 대화는 하나님을 주제로 한 두 사람의 토론이 아니다. 두 사람의 토론을 통해서 어떤 결론에 도달하려는 것이 아니다. 인간 쪽 상대방은 대화의 내용을 이해하지 못한다. 첫 번째 대화의 상대자가 유대인 중에서도 최고의 유대인이었다면, 두 번째 대화의 상대자는 유대인들이 이방인보다 못한 사람들로 천시하는 사마리아인, 그것도 천대받고 소외당한 여인이다. 예수와 대화를 나눈 두 사람 중에서 한 사람은 모든 점에서 최고의 남자이고, 다른 한 사람은 그와는 비교할 수 없는 매우 다른 종류의 인간이다. 그러나 그들 모두 예수의 말씀을 이해하지 못한다. 왜냐하면 그들은 인간적인 수준이나 성격에 상관없이 육에 속한 인간이기 때문이다. 예수에 의해서 부름을 받고 깨우침을 얻기 전에는 누구도 하늘의 진리를 깨우칠 수 없다.

사마리아는 팔레스타인 중부 서쪽에 위치한 지역이다. 기원전 722년에 앗수르가 이곳을 점령하고 이방인들을 이주시켜 살게 했다. 이주민들은 그곳의 이스라엘 주민들과 혼혈하게 되었고(왕하 17:24~41), 그러므로 이곳의 사람들은 이스라엘인과 이방인 사이의 혼혈인들이었다. 이들은 이후로 정당한 이스라엘 사람들로 인정을 받지 못하였다. 물론 사마리아 사람들의 종교는 유대교 안의 매우 보수적인 종파였지만, 바벨론 포로 이후에 새롭게 생성되는 유대교의 발전에 참여하지 않았다. 그들은 모세오경만을 성경으로 인정했는데, 이들의 모세오경은 유대인들이 사용하는 모세오경(MT)과는 약 6,000여 곳에서 차이를 드러낸다. 그들은 기원전 4세기에 그리심 산에 성소를 세우고 제사를 드렸으나, 유대인들에 의해서 파괴되었다. 그럼에도 불구하고 그리심 산은 제사를 드리는 중심지 역할을 했고, 그들만의 대제사장도 있었다.

그러나 유대인들은 사마리아 사람들을 제의적으로 부정한 사람들로 여겼다. 그들은 이방인들과 다름이 없었다(22절). 그래서 유대인들은 그들과의 교제를 거부하였다. 그러므로 사마리아 여인은 이방인을 대표하는 인물이라고 할 수 있다. 사마리아 여인은 이방인의 무지함으로부터 예수의 말씀을 통해서 아버지 하나님께로 인도되었다. 사도행전 8:4~25에 나오는 사마리아 선교가 이 단락의 배경이라고 할 수 있다. 사마리아 선교는 예수에 의해서 시작되었다는 것을 회상하고 있다.

7~15절 첫 번째 대화 - "내가 주는 물을 마시는 자마다 다시 목마르지 않는다."

7 사마리아 여자 한 사람이 물을 길으러 왔으매 예수께서 물을 좀 달라 하시니 **8** 이는 제자들이 먹을 것을 사러 그 동네에 들어갔음이러라 **9** 사마리아 여자가 이르되 당신은 유대인으로서 어찌하여 사마리아 여자인 나에게 물을 달라 하나이까 하니 이는 유대인이 사마리아인과 상종하지 아니함이러라 **10** 예수께서 대답하여 이르시되 네가 만일 하나님의 선물과 또 네게 물 좀 달라 하는 이가 누구인 줄 알았더라면 네가 그에게 구하였을 것이요 그가 생수를 네게 주었으리라 **11** 여자가 이르되 주여 물 길을 그릇도 없고 이 우물은 깊은데 어디서 당신이 그 생수를 얻겠사옵나이까 **12** 우리 조상 야곱이 이 우물을 우리에게 주셨고 또 여기서 자기와 자기 아들들과 짐승이 다 마셨는데 당신이 야곱보다 더 크니이까 **13** 예수께서 대답하여 이르시되 이 물을 마시는 자마다 다시 목마르려니와 **14** 내가 주는 물을 마시는 자는 영원히 목마르지 아니하리니 내가 주는 물은 그 속에서 영생하도록 솟아나는 샘물이 되리라 **15** 여자가 이르되 주여 그런 물을 내게 주사 목마르지도 않고 또 여기 물 길으러 오지도 않게 하옵소서

7b절에서 예수가 여인에게 마실 물을 좀 달라고 요청함으로써 대화를 시작한다. 이런 요청은 고대 오리엔트에서는 이상한 일이라고 할 수 없다. 예수의 첫 말씀에 나오는 "주다"와 "마시다"는 나중에 대화의 과정에서 중요한 역할을 한다.

여인은 놀란다. 유대인은 사마리아 사람과 전혀 교제를 하지 않기 때문에, 유대인 남자가 사마리아 여인에게 먼저 말을 걸며 물을 달라고 하는 사실에 놀란 것이다. 그러나 10절에서 예수는 유대인과 사마리아 사람 사이의 갈등 문제에 대해서는 전혀 대꾸하지 않는다. 그 대신 곧바로 핵심으로 들

어가는데, 그 핵심은 생수이다. "네가 하나님의 선물과 또 네게 물 좀 달라 하는 이가 누구인줄 알았더라면, 네가 그에게 구하였을 것이요, 그가 생수를 네게 주었을 것이다." 이는 결론으로부터 출발하는 비현실적인 가정법 문장이다. 예수가 누구이고, 그가 주는 선물이 무엇인지를 알았더라면 좋았을 것이다. 예수가 주는 하나님의 선물은 인간의 삶에 가장 기본이 되는 "생수"이다. 열대지방에서 물은 생명 그 자체이기 때문에, 생수가 영원한 생명의 메타포로 자주 사용되었다. 여기서 영원한 생명을 상징하는 생수는 예수 자신이다. 영원한 생명은 예수 안에 있기 때문이다. 생수는 항아리 속에 담겨 있는 고인 물과는 달리 흐르는 물이다. 6:51이 생명의 떡이라고 부르는 것과 같이 생명의 물이다. 6:33; 10:28; 17:2 등에서는 예수가 영생을 준다고 하고, 6:27에서는 영생에 머물게 하는 음식을 준다고 한다. 예수는 생명이면서 동시에 생명을 주시는 분이다. 예수를 만나면 생명을 만나는 것이다.

구약성서에서는 하나님을 생수의 근원이라고 한다(렘 2:13; 17:13 등). 시 36편에 의하면, 여호와가 생명의 샘이며, 그가 경건한 사람들로 하여금 그의 기쁨의 샘에서 마시게 한다(8~9절). 그러므로 경건한 사람들은 더 이상 목마르지도 않고 배고프지도 않을 것이다(사 49:10). 이사야 12:3에 의하면, 구원을 받은 사람들은 기쁨으로 구원의 우물에서 물을 긷게 될 것이다. 요한계시록에도 이 물의 메타포가 사용된다(7:17; 21:6; 22:17). 본문에서 우리는 이러한 물에 대한 신학적 상징을 함께 읽어야 한다. 이러한 상징은 물에 대한 인간의 기본적인 체험으로부터 나온 것이다. 인간은 물이 없으면 살 수 없다.

11~12절에서 여인은, 예수가 우물물을 말하는 것으로 오해한다. 그래서 여인은 두 개의 질문을 던진다. 두레박도 없이 물을 주겠다고 하니 이 깊은 우물 말고 이 근방에 두레박 없이도 물을 길을 수 있는 다른 우물이 있는가? 이것이 첫 번째 물음이고, 두 번째 물음은 부정적 대답을 요구하는 부정어(μη)로 시작하는 물음이다. 당신이 야곱보다도 더 큰 사람인가? 당연히 아니라는 말이다. 이 우물은, 야곱이 사마리아 사람들에게 남긴 생명의 젖줄이었

다. 만일 근방에 두레박도 없이 긷기 편하고 좋은 물을 얻을 수 있는 다른 우물을 예수가 발견했다면, 예수는 야곱보다도 더 큰 사람이 될 수 있다. 그러나 여인은 이 우물 외에는 다른 우물이 근방에는 없음을 알고 있기 때문에, 예수는 그녀에게 생수를 줄 수 없고, 야곱보다 위대한 인물이 될 수 없다고 단호하게 말한 것이다.

13~14절에서 예수가 하신 말씀은 대조적인 구조로 되어 있다. 13b절은 이 우물물을 마시는 사람은 다시 목마른다고 하고, 그에 맞서 14절은 영원히 목마르지 않게 하는 물을 말한다.

13b절은 깊은 내용을 말한다. 인간은 과연 어디에서 생명을 찾고 있는 가? 인간이 찾는 곳에서는 생명을 찾을 수 없다. 여섯 번째 남자와 살림을 하고 있는 이 여인은 아마도 성적인 쾌락에서, 혹은 좋은 의미로 해석해서 단란한 가정에서 삶의 기쁨과 생명의 환희를 찾았던 사람이라고 할 수 있다. 그러나 그곳에서 그녀는 진정한 생명과 기쁨을 찾지 못했다. 우물물을 마시는 사람은 그 우물물의 조건과 한계 안에 머문다. 세상의 그 어떤 좋은 것도 갈증을 영원히 해결해 줄 수 있는 물이 될 수 없다. 쾌락은 더 큰 쾌락을 요구한다. 이것이 세상의 물이 갖는 한계이다.

이에 맞서서 14절은 영원히 목마르지 않은 물을 말한다. 14절은 "내가 주는 물을 마시는 자"라는 전제와 "영원히 목마르지 아니하다"는 결과의 구조로 되어 있는데, 이는 요한복음에 반복되는 약속의 유형에 속한다.[63] 이런 구조에서 특히 주목할 것은, 약속의 부분에 나오는 *ou mē*라는 표현이다. 이

---

63) 6:35; 8:12; 8:51,52; 11:26 등과 함께 비교적 자유로운 구조로 되어 있는 10:27~28 등을 읽어보라.

는 미래적인 것을 단호하게 부정하는 표현이다. 우리말로 하면, "앞으로는 어느 경우에도 절대로 그런 일이 없을 것이다"는 식의 강조이다.

14절에서는 이러한 강조에다가 다시 "영원히"를 첨가하여 한 번 더 강조한다. 더 이상 달리 더 강조할 수 있는 다른 방법은 없다. 그러므로 14절은 절대불변의 약속을 말한다. 예수가 주는 물을 마시는 사람은 절대로, 어느 경우에도 다시는 영원히 목마르지 않을 것이다. 예수께서 한 번 주신 구원은 절대로 잃어버리지 않는다는 약속이다. 이러한 약속은 요한복음에 반복해서 나온다.[64] 예수가 믿음의 사람들에게 약속한 구원은 영원한 구원, 결코 잃어버릴 수 없는 구원, 확실한 구원이다. 다시는 목마르지 않는 갈증의 영원한 해소이다. 왜냐하면 예수 자신이 생수이고 구원이며 또 그는 절대로 신실하기 때문이다.

요한복음에서 믿음은 점적이고 순간적인 차원의 사건이 아니라, 지속적인 현상이다. 믿음과 믿는다는 주관적인 의식은 다르다. 인간이 가지고 있는 믿음의 의식은 약해지거나 사라질 수 있지만, 믿음은 그렇지 않다. 믿음은 하나님이 주신 예수와의 관계이다. 믿음은 하나님이 주시고 보증하시는 관계이기 때문에 결코 사라지지 않는다. 사람의 편에서 믿음의 의식이 없어질지라도, 예수와의 관계인 믿음이 완전히 사라지는 것은 아니다. 믿음은 객관적인 실체로서 인간을 향한 예수의 관계이기 때문이다. 예수가 인간을 사랑하는 한, 그곳에 믿음은 언제나 남아 있다. 사랑이 영원하면, 믿음도 영원하다.

오늘의 그리스도인들은 믿음을 믿는 사람의 주관적인 의식으로만 생각한다. 그러나 믿음은 인간의 의식보다 훨씬 더 크고 높은 것이다. 예수가 주는 물을 마시는 사람은 왜 영원히 목마르지 않는가? 예수가 주는 물이 그 사람 안에서 "영생하도록 솟아나는 샘물이" 되어 영원히 흐르기 때문이다. 생수는 영원히 마르지 않으며, 그러므로 예수와의 관계는 중단되지 않으며, 그

---

64) 6:37; 8:12; 8:51~52; 10:28; 11:26 등.

의 구원은 영원히 잃어버리지 않는다. 예수는 그가 주는 물을 마시는 사람과 영원한 관계 속에 있다. 예수가 주는 물은 예수 자신이다. 그러므로 예수를 믿는 사람 안에 예수가 영원히 솟아나는 샘물로서 함께 계신다. 17:23에 의하면, 예수는 믿는 사람들 안에 계신다. 예수는 믿음의 사람, 믿음의 공동체 안에 항상 계셔서 구원을 일으킨다. 그러므로 영원히 솟아나는 샘물이다. 이것이 바로 영원한 생명이고 믿음이다.

예수의 말씀을 들은 여인은 드디어 15절에서 예수에게 그 물을 달라고 간청한다. 그러나 아직은 진정한 믿음이 실려 있는 간청은 아니다. 그녀는 아직도 예수를 이해하지 못한다. 그녀는 예수가 마술적인 물이나 기적적인 마약과 같은 것에 관해서 말하는 것으로 생각한다. 물을 길으러 오는 수고를 덜 수 있는 그런 마술적인 물이 있으면 달라는 간청이다. 그런 물이 이 세상 어디에 있겠는가? 그녀는 아직도 예수를 전혀 이해하지 못한다.

16~25절 두 번째 대화 – "영과 진리로 예배할 때가 오나니 곧 이 때라."

16 이르시되 가서 네 남편을 불러 오라 **17** 여자가 대답하여 이르되 나는 남편이 없나이다 예수께서 이르시되 네가 남편이 없다 하는 말이 옳도다 **18** 너에게 남편 다섯이 있었고 지금 있는 자도 네 남편이 아니니 네 말이 참되도다 **19** 여자가 이르되 주여 내가 보니 선지자로소이다 **20** 우리 조상들은 이 산에서 예배하였는데 당신들의 말은 예배할 곳이 예루살렘에 있다 하더이다 **21** 예수께서 이르시되 여자여 내 말을 믿으라 이 산에서도 말고 예루살렘에서도 말고 너희가 아버지께 예배할 때가 이르리라 **22** 너희는 알지 못하는 것을 예배하고 우리는 아는 것을 예배하노니 이는 구원이 유대인에게서 남이라 **23** 아버지께 참되게 예배하는 자들은 영과 진리로 예배할 때가 오나니 곧 이 때라 아버지께서는 자기에게 이렇게 예배하는 자들을 찾으시느니라 **24** 하나님은 영이시니 예배하는 자가 영과 진리로 예배할지니라 **25** 여자가 이르되 메시야 곧 그리스도라 하는 이가 오실 줄을 내가 아노니 그가 오시면 모든 것을 우리에게 알려 주시리이다

여인의 오해와 무지에서 나온 간청에 대해서 예수는 그녀의 남편을 불러 오라고 한다(16절). 이는 여인의 인생의 가장 근본적인 문제의 핵심을 찌르는 요청이다. 그녀가 지금까지 살아온 삶에 대한 도전이다. "너는 지금까지 어디에서 생명을 찾았느냐"는 물음이다. "네가 지금까지 추구하고 찾았던 그곳에서 과연 생명의 기쁨과 환희를 찾았느냐"는 물음이다. 여인의 인생을 송두리째 휘감아버리는 폭풍과 같은 질문이다.

자신의 인생의 핵심을 찌르며 묻는 예수 앞에서 그녀는 자신의 인생을 감추고 싶었다. 그래서 여인은 17a절에서 "나에게는 남편이 없다."고 대답한다. 여인의 이 대답은 예수의 요구를 회피하려는 것이었다. 그러나 17b~18절에서 예수는 여인이 감추고 싶어 하는 부끄러운 부분을 들추어낸다. 하나님의 아들 앞에서 어떻게 인간이 자기를 감출 수 있겠는가? 그것은 그녀에게 고통스러운 현실이었다. 여인은 부끄러운 삶을 살아왔다. 유대인들에 따르면, 여자는 최대 2~3회 결혼할 수 있었다. 그러므로 여섯 번째 남자와 살고 있는 이 여인은 떳떳하지 못한 삶을 살고 있다. 아마도 이 여인은 좋은 가정을 꾸리며 행복을 추구하고 싶어서 여섯 번째 남자와 살고 있겠지만, 실제로는 불행으로 떨어진 인간의 비극을 대변한다. 행복을 추구하다가 결국 불행에 빠진 인간! 진정한 행복, 진정한 삶이 어디에 있는지 모르고 헤매는 인간! 결국 이 여인의 비극은 모든 인간의 비극이다. 행복을 추구하는 인간의 무모하고 무절제한 모습을 예수는 꼬집고 있다. 그렇다고 예수가 여기서 이 여인을 윤리적으로 비난하려는 것은 아니다. 오히려 예수는 윤리적인 차원보다는 삶의 의미와 행복을 추구하는, 그러나 결국은 불행에 빠지고 마는 인간의 실상을 꿰뚫고 있다. 여인의 부끄러움은 그녀만의 것이 아니고, 모든 인간의 실상이다.

19~20절에서 인생의 정곡을 파고드는 예수 앞에서 여인은 "내가 보니 선지자이다"라고 고백한다. 그러나 이것은 아직 진정한 믿음의 고백이 아니다. 선지자는 비밀을 알고 있다는 피상적이고 일반적인 이해에 근거한 말일 뿐이다(눅 7:39). 그러므로 이 말에서 여인의 믿음이 점점 성장하고 있다고

해석하는 것은 적절하지 않다. 여인이 "주여"라고 예수를 부른 것도 믿음의 표현이 아니라, 의례적인 존칭에 불과하다. 마치 영어의 Sir나 우리말의 선생님과 같은 호칭이라고 할 수 있다.

20절에서 여인은 예수에게 신학적인 토론을 제기한다. 야곱의 우물에서는 높이 솟은 그리심 산을 볼 수 있다. 사마리아의 선조들은 이 그리심 산에서 하나님께 제사를 드렸다. 신명기 11:29에 의하면, 그리심 산에 하나님을 제사하는 첫 번째 제단이 설치되었지만, 유대인들은 신명기 12:5; 16:16; 시편 122:3~4 등에 근거하여 예루살렘을 거룩한 산으로 믿었다. 요한복음 저자는 이 두 개의 대립각 속에서 진정한 교회는 어디에 있으며, 진정한 예배는 무엇인가를 예수의 입을 통하여 말한다.

21~24절에 나오는 예수의 말씀은 해석하기 어렵다. 21절의 "때가 이르다"는 요한복음에 자주 나오는 표현이다(5:25.28; 16:2.25.32). 요한복음이 "때"를 말할 경우에는 항상 예수와 함께 오는 시간, 더 정확하게는 예수의 십자가 죽음의 시간을 말한다. 십자가의 죽음이 예수에 관해서 말하고자 하는 핵심이기 때문이다. 막연한 어느 때가 아니다. 예수가 십자가에 달려서 죽는 바로 그 때이다. "아버지"를 알려는 사람은 아들 예수를 알아야 한다. 하나님은 오직 아들 예수를 통해서만 만날 수 있다. 사마리아 사람의 예배도 아니고, 유대인의 예배도 아닌 새로운 예배가 나타나게 될 때가 오는데, 이 예배의 때가 올 때, 그 나머지 두 예배, 그리심 산이나 예루살렘이라는 특정한 장소에 매인 예배는 의미가 없어진다. 그 때가 언제일까? 아들 예수 안에서 아버지 하나님을 분명히 보고 고백하게 될 때이다.

이는 이사야 2:3에 대립되는 말이다. 그에 따르면, 종말에는 모든 민족들이 시온에 있는 성전으로 순례를 올 것이다. 그러나 요한복음에 의하면, 이방인들은 예루살렘으로 오는 것이 아니라, 예수에게로 올 것이다. 특정한 장소가 아니라, 오직 예수 안에서 인간은 하나님을 만난다. 하나님을 만나야 비로소 진정한 예배를 드릴 수 있다. 이사야의 시온산은 요한복음에서는 예수 자신이다.

22절의 말씀은 예수와 요한복음 당시에 잘 알려져 있던 내용이다. 사마리아 사람들과 유대인의 차이를 인정하는 말이다. 사마리아 사람들은 진정한 하나님을 알지 못하고, 오직 유대인만이 하나님을 알고 있다고 유대인들은 믿었다. 사도행전 17:23에서 바울이 헬라 사람들에게 한 말을 기억나게 한다. 헬라 사람들은 알지 못하는 신에게 예배하였다. 유대인의 시각에서는 사마리아 사람들은 이방인에 속한다. 그러므로 그들은 구원의 백성이 아니다. 사마리아 사람들은 잘 알지도 못하는 하나님을 예배하지만, 유대인은 하나님을 잘 알고 있다. 유대인은 하나님의 율법을 가지고 있었기 때문이다. 이것이 예수가 오기 이전까지 유대인들이 가지고 있던 생각이었다. 요한복음은 이러한 유대인의 시각을 일단 인정하고 받아들이는 듯하다. 이스라엘은 하나님의 말씀을 듣고 율법을 가지고 있으며 하나님의 약속을 받았다는 점에서 다른 민족들과는 비교할 수 없는 특권을 가지고 있다(8:56; 12:41). 예수 그리스도 역시 유대인이었다. "구원이 유대인에게서 난다"는 바로 유대인으로 오신 예수가 구원의 출처와 근원이라는 말이다. 이 말은, 예수가 "위에서 곧 하늘에서 왔다"(3:31)는 말과 어긋나는 것은 아니다. 역사적으로 볼 때, 예수는 사마리아 사람이 아닌 유대인으로 왔고, 그리심이나 이방인 세계가 아닌 이스라엘과 예루살렘이 그의 활동 무대였다. 영원한 하나님의 아들은 유대인으로 오셨다(롬 1:3~4; 9:5).

그러나 "때"가 온다(23절). 아니 그 "때"는 이미 왔다("이 때라"). 그 때는 사람들이 영과 진리 안에서 아버지를 예배하는 때이다. 그러므로 22절이 말하는 유대인과 사마리아인 사이의 차이는 이제 모두 지난 과거의 일이다. 예수가 오신 이후에 유대인과 이방인(사마리아인)이라는 구분은 의미가 없다. 진정한 하나님에 대한 지식은, 인종이나 특정 지역과는 상관없이, 오직 예수 그리스도를 통해서만 주어지기 때문이다. 유대인들만이 진정한 하나님을 알고, 그러므로 하나님에 대한 바른 예배를 드린다는 생각은, 예수가 오심으로써 부정된다. 마치 바울이 로마서 10:4에서 "그리스도는 율법의 마침이라"고 했듯이, 요한복음은 예수 안에서 예루살렘 성전 제사와 그리심 산의 제사가 모두 끝났다고 한다. 예수 안에서는 유대인이나 이방인이 차별 없다. 요한복음에서 이 "때"는 매우 중요하다. 예수의 성육신, 십자가 죽음 그리고 부활 이후로 위대한 변화가 일어났다. 그때까지 유효하던 인간의 구분은 사라져버렸다. 인종이나 혈통에 상관없이 모든 사람은 영과 진리 안에서 아버지를 예배할 수 있게 되었다.

"참되게 예배하는 자들"은 하나님이 원하는 대로 진실하게 예배하는 자들이다. 그들은 "영과 진리" 안에서 예배한다. "영"은 하나님의 영으로서 "진리"를 드러내고 인간을 변화시키는 능력이다. 그러므로 "진리의 영"이다 (14:17; 15:26; 16:13). "진리"는 예수 그리스도 자신이다. 그러므로 하나님의 영은 예수 그리스도에 대하여 증언하며, 사람들을 예수에게로 안내하여 믿음을 고백하게 한다. 그래서 인간이 영으로 거듭나면(3:3~8) 믿음을 고백하며 진정한 예배를 드린다. 그러므로 진정한 예배는 장소나 시간의 문제가 아니다. "영과 진리" 안에서 드리는 진정한 예배는 예수 그리스도를 믿고 고백하는 것이다. 예수 그리스도가 하나님의 아들이심을 믿는 것이 바로 진정한 예배이다. 진정한 예배는 예수가 주는 생수를 받아 마시는 것이다.

하나님은 예수 그리스도를 믿고 고백함으로써 하나님 자신과 만나는 사람을 찾고 계신다. 그러나 인간은 자신의 힘으로 그러한 예배를 드릴 수 없다. 아직 예수 그리스도를 바르게 알지 못하는 사마리아 여인이 어떻게 자신이 진정한 예배자라는 것을 하나님이 알 수 있게 하겠는가? 하나님은 그의 영으로 인도를 받아서 예수 그리스도를 믿음으로 고백하며 진정한 예배를 드리는 사람들을 찾고 계실 뿐만 아니라, 영을 통하여 그러한 사람들을 만들어내신다.

24절의 "하나님은 영이시다"는 말씀은 하나님께서 영적인 존재라는 식으로 하나님을 정의하려는 말씀이 아니다. 관념주의 철학에서는 이 말씀을 그렇게 즐겨 이해했다. 그러나 이 말씀은 요한복음의 신학 안에서 이해되어야 한다. 하나님은 영이시고, 인간은 육에 속한 존재이다. 하나님과 인간 사이에는 헤아릴 수 없는 차이가 있다. 그러므로 그 어느 인간도 스스로의 힘으로는 하나님을 예배할 수 없다. 하나님을 진정으로 예배하기 위해서는 예배하는 사람이 하나님과 같은 영적인 존재로 변화되어야 한다. 그러나 이것은 인간의 힘으로는 불가능하다. 하나님을 예배하는 것은 인간의 마땅한 의무이지만(δει; must), 죄인인 인간 스스로는 하나님을 예배할 수 없다. 이는 마치 3:7에서 사람이 반드시 거듭나야 하지만, 스스로는 거듭날 수 없다고 하는 것과 비슷하다. 그러므로 오직 하나님께서만 그의 영으로써 진정으로 예배하는 사람을 만들어낼 수 있다. 하나님의 부름을 받을 때에만 인간은 비로소 하나님의 영 안에서 진리를 믿고 고백하며 하나님을 예배할 수 있다.

예수의 계시의 말씀을 들은 여인은 25절에서 "메시아"가 오면 모든 것을 알게 해 주실 것이라고 답한다. 여인은, 예수가 앞으로 일어날 미래의 사건에 관해서 말하고 있다고 생각한 것 같다. 그러므로 그녀는 "메시아가 오시면…"이라는 가정법을 말한다. 종말의 그 때에 비로소 하나님을 진정으로 예배할 수 있게 된다는 것을 그녀는 알고 있었다. 이것은 사마리아 사람들도 가지고 있었던 메시아 믿음이었다. 그러나 이 여인이 깨닫지 못한 것이 있다. 그것은 23절의 "이 때라"는 예수의 말씀이다. 유대인이 기다리는 메시아는 이미 지금 와 있다. 이미 지금이 진정한 예배를 드릴 그 때이다. 그러나 여인은 그것을 아직은 깨닫지 못하고 있다. 그녀가 아직 예수를 바르게 알지 못하고 있기 때문이다. 그러므로 유대인들이 기다리던 그 종말의 때가 이미 예수와 더불어 왔다는 사실을 그녀는 아직 모르고 있다.

26절 대화의 마무리 - "내가 그라."

26 예수께서 이르시되 네게 말하는 내가 그라 하시니라

여인을 일깨우는 마지막 말로써 예수는 그녀와의 대화를 마무리한다. "네게 말하는 내가 그라(εγω ειμι)." 유대인들과 사마리아인들이 기다리는 메시아가 바로 예수이다. 그러나 예수의 말씀에는 그런 객관적인 의미를 넘

어서 매우 개인적인 차원이 드러나 있다. "네게 말하는" 곧 "너에게 생수를 주는 내가 바로 메시야"라고 한다. "네가 바로 지금 만나고 있는" 예수가 하나님께 드리는 진정한 예배가 일어나야 하는 그 장소이다. 예루살렘도 아니고, 그리심 산도 아니고, 바로 메시아이신 예수 안에서 하나님에 대한 진정한 예배가 드려져야 한다. 예수의 말씀은 이것을 말한다. 앞의 성전정화 사건에서도 예수는 자신이 하나님의 성전임을 밝혔다. 아무런 술어도 없는 "내가 그라"(εγω ειμι)는 표현에는 요한복음이 말하는 다른 7개의 "나는 … 이다"는 표현에 담겨진 예수의 정체에 대한 계시가 모두 함축되어 있다.

이처럼 예수는 유대인들이 기다리는 메시아이지만, 그러나 메시아 이상이다. 메시아를 기다리는 유대교에서도 영원한 생명을 가져다주는 그래서 인간을 근본적으로 새롭게 변화시키는 메시아에 대한 기대는 없었다. 유대교의 메시아 전승을 받아들이면서도 요한복음의 예수는 그것을 넘어선다. 예수는 생명수이며, 영원한 생명이다. 예수의 이러한 계시의 말씀이 비로소 사마리아 여인 안에 진정한 믿음을 불러일으킨다. 물론 11:26~27에서처럼 아직 분명히 언급되지는 않지만, 그러나 4:28~29에 의하면, 이 말씀을 들은 사마리아 여인 안에 진정한 믿음이 생겨났다. 이로써 예수에 대해서 전혀 무지하고 몰이해로 일관하던 이 여인은 예수의 말씀을 통하여 진정한 믿음으로 들어오게 되었다.

27~30절 중간상황 설명

27 이 때에 제자들이 돌아와서 예수께서 여자와 말씀하시는 것을 이상히 여겼으나 무엇을 구하시나이까 어찌하여 그와 말씀하시나이까 묻는 자가 없더라 **28** 여자가 물동이를 버려 두고 동네로 들어가서 사람들에게 이르되 **29** 내가 행한 모든 일을 내게 말한 사람을 와서 보라 이는 그리스도가 아니냐 하니 **30** 그들이 동네에서 나와 예수께로 오더라

제자들이 돌아와서 예수가 여인과 대화하는 것을 보고 이상하게 여긴다. 남자와 여자가 일대일로 대화하는 것이 고대세계에서는 흔한 일이 아니었다. 고대 유대인 남자들은 여인과 대화를 하는 것을 원칙적으로 불필요한 것이고 시간을 낭비하는 일로 여겼다. 특히 여자와 종교적인 비밀에 관하여 대화를 나누는 것은 흔하지 않은 일이었다. 물론 여자들을 존중하여 종교적인 가르침을 나누는 이들도 간혹 없는 것은 아니었지만, 전체적으로는 그랬다. 제자들은 마가복음 10:13~16에서처럼 상당히 고루한 태도를 보인다. 제자들과의 대화는 31절 이하에서 계속될 것인데, 그 사이에 사마리아 여인의 행동을 간략히 보도함으로써 다음 단계의 이야기를 준비한다.

예수의 자기 계시 말씀에 의해서 예수의 정체를 깨닫고 믿게 된 사마리아 여인은 다시 돌아올 생각으로 물동이를 버려두고 동네로 들어가서 사람들을 예수께로 나오도록 초대하고, 이에 동네 사람들이 예수에게로 나온다. 이들과 예수 사이에 어떤 일이 일어날 것인지는 39~42절에서 언급될 것이다. 그에 앞서 예수와 제자들 사이의 대화가 이어진다.

31~38절 제자들과의 대화 - "한 사람이 심고, 다른 사람이 거둔다."

31 그 사이에 제자들이 청하여 이르되 랍비여 잡수소서 **32** 이르시되 내게는 너희가 알지 못하는 먹을 양식이 있느니라 **33** 제자들이 서로 말하되 누가 잡수실 것을 갖다 드렸는가 하니 **34** 예수께서 이르시되 나의 양식은 나를 보내신 이의 뜻을 행하며 그의 일을 온전히 이루는 이것이니라 **35** 너희는 넉 달이 지나야 추수할 때가 이르겠다 하지 아니하느냐 그러나 나는 너희에게 이르노니 너희 눈을 들어 밭을 보라 희어져 추수하게 되었도다 **36** 거두는 자가 이미 삯도 받고 영생에 이르는 열매를 모으나니 이는 뿌리는 자와 거두는 자가 함께 즐거워하게 하려 함이라 **37** 그런즉 한 사람이 심고 다른 사람이 거둔다 하는 말이 옳도다 **38** 내가 너희로 노력하지 아니한 것을 거두러 보내었노니 다른 사람들은 노력하였고 너희는 그들이 노력한 것에 참여하였느니라

음식을 구해서 돌아온 제자들이 예수에게 잡수실 것을 청한다. 그러나 제자들은 32절에서 "내게는 너희가 알지 못하는 먹을 양식이 있다."는 예수의 예기치 못한 반응을 받게 된다. 이 말은 제자들과는 상관없이 오직 예수만 홀로 먹을 수 있는 음식이 있다는 뜻이다. 예수 홀로 먹을 수 있는 그 음식은 바로 십자가의 죽음이다. 제자들은 십자가의 죽음을 죽을 수 없고, 오직 예수만이 십자가에서 죽어야 한다. 당연히 제자들은 예수의 이 말씀을 이해하지 못한다(33절; 16:17~18도 참조). 제자들이라도 스스로의 힘으로는 예수와 예수의 말씀을 이해할 수 없다. 제자들도 교회도 진리의 생산자가 아니고, 진리를 들어야 한다. 오직 들음으로써만 교회도 진리를 깨우칠 수 있고 말할 수 있다. 오직 예수에 의해서 깨우쳐지고 가르쳐질 때에만 제자들도 진리를 이해할 수 있다. 그런 점에서 사마리아 여인과 제자들 사이에는 아무런 차이가 없다.

34절에서 예수는 그만이 먹을 수 있는 음식에 대해서 말한다. 이를 위하여 예수는 하나의 메타포를 사용하는데, 그가 먹어야 하는 음식은 예수의 삶이다. 유대교 문헌인 에디오피아 에녹서(69 V 24)에 유사한 표현이 있는데, 그에 의하면, 천사가 먹는 음식은 순전한 찬양이다. 다시 말해서 천사는 하나님을 찬양하기 위해서 존재한다는 뜻이다. "나를 보내신 분의 뜻을 행하며 그 일을 온전히 이루는 것"이 바로 예수가 먹는 음식이다. 그것이 바로 예수의 삶의 의미요 목표이다(5:30; 6:38~39). 그러면 하나님의 뜻이 무엇인가? 10:18에 의하면, 그 뜻은 십자가의 죽음과 부활이다.

그러므로 34절에 의하면, 예수는 오로지 십자가의 길을 가는 사람으로서 살고 있다. 십자가에서 죽기 위하여 영원하신 하나님의 아들이 사람이 되셨다. 십자가의 순간을 향하여 그는 가고 있다. 이때가 바로 "그의 때" 곧 하나님의 일을 완성하는 때이다. 이때가 이미 와 있다. 그러나 이 예수의 "때"는 동시에 제자들의 때이기도 하다. 예수가 십자가에 달려 죽으시는 그 때에 제자들은 그 십자가 죽음의 열매인 영생을 따게 될 것이다. 예수의 십자가 죽음이야말로 믿음과 영생이라는 열매를 맺는 나무이다. 제자들은 십자가에 달려 죽으신 예수로부터 믿음과 영생을 오직 선물로 받는다. 예수가 십자가에 달려 죽는 순간이, 제자들이 믿음과 영생의 열매를 추수하는 순간이다.

35~38절에서 예수는 여기서 다시 한 번 상징적인 표현을 사용하면서 자신의 십자가 죽음과 제자들이 거둘 믿음과 영생의 열매에 대해서 말한다. 이 말씀을 선교와 연결해서 이해하려고 한다면, 본문을 전적으로 오해하는 것이다. 이 본문은 구원에 관한 예수의 능동적 행동과 제자들의 수동적 태도를 비교한다. 여기에는 두 개의 격언이 사용된다. 35a절과 37절이 그것이다. 35a절은 "오늘 파종을 하더라도 상당한 시간이 지나야 추수를 한다."는 격언이다. 그러므로 파종과 추수 사이에는 상당한 시간적 거리가 있다. 37절의 "뿌리는 사람과 거두는 사람이 각기 따로 있다."는 말씀도 유대교 문헌에서 찾을 수 있는 격언이다.

35a절은 파종과 추수 사이에 최소한 4개월의 간격이 있어야 한다는 격언은, 예수가 십자가에서 죽을 때와 사람들이 구원을 받을 때 사이의 시간적인 간격이 상당히 있다는 것을 말한다. 다시 말해서, 예수는 우리를 위해서 십자가에 달려 죽으셨지만, 우리의 구원은 최후심판 때에 가서야 비로소 결정될 것이라는 뜻으로 해석할 수 있다. 이것은 아마도 마태복음 25장의 비유들에서도 읽을 수 있는 신학이다.

그러나 35b절에서 요한복음의 예수는 이러한 전통적인 견해를 수정한다. "너희 눈을 들어 밭을 보라. 희어져 추수하게 되었다." 예수의 "때"가 지금 이미 와 있을 뿐만 아니라, 제자들이 추수할 "때"도 이미 와 있다. 바로 여기에 요한복음의 소위 현재적 종말론이 드러나 있다. 요한복음에서 구원은 미래의 사건만은 아니고, 이미 지금 예수를 믿음으로써 현재의 사건이 된다.

36절은 이미 지금 거두는 자가 삯을 받았다고 하는데, 무슨 삯인가? 거두는 자의 수고에 대한 대가를 말하지 않는다. 37절로 미루어 볼 때, 거두는 자가 받는 삯은 다른 사람이 수고하여 일한 대가로서의 삯이다. 거두는 자는 심는 수고를 한 다른 사람 덕분에 삯을 받는다. 거두는 자가 받은 삯의 내용은 "영생에 이르는 열매"이다. 그래서 뿌리는 자와 거두는 자가 함께 즐거워한다. 37절은 심는 자와 거두는 자를 더욱 명확하게 구분하는데, 심는 자는 예수 그리스도이고, 거두는 자는 제자들이다.

38절의 "너희"는 제자들이다. 그들은 거둔 열매를 위하여 노력하지 않는다. 제자들은 영생의 열매를 얻기 위하여 아무런 노력도 하지 않았다. 제자들은 "다른 사람들"의 노력으로 인하여 구원의 열매를 거두었다. "다른 사람들"은 예수 그리스도를 말한다. 그런데 왜 복수형이 사용되었는가? 이 복수형은 앞에서 인용한 격언의 차원에서 사용되는 매우 일반적인 표현이다. 제자들은, 예수가 십자가에서 맺은 열매에 참여하였다. 여기서 "참여하였다"는 함께 일하여 열매를 맺었다는 뜻이 아니라, 제자들은 예수가 십자가에서 맺은 열매를 거두는 데 참여하였다는 뜻이다.

신학적으로 볼 때, 구원에 관한 한 제자들은 수동적이고, 오로지 예수만이 구원을 능동적으로 이루셨다. 제자들은 구원을 스스로의 힘과 노력으로 이룰 수 없다. 그들은 예수께서 십자가에서 이루어 놓으신 구원을 거둘 수 있을 따름이다. 구원을 이루시는 분은 오로지 십자가에 달리셔서 하나님의 뜻을 이루신 예수 그리스도뿐이다.

39~42절 사마리아 사람들의 믿음 - "우리가 친히 듣고 믿노라."

39 여자의 말이 내가 행한 모든 것을 그가 내게 말하였다 증언하므로 그 동네 중에 많은 사마리아인이 예수를 믿는지라 **40** 사마리아인들이 예수께 와서 자기들과 함께 유하시기를 청하니 거기서 이틀을 유하시매 **41** 예수의 말씀으로 말미암아 믿는 자가 더욱 많아 **42** 그 여자에게 말하되 이제 우리가 믿는 것은 네 말로 인함이 아니니 이는 우리가 친히 듣고 그가 참으로 세상의 구주신 줄 앎이라 하였더라

31~38절을 넘어서 28~30절로 이어지면서 중단된 사마리아 여인과 사마리아 사람들의 이야기가 여기에 계속된다.

여인의 증언에 따라서 사마리아의 많은 사람들이 예수를 믿게 되었다. 그

러나 2:23~25에서 보았듯이, 요한복음에서 "많은 사람들이 믿었다"는 표현은 실제로는 그들이 진정으로 믿지 않았다는 것을 말한다. 대중적인 믿음은 없다. 한 사람 한 사람이 예수에 의해서 깨우쳐지고 인도를 받아서 예수와 관계를 맺을 때에만 진정한 믿음이 생겨난다. 사마리아 여인과 "많은 사마리아인들" 사이에는 그러한 차이가 있었다. 여인은 이미 예수와 인격적인 만남을 통해서 진정한 믿음에 이르렀다. 사마리아 사람들은 예수에 대해서 관심과 흥미를 가지고 있었을 뿐이고, 진정한 의미에서 믿음에 이른 것은 아직 아니었다. 예수에게 관심과 흥미를 가진 사마리아 사람들의 요청에 의해서 예수는 그곳에서 2일 동안을 더 머물게 되었다. 사실 예수에게 관심과 흥미를 가지는 것은 구원으로 인도하는 믿음은 아니지만, 그래도 대단히 복된 일이다.

이틀 동안을 머물면서 예수가 그들에게 직접 말씀하였다(41~42절). 이때에야 비로소 사마리아 사람들은 진정한 믿음에 이르게 되었다. 여인의 말은 그들로 하여금 예수에 대한 깊은 관심과 흥미를 갖게 하였지만, 그들을 진정한 믿음으로 인도한 것은 이틀 동안 머무시면서 예수께서 직접 하신 말씀이다. 그래서 비로소 그들은 진정한 신앙고백을 한다. "그가 참으로 세상의 구주이다." 사마리아 여인의 역할에서 우리 인간들이 행하는 선교의 기능과 한계를 동시에 알 수 있다. 여인의 증언은 예수에 대한 흥미를 유발하는 역할을 했지만, 그녀의 증언이 그들을 믿게 하여 구원한 것은 아니다. 우리의 선교적인 증언은 사람들로 하여금 예수 그리스도에 대한 관심과 흥미를 유발하는 역할을 한다. 그러나 그 사람들을 구원하는 것은 선교하는 사람이나 그의 말이 아니라, 예수 그리스도의 말씀이다. 인간의 설교도 인간을 구원할 수 있는 것이 아니다. 설교는 인간을 예수께로 안내할 뿐이고, 그 인간을 구원하는 것은 예수 그리스도의 말씀이다. 선교를 하는 사람은, 빌립이 나다나엘에게 했듯이(1:46), 그렇게 다른 사람들에게 "와서 보라"고 초대할 수 있고, 초대를 받은 그들은 직접 와서 봄으로써, 오늘의 차원에서 바꾸어 말한다면, 예수께로 나와서 복음을 직접 들음으로써 믿게 되고 구원에 참여할 수 있다.

7) 4:43~54 갈릴리 가나에서의 두 번째 표적

2:13~4:42는 예루살렘, 유대 그리고 사마리아 지역에서 예수가 활동한 내용을 말한다. 이제부터 예수는 다시 2:1~12에 이어서 갈릴리에서 활동한다. 특히 2:1~12에서 포도주 기적을 첫 번째 표적이라고 말한 것처럼, 4:46~54의 기적을 두 번째 표적이라고 한다는 점에서, 2:1~12와 4:46~54를 한 덩어리로 묶어서 볼 수 있다. 포도주 사건에서처럼 여기서도 표적과 믿음의 관계가 핵심이다. 표적이 믿음을 가져오는가? 아니면 믿음이 표적을 보는가?

43~45절 예수께서 갈릴리로 돌아오다

43 이틀이 지나매 예수께서 거기를 떠나 갈릴리로 가시며 **44** 친히 증언하시기를 선지자가 고향에서는 높임을 받지 못한다 하시고 **45** 갈릴리에 이르시매 갈릴리인들이 그를 영접하니 이는 자기들도 명절에 갔다가 예수께서 명절중 예루살렘에서 하신 모든 일을 보았음이더라

2:23~25로 연결되는 말씀이다. 갈릴리 사람들이 예수를 영접한 것은, 그들이 예수의 정체를 알고, 그를 믿었다는 뜻이 아니다. 예수께서 예루살렘에서 행하신 표적들을 보고, 그에게 경이로운 시선을 보냈다는 뜻이다. 그러므로 2:23의 "많은 사람들" 중에는 갈릴리에서 온 사람들도 있었다고 할 수 있다.

46~54절 왕의 신하의 아들의 병을 고친 두 번째 표적

46 예수께서 다시 갈릴리 가나에 이르시니 전에 물로 포도주를 만드신 곳이라 왕의 신하가 있어 그의 아들이 가버나움에서 병들었더니 **47** 그가 예수께서 유대로부터 갈릴리로 오셨다는 것을 듣고 가서 청하되 내려오셔서 내 아들의 병을 고쳐 주소서 하니 그가 거의 죽게 되었음이라 **48** 예수께서 이르시되 너희는 표적과 기사를 보지 못하면 도무지 믿지 아니하리라 **49** 신하가 이르되 주여 내 아이가 죽기 전에 내려오

소서 **50** 예수께서 이르시되 가라 네 아들이 살아 있다 하시니 그 사람이 예수께서 하신 말씀을 믿고 가더니 **51** 내려가는 길에서 그 종들이 오다가 만나서 아이가 살아 있다 하거늘 **52** 그 낫기 시작한 때를 물은즉 어제 일곱 시에 열기가 떨어졌나이다 하는지라 **53** 그의 아버지가 예수께서 네 아들이 살아 있다 말씀하신 그 때인 줄 알고 자기와 그 온 집안이 다 믿으니라 **54** 이것은 예수께서 유대에서 갈릴리로 오신 후에 행하신 두 번째 표적이니라

갈릴리 지역의 영주인 헤롯 안티파스의 한 관리의 아들의 질병을 치유한 기적에 관한 이야기이다. 헤롯 안티파스는 공식적으로는 "왕"이 아니고 영주였지만, 백성들은 그를 보통 왕이라고 불렀다. 이 단락의 이야기는 마태복음 8:5~13; 누가복음 7:1~10에 나오는 가버나움의 백부장에 관한 이야기와 매우 유사하다. 이 세 단락은 아마도 동일한 사건에 관한 기록으로 보이지만, 다음과 같은 차이점들도 있다.

	마태복음/누가복음	요한복음
사건의 장소	가버나움	갈릴리 가나
예수를 찾아온 사람	백부장(이방인) (마: 백부장 자신/눅: 유대 장로들)	왕의 관리(유대인)
질병에 걸린 사람	백부장의 종	관리의 아들
병의 종류	마: 중풍병/눅: 죽을 병	죽을 병
신학적 포인트	유대인의 불신앙과 이방인의 신앙의 대조	진실하지 못한 신앙과 진실한 신앙의 대조

이러한 차이들을 볼 때, 역사적으로 어느 복음서의 이야기가 정확한 것이냐 하는 물음은 의미가 없다. 이 단락들은 역사적인 물음에 답을 하려는 것이 아니다. 특히 요한복음의 단락은 역사적 차원이 아니라 예수의 인격을 둘러싼 비밀의 문제를 신학적으로 말한다.

2:1~12의 포도주 기적을 일으켰던 바로 그 지역(갈릴리 가나)에서 예수는 두 번째 표적사건을 일으킨다. 이미 포도주 사건을 통해서 예수의 정체가

드러난 장소에서 다시 한 번 표적사건을 통해서 자기를 계시한다. 포도주 표적사건을 말하는 2:1~12과 이 단락이 매우 유사한 구조로 되어 있다. 먼저 예수에게 애로사항을 호소하지만 – 예수는 그 호소를 단호하게 거부하며 – 그러나 호소한 사람이 인내를 가지고 기다리고 – 결국 호소가 응답을 받고 – 그로 인하여 제자들(사람들)이 믿고 – 마지막으로 표적에 순서를 매기는 등 구조가 일치한다. 기적 행위 자체에 대해서는 거의 말하지 않고 있는 것도 일치한다.

왕의 신하가 먼저 예수를 찾아가 문제를 말하고 도움을 호소한다(47절). 그러나 예수는 그 호소를 단호하게 거부한다(48절). 표적과 기적에 근거해서 믿으려는 태도를 예수는 거부한 것이다. 눈으로 보고, 몸으로 체험하기를 원하는 것이 믿음에 있어서 얼마나 위험한 것인지를 말한다. 그것은 예수를 찾는 믿음이 아니라, 표적과 기적을 찾는 기복이다. 표적과 기적은 목표에 도달하기 위하여 예수가 사용하는 도구에 불과한데, 그러한 표적과 기적을 목적으로 추구하는 것은 예수를 보지 않는 어리석은 것이다. 순전하게 예수의 인격을 사모하고 구하는 믿음, 보지 않고서 그의 말씀을 믿는 신앙이 진실한 것이다.

49절에서 왕의 신하는 두 번째로 호소하면서, 예수께서 오셔서 문제를 해결해 주시기를 간구한다. 첫 번째 호소에 비해서 두 번째 호소는 더 간절하다. 간절한 기도에 예수께서 반응한다(50절). 오셔서 고쳐달라는 기도에 예수께서는 "가라. 네 아들이 살아있다"고 말한다. 그가 예수의 말씀을 믿고 간다. 믿음은 오직 예수의 말씀 위에 세워져야 한다. 감각적인 체험을 원하는 믿음은 위험하다. 그러므로 예수는 가서 치유하는 행동을 보여 주지 않고, 그냥 말씀을 하셨을 뿐이다.

호소하는 사람이 예수의 말씀을 믿고 갔을 때, 예수께서 말씀하신 바로 그 순간에 아들이 치유되었다(51~53절). 48절과 비교할 때, 진정한 믿음이란 보고 체험하는 데 세워지는 것이 아니라, 오직 예수의 말씀 위에 세워져야 한다는 것이 본문의 핵심적인 메시지라는 사실이 분명해진다. 20:24~29을 여기서 함께 읽을 수 있다. 도마가 예수의 손바닥 못 자국을 보고 옆구리에 손을 넣어서 직접 확인하지 않고는 예수의 부활을 믿을 수 없다고 했을 때, 부활 예수는 도마에게 "보지 못하고 믿는 자가 복이 있다"고 하셨다. 진정한 믿음은 예수의 말씀 위에 세워지는 것이다. 믿음은 눈의 사건이 아니라, 귀의 사건이다.

이 표적 사건에는 "나는 …이다"는 계시의 말씀이 없다. 그러나 이 표적 사건에서 우리는 "나는 생명이다"는 예수의 자기 계시의 말씀을 읽을 수 있다. 믿는 사람은 예수 안에서, 그러므로 예수의 말씀 안에서 생명을 본다. 그러므로 요한복음에서 믿음은 예수로부터 무엇인가를 얻기를 원하는 것이 아니라, 예수 그리스도 자신을 받아들이는 것이다. 예수의 인격이 아닌 어떤 것을 예수로부터 받고자 하는 믿음, 기적체험 위에 세워진 믿음, 기복적인 믿음은 피상적인 믿음에 불과하다. "많은 사람들"은 그런 피상적인 믿음을 가지고 있었지만, 예수는 그들의 그런 믿음이 진정한 믿음이 아니라는 것을 꿰뚫어보았다(2:23~24). 예수 그리스도 안에 생명이 있다. 예수 그리스도만 모시면, 다른 모든 것들은 중요하지 않다.

54절에 의하면, 이 사건은 예수께서 갈릴리에서 행하신 두 번째 표적이다. 그러므로 2:1~11의 포도주 표적에 이어서 예수가 갈릴리에서 행한 두 번째 표적이고, 예수가 행한 다른 표적들은 예루살렘에서 일어난 것이다. 20:30이 말하듯이, 예수는 요한복음에 기록되지 아니한 다른 많은 표적들을 행하셨다.

주제해설 6

요한복음의 표적(σημεια; 세메이아)

"표적"은 구약성서에서 나온 말이다. 구약성서에서 어떤 사람이 자기가 하나님이 보낸 사람이라는 것을 증명하고 그럼으로써 그가 한 말의 신적인 정당성을 확보하기 위하여 행하는 기적을 표적이라고 한다. 그 대표적인 것이 출애굽기 4:1~9이다. 하나님이 모세를 애굽의 왕과 히브리 백성에게 보내면서, 하나님이 모세를 보냈다는 표식으로 지팡이가 뱀이 되는 기적과 손이 나병으로 변화는 기적을 행한다. 이러한 기적은 모세가 하나님이 보낸 사람이라는 것을 드러내는 표적이다. 그러므로 모세의 말에는 신적인 권위와 정당성이 부여된다.

1. 요한복음에서 "표적"이 사용되는 상황

요한복음에서 "표적"은 17번 나온다. 15번은 예수가 행한 기적을 말하며, 두 번은 사람들이 예수에게 표적을 요구하는 대목에서 사용된다. 예수를 믿지 않고 시험하는 자들이 그를 믿을 수 있도록 특별한 기적을 요구하며(2:18), 하늘의 표식으로 엄청난 기적을 요구한다(6:30).[65] 공관복음에서처럼 요한복음에서도 예수는 그러한 요구를 일축한다.

20:30이 말하듯이, 요한복음은 예수가 행한 모든 표적들을 말하는 것이 아니라, 저자가 중요하게 여기는 것들만을 선별해서 말한다. 특히 7개의 표적이 그에게 중요했다. ① 가나에서 물이 포도주로 변화되는 사건(2:1~12), ② 가나에서 말하고 가버나움에서 실현된 왕실 관리의 아들 치유(4:43~54), ③ 베데스다 연못가에서 38년 된 병자의 치유(5:1~13), ④ 오병이어의 기적(6:1~15), ⑤ 바다 위를 걸으시는 기적(6:16~21), ⑥ 나면서부터 소경된 사람의 치유(9:1~12), ⑦ 나사로를 살리는 기적(11:1~44).

2:11; 4:54; 6:14.26; 9:16; 11:47; 12:18 등은 이러한 기적들을 "표적"이라고 한다. 38년 된 병자의 치유는 "표적"이라 불리지 않고 "일" 혹은 "큰 일"이라고 한다(5:20.26; 7:21). 이처럼 특정한 기적사건과 관련해서 "표적"을 말하지 않고, 매우 일반적으로 표적을 말하는 경우도 있다. 2:23; 3:2; 4:48; 6:2; 7:31; (10:41 세례 요한과 관련해서); 11:47; 12:37 등이 그렇다. 이들 중 일부는 앞서 이야기된 기

---

65) 이는 공관복음에서도 찾을 수 있다(막 8:1~12; 마 12:38; 16:1; 눅 11:16.29).

적을 포함하여 말하기도 하나, 일부는 구체적인 기적을 전혀 언급하지 않고 많은 병자 치유를 요약적으로 일컬어 "표적"이라고 말한다.

2. 표적은 예수의 정체를 드러낸다

표적은 이정표와 같은 것이다. 이정표의 존재이유는 그 자체가 아니고, 목적지를 가리키는데 있듯이, 표적 역시 무엇인가를 가리키는 역할을 한다. 이정표를 따라가다 보면, 목적지에 도달하듯이, 표적이 가리키는 곳으로 가면 목적지가 있는데, 그것은 예수 그리스도이다. 표적은 예수 그리스도에게로 안내하는 이정표이다.

2:11에서 표적의 의미가 분명해진다. 표적은 예수의 영광으로 안내한다. 그러나 표적이 모든 사람을 안내하는 것이 아니고, 제자로 부름을 받은 사람들을 안내한다. 표적에 나타난 영광을 볼 수 있는 것은 믿음의 눈뿐이다. 11장의 나사로의 부활에서도 분명하다. 11:40 "네가 믿으면 하나님의 영광을 본다."고 말하는 11:40은 2:11과 동일한 말이다. 11:4에 의하면, 나사로의 부활에서 나타난 하나님의 영광은 결국 예수의 영광이다. 예수의 활동을 통하여 하나님과 예수 자신의 영광이 드러나며, 이 영광은 오직 믿음의 눈에만 보인다. 12:40~41에 의하면, 이 사야가 하늘의 보좌에 앉아 계시는 하나님을 봄으로써(사 6:1) 결국 예수의 영광을 보았다. 2:11도 1:51과 연결하면 더 분명히 이해된다. 이 세상에 오신 인자는 하나님이 임재하시고 활동하시는 장소이다.

성전정화와 연결해서 표적을 요구하는(2:18) 유대인들에게 "성전을 헐라. 그러면 내가 사흘 동안에 일으키리라"라는 수수께끼 같은 말을 하고(2:19), 이어서 예수는 이 성전을 자기의 육체라고 한다(2:21). 유대인들이 요구하는 표적 대신에 예수는 자신을 제시한다. 6장에서는 예수가 하나님이 주신 진정한 하늘의 표적으로서 생명의 떡이라고 한다. 이 떡은 모세를 통해서 주어진 만나와 비교할 수 없다(6:32~35). 이것이야말로 떡의 기적이 보여 주려는 진정한 "표적"이며, 유대인들은 이 표적을 보았으나(6:36), 실제로는 보지(믿지) 못한다(6:26). 예수가 사람들에게 기적적으로 나누어 준 떡은, 예수가 하늘에서 내려온 생명의 떡이라고 "표적"

한다. 이처럼 모든 기적들은 그 기적을 행한 사람을 보게 하며, 그가 가지고 있는 지존의 영광과 구원의 힘을 드러낸다. 표적은 예수를 구원자로 입증하며, 거꾸로 예수로부터만 표적은 그 의미를 얻는다. 요한복음에서 모든 기적은 예수의 인격을 드러내는 계시적인 성격을 갖는다. 그러므로 예수 외에는 누구도 표적을 행할 수 없다.

3. 표적은 예수 안에 있는 구원의 현재를 밝힌다

예수가 행한 표적은 예수가 누구인지를 드러낼 뿐만 아니라, 그와 더불어 시작된 새로운 시대를 "표적"한다. 요한복음에서 하나님의 사자로서 예수는 표적사건에서 미래의 세상이 어떤 세상인지를 분명하게 드러낸다. 가나의 포도주 표적에서는 생명의 풍성함과 기쁨을, 나면서부터 소경된 사람의 치유에서는 밝은 빛을, 오병이어의 표적에서는 생명의 떡의 풍성함을, 나사로의 부활에서는 죽음이 없는 생명의 세상을 보여준다. 구약성서와 유대교에서 만나의 사건은 메시아 시대의 표시이다(6:31). 이사야 60장 이하에 종말에는 예루살렘과 온 민족들에게 하나님의 영광이 나타날 것이라는 예언이 있다. 예수는 표적 사건을 통해서 하나님의 영광을 드러냄으로써 이사야가 예언한 시대가 지금 실현되었다는 것을 보여준다.

그러므로 표적사건에서 요한복음의 독특한 현재적 종말론이 드러난다. 공관복음과 비교해 보면 더 분명해진다. 마태복음 12:39~40; 누가복음 11:29~30에도 나오는 요나의 표적을 생각해 보자. 누가복음에서 유대인들에게 주어진 요나의 표적은 재림하실 그리스도를 말하며, 이는 그들이 회개하지 않는 것을 심판하는 표적이다. 그러나 요한복음에서 이 표적은 이미 현재 활동하고 있는 그리스도이다. 그리스도는 이미 현재 하나님의 뜻에 따라서 믿는 자들과 믿지 않은 자들을 구별한다(9:39). 물론 예수가 표적이라는 분명한 표현은 없지만, 나면서부터 소경된 사람의 치유기적이 보여 주듯이, 예수가 표적이라는 의미는 분명하다. 생명의 수여자로서 예수가 보여 주는 모든 "표적들"은 예수 안에 있는 종말론적인 구원의 현재를 말한다. 왕실 관리의 아들 치유, 베데스다 연못에서의 치유, 나사로의 부활 등이 모두 그렇다. 죽음에 이른 이들을 다시 살려 주신 생명은 영원한 생명의 보증이다. 공관복음에서 생명은 미래의 것이지만, 요한복음은 이미 예수 안에서 믿는 자들에게 주어진 현재의 생명이다. "표적"은 예수 그리스도를 "부활이요 생명"으로 드러내기 때문에, 예수 안에서 이 생명과 부활은 이미 현재적이다.

4. 표적이 믿음을 불러오는 것이 아니라, 믿음이 표적을 깨닫는다

놀라운 기적을 체험하고 목격한 사람들은 예수를 하나님의 아들로 믿을 수 있을까? 요한복음은 표적과 믿음의 관계에 대해서 상반되는 말을 한다. 2:23; 6:2은 예수의 많은 표적을 보고 믿고 따르는 것을 말한다. 반면에 4:48에서 예수는 표적을 보고서야 믿는 것을 책망한다. 6:26에서 예수는 표적을 보고 따른 것이 아니라, 떡을 먹고 배부르기 때문에 따른다고 책망한다. 표적을 보고 예수를 따라야 함에도 불구하고 그렇지 않았다는 것이다. 예수가 그 많은 표적을 행한 이유와 목적이 표적들을 통해서 사람들이 그를 믿도록 하려는 것이다(12:37). 그러나 그 많은 표적들을 본 사람들이 믿지 않았다. 20:31이 말하듯이, 요한복음은 사람들이 예수가 하나님의 아들임을 믿게 하기 위하여 표적을 말하는데, 실제로 표적을 본 모든 사람들이 믿는 것이 아니라, 오로지 소수의 사람들만 믿는다. 그러므로 표적이 사람들로 하여금 믿게 하는 것이 아니라, 먼저 믿음을 가진 사람들이 표적에서 예수의 정체를 깨닫고 영광을 본다. 그러므로 표적은 모든 사람에게 예수를 증언하는 것이 아니라, 믿음을 가진 사람들에게만 예수가 누구인지를 증언한다.

어쨌든 표적은 사람들로 하여금 예수에 대해서 깊이 생각하게 하는 역할을 한다(2:23; 3:2; 6:2,14; 7:31; 9:16; 11:47). 그러나 표적 자체가 사람들을 깊은 차원의 믿음으로 이끌지는 못한다. 표적은 많은 사람들에게 경이적인 사건으로 보이기는 했지만(4:48; 12:37), 그들을 믿게 하지는 못했다. 표적이 믿음을 만들어내는 것이 아니라, 먼저 주어진 믿음, 다른 말로 하면, 먼저 제자로 부름을 받은 사람이 비로소 표적의 진정한 의미를 안다. 표적의 진정한 의미를 알기 위해서는 먼저 믿음이 필요하다. 여기서도 우리는 요한복음에서 믿음은 하나님의 선물이라는 사실을 확인할 수 있다. 하나님으로부터 믿음의 선물을 받은 사람만이 예수가 행한 기적행위 속에서 그의 정체를 깨닫게 된다.

5. "일"(εργον)과 "표적"

요한복음은 예수가 행한 "표적" 외에도 "일"을 말한다. "일"을 뜻하는 단수 형(εργον)이나 복수 형(εργα)을 27회 사용한다. 숫자로만 보면 "표적"보다는 "일"을 훨씬 자주 말한다. 물론 그중에서 인간의 일(행위)을 말하는 구절들을 제외하면,[66] 대략 20여회에 걸쳐서 하나님의 일 혹은 예수가 행한 일을 말한다.

4:34(하나님의 일); 5:20(하나님이 보이실 더 큰 일); 5:36(아버지께서 내게 주사 이루게 하신 일. 우리말 성경은 "역사"로 2회 번역); 6:28.29(하나님의 일- 하나님께서 보내신 이를 믿는 것); 7:3(예수의 형제들이 한 말- "당신이 행한 일"); 7:21(예수가 무리에게 행한 대답- 내가 한 가지 일을 행하매); 9:3(나면서 소경 치유- 부모의 죄가 아니라 하나님이 하시는 일을 나타내고자); 9:4(나를 보내신 이의 일을 우리가 하여야 하리라); 10:25(내가 행한 일들이 나를 증거); 10:32(내가 여러 가지 선한 일을 너희에게 보였는데, 그 중에 어떤 일로 나를 돌로 치려느냐); 10:33(유대인 대답- 선한 일로가 아니라, 사람으로서 자칭 하나님이라 칭하는 신성모독으로 인하여); 10:37(만일 내가 내 아버지의 일을 행하지 아니하면 나를 믿지 말라); 10:38(내가 행하거든 나를 못 믿더라도, 그 일을 믿으라); 14:10(아버지가 내 안에 계셔서 그 일을 한다); 14:11(행하는 그 일로 인하여 나를 믿으라); 14:12(믿는 자는 그 일을 하고 그보다 더 큰 일을 할 것이다); 15:24(내가 아무도 못한 일을 했다); 17:4(아버지께서 내게 하라고 주신 일을 내가 이루어 아버지를 영화롭게 하였다) 등.

"일"은, 예수가 하나님이 보내신 분이라는 것을(5:36; 10:25.37~38; 14:11; 15:24) 혹은 아버지가 예수 안에 계신다는 것을(10:38; 14:11) 드러내 보여준다. 그러므로 예수는 그의 일들을 아버지의 이름으로 행한다(10:25). 더 나아가서 예수 안에 계신 아버지께서 그의 일들을 행한다(14:10). 그러므로 예수가 행한 일은 하나님과 예수의 합작이다(4:34; 5:17.19 참조). 요한복음에서 예수가 행한 "일"은 예수의 정체를 증언하는 역할을 한다. 그러므로 예수가 행한 "일"은 믿음을 불러일으키며, 반대로 그 "일"이 증언하는 것을 거부할 때 곧 믿음으로 받아들이지 않을 때, 그 "일"이 믿지 않는 죄를 고발한다(10:25~26; 15:24).

---

66) 3:19.20.21; 7:7; 8:39(아브라함).41

"일"과 "표적"이 밀접하게 관련되어 사용되는 경우도 있다. 7:3과 7:31을, 9:3~4과 9:16을, 10:25,32,37~8과 10:41을, 12:37과 15:24 등을 비교해 보라. 이들을 비교해 보면, 표적과 일은 서로 바꾸어 사용해도 되는 동일한 의미이다.

그러나 "일"과 "표적" 사이에는 중요한 차이도 있다. 앞에서 말한 대로 표적은 믿음을 불러일으키는 것이 아니라, 이미 믿음을 가진 사람들에게 그리스도의 영광을 증언하고 보여 주는 역할을 한다. 반면에 "일"은 믿음과 믿지 않음을 불러일으킨다. 예수는 십자가에 달리기 이전에 지상 활동 기간에는 "표적"을 행하지만, 십자가에서 "일"을 완성한다(17:4; 19:30). 예수는 제자들에게 자기가 행한 일보다 더 큰 일을 행할 수 있다고 약속하지만(14:12), 더 큰 표적을 행할 수 있다는 약속을 하지 않는다. 표적은 이 세상에 오신 예수께서 하나님의 아들로서 자기정체를 드러내는 계시활동이기 때문에, 예수 외에 다른 사람이 그런 표적을 할 수 없다. 그러므로 표적은 오직 예수만이 할 수 있는 계시의 말씀과 동일한 차원이다 (6:35,48,51; 9:5; 11:25~26). 누구도 예수처럼 "나는 부활이요, 생명이다"는 등의 계시의 말씀을 할 수 없는 것처럼, 그렇게 표적을 행할 수 없다. 반면에 예수 외에 제자들도 "일"을 할 수 있다. 표적은 사람이 되신 하나님의 아들이 자신을 세상을 향하여 드러내는 계시적 성격을 갖기 때문에, 부활하신 예수는 더 이상 공개적으로 표적을 행하지 않는다. 부활 예수의 현현은 세상을 향한 계시가 아니라, 오직 제자들만을 향한 현현이다.

4 5:1~10:39 예수의 자기 계시와 믿지 않는 자들

요한복음 2~4장은 예수의 자기 계시와 이에 대한 긍정적인 반응에 대해서 말했다. 이제 5장부터는 전혀 반대 방향으로 시선을 돌려서, 예수의 계시를 철저하게 반대하고 적대시하는 사람들의 반응을 말한다. 예수는 그들과 충돌한다. 이들은 주로 유대인들이다. 이러한 유대인들은 예수를 반대하고 적대시하며, 그래서 결국 예수를 죽이려고 모의하는 데까지 이른다. 왜 이들은 예수의 계시를 믿지 못하는가? 요한복음은 이 긴 단락에서 이러한 수수께끼 같은 물음에 답한다.

이 단락에서 예수의 활동 장소가 계속 바뀐다. 갈릴리 가나에서 두 번째 표적을 행하신(4:46~54) 후, 예수는 다시 예루살렘으로 올라가서 활동하시고 (5:1~47), 다시 갈릴리로 오셔서 활동하고(6:1~71), 다시 예루살렘으로 간다 (7:1~10:39). 그러므로 5:1~10:39는 예루살렘 → 갈릴리 → 예루살렘으로 활동 장소가 바뀐다. 이러한 장소의 잦은 변경 때문에 6장과 5장의 위치를 바꾸어서 읽는 것이 더 적절하다는 문헌 비평적인 시도가 있었다. 그러면 갈릴리 활동을 말하는 4:46~54와 6장을 한 묶음으로 묶을 수 있고, 예루살렘 활동을 말하는 5장과 7:1~10:39를 함께 묶을 수 있기 때문이다. 그러나 그렇게 본문순서를 바꾸지 않고 읽는 것이 원래 저자의 의도에 적절하다.[67]

1) 5:1~16 38년 된 병자의 치유(세 번째 표적)와 적들의 반응

5:1~9a는 치유사건을 말하고, 5:9b~16은 치유사건에 이어지는 후속 이야기이다. 38년 된 병자의 치유기적은 앞에서 나온 가나의 포도주 기적과 왕의 신하의 아들을 치유하는 기적과는 다른 구조로 되어 있다. 여기에는 병자가 먼저 고쳐달라는 호소가 없고, 예수가 먼저 그에게 다가가 낫기를 원하느냐고 묻는다. 믿음에 관한 언급도 없고, 표적이라는 말도 없다. 이러한 현

---

67) 처음 단락인 5:1~47과 마지막 단락인 9:1~10:39의 병행성에 주목하면, 지금의 본문순서는 처음부터 매우 의도적이다. 5:1~9의 베데스다 연못에서의 치유사건은 9:1~7의 실로암 연못에서 나면서부터 소경이 된 사람의 치유사건과 상응한다. 모두 안식일에 일어난 이 두 치유 사건은 구조적으로도 동일하다. 이어서 치유를 받은 사람과 유대인의 대화가 나오는 것도 같다(5:9b~13; 9:8~34). 그리고 이어서 예수가 치유를 받은 사람과 만나는 장면도 같다(5:14~16; 9:35~38). 5:14와 9:35가 거의 동일한 말로 되어 있다. 이 치유사건에 이어서 유대인들이 예수에게 적대감을 드러내고, 그에 대해서 예수가 대답한다는 점에서도 5:17~47과 9:39~10:39은 서로 일치한다. 두 부분에서 중심은 유대인들이 예수를 죽이고자 한다는 것이다(5:18; 9:31,39). 더구나 예수를 죽이고자 하는 근거도 동일한데, 그 것은, 예수가 자신을 하나님으로 만들었다는 것이다(5:18; 10:33,36). 이처럼 구조와 순서에서 드러나는 일치 외에도 두 부분 모두 심판에 관해서 말하고 있으며(5:22,27,29,30; 9:39), 예수의 일하심 (5:17; 9:4), 예수의 권능(5:27; 10:18), 예수의 행위증거(5:36; 10:25), 구약성서의 증거(5:39,46~47; 10:34~36)에 관해서 공통적으로 말한다.

상은 9:1~7에 나오는 소경이 된 사람의 치유 이야기에서도 마찬가지이다.

1~9a절 38년 된 병자의 치유 - "네가 낫고자 하느냐?"

1 그 후에 유대인의 명절이 되어 예수께서 예루살렘에 올라가시니라 **2** 예루살렘에 있는 양문 곁에 히브리 말로 베데스다라 하는 못이 있는데 거기 행각 다섯이 있고 **3** 그 안에 많은 병자, 맹인, 다리 저는 사람, 혈기 마른 사람들이 누워 [물의 움직임을 기다리니 **4** 이는 천사가 가끔 못에 내려와 물을 움직이게 하는데 움직인 후에 먼저 들어가는 자는 어떤 병에 걸렸든지 낫게 됨이러라] **5** 거기 서른여덟 해 된 병자가 있더라 **6** 예수께서 그 누운 것을 보시고 병이 벌써 오래된 줄 아시고 이르시되 네가 낫고자 하느냐 **7** 병자가 대답하되 주여 물이 움직일 때에 나를 못에 넣어 주는 사람이 없어 내가 가는 동안에 다른 사람이 먼저 내려가나이다 **8** 예수께서 이르시되 일어나 네 자리를 들고 걸어가라 하시니 **9a** 그 사람이 곧 나아서 자리를 들고 걸어가니라

1절이 말하는 명절이 어느 명절인지 확실하지 않지만, 유대인의 3대 명절인 유월절, 오순절, 초막절 중에서 하나일 것이다. 사건이 일어난 장소는 예루살렘에 있는 베데스다 연못이다(2절). 연못가에 있는 행각들에는 항상 각종 병자들이 고침 받을 기회를 기다리고 있었다(3a절). 천사가 내려오면 물이 움직이고, 이때 가장 먼저 연못에 들어간 사람은 어떤 병이든 고침을 받는다는 전설이 있었다.

5절에 사건의 중심인물이 등장한다. 그는 38년 동안이나 신체가 마비된 질병을 앓고 있는 환자이다. 38년이라는 수는 상징적인 수라고 할 수 있다. 가데스 바네아에서 하나님을 믿지 못한 이스라엘이 죄의 대가로 38년 동안을 광야에서 방황하다가 죽어야 했다는 신명기 2:14가 여기에 반영되고 있다면, 그의 병은 그가 지은 죄의 대가라는 뜻이다. 그러나 본문 어디에도 죄가 질병의 원인이고, 질병은 죄의 결과라는 말은 없다. 오히려 전체 이야기의 내용으로 볼 때, 죄는 질병의 원인이 아니라, 죄가 곧 질병이다(14절). 그렇다면 38년 된 병자는 모든 죄인을 대표하는 사람이다. 그러므로 이 사건은 죄인인 모든 인간에게 해당되는 상징적인 사건이다. 모든 인간은 죄인이

고, 그러므로 치유를 받아야 할 병자이다.

예수는 환자의 병이 오래 된 것을 신적인 통찰력으로 꿰뚫어 보았다(6절). 인간의 죄는 너무 깊어서 인간의 힘으로는 도저히 이길 수 없다. 스스로의 힘으로는 치유할 수 없는 환자를 향하여 예수가 먼저 다가서 묻는다. "네가 낫고자 하느냐?" 이 물음은 죄에 빠진 모든 인간을 향한 물음이다. 죄의 질병에 빠져서 죽어가는 인간에게 예수께서 찾아오셔서 "네가 낫고자 하느냐?"고 묻는다. 당연한 질문을 받은 환자는, 예수가 누구인지를 모르기 때문에, 일반적인 위로를 하는 의례적인 말로만 이해했다.

그래서 7절에서 환자는 대답한다. "주여"라고 부른 것은 이 환자가 예수를 주님으로 믿었기 때문이 아니고, "선생님"과 같은 일반적인 호칭이다. "나는 낫고자 하지만, 나를 도와줄 사람이 없다. 나에게는 아무런 희망이 없다." 이것이 이 환자의 대답이고, 동시에 그가 안고 있는 문제였다. 이것이, 죄인이 할 수 있는 유일한 대답이다. 인간은 낫고자 하지만, 스스로 치유할 수 있는 길이 없기 때문에 절망한다. 누가 죄에 빠진 인간을 도와줄 수 있겠는가? 사람은 인간적인 위로 정도는 해 줄 수 있겠지만, 죄의 문제를 근원적으로 해결해 줄 수는 없다. 죄의 문제 앞에서 인간은 고독하게 죽어갈 뿐이다.

8절에서 예수는 환자의 치유를 명한다. 이 명령은 예수가 죽음의 질병을 치유할 때 사용하는 권세 있는 말씀이다(막 2:11 참조). 예수는 "일어나라"하고 명령하고, 그 말씀은 그의 병을 치유하는 놀라운 사건을 일으킨다. 예수가 단순히 한 인간에 불과하다면, 예수도 환자를 도울 수 없었을 것이다. 그러나 예수는 하나님의 아들이기 때문에, 권세 있는 한 마디의 명령으로써 그를 치유할 수 있다.

4:46~54에서 왕의 신하의 아들을 멀리 떨어진 곳에서 말씀으로 살려낸 것처럼, 여기서도 예수의 말씀은 즉시 효력을 나타낸다(9a절). 예수의 말씀은, 이전에는 없던 새로운 삶, 새로운 현실을 창조한다. 예수의 말씀은 절망 속에 처해 있는 인간을 새로운 삶과 희망으로 불러낸다. 이는 "죽은 자를 살

리시고, 없는 것을 있는 것으로 부르시는" 하나님의 말씀이다(롬 4:17). 그러므로 예수의 말씀은 어느 인간의 말과는 근본적으로 다른 창조자의 말씀이다. 어느 위대한 인간의 말이라도 전에 없던 새로운 현실을 창조하지 못한다. 어느 위대한 인간이라도 절망 속에 있는 인간의 죄와 질병의 문제를 한 마디의 말로써 치유할 수 없다. 환자에게 의사의 말은 절대적인 의미를 가지고 있지만, 의사가 환자의 병을 근원적으로 치유하여 그에게 새 생명을 줄수는 없다. 오로지 예수의 말씀만이 그런 창조적인 능력을 발휘한다. 예수를 만날 때에만, 예수에 의해서만 인간은 근본적으로 치유를 받을 수 있고, 구원을 받을 수 있고, 새 생명의 삶을 살아갈 수 있다. 그러므로 예수는 하나님의 아들이다. 2장의 포도주 기적사건처럼 이 사건도 예수가 누구인지를 분명하게 계시한다. 그리고 예수의 권세 있는 한 마디가 병자를 치료하는 놀라운 일은 11장에서 죽은 나사로에게 "나사로야, 나오너라"라고 명령을 하는 장면에서 정점에 이른다.

이 사건이 주는 메시지

이 사건은 예수가 예루살렘에서 실제로 행했던 기적 사건을 배경으로 하고 있다. 그러나 요한복음에서 이 사건의 역사성은 별로 중요하지 않다. AD 30년경에 예루살렘에서 일어난 사건이 그로부터 6~70년이 지난 시대에 살고 있던 요한복음의 공동체에게, 그리고 2000년이 지난 오늘의 성서 독자들에게 무슨 큰 의미가 있겠는가? 역사적 사건에서 시대와 장소를 초월한 메시지를 찾아내야만, 그 사건은 오늘의 독자들에게 살아있는 말씀이 된다. 예수 그리스도는 하나님의 아들이다. 그러므로 예수의 권세 있는 말씀을 만날 때 인간은 그 이전에는 전혀 알지 못했던 새로운 삶, 거듭난 삶 곧 구원을 경험할 수 있다. 이것이 이 사건의 역사성을 초월하는 메시지이다. 인간은 스스로의 힘으로는 도저히 치유될 수 없는 질병에 빠져 있다. 스스로의 힘으로 자기의 질병을 치유하고 구원 받을 수 있다고 생각한다면, 그것은 인간의 능력에 대한 근원적인 오해이고 교만이며 우상숭배이다. 그러므로 38년 된 병자의 치유는 표면적 사건보다는 훨씬 깊은 차원을 말한다. 유대교가 질병을 어떻게 이해하고 있었는지를 알면, 이 사건의 메시지는 보다 분명해진다. 유대인들에 따르면, 질병은 죽음의 영역으로 들어가는 것이며, 치유는 죽음의 영역으로부터 탈출하는 것이다. 그러므로 예수의 말씀이 인간을 죽음의 영역으로부터 해방시킨다는 것이 이 사건의 메시지이다. 인간을 죽음의 영역에서 해방시키시는 분은 오직 하나님뿐이며, 그러므로 예수의 말씀은 곧 하나님의 말씀이다(5:25 참조).

복음이 선포되어 인간 안에 믿음을 창조하는 어느 곳에서나 예수의 말씀은 치유와 새 창조의 효력을 발휘한다. 이 사건은 단순한 병자 치유 사건이 아니라, 믿음이라는 기적을 만들어내는 상징적인 사건이다. 믿음을 얻기 위해서 인간이 할 수 있는 일은 없다. 마치 38년 된 병자처럼 그렇다. 이 병자는 스스로의 힘으로는 일어설 수 없다. 그를 도와줄 수 있는 사람도 없다. 그러나 예수의 말씀이 그에게 주어졌을 때, 그는 비로소 일어날 수 있었다. 예수는 하나님이고, 예수의 말씀은 어둠에서 빛을 창조하고 무에서 만물을 창조하는 창조주의 말씀이다. 11장의 나사로 사건이 이 메시지를 더 분명하게 보여줄 것이다.

9b~16절 후속 이야기 - "그 사람이 누구냐?"

9b 이 날은 안식일이니 **10** 유대인들이 병 나은 사람에게 이르되 안식일인데 네가 자리를 들고 가는 것이 옳지 아니하니라 **11** 대답하되 나를 낫게 한 그가 자리를 들고 걸어가라 하더라 하니 **12** 그들이 묻되 너에게 자리를 들고 걸어가라 한 사람이 누구냐 하되 **13** 고침을 받은 사람은 그가 누구인지 알지 못하니 이는 거기 사람이 많으므로 예수께서 이미 피하셨음이라 **14** 그 후에 예수께서 성전에서 그 사람을 만나 이르시되 보라 네가 나았으니 더 심한 것이 생기지 않게 다시는 죄를 범하지 말라 하시니 **15** 그 사람이 유대인들에게 가서 자기를 고친 이는 예수라 하니라 **16** 그러므로 안식일에 이러한 일을 행하신다 하여 유대인들이 예수를 박해하게 된지라

38년 된 병자의 치유사건은 유대인들 사이에 커다란 논란을 불러일으켰다. 사건이 일어난 때가 안식일이었다(9b절). 유대인들은 안식일에 "네 자리를 들고 걸어가라"라고 말할 수 없다. 그러므로 유대인들은 치유된 환자에게 너는 무엇에 근거해서, 어느 율법의 계명에 근거해서 안식일에 자리를 들고 걸어가느냐고 힐책하며(10절), 과연 너에게 그렇게 시킨 사람이 누구냐고 묻는다(12절). "그 사람이 누구냐?"는 그들의 물음에는 이미 대답이 들어 있다. 답은 둘 중의 하나다. 하나는 "그는 사람이 아니라, 하나님이다"이고, 다른 하나는 "그는 스스로를 하나님과 동등하게 여긴"(18절) 신성모독자라는 것이다. 어느 대답을 취할 것이냐에 따라서 예수에 대한 관계 곧 믿음이 결정된다. 그러므로 이 치유사건에서도 다른 표적사건들과 마찬가지로 예수의 정체에 대한 질문이 핵심적인 메시지이다.

치유된 병자의 대답은 단호하다. "나를 낫게 한 그 사람이 그렇게 명령했다"고 대답한다(11절). 그러나 그 역시도 그를 낫게 해준 그 사람이 누구인지 알지 못한다(13절). 나중에 성전에서 예수가 그를 만났을 때에야 비로소 그 사람이 예수라는 것을 알게 되고(14~15절), 예수는 그에게 "더 심한 일"이 일어나지 않도록 죄를 범하지 말라고 경고한다(14절). "더 심한 것"은 돌이킬 수 없는 저주, 확고부동한 죽음, 더 이상 용서를 받을 수 없는 파멸을 의미한다. 그러므로 병의 치유는 죄의 용서를 의미한다. 치유와 죄 용서의 관계에 대해서는 마가복음 2:5과 시편 103:3에서도 찾을 수 있다. 치유를 받은 사람은 이제부터 건강하게 살 수 있고, 또 건강하게 살아야 할 의무가 있다. 치유받은 후에도 여전히 병자처럼 산다면, 그는 치유 받지 못한 사람보다 더 불쌍한 사람이고, 영원히 치유 받을 수 없는 사람이다. 예수를 만나서 그가 자신을 치유해 주신 분인 줄 알게 된 이 사람이 예수의 정체를 밝히자, 유대인들은 예수가 안식일을 범했다는 이유로 박해한다(16절).

2) 5:17~18 하나님은 예수의 "친" 아버지

17 예수께서 그들에게 이르시되 내 아버지께서 이제까지 일하시니 나도 일한다 하시매 **18** 유대인들이 이로 말미암아 더욱 예수를 죽이고자 하니 이는 안식일을 범할 뿐만 아니라 하나님을 자기의 친 아버지라 하여 자기를 하나님과 동등으로 삼으심이러라

예수는 안식일을 범했다는 유대인들의 비난에 대해서, 하나님 아버지가 "이제까지" 일하시니 자신도 일한다고 대답한다. "이제까지"($\varepsilon\omega\varsigma\ \alpha\rho\tau\iota$)는 말 그대로 "지금까지"로 이해할 수 있지만, 그러나 히브리어 표현으로 보아 "항상"으로 이해하는 것이 더 적절하다(창 46:29; 시 84:4). "아버지께서 항상 일하시니, 나도 항상 일한다." "항상"에는 안식일도 포함된다. 안식일이라고 해서 아버지가 사람을 사랑하고 고치는 일을 쉬지 않으시니, 예수도 아버지처럼 안식일에도 사람을 사랑하고 병을 치유한다. 하나님이 일곱 번째 날에 쉬셨다(창 2:2)고 해서, 하나님이 생명을 구원하는 일까지 멈추신 것은 아니다. 세상에서 아버지의 대리자인 아들이 아버지처럼 안식일에도 생명을 구하는 일을 한 것은 결코 안식일 계명을 어긴 것이 아니다. 그러므로 17절은 16절에 나오는 유대인들의 항의에 대한 응답이다. 17절은 예수와 하나님은 존재에서 일치하며, 또한 안식일에 사람을 치유하는 행동에 있어서도 일치 가운데 있다고 한다. "나도" 하나님처럼 안식일에 사람을 구하는 일을 하고 있다는 예수의 말씀은 또 다른 차원에서 유대인들을 자극했다. 문자적으로 굳어진 율법주의 신앙으로 무장된 유대인들이 예수의 말씀이나 행위를 이해할 수 없었다.

그래서 유대인들은 예수가 안식일 계명을 어겼을 뿐만 아니라, 하나님을 "친" 아버지라고 함으로써 자신을 하나님과 동등하게 여기고 있다는 것을 알고 그를 더욱 죽이려고 한다(18절). 유대인들의 입장에서 볼 때, 예수는 신성모독자요 신을 참칭하는 사람에 불과하다. 이러한 반응은 역으로 예수가 자신을 하나님과 동등하게 여겼다는 확실한 반증이다. 여기서 예수가 하나

님을 "친"(ἴδιον) 아버지라고 부른 것은 매우 독특하고 배타적인 의미를 가지고 있다. 예수가 하나님을 "친" 아버지라고 부른 것은, 일반적으로 그리스도인들이나 유대인들이 하나님을 아버지라고 부르는 그런 의미와는 다르다. 그런 일반적인 의미에서는 유대인들도 스스로를 하나님의 자녀라고 의식하고 있었기 때문에 전혀 문제가 되지 않았을 것이다. 그러면 왜 유대인들이 예수를 신성모독자로 여기고 죽이려고 했겠는가? 예수가 말한 배타성 때문이다. 예수는 하나님의 유일한 아들(the Son)이다. 이 말은 요한복음에 18번 사용되는데, 이는 이 세상 누구도 모방하거나 반복할 수 없는 독특하고 유일한 하나님-예수 관계를 말한다. 오직 예수만이 근본적으로 하나님의 아들이다. 10:31 이하와 19:7도 읽어보라. 이에 대한 유대인들의 반응은 레위기 24:11~16에 근거한 것이다. 여호와의 이름을 모독하는 사람은 돌로 쳐서 죽여야 한다는 것이다. 그러므로 요한복음에 의하면, 예수는 하나님을 모독한 죄로 처형을 당한 것이다. 마가복음 14:61~64에서도 그렇다.

오직 하나님만이 할 수 있는 일을 자신이 할 수 있다고 주장하는 것이 바로 신성모독 죄에 해당한다. 알렉산드리아의 유대인 학자 필로는, 스스로 하나님과 동등하다고 생각하는 정신이 바로 신 없는 자의 증거라고 했다. 마가복음 2:5~7에서 예수가 죄 사하는 권세가 있다고 주장하는 것이나, 산상설교에서 "그러나 내가 너희에게 말한다."라고 신적인 권위로써 말하는 것 등은 예수가 스스로를 하나님이라고 주장하는 범주에 속한다. 구약성서에 따르면, 그것은 오로지 하나님만이 하실 수 있기 때문이다. 만일 예수가 하나님이 아니라면, 그는 하나님을 참칭하는 사람에 불과할 것이다.

18절은 당시 유대교와 기독교(요한) 공동체 사이의 치열한 논쟁을 반영하고 있다. 기독교 공동체는 예수를 하나님의 아들이라고 믿었던데 반하여, 유대교는 기독교 공동체를 향하여 단순한 사람을 하나님으로 만들어 신성모독의 죄를 범하고 있다고 비난했다. 유대교는 기독교를 향하여, 너희는 단순히 한 인간에 불과한 예수를 어떻게 하나님으로 만들었느냐고 물으며 비난한 것이다. 유대인들은, 기독교인들이 예수를 제2의 하나님으로 예배하기 때문에 박해한다. 그러나 요한의 공동체는 처음부터 예수와 하나님은 존재론적으로 일치한다고 믿었다. 아버지와 아들은 처음부터 하나이다. 이것이 이어지는 5:19~47의 중심주제이다.

3) 5:19~47 아버지와 아들의 일치

이 단락은 18절에 있는 유대인들의 비난에 대한 예수의 대답이다. 그들은 예수가 안식일을 범했을 뿐만 아니라, 단순한 인간에 불과한 자신을 하나님과 동등하게 만들었다고 비난했다. 이러한 비난에 대한 예수의 대답인 19~47절에는 요한복음의 핵심주제가 나타나 있다. 나사렛 예수가 누구이냐? 이것은 AD 90년경에 기독교 공동체와 유대교의 회당 공동체가 싸우게 된 핵심적인 주제였다.

이 단락은 두 개의 소 단락으로 나뉜다. a) 19~30절: 아버지와 일치 속에 있는 아들 예수는 생명을 주신다. b) 31~47절: 하나님이 예수를 위한 증인이다. 그러므로 예수는 하나님과 일치 가운데 있는 아들이며, 하나님이 그것을 증언하신다. 하나님을 모르는 사람은, 예수가 하나님의 아들이라는 것을 알지 못한다. 만일 하나님을 바로 아는 사람은 예수가 누구인지를 안다. 하나님을 모른다는 말은 하나님의 유일하게 선택받은 백성이라고 자부하는 유대인들에게는 심각한 도전이다.

a) 19~30절 아버지와 일치 속에 있는 아들 예수가 생명을 주신다

19절 기본주제 – 아버지와 아들의 일치

19 그러므로 예수께서 그들에게 이르시되 내가 진실로 진실로 너희에게 이르노니 아들이 아버지께서 하시는 일을 보지 않고는 아무 것도 스스로 할 수 없나니 아버지께서 행하시는 그것을 아들도 그와 같이 행하느니라

단락을 시작하고 끝내는 19절과 30절은 동일한 말씀이다.[68] 피상적으로 읽으면, 예수의 권위와 행동을 제한하는 말씀처럼 보인다. 예수는 스스로는 행동할 수 없고, 다른 분의 결정에 따라서만 행동한다는 식으로 이해할 수 있기 때문이다. 만일 이 표현들을 그렇게 예수를 제한하는 것으로 읽는다면, 요한복음이 말하는 취지에 어긋난다. "스스로"(αφ εαυτου)는 아들을 제한하는 것이 아니고, 오히려 아들의 권능을 강화한다. 하나님과 예수는 일치 가운데 있고, 예수 안에는 하나님이 계셔서 말씀하시고, 행동하신다. 그러므로 예수는 스스로 말할 필요가 없다. 예수는 신적인 권세와 영광을 억지로 주장하지도 않았고, 그 스스로를 하나님으로 만들지도 않았고 또 그럴 필요도 없었다. 예수가 하나님이시기 때문이다.

20a절 주제의 근거 – 아버지는 아들을 사랑하신다

20a 아버지께서 아들을 사랑하사 자기가 행하시는 것을 다 아들에게 보이시고

아들이 왜 스스로 행동하지 않는지 그 이유를 설명하는 이 말씀도 요한복음에 자주 나온다.[69] 17:24에 의하면, 아들에 대한 아버지의 사랑은 세상 창조 이전부터 있었던, 영원한 사랑이다. 사랑은 가장 친밀한 관계의 표현이다. 아버지와 아들은 두 인격으로서 사랑을 통해서 본질적인 일치 가운데 있다. 그러므로 아버지는 아들에게 그가 행한 모든 것을 보여 주신다. "보여 주다"는 "행하게 하다", "이루게 하다", "펼치게 하다" 등의 뜻을 가지고 있다(5:36 참조). 그러므로 "보여 주다"는 아버지가 행하신 일을 아들이 행할 수 있도록 권한을 주셨다는 뜻이다. 아버지는 아들에게 아버지의 일을 할 수 있는 권능을 주셨다. 아버지가 아들에게 보여 주신 모든 것은 예수의 절대

---

68) 그 외에도 8:28(아들은 스스로 행동하지 않는다); 7:17.18; 12:49; 14:10(아들은 스스로 말하지 않는다); 7:28; 8:42(아들은 스스로 오지 않았다) 등에도 비슷한 말씀이 있다.
69) 3:35; 10:17; 15:9; 17:24.26 등.

적인 권능을 뒷받침한다. 베데스다 연못가에서 38년 된 병자의 기적적인 치유는 예수께서 집행한 하나님의 일이다. 예수는 어느 것도 스스로 행하지 않는다. 예수는 위대한 인간으로서 행하지 않고, 항상 하나님으로서 행한다.

20b절 주제의 심화 - 죽은 자들의 부활과 심판

20b 또 그보다 더 큰 일을 보이사 너희로 놀랍게 여기게 하시리라

강조하는 접속사($\kappa\alpha\iota$ "또")를 통해서 하나님께서 예수에게 5:1~9에서 일어난 일보다도 훨씬 "더 큰 일"을 보여 주심으로써 너희 유대인들을 깜짝 놀라게 할 것이라고 한다. "더 큰 일"이 무엇인가? 그것은 죽은 자들의 부활과 심판이다. "더 큰 일"은 양적인 차원이 아니라, 질적인 차원에서 이해해야 한다. "더 큰 일"을 통해서 예수가 누구인지가 드러날 것이다. "더 큰 일"은 이미 1:47~51에서도 주제가 된 바 있다. 예수가 나다나엘을 보고 그를 꿰뚫어 알고 있었는데, 이 정도의 일은 어느 예언자에 의해서도 가능한 것으로 생각될 수 있다. 이어서 1:50~51은 "너희는 더 큰 일을 보게 될 것인데, 그것은 하나님의 천사가 인자 위에 오르락내리락 하는 것을 보는 것"이라고 했다. 다시 말해서 인자 안에서 영광스러운 하나님의 현존을 보게 되리라는 말씀이다. 20b절도 마찬가지로 "너희가 나의 영광을 보고" 놀라게 될 것이라고 한다. 그러나 여기서는 하나님을 모독한다고 예수를 비난하는 유대인들에게 한 말이다. 그러므로 그들이 보게 될 예수의 영광은 구원의 영광이 아니고, "너희로 경악하게 하는" 영광이다. 18절에서 예수를 신성모독자로 몰아서 죽이려고 하는 유대인들은 예수 안에 계신 하나님을 만나는 순간 경악하게 될 것이다. 그 순간이 그들이 심판을 받는 순간이 될 것이다. 예수를 부정하는 사람은 그런 부정으로써 그 자신의 심판을 자초한다.

21~25절 현재적 부활과 심판 – "내 말을 듣고 믿는 자는 영생을 얻었다."

21 아버지께서 죽은 자들을 일으켜 살리심 같이 아들도 자기가 원하는 자들을 살리느니라 **22** 아버지께서 아무도 심판하지 아니하시고 심판을 다 아들에게 맡기셨으니 **23** 이는 모든 사람으로 아버지를 공경하는 것 같이 아들을 공경하게 하려 하심이라 아들을 공경하지 아니하는 자는 그를 보내신 아버지도 공경하지 아니하느니라 **24** 내가 진실로 진실로 너희에게 이르노니 내 말을 듣고 또 나 보내신 이를 믿는 자는 영생을 얻었고 심판에 이르지 아니하나니 사망에서 생명으로 옮겼느니라 **25** 진실로 진실로 너희에게 이르노니 죽은 자들이 하나님의 아들의 음성을 들을 때가 오나니 곧 이 때라 듣는 자는 살아나리라

21절은, 죽은 자들이 부활하고 생명을 얻게 되리라는 말씀이다. "죽은 자들을 살리는" 것은 구약성서, 유대교 그리고 신학적인 기초이해에 따르면, 전적으로 하나님만 하실 수 있는 독점적인 권한에 속한다.[70] 바울도 로마서 4:17; 고린도후서 1:9에서 이 표현을 인용한다. 오직 하나님만이 죽은 자들을 다시 살릴 수 있는데, 하나님처럼 그렇게 아들도 그가 원하는 사람을 다시 살릴 수 있다. 아들은 아버지의 권능을 가지고 있기 때문이다.

"자기가 원하는 자들"이라는 말에 요한복음의 중요한 신학이 담겨 있다. 아들은 아무나 살리는 것이 아니라, 그가 원하는 사람을 살린다. 아들은 아버지의 권능을 가지고 있으며, 이 힘을 그가 원하는 사람에게 집행한다. 아들은 모든 사람을 살리지 않고, 오직 그가 원하는 사람들만을 살리기 때문에, 이 말에는 심판의 의미가 강하게 들어 있다. 아들이 살리기를 원하지 않는 사람들은 죽음에 그대로 버려진 채 남을 것이다. 누구를 살리고, 누구를 죽음에 버려둘 것인지는 전적으로 아들에게 달려 있다.

아들이 원하는 자들을 다시 살리심으로써, 원하지 않는 자들에 대한 심판이 일어난다. 아버지가 죽은 자들을 다시 살리는 권한을 아들에게 위임하심

---

70) 신 32:39; 삼하 2:6; 왕하 5:7; 토비아서 13:2; 18기도문 등을 참조.

으로써 심판의 권능도 함께 위임하셨다(22~23절). 살림과 심판은 전적으로 아들에게 위임된 권한이다. "아버지를 공경하는 것 같이" 아들을 공경하지 않는 사람은 결국 아버지를 공경하는 것을 거부한 사람이다(15:23 참조). 18절과 연결해서 이해하면, 하나님의 영광을 더럽힌 사람은 예수가 아니라, 유대인들이다. 요한복음이 기록되었던 AD 90년경에 이 비난은 원래 유대교의 회당 공동체가 교회를 향해서 퍼부었던 것이었고, 그 이전에는 유대인들이 예수에게 퍼부은 비난이었다. 유대인들의 그러한 비난을 요한복음은 거꾸로 유대인들에게 되돌린다. 하나님의 영광을 더럽힌 것은 예수도 아니고, 그리스도인들도 아니며, 오히려 유대인들이다. 왜냐하면 예수에 대한 부정은 하나님에 대한 부정이기 때문이다.

24~25절은, 21~23절이 말한 살림과 심판을 이미 현재 일어난 사건으로 설명한다. 여기서 말하는 죽음은 영적인 죽음이다. 이 영적인 죽음에서 예외가 될 사람은 없다. 여기서는 영생과 심판을 이미 현재 일어난 것으로 말하지만, 강조점은 영생에 있다.

"듣다"는 교회에 와서 단순히 설교를 듣는 것을 말하는 것이 아니라, 믿음을 창조하는 들음이다. 예수의 말씀을 듣는 것과 예수를 보내신 이를 믿는 것은 같다. 그러면 누가 과연 예수의 말씀을 듣고 믿을까? 8장 43절과 47절은 하나님으로부터 온(하나님께 속한) 사람만이 들을 수 있다고 한다. 표현의 순서에 주목해야 한다. 듣는 사람이 하나님으로부터 온 사람이 아니라, 하나님께로부터 온 사람이 듣는다. "진리로부터 온(진리에 속한) 사람은 누구나 나의 음성을 듣는다."고 예수는 말씀한다(18:37). 빌라도가 예수에게 진리가 무엇이냐고 묻고, 답변을 예수로부터 듣는다. 그러나 빌라도는 예수로부터 진리를 들어도, 그것을 깨닫지도 못하고, 믿음에 이르지도 못한다. 빌라도가 진리로부터 온 사람이 아니기 때문이다. 만일 빌라도가 진리에 속한 사람이었다면, 예수에게 그런 질문을 제기하지도 않았을 것이고, 예수의 말씀을 듣고 믿음을 갖게 되었을 것이다. 10:16,27에서는 "나의 음성을 듣는 사람이 나의 양이라"고 하지 않고, "나의 양은 나의 음성을 듣는다."고 한다.

이처럼 예수의 말을 듣고 또 예수를 보내신 분을 믿는 사람은 죽음에서 생명으로 옮겨진다. 믿는 사람은 저주와 죽음의 심판을 받지 않는다.

25절에 "듣다"는 말이 두 번 나오지만, 그러나 그 의미는 각기 다르다. 첫 번째 "듣다"는 일반적인 의미로서 모든 죽은 자들 곧 모든 인간이 예수의 말씀을 듣는다는 것이고, 두 번째 "듣다"는 믿음을 불러일으키는 들음이다. 복음을 듣는 모든 사람이 다 믿음으로 나오는 것은 아니다. 오직 예수가 "원하는 자들"(21절)만이 복음을 듣고 믿음을 갖는다. 마치 수많은 병자들 중에서 오로지 38년 된 병자에게만 예수가 다가가서 치유해준 것과 마찬가지이다.

"때가 오나니 곧 이 때라"(4:23 참조). 요한복음에서 이 "때"는 그리스도의 십자가와 부활의 때를 말한다. 십자가와 부활은 모든 역사를 포괄하는 종말론적인 사건이다. 예수의 십자가와 부활에서 모든 인간의 운명은 이미 결정되었다. 십자가와 부활의 복음을 듣고 믿는 사람은 영생으로, 믿지 않는 사람은 심판으로 결정되었다.

24~25절은, 신학적인 차원에서 보면, 죽은 자들이 선포된 복음을 들음으로써 죽음에서 생명으로 일어나는 부활이 이미 현재 일어났다고 한다("옮겼느니라"). 예수는 생명을 주기 위하여 이 세상에 왔다. 예수의 생명 사역의 배후에는 심판이 있다. 복음을 들은 사람들 중에는 믿음으로 듣는 사람이 있는가 하면, 듣고도 믿지 아니하고 거부하는 사람들이 있다. 듣고도 믿지 않고 거부하는 사람들은, 16절과 18절이 분명히 보여 주듯이, 예수를 부정하고 핍박한다. 3:17과 12:47에 따르면, 예수는 심판하기 위해서 세상에 오지 않았다. 모든 사람이 이미 죽음(심판)에 빠져 있기 때문에, 그들을 심판할 필요가 없다. 예수는 그들을 구원하기 위하여 세상에 왔다. 그러나 그의 구원에는 항상 심판이 포함되어 있다. 그의 구원에서 제외된 사람은 저주와 죽음에 그대로 머물러 있기 때문이다. 예수가 다시 살리고자 하는 사람이 있는 반면에, 죽음에 그대로 방치되는 사람도 있다. 이는 믿지 않는 사람이다. 그러나 요한복음에서 믿음은 인간 자신의 선택이나 결단의 산물이 아니고, 하나님이 주시는 은혜의 선물이다.

26~29절 미래적 부활과 심판 - "무덤 속에 있는 자가 다 그의 음성을 들을 때가 오리라."

26 아버지께서 자기 속에 생명이 있음 같이 아들에게도 생명을 주어 그 속에 있게 하셨고 **27** 또 인자됨으로 말미암아 심판하는 권한을 주셨느니라 **28** 이를 놀랍게 여기지 말라 무덤 속에 있는 자가 다 그의 음성을 들을 때가 오나니 **29** 선한 일을 행한 자는 생명의 부활로, 악한 일을 행한 자는 심판의 부활로 나오리라

26~27절은 21~22절의 반복이다. 27절은 22절의 반복이고(심판), 26절은 21절에 암시되어 있는 주제(살림/생명)의 반복이다. 자기 안에 생명을 가지고 있는 사람만이 다른 사람에게 생명을 줄 수 있다. 자기 안에 생명을 가지고 있는 분은 하나님과 그의 아들인 예수뿐이다. 그런 점에서 하나님과 예수는 일치한다. 하나님은 인자가 된 예수에게 생명을 주셨을 뿐만 아니라, 심판하는 권세까지도 주셨다.

24~25절이 부활과 심판을 이미 일어난 현재의 것으로 말하는 데 반하여, 28~29절은 부활과 심판을 미래-종말론적인 것으로 말한다. "놀랍게 여기지 말라 … 때가 오나니." 여기서 죽은 자들은 실제로 죽은 자들이다. 다시 오시는 그리스도가 그의 음성을 통해서 죽은 자들을 다시 살릴 것이다. 이는 욥기 14:14~15로 거슬러 올라가는 전통적인 생각이다. 죽은 자들이 부활할 것이라는 믿음은 구약성서의 말기에야 비로소 생겨났다. 이 사상은 야훼 하나님에 대한 믿음으로부터 생겨난 것이다. 욥기 14장은, 하나님께서 사랑하신 사람을 잊어버린다는 것이 과연 가능한 것이냐는 문제를 제기한다. 내가 죽는다면 하나님께서 나를 과연 잊으실 수 있을까? 이어서 죽은 사람이 다시 살아날 것으로 생각하는가 라고 묻는다. 이어서 하나님께서 부르신다면, 대답하리라 주께서 주의 손으로 지으신 것을 아끼실 것이라고 한다. 바로 여기서 죽은 자들의 부활사상이 생겨났다. 죽은 자들을 부르시는 하나님의 음성은 욥기 14장에 최초로 언급되고, 요한복음 5장도 그 음성을 말한다. 욥기가 죽은 자들을 부르는 하나님의 음성을 말한다면, 요한복음은 예수의 음

성을 말한다. 예수의 음성이 죽은 자들을 다시 살릴 것이다.

선한 일을 하고 무덤에 묻힌 사람은 예수의 음성에 따라서 생명으로 부활하고, 악한 일을 한 사람은 심판으로 부활할 것이다. 이 사상은 다니엘 12:2과 일치한다. 하나님의 생명책에 기록된 사람은 생명으로 부활한다. "선을 행하다"와 "악을 행하다"는 본래는 윤리적인 말이지만, 요한복음에서는 윤리적인 의미로 사용되지 않았다(3:20~21도 참조). 원래 "선을 행하다"는 하나님이 명하신 계명을 행하는 것이지만, 그러나 요한복음에서는 "예수를 믿는 것" 곧 복음을 듣고 믿음으로 예수께로 나오는 것을 의미한다. "악을 행하다"는 예수를 믿지 않는 것이다.[71]

믿는 사람은 부활을 통해서 생명으로, 믿지 않는 사람은 부활을 통해서 심판으로 나온다. 여기서 중요한 것은 이러한 구분이 불확실한 미래의 종말에 일어날 것이 아니라, 이미 지금 예수에 대하여 어떤 자세를 가졌느냐에 따라서 결정된다는 것이다. 구원과 심판의 구분은 이미 지금 확연해진다.

30절 기본 주제 – 아버지와 아들의 일치

30 내가 아무 것도 스스로 할 수 없노라 듣는 대로 심판하노니 나는 나의 뜻대로 하려 하지 않고 나를 보내신 이의 뜻대로 하려 하므로 내 심판은 의로우니라

19절을 다시 한 번 반복한다. 그러나 여기서는 예수와 만나고도 믿음에 이르지 못하는 사람에게 일어나는 심판을 집중적으로 말한다. 믿지 않는 사람에게 일어나는 심판은 의로운 심판이다. 인간적인 기준이 아니라, 하나님의 의로운 기준에 따른 것이기 때문이다. 그러므로 하나님의 심판에는 억울한 사람이 없다. 하나님의 뜻에 따르면, 죄의 삯은 죽음이다. 성서가 말하는 하나님은 모든 인간을 무차별적으로 사랑하시는 하나님이 아니다. 그런 하

---

71) 6:28~29; 12:46 이하; 16:9 등을 읽어보고, 3:20~21; 3:36 등도 참조.

나님은 인간에게 관심이 없는 하나님이다. 무차별은 무관심이기 때문이다. 인간을 사랑하시는 하나님은 모든 인간을 무차별적으로 사랑할 수 없다. 사랑의 하나님은 심판의 하나님이다. 그러나 그의 심판은 의로운 심판이다. 그러므로 심판하시는 하나님은 사랑의 하나님이고, 의로운 하나님이다.

주제해설 7

요한복음의 종말론

5:19~30에는 영생과 심판을 이미 현재 일어났다고 말하는 현재적 종말론(24~25절)과 미래의 사건으로 말하는 미래적 종말론(28~29절)이 나란히 나타나 있다. 이러한 두 가지 범주의 종말론적인 말씀은 요한복음에 자주 반복된다.

구원에 관한

현재적 말씀: 그리스도를 믿는 사람은 이미 영원한 생명을 얻었다(3:36; 5:24; 6:47).

죽음에서 생명으로 옮겨졌다(5:24b).

그는 심판을 확실히 벗어났다(3:18; 12:24; 12:47).

미래적 말씀: 그리스도를 믿는 사람은 최후심판 때 생명으로 부활할 것이다 (5:28~29; 6:39.40.44.54).

심판에 관한

현재적 말씀: 그리스도를 믿지 않은 사람은 이미 심판을 받았다(3:18; 3:36).

그는 죽음에 머물러 있다(3:36; 5:24b).

그는 생명을 가지고 있지 않다(5:40).

미래적 말씀: 그는 최후심판 때에 심판으로 부활할 것이다(5:28~29).

예수의 말이 그를 심판할 것이다(12:48).

구원과 심판에 관한 이러한 현재적 말씀들과 미래적 말씀들은 어떻게 조화될 수 있을까? 동일한 저자가 동일한 내용을 어떻게 이처럼 두 가지로 말할 수 있을까? 구원과 심판은 이미 지금 여기서 일어났을까? 아니면 전적으로 미래 곧 종말심판에서야 결정될까? 이 둘의 관계를 어떻게 설정해야 할까? 이 문제를 해결하기 위하여 지금까지 가장 널리 인정되는 이론은 불트만의 주장이었다.[72] 그는 동일한 저자가 이렇게 상이한 말을 할 수 없다는 전제로부터 출발해서, 이 두 가지를 문헌 비평적으로 구분하여, 둘 중의 어느 하나는 요한복음의 원래 저자가 기록한 것이고, 다른 하나는 후대의 편집자가 첨가한 것이라고 했다.

불트만의 말을 좀 더 들어볼 필요가 있다. 복음서 저자는 전적으로 현재적인 종말론만을 말했고, 그러므로 묵시적이고 미래적인 말씀들은 복음서 저자의 것이 아니라고 한다. 그가 죽고 난 이후 교회 편집자가 복음서에 묵시적이고 미래적인 종말론이 결여된 것을 발견하고 당시 초대교회에 널리 알려져 있던 미래적인 말씀을 첨가하였다고 한다. 그 대표적인 예가 5:28~29이며, 그 외에도 6:39.40.44; 12:48도 복음서 저자의 손에서 나온 것이 아니라, 교회 편집자의 것이라고 한다. 문헌 비평적으로 확실하게 구분할 수 없는 미래적인 말씀들은 다른 의미로 해석되어야 하는데, 예를 들어서 14:2~3; 14:28; 17:24에 있는 예수의 재림에 관한 말씀들은 세상의 종말에 도래하는 예수의 재림을 말하는 것이 아니라, 각 개인의 죽음의 순간에 도래하는 예수의 오심을 말한다고 불트만은 해석한다. 그리스도인이 죽는다면, 그에게는 예수의 재림이 일어난 것이기 때문이다.

그러나 우리는 불트만의 견해를 다음과 같은 이유로 거부한다.

첫째, 불트만이 교회 편집구절이라고 말하는 구절들은 그렇지 않은 구절들과 생각의 차이가 있다는 점 외에는 편집에 속한다는 다른 어떠한 증거도 없다. 이런 구절들에 사용되는 문체나 개념 등은 요한복음의 다른 부분과 전혀 다르지 않다.

---

72) R. Bultmann, Johannes, 194~196; J. Becker, Johannes I, 285 참조

둘째, 5:28~29에 초대교회의 전통적인 종말론이 진술되어 있다는 견해는 전혀 옳지 않다. 전통적인 종말론에 의하면, 먼저 부활이 있고, 그 다음에 모든 사람에게 심판이 있어서, 구원과 저주라는 두 가지 판결이 내려질 것이다. 이런 전통적인 종말론을 우리는 마태복음 25:31~46에서 읽을 수 있다. 전통적인 종말론에서는 예수가 아니라, 하나님이 죽은 자들을 다시 살린다. 그러나 요한복음 5:28~29에 있는 생명과 심판이라는 이중 부활은 그러한 전통적인 종말론이 아니다. 생명과 심판의 결정은 최후의 심판에 일어나는 것이 아니기 때문이다. 이 결정은 이미지금 여기서 예수와 그의 말씀을 만남으로써 일어났고, 최후의 심판에서는 그 결정이 분명하게 확인될 뿐이다.

그러므로 우리는 불트만처럼 요한복음에서 구원과 심판에 관한 현재적인 말씀과 미래적인 말씀을 상호 충돌하는 것으로 볼 필요가 없고, 오히려 그 둘은 필연적으로 서로를 요청하고 있으며, 그러므로 상호 보충적이라고 할 수 있다.

현재적인 말씀과 미래적인 말씀의 이러한 밀접한 연관성은, 요한복음이 구원의 문제를 아주 엄격하게 그리스도와 연결시키고 있다는 데 그 원인이 있다. 구원은 그리스도의 인격과 행위와 결합되어 있다. 이때 예수 그리스도의 사역을 두 가지 측면으로 말한다. 하나는 역사적인 사건 속에 자리하고 있는 예수의 사역으로서, 성육신, 십자가, 부활, 승천 등이고, 다른 하나는 예수 그리스도를 증언하고 그 의미를 풀어주는 선포된 말씀이다. 이 두 차원을 구분은 해야 하지만, 별개의 것으로 분리할 수 없다. 이는 바울에게서도 찾을 수 있다. 고린도후서 5:14~21에서 바울은 구원의 행동과 구원의 말씀을 구분하면서도 결합한다. 하나님은 그리스도 안에 계셔서 세상을 자신과 화해하게 하셨으며, 화해의 말씀을 우리 가운데 세우셨다. 그러므로 우리는 화해의 사건과 화해의 말씀을 동시에 가지고 있다. 요한복음에서도 마찬가지이다. 그리스도의 행위와 말씀 안에 있는 구원 이외의 다른 구원은 없다. 그리스도가 자신을 주시고 자신과의 영원한 교제를 제공함으로써 우리를 구원하신다. 그러므로 3:15에서는 "그 안에서 우리는 영원한 구원을 가지고 있다."고 한다. 오직 예수 그리스도만이 구원이다. 그 외의 다른 구원의 길은 없다. 그러므로 예수 그리스도에 대한 현재의 태도에서 한 인간의 영원한 운명은 결정된다. 그리스도는 죄인을 위하여 자신의 생명을 내어주어 구원하고, 인간은 복음의 말씀 안에서 이 구원을 자신의 구원으로 받아들인다. 인간은 복음 안에서 그리스도와 만남으로써 이미 지금 구원을 받는다.

　요한복음에서 생명은 영원한 생명이고, 구원은 영원한 구원이다. 요한복음이 생명이나 구원을 말할 때면, 항상 "영원한" 생명과 구원을 말한다(6:51.58; 8:51). 그는 죽음을 영원히 보지 않을 것이다(8:52). "그들은 영원히 멸망하지 않을 것이고, 그들을 내 손에서 빼앗을 자가 없다"(10:28). "나는 부활이요 생명이다." 생명은 영원한 생명이고, 구원은 영원한 구원이기 때문에, 필연적으로 미래적인 차원이 들어올 수밖에 없다. 영원한 생명과 구원에는 미래의 차원이 있을 수밖에 없다. 그러므로 미래는 이미 지금 그리스도의 구원 행동과 말씀 안에서 결정되었다. 미래에는 새로운 것이 일어나지 않고, 그리스도를 만남으로써 이미 결정된 사실이 분명하게 드러날 뿐이다. "영원한"을 말할 수밖에 없는 필연적인 상황이 있다. 그것은 죽음이다. 사람은 누구나 죽는다. 11:25에 이런 죽음의 차원이 들어와 있다. "죽어도 살겠고…" 죽음에 직면해서 생명은 질문을 받게 된다. 죽으면 생명이 끝나는가? 요한복음은 죽음의 위협 속에 직면한 성도들에게 읽혀지기 위하여 기록되었다(16:2.33). 이처럼 죽음과 박해에 직면해서 분명히 알아야 할 것은, 구원을 받았다는 것이 과연 지금 여기 이 죽음과 박해의 상황에서 무엇을 의미하느냐 하는 것이다. 요한 공동체 안에서도 이미 많은 그리스도인들이 죽었을 것이다. 그러나 믿는 사람들은 이미 지금 "영원한" 생명을 가지고 있기 때문에, 그리스도가 그를 이미 지금 "영원한" 생명으로 부르셨기 때문에, 그리스도는 필연적으로 다시 와서 믿음의 사람들을 자기에게로 불러가서 "영원히" 살게 한다. 그리스도가 오실 때, 이미 죽은 사람은 다시 살리고, 여전히 죽지 않은 사람은 그대로 그와 함께 영원히 살게 하실 것이다. 요한복음은 죽음의 위기와 아픔을 건너뛰지 않는다. 그 점이 영지주의와 다르다. 요한복음은 육체적인 고난과 부활을 분명하게 알고 믿었다. 그러므로 예수의 고난은 육체적인 고난이고, 그의 부활은 육체적인 부활이다. 예수는 기쁘게 십자가에 달려서 홀연히 사라져버린 도깨비가 아니다. 예수의 육체성은 요한복음의 핵심에 속한다(1:14; 2:19~22; 14:19). 요한복음은 죽음의 고난과 아픔을 "영원한" 생명에 대한 확신으로 극복한다. 그러므로 요한복음에서 현재적인 종말론과 미래적인 종말론은 필연적으로 서로를 요청한다. 미래적인 종말론이 없는 현재적인 종말론은 없다. 그 반대로 현재적인 종말론이 없는 미래적인 종말론도 없다. 이런 점에서 요한복음과 바울 서신은 비슷하다(롬 6:3~11). 마태복음과 야고보서는 종말의 심판 때라야 비로소 모든 것이 결정된다고 말하지만, 요한복음과 바울서신은, 미래적인 차원을 배제하지 않으면서도, 이미 지금 그리스도 안에서 구원과 심판은 결정된다고 한다.

요한복음의 종말론의 특징을 다음과 같이 정리할 수 있다.

첫째, 요한복음의 종말론은 기본적으로 현재적 종말론이다. 예수의 구원사건(성육신, 십자가, 부활, 승천)은 역사적인(과거) 사건이다. 이 구원사건을 선포하는 말씀을 통해서 그리스도의 구원사건은 현재적이 된다. 선포된 말씀에서 그리스도를 만나면 이미 지금 우리는 영원한 생명에 참여한다.

둘째, 이러한 현재적 생명의 확신에는 미래적인 시각이 포함되어 있다. 그리스도의 구원사건과 구원말씀에서 구원은 이미 현재 분명하고 결정적으로 이루어졌으며, 미래를 위하여 새로운 것을 남기지 않았다. 미래는 현재 결정된 사항을 분명하게 드러낼 뿐이다. 인간의 죽음에 직면해서 생명은 필연적으로 "영원한" 생명이 될 수밖에 없다. 믿음 안에서 현재 확실하게 참여한 생명은 죽음을 넘어서는 "영원한" 생명이기 때문이다.

셋째, 요한복음의 현재적인 종말론은 기독론과 구원론의 필연적인 결과이다. 그리스도가 하나님이고, 십자가와 부활에서 인간의 구원이 일어났다는 사실을 진지하게 받아들이고 믿는다면, 현재적인 종말론 이외의 다른 가능성은 없다. 바울도 마찬가지이다(롬 5:1~11; 8:31~39). 그러므로 현재적 종말론은 기독론의 근거에서 벗어나서는 안 된다. 인간은 영원한 생명을 오직 그리스도 안에서만 가지고 있을 뿐이고, 그 외의 다른 어느 곳에서도 그리고 인간 자신 안에도 가지고 있지 않다. 영생은 인간에게 부여된 인간의 고유의 성질이 아니다. 경건한 인간의 소유물이 아니다. 그러므로 어떤 완벽주의나 열광주의도 거부한다.

넷째, 요한복음의 종말론은 개인주의적 종말론이다. 개인과 그의 운명에만 관심을 나타낸다. 창조의 세계나 전 인류의 문제에 관심하지 않는다. 이것이 요한복음의 종말론적인 구원론의 한계이다. 반대로 바울은 로마서 8장에서 세계 전체를 바라보는 종말론을 펼친다. 요한복음의 종말론은 바울의 종말론에 의해서 보충되어야 한다.

심판에 대해서

묵시문학적인 전통 신앙에 의하면, 모든 사람은 종말에 최후심판을 받는다. 최후심판 이전까지는 모든 것이 미정이었다가, 최후심판 자리에서 하나님은 최종적으로 인간의 구원과 멸망을 판결한다. 그러나 요한복음은 이러한 전통적인 심판 사상을 변경한다. 요한복음은 최종 판결이 이미 지금 내려졌다고 한다. 이는 5:27~29에서 분명하다. 27절은 전통적인 묵시사상의 표현이다. 하나님은 인자가 되시는 아들에게 심판의 전권을 주셨다. 그러나 28~29절은 이 전통적인 견해를 수정하는 요한복음 고유의 해석이다. 전통적인 견해에 따르면, 죽은 자들이 음성을 듣고 나서 비로소 심판이 이루어지고, 그래서 어떤 이들은 생명으로, 어떤 이들은 죽음으로 판결을 받을 것이다. 그러나 요한복음에서는 최후심판에서 최종 결정이 내려지는 것이 아니라, 이미 여기서 내려진 결정이 그때에 확실하게 드러날 뿐이다. 결정은 이미 지금 예수 그리스도와의 만남에서 내려졌다. 이는 로마서 5장에서 바울이 제기한 신학과도 같은 것이다. 그러나 마태복음 25장이 말하는 최후심판과는 다르다. 그에 따르면, 최후심판에서야 비로소 결정이 내려지고, 그것도 행위에 따라서 내려진다. 그러나 요한과 바울에게서는 다르다. 마태복음은 유대교의 묵시문학적인 심판사상을 그대로 따르고 있다면, 요한복음과 바울은 예수 그리스도의 인격과 사역에 비추어 깊이 반성하는 종말론을 제기하고 있다.

b) 31~47절 하나님이 예수의 증인이다

18절에 있는 유대인들의 비난에 대한 예수의 두 번째 대답이다. 19~30절의 첫 번째 대답에서 예수는, 자신이 하나님과 일치 가운데 있으며, 그러므로 하나님과 동일한 살림과 심판의 권한이 있다고 했다. 누가 그러한 진리를 증언해 주는가?

31~32절 증언의 일반적 원리

31 내가 만일 나를 위하여 증언하면 내 증언은 참되지 아니하되 **32** 나를 위하여 증언하시는 이가 따로 있으니 나를 위하여 증언하시는 그 증언이 참인 줄 아노라

31절의 말은 법률적으로 매우 일반적인 원리이다. 누구도 자기 자신에 관해서 증언을 할 수 없다(8:13 참조). 이는 헬라나 로마 그리고 유대교 등 고대뿐만 아니라 현대에도 유효한 증언의 원리이다. 예수는 스스로를 위하여 증언할 수 없다. 그 대신에 예수에 대해서 증언을 하는 분이 따로 있다. 이 증인의 증언은 진실하다. 이 다른 증인은 하나님이다. "그 증언이 참인 줄 아노라"는 말씀은, 예수가 하나님이 누구이시며 무슨 증언을 할 것인지를 이미 알고 있다는 말이다. 오직 예수만이 하나님을 진정으로 알고 있다. 유대인들은 하나님을 제대로 알지 못한다. 예수를 아는 사람만이 하나님을 안다.

33~35절 요한의 증언 – "요한은 켜서 비추이는 등불이라."

33 너희가 요한에게 사람을 보내매 요한이 진리에 대하여 증언하였느니라 **34** 그러나 나는 사람에게서 증언을 취하지 아니하노라 다만 이 말을 하는 것은 너희로 구원을 받게 하려 함이니라 **35** 요한은 켜서 비추이는 등불이라 너희가 한때 그 빛에 즐거이 있기를 원하였거니와

법률적인 원리에 따르면, 증인은 한 사람이어서는 안 되고 적어도 2~3명이어야 증언의 효력이 발생한다(신 17:6; 19:15; 민 35:30). 진리이신 예수에 대하여 증언을 하는 이는 하나님 외에도 요한이 있다. 이는 1:29~34를 두고 하

는 말이다. 요한은 예수를 하나님과 온전한 일치 가운데 있는 아들로 증언하였다. 그러나 요한은 1:19 이하에 있는 증언을 그 스스로 한 것이 아니라, 아버지로부터 깨우침을 받아서 한 것이다.

34절에 의하면, 예수에게는 사람의 증언이 필요하지 않다(41절 참조). 세상 사람들에게나 유효한 법률적인 기준이나 원리가 하나님의 아들에게도 그대로 적용되어야 하는 것은 아니다. 하나님의 아들에게는 하나님의 증언으로 충분하다. 그럼에도 불구하고 요한의 증언에 관하여 말하는 것은, 그의 증언이 예수를 향한 것이며, 그럼으로써 예수를 믿는 믿음으로 인도하여, 결국 구원으로 인도할 수 있기를 바라기 때문이다.

몇몇 사람들은 이미 요한의 증언에 따라서 예수를 믿었다. 최초의 제자인 베드로와 그의 형제 안드레는 요한의 제자였다가 요한의 증언을 듣고 예수의 제자가 되었다(1:35~42). 이들에게 요한은 비추이는 등불이었다. 그러나 몇몇 소수를 제외하고는 요한의 증언이 큰 효력을 발휘하지 못했다. 요한 자신은 빛이 아니다. 그러나 그는 등불로서 잠시 동안 빛을 비출 수 있었다. 그래서 잠간 동안 사람(유대인)들이 요한의 증언에 매혹을 받아서 희미하나마 빛 가운데 있었다. 그러나 그들은 곧바로 다시 요한을 외면하고 어둠에 빠져버렸다. 그러므로 근본적으로 요한의 증언은 별 효력이 없었다. 요한의 증언에 일시적인 효력이 있었다고 해도 그것은 그 당시의 일부 사람들에게나 해당된 것이었다.

36~40절 아버지의 증언 – "성경은 나를 증언한다."

36 내게는 요한의 증거보다 더 큰 증거가 있으니 아버지께서 내게 주사 이루게 하시는 역사 곧 내가 하는 그 역사가 아버지께서 나를 보내신 것을 나를 위하여 증언하는 것이요 **37** 또한 나를 보내신 아버지께서 친히 나를 위하여 증언하셨느니라 너희는 아무 때에도 그 음성을 듣지 못하였고 그 형상을 보지 못하였으며 **38** 그 말씀이 너희 속에 거하지 아니하니 이는 그가 보내신 이를 믿지 아니함이라 **39** 너희가 성경에서 영생을 얻는 줄 생각하고 성경을 연구하거니와 이 성경이 곧 내게 대하여 증언하는

것이니라 **40** 그러나 너희가 영생을 얻기 위하여 내게 오기를 원하지 아니하는도다

예수에게는 요한과는 비교할 수 없이 위대한 증인이 있다. 바로 아버지이다(37a절; 8:17~18 참조). 예수를 위한 아버지의 증언은 두 가지이다. 하나는 행위들을 통한 증언이고(36절), 다른 하나는 성경이다(37b~40절).

먼저 36절은 행위를 통한 아버지의 증언을 말한다. 아버지가 아들에게 주셨고, 아들이 행한 행위("역사")가 아들에 관하여 증언한다.[73] 14:10에 의하면, 예수의 말씀도 이 행위에 속한다. 그러므로 아버지의 증언으로서의 행위는 예수의 행동과 말씀을 포괄한다. 행위는 몇몇 놀라운 기적 행위만을 말하는 것은 아니고, 예수의 전체 삶을 말한다. 모든 행위들은 동일한 것을 증언한다. 예수가 죽은 자들을 살리시며, 저는 자들을 걷게 하시고, 눈이 먼 사람들을 보게 하심으로써, 그 자신이 영원한 생명을 주시는 하나님이심을 말한다. 이는 앞의 19~30절에서 설명한 바 있다. 예수는 죽은 사람을 살리셨는데, 이것은 종말론적인 살림이며 영적인 죽음으로부터의 살림이다. 예수의 말씀과 행위를 통하여 믿음을 갖게 된 사람들은 죽음에서 생명으로 옮겨졌으며, 그가 그런 믿음의 사람으로 살고 있다는 사실 자체가 "아버지가 아들을 보내셨다"는 사실에 대한 증언이다(36b절). 믿음의 사람이 존재한다는 것 자체가 기적이며, 그런 믿음의 사람은 예수의 작품이고, 예수의 피조물이며, 예수의 음성이 죽음으로부터 불러낸 결과이다. 죽음에서 생명으로 불러낼 수 있는 분은 오로지 하나님 한 분뿐인데, 예수가 그 일을 행했다면, 예수는 하나님과 존재와 행동에서 일치를 이루는 분이다. 예수를 알지 못하고는 하나님을 알지 못한다. 하나님을 바로 아는 사람은 반드시 예수를 바로 안다. 이런 의미에서 예수를 통해서 일어난 행위는, 하나님이 예수가 누구인지를 증언하는 것이다. 죽은 자들을 살리는 하나님의 권능이 오직 예수를 통해서만 일어났기 때문이다.

---

73) 10:25,37~38; 14:10~14; 15:24 등도 참조.

다음으로 37~40절은 성경을 통한 아버지의 증언을 말한다. 37절의 "증언하셨다"는 현재완료형인데, 이는 과거부터 지금까지 계속 증언하고 있다는 뜻이다. 그러므로 구약성서를 말한다. 하나님은 유대인의 성경을 통해서 예수가 누구인지를 증언한다. 구약성서는 아들이신 예수에 관한 하나님의 증언이다.

37절에 의하면, 누구도 하나님의 음성과 형상을 듣거나 보지 못했다. 이는 이스라엘 사람들에게만 한 말이 아니라, 모든 인간에 해당되는 일반적인 원리이다. 마치 1:18의 말씀과 같다. 하나님의 음성을 듣고 그의 형상을 본 사람은 아들 예수뿐이다. 예수는 하나님의 영원한 로고스로서 영원 전부터 그와 함께 계셨고, 그와 함께 세상을 창조하셨기 때문에(1:1~5), 하나님을 안다. 그러므로 하나님만이 예수가 누구인지를 바로 알고 계시며, 그 아들에 관하여 증언한다(14:9). 아들 외에 누구도 하나님을 듣지도 보지도 못했다. 이 말은 모든 자연신학적인 계시를 거부한다. 요한복음은 예수 외에 다른 계시의 매체를 말하지 않는다. 로마서 1:18 이하에서 바울이 자연계시를 말하는 것과는 달리, 요한복음은 자연을 통한 하나님의 계시에 대해서 말하지 않는다. 요한복음에 의하면, 예수 그리스도 외에는 하나님을 알 수 있는 다른 길은 없다.

유대인들이 하나님을 알았더라면, 유대인들이 하나님의 말씀을 가지고 있었더라면, 그들은 예수 그리스도를 알아보고 믿었을 것이다. 하나님은 예수 안에서 자신을 계시하는 분이기 때문에, 유대인들이 하나님을 진정으로 알고 있었다면, 그들은 예수 안에 계시는 하나님을 알아보았을 것이고, 예수의 말씀 안에서 하나님의 말씀을 들을 수 있었을 것이다. 그러나 그들은 하나님을 알지 못했고, 하나님의 말씀을 가지고 있지 못했다. 그래서 그들은 예수를 알아보지 못했고 믿지 못한 것이다. 그러나 이 말을 특별히 유대인들만을 겨냥한 말만은 아니다. 오히려 모든 인간에게도 적용할 수 있다. 어느 인간도, 유대인이거나 헬라인이거나 상관없이, 예수 그리스도 밖에서는 하나님을 알 수 없다.

구약성서의 바른 해석의 원리는 오직 예수 그리스도뿐이다. 39절에서 예수는, 유대인들이 영생을 얻기 위하여 구약성서를 열심히 읽고 연구하고 있으나, 실상은 그들이 구약성서를 제대로 모르고 있다. 구약성서는 "내게 대하여" 곧 예수 그리스도에 관하여 증언한다. 그러므로 예수를 모르는 유대인들은 구약성서를 모르는 사람들이다. 39~40절만을 떼어서 읽으면, 예수는 마치 구약성서에서 영생을 얻을 수 있다고 말하는 것이라고 오해할 수 있다. "너희는 (구약)성경에서 영생을 얻는 줄 생각하고 성경을 연구한다." 그것은 유대교의 신학이다. 유대교 문헌에 의하면, 율법은 현세와 내세에 생명을 준다.[74] 그러나 이것은 유대교의 신학일 따름이고, 요한복음의 예수는 그렇게 말하지 않는다(갈 3:21도 참조). 구약성서 안에서는 영생을 찾을 수 없다. 영생은 오로지 예수 안에만 있다(5:21.26). 구약성서는 예수를 가리키는 손가락과 같은 역할을 한다. 그러므로 구약성서에서 영생을 찾기 위해서 읽고 연구하는 사람은 손가락에서 영생을 찾는 것과 같다. 영생은 손가락(구약성서)에 있는 것이 아니라, 그 손가락이 가리키는 곳(예수)에 있다. 구약성서를 바르게 읽는 사람은 구약성서가 가리키고 있는 예수를 보고, 그에게 온다. 예수에게 와야만 영생을 얻을 수 있다.

그러면 구약성서 어디에 예수를 가리키는 손가락이 있는가? 첫째는 46절이 말하는 대로 모세의 율법이다. 둘째는 8:56이 말하는 아브라함이다(창 15:9 이하). 아브라함은 그리스도의 날을 보았다. 요한복음은 이것을, 아브라함이 그리스도를 보았다는 증거라고 한다. 19:36에서는 출애굽기 12:10.46에 예수의 수난이 언급되어 있다고 한다. 12:39~41은 이사야 6:1 이하를 암시하고 있다. 이사야가 보았던 이가 누구인가? 요한복음에 의하면, 이사야는 아버지가 아닌 아들 곧 예수 그리스도를 보았다. 누구도 아버지를 볼 수 없기 때문이다. 누구도 아버지에게 직접 다가갈 수 없다. 그러므로 이사야는 아들 예수 그리스도를 본 것이다. 또한 시편 22:69과 스가랴 12장 등을

---

74) 선조들의 어록 2:8과 Mechilda Ex13:3 등.

수난사화에서 그리스도와 연결해서 해석한다.[75] 그러므로 요한복음은 구약 성서 전체가 그리스도를 위한 증언이라고 본다. 모든 인간이 타락하여 하나님 앞에서 죽을 수밖에 없는 존재라는 증언이 바로 구원자 예수 그리스도를 가리킨다. 그러므로 그리스도 없이는 구약성서는 아무런 의미도 없다. 구약 성서는 예수 그리스도를 향하여 읽혀질 때에만 우리 그리스도인들에게는 성서가 된다. 예수 그리스도로부터 출발해서 읽을 때에만 구약성서는 기독교의 경전이 될 수 있다. 그리스도를 알아야만 구약성서를 알 수 있다. 역으로 구약성서를 바로 알면 그리스도께로 나오게 된다.

그러나 유대인들은 영생을 얻기 위하여 예수에게로 오기를 원하지 않았다(40절). 여기서 "원하다" 혹은 "원하지 않다"를 예수에게 오는 것이 마치 인간 자신의 의지적인 결단으로 이해해서는 안 된다. 유대인들이 예수에게 올 수 있었는데도 원하지 않았다는 것이 아니다. 이 구절은 유대인들이 예수에게 오기를 원하지 않았다는 사실을 확인할 따름이다. 8:44의 의미에서 그들은 그들의 아비 곧 마귀의 뜻을 행하려 할 뿐이다. 요한복음은 구원에 관한한, 인간의 자유의지를 말하지 않는다. "원하다" 혹은 "원하지 않다"는 항상 인간은 죄인이라는 이해를 전제한다. 인간의 존재는 원함과 원하지 않음으로 나타날 뿐이다. 예수께로 오기를 원하지 않기 때문에 죄인이 아니라, 죄인이기 때문에 인간은 예수께로 오기를 원하지 않는다. 죄로부터 용서를 받은 사람만이 예수께로 오기를 원한다. 죄의 종은 죄를 행하고자 할 따름이며, 존재가 오염되어 있으면, 행위도 오염되어 나타날 뿐이다.

41~47절 유대인들이 예수를 믿지 않는 이유

41 나는 사람에게서 영광을 취하지 아니하노라 **42** 다만 하나님을 사랑하는 것이 너희 속에 없음을 알았노라 **43** 나는 내 아버지의 이름으로 왔으매 너희가 영접하지

---

75) 그 외에도 1:23과 이사야 40:3; 7:38과 에스겔 47:1~12; 12:15과 스가랴 9:9; 12:38과 이사야 53장을 비교해서 읽어보라.

아니하나 만일 다른 사람이 자기 이름으로 오면 영접하리라 **44** 너희가 서로 영광을 취하고 유일하신 하나님께로부터 오는 영광은 구하지 아니하니 어찌 나를 믿을 수 있느냐 **45** 내가 너희를 아버지께 고발할까 생각하지 말라 너희를 고발하는 이가 있으니 곧 너희가 바라는 자 모세니라 **46** 모세를 믿었더라면 또 나를 믿었으리니 이는 그가 내게 대하여 기록하였음이라 **47** 그러나 그의 글도 믿지 아니하거든 어찌 내 말을 믿겠느냐 하시니라

요한복음의 예수는, 유대인들이 예수를 믿지 않는 이유를 세 가지로 설명한다. 첫째는 하나님의 사랑이 없기 때문이고, 둘째는 사람의 영광을 취하기 때문이며, 셋째는 모세의 율법을 제대로 모르기 때문이다.

먼저 41절은 34a절과 같은 말이다. 유대인들이 예수에 관해서 어떠한 말을 하든지 그것은 예수와는 상관이 없다는 뜻이다. 인간의 권위에 의해서, 사람들의 여론에 의해서 예수의 정체가 결정되지 않는다. 예수가 누구인지는 예수 자신에 의해서 계시될 뿐이다. 인간이 예수를 누구로 인정하고 받아들이든 그렇지 않든, 그것이 예수에게는 아무런 영향을 끼치지 못한다.

42절은, 유대인들이 예수를 받아들이지 않는 첫 번째 이유를 말한다. 그들이 "하나님의 사랑"을 가지고 있지 않기 때문이다. 우리말 번역 성서는 "하나님의"라는 속격 표현을 목적으로 이해해서 "하나님을 사랑하는 것"으로 번역하지만, "하나님의"는 주격으로 번역하는 것이 더 적절하다. "하나님을 향한 너희의 사랑이 없기 때문"이 아니라, "너희를 향한 하나님의 사랑이 없기 때문이다." 하나님으로부터 사랑을 받지 않은 사람은 하나님을 사랑할 수 없고, 예수를 사랑할 수 없다. 하나님으로부터 사랑을 받아서 하나님의 사랑을 가지고 있는 사람은 예수를 믿고 사랑한다.

43~44절은, 유대인들이 예수를 믿지 않는 두 번째 이유를 말한다. "내 아버지의 이름으로" 왔다는 말은 아버지의 권위로 왔다는 말이다. 아버지의 사랑을 받은 사람은 예수 안에 있는 아버지의 권위를 본다. 아버지의 사랑을 받지 못한 사람은 예수에게 마음의 문을 닫아버린다. 예수에게 나타난 아버지의 권위에 마음의 문을 닫아버린 사람은, 다른 권위를 받아들인다. 이

것이 바로 우상숭배이다. 44절은 우상숭배를 다시 한 번 말한다. 하나님께로부터 오는 영광을 구하지 않고, 사람의 영광을 서로 취하는 것이 우상숭배이다. 하나님의 영광과 인간의 영광을 동시에 취할 수 없다. 우상숭배와 하나님 숭배를 동시에 할 수 없다. 인간의 인정을 받으려 하는 것은, 믿음이 아니다. 믿음은 오로지 하나님으로부터 인정을 받으려 한다(12:43). 그리스도인이 되고 싶지만, 그러면 유대교로부터 배척당할 것을 염려하는(12:42) 사람들에게 하는 말이다. 이는 요한복음이 기록될 AD 90년경의 상황이다. 예수를 믿는 것은 그 당시 다수 사회로부터 배척당할 각오를 해야 했다. 이것이 두려워서 예수를 믿지 못한다면, 그것은 하나님의 영광이 아니라, 사람의 영광을 취하는 것 곧 불신앙이고 우상숭배이다.

유대인들이 예수를 믿지 않는 세 번째 이유를 말하는 45~47절은 39~40절과 매우 유사한 내용이다. 예수는 믿지 않는 유대인들을 고발하지 않는다. 그들을 고발하는 사람은 모세이다. 모세를 통해서 주어진 율법을 믿고 받아들였다면, 당연히 예수를 받아들여야 한다. 모세의 율법은 예수에 관해서 증언하기 때문이다. 그러므로 모세의 율법은 자신이 가리키는 대상을 믿지 않고 손가락만 쳐다보는 유대인들을 책망하고 고발한다. 율법을 믿는다는 것은 이러한 율법의 책망과 고발을 받는 것이다(롬 10장 참조). 그러므로 39~40절이 말하듯이, 율법(구약성서)에는 구원이 없다. 거기에는 오로지 예수에 대한 증언과 예수를 믿지 못한 사람들에 대한 고발이 있을 따름이다. 그러므로 구약성서, 특히 모세의 율법을 바로 아는 사람은, 그것이 가리키는 예수를 알아보고 믿는다. 그러므로 예수를 믿지 않는 것은, 모세의 율법을 믿지 않는다는 표식이다.

4) 6:1~15 하나님이신 예수께서 생명의 떡을 주시다(네 번째 표적)

1 그 후에 예수께서 디베랴의 갈릴리 바다 건너편으로 가시매 2 큰 무리가 따르니 이는 병자들에게 행하시는 표적을 보았음이러라 3 예수께서 산에 오르사 제자들과 함

께 거기 앉으시니 **4** 마침 유대인의 명절인 유월절이 가까운지라 **5** 예수께서 눈을 들어 큰 무리가 자기에게로 오는 것을 보시고 빌립에게 이르시되 우리가 어디서 떡을 사서 이 사람들을 먹이겠느냐 하시니 **6** 이렇게 말씀하심은 친히 어떻게 하실지를 아시고 빌립을 시험하고자 하심이라 **7** 빌립이 대답하되 각 사람으로 조금씩 받게 할지라도 이백 데나리온의 떡이 부족하리이다 **8** 제자 중 하나 곧 시몬 베드로의 형제 안드레가 예수께 여짜오되 **9** 여기 한 아이가 있어 보리떡 다섯 개와 물고기 두 마리를 가지고 있나이다 그러나 그것이 이 많은 사람에게 얼마나 되겠사옵나이까 **10** 예수께서 이르시되 이 사람들로 앉게 하라 하시니 그 곳에 잔디가 많은지라 사람들이 앉으니 수가 오천 명쯤 되더라 **11** 예수께서 떡을 가져 축사하신 후에 앉아 있는 자들에게 나눠 주시고 물고기도 그렇게 그들의 원대로 주시니라 **12** 그들이 배부른 후에 예수께서 제자들에게 이르시되 남은 조각을 거두고 버리는 것이 없게 하라 하시므로 **13** 이에 거두니 보리떡 다섯 개로 먹고 남은 조각이 열두 바구니에 찼더라 **14** 그 사람들이 예수께서 행하신 이 표적을 보고 말하되 이는 참으로 세상에 오실 그 선지자라 하더라 **15** 그러므로 예수께서 그들이 와서 자기를 억지로 붙들어 임금으로 삼으려는 줄 아시고 다시 혼자 산으로 떠나 가시니라

예수는 예루살렘에서 하나님의 아들이라는 자기 정체를 계시한 후에, 활동무대를 갈릴리로 옮겨서 계시활동을 계속한다. 요한복음에 있는 7개의 표적사건 중에서 두 개가 6장에서 일어난다. 두 개의 표적 사건을 다루고 있는 단락은, 마가복음(6:30~44,45~52)에서도 긴밀히 연관되어 있으나, 요한복음에서는 그 연관성이 신학적으로 더욱 깊어졌다. 1~15절에서는 예수가 사람들에게 생명의 떡을 주고, 16~21절은 예수가 하나님이라고 한다. 그러므로 하나님이신 예수께서 사람들에게 생명의 떡을 준다. 그리고 22~59절은 앞의 이 두 단락이 이야기 형식으로 말한 주제를 대화의 형식으로 해설한다.

떡의 표적을 경험한 많은 사람들은 예수를 "세상에 오실 그 선지자"라고 말하지만(14절), 그것은 올바른 신앙고백이 아니다. 예수는 모세와 비교될 수 있는 마지막 예언자가 아니라, 하나님 자신이기 때문이다. 하나님이신 예수가 사람들에게 생명의 떡을 주신다. 여기서도 예수가 메시아인가라는 물음이 제기되는데(15절), 예수는 유대인들이 기다리는 왕적인 메시아 곧 세상 사람들의 소원을 충족시켜주는 그런 메시아는 아니다.

유대인들은 신명기 18:15~22에 의거해서 예수를 메시아로 여겼다. 유대인들은 떡의 표적을 모세가 광야에서 행한 만나의 기적과 비교하면서 그렇게 이해했을 것이다. 그래서 그들은 예수를 정치 지도자로 삼아 로마 제국에 대항하려 했다(15절). 백성은, 예수가 모세와 같은 예언자라고 생각하고, 그래서 예수가 마지막 구원자라고 여겼고, 그래서 예수를 정치지도자로 삼으려고 했다. 그가 광야시대의 위대한 만나 기적을 행한 것으로 여겼기 때문에, 백성의 모든 육적인 필요를 충족시켜주실 것으로 기대하였고, 세상의 모든 문제들을 해결해줄 왕적인 메시아라고 기대했다. 그러므로 백성은 예수를 따랐다. 그러나 백성은 예수를 따른 것이 아니라, 그들의 욕구가 충족되기를 바랐던 것이다.

예수가 세상의 정치, 경제 등 모든 문제를 해결해준다는 것은 결코 진리도 아니고, 진실도 아니다. 예수는 왕이지만, 세상나라의 왕이 아니다. 예수의 왕권은 세상의 왕권이 아니고, 하늘의 왕권이다(18:36). 유대인들은 메시아가 오면, 그들을 정치적인 압제에서 해방시키고, 경제적인 욕구를 충족해줄 것으로 믿고, 기대했다. 인간은 모든 것을 세상적인 차원에서만 생각하고 기대하지만, 예수는 그런 기대에 따른 메시아가 아니다. 예수는 전혀 다른 차원의 왕이다. 예수는 세상의 모든 욕구를 충족해 주고, 모든 문제들을 해결해 주는 왕이나 메시아가 아니라, 인간의 죄와 죽음의 문제를 궁극적으로 해결해 주시는 왕과 메시아이다.

5) 6:16~21 바다 위를 걸으시다(다섯 번째 표적)

16 저물매 제자들이 바다에 내려가서 **17** 배를 타고 바다를 건너 가버나움으로 가는데 이미 어두웠고 예수는 아직 그들에게 오시지 아니하셨더니 **18** 큰 바람이 불어 파도가 일어나더라 **19** 제자들이 노를 저어 십여 리쯤 가다가 예수께서 바다 위로 걸어 배에 가까이 오심을 보고 두려워하거늘 **20** 이르시되 내니 두려워하지 말라 하신대 **21** 이에 기뻐서 배로 영접하니 배는 곧 그들이 가려던 땅에 이르렀더라

바다 위를 걸으시는 사건은 마가복음에서는 예수가 행한 첫 번째 기적사건이었다. 요한복음은 이 기적사건을 여기서 말함으로써, 예수가 하나님이라는 사실을 증언한다. 제자들은 예수가 없이 배를 타고 어둠의 바다로 들어가지만, 그곳에서 풍랑의 위기를 만난다. "어둠"은 하나님이 없는 영역이다. 하나님이 없는 곳에서 제자들은 위기에 빠질 수밖에 없다. 하나님이신 예수가 없는 삶은 항상 어둠에 빠진다(8:12; 12:35,46).

바람과 파도에 위협을 받고 있는 제자들이 예수가 바다 위로 걸어오시는 것을 보고 두려워한다. 이 두려움은 인간이 하나님을 만났을 때 생기는 두려움이다. "내니 두려워하지 말라"(20절)는 말씀은 구약성서에서 하나님이 하시는 말씀이다. 그러므로 예수가 하나님이다. 요한복음에서 "내니"($\varepsilon\gamma\omega$ $\varepsilon\iota\mu\iota$; I am)라는 표현은 예수의 신적인 정체를 계시하기 위하여 매우 자주 사용된다. 여기서도 그렇다. 하나님이신 예수가 배에 오르니, 배는 기적적으로 땅에 도달한다(21절). 이 역시 어떤 기적을 말하려는 것이 아니라, 시편 107:23~30을 상기시키는 말이다. 하나님이 그들을 안전한 뭍으로 인도하신 것이다. 그러므로 6장에 나오는 두 개의 표적 사건들에 의하면, 예수가 진정한 하나님이기 때문에, 사람들에게 생명의 떡을 주고, 안전한 평화에로 인도하신다.

6) 6:22~59 생명의 떡

1~21절이 두 개의 표적 사건을 통해서 "예수가 하나님이니라"고 한 주제를 이제부터는 예수와 유대인들의 대화형식을 빌어서 말한다. 어떤 학자들은 문헌 비평적으로 51b~58절까지를 요한 공동체가 나중에 삽입한 것으로 보는데, 그에 의하면, 요한 공동체는 생명의 떡을 성만찬의 떡으로 해석해서 나중에 이 자리에 삽입했다고 한다. 그러나 그런 주장은 정당하지 않다. 51b~58절은 후대의 삽입이 아니라, 원래부터 이 자리에 있는 말씀이다. 여기에 사용된 언어는 전적으로 요한복음의 언어이다. 이 단락이 성만찬에 관

한 말씀이기는 하지만, 후대에 삽입되었다는 주장은, 원래 요한복음에는 성만찬에 관한 가르침이 없었다는 전제로부터 출발하는데, 그런 전제는 어떤 정당한 근거도 가지고 있지 않다.

22~25a절 상황 설정

22 이튿날 바다 건너편에 서 있던 무리가 배 한 척 외에 다른 배가 거기 없는 것과 또 어제 예수께서 제자들과 함께 그 배에 오르지 아니하시고 제자들만 가는 것을 보았더니 **23** (그러나 디베랴에서 배들이 주께서 축사하신 후 여럿이 떡 먹던 그 곳에 가까이 왔더라) **24** 무리가 거기에 예수도 안 계시고 제자들도 없음을 보고 곧 배들을 타고 예수를 찾으러 가버나움으로 가서 **25a** 바다 건너편에서 만나

무리가 보았던 상황이다. 17절에 의하면, 제자들이 예수와 떨어진 채로 배를 타고 가버나움으로 갔다. 이튿날 무리가 그 사실을 기억하였고, 디베랴 항구로부터 배들이 바람에 밀려오자, 그 배들을 타고 예수와 제자들을 좇아 가버나움으로 갔다. 무리는 그 사이에 일어났던 기적 사건(16~21절)을 알지 못했다. 그들은 떡의 기적만을 경험했기 때문에, 더 많은 떡을 얻기 위하여 예수를 좇아 온 것이다.

25b~29절 첫 번째 대화 – "영생하도록 있는 양식"

25b 랍비여 언제 여기 오셨나이까 하니 **26** 예수께서 대답하여 이르시되 내가 진실로 진실로 너희에게 이르노니 너희가 나를 찾는 것은 표적을 본 까닭이 아니요 떡을 먹고 배부른 까닭이로다 **27** 썩을 양식을 위하여 일하지 말고 영생하도록 있는 양식을 위하여 하라 이 양식은 인자가 너희에게 주리니 인자는 아버지 하나님께서 인치신 자니라 **28** 그들이 묻되 우리가 어떻게 하여야 하나님의 일을 하오리이까 **29** 예수께서 대답하여 이르시되 하나님께서 보내신 이를 믿는 것이 하나님의 일이니라 하시니

25b절: 유대인의 물음

"랍비여"라는 호칭은 예수를 왕으로 삼으려 했던 무리의 의도(15절)와는 사뭇 다르다. 바다 위로 걸어오신 예수의 기적을 경험하지는 못한 무리는 예수에게 "언제 여기 오셨나이까?"라는 묻는다. 기적을 경험하지는 못했지만, 예수가 제자들과 함께 배를 타지 않았다는 것을 알고 있는 그들이기에, 이 물음에는 그 사이에 예수께서 또 어떤 기적을 통해서 이곳으로 그들보다 먼저 왔는지 기이하게 여기는 마음이 묻어 있다.

26~27절: 예수의 응답 – "영생하도록 있는 양식을 위하여 일하라"

무리가 예수를 찾은 것은 표적의 진정한 의미를 보았기 때문이 아니다. "보다"는 단순한 시각 작용이 아니라, 깨닫고 이해하는 것을 말한다. 군중은 예수가 행한 표적들을 보았지만, 그 표적들이 말하는 진정한 메시지 곧 예수가 하나님이고, 그가 준 떡은 하늘로부터 온 생명의 떡이라는 진리를 깨우치지 못했다. 단지 신기하고 굉장한 표적의 겉모습만을 보고 예수를 좇아왔다. 그들은 떡을 먹고 배부른 까닭에 예수를 찾았다. 그들은 예수가 누구인지, 믿음의 본질에 대해서는 관심이 없고, 오직 세상의 떡에만 관심이 있다. 수가 성 우물가의 여인이 목마르지 않을 물을 달라고 했던 것처럼, 그들은 예수가 세상적인 욕구를 충족시켜줄 수 있으리라고 여겼기 때문에 예수를 찾아서 따라온 것이다. 그들은 예수 자신에게 관심을 갖기보다는 그들이 받을 세상의 축복에 관심이 많아서 예수를 따랐다.

사람들에게 정말로 필요한 것은, 세상의 욕구를 채워주는 썩을 양식이 아니다. 썩지 않는 양식, 영생하도록 남아있는 양식이 그들에게 필요하다. 이런 영원한 양식을 위하여 그들은 일해야 한다. 단순히 세상적인 욕구의 해결이 아니라, 인간의 근본적인 문제가 해결되어야 한다. 인간은 배(경제)의 문제를 제기하지만, 예수는 죄와 죽음의 문제를 본다. 인자만이 이러한 근원적인 문제를 해결할 수 있는데, 인자가 누구인가? 인자는, 아버지 하나님께서 인간의 죄와 죽음의 문제를 궁극적으로 해결할 수 있는 권한을 준 사람,

예수이다.

28절: 유대인의 물음 – "무엇을 해야 하나님의 일인가?"

유대인들은 하나님의 일을 하기 위해서 무엇을 행해야 하느냐고 묻는다. 우리말 개역성서는 "어떻게 하여야"라고 번역하는데, 그보다는 "무엇을 행해야"로 번역해야 한다. "행함"을 말하는 것으로 볼 때, 유대인들은 율법을 준수하는 것이 하나님의 일을 하는 것으로 여긴 것이 분명하다. 율법의 어느 조항을 실행해야 영생하도록 남는 양식을 위하여 일하는 것인가? 이것이 유대인들의 물음이다. 유대교에서는 영생을 주는 양식은 율법이기 때문에, 율법의 조항들을 행해야 영생한다고 여겼다.

29절: 예수의 응답 – "나를 믿는 것이 하나님의 일이다."

하나님의 일은 하나님이 보내신 이를 믿는 것이다. 유대인들은 행함에 대해서 물었으나, 예수는 믿음을 말한다. 인간은 하나님 앞에서 자기안전을 획득하기 위하여 무엇을 행해야 할 것인가에 관심하지만, 그러나 문제는 행함이 아니라, 믿음이다. 믿음은 인간의 행위가 아니라, 하나님이 주시는 선물이다. 하나님이 요구하시는 행위는, 어떤 율법의 조항들을 지켜서 행하는 것이 아니라, 하나님이 주시는 선물을 받아들이는 것이다. 믿음은 단순히 율법의 계명들을 지키는 것이 아니다. 인간에게는 계명들을 지킬 능력도 없다. 믿음은 어떤 행함에서 생겨나는 것이 아니라, 오직 하나님에 의해서 주어진다. 어린아이처럼 이 선물을 받는 것, 그것이 하나님의 일을 행하는 것이다.

30~40절 두 번째 대화 – "내가 생명의 떡이다."

30 그들이 묻되 그러면 우리가 보고 당신을 믿도록 행하시는 표적이 무엇이니이까, 하시는 일이 무엇이니이까 **31** 기록된 바 하늘에서 그들에게 떡을 주어 먹게 하였다 함과 같이 우리 조상들은 광야에서 만나를 먹었나이다 **32** 예수께서 이르시되 내가

진실로 진실로 너희에게 이르노니 모세가 너희에게 하늘로부터 떡을 준 것이 아니라 내 아버지께서 너희에게 하늘로부터 참 떡을 주시나니 **33** 하나님의 떡은 하늘에서 내려 세상에 생명을 주는 것이니라 **34** 그들이 이르되 주여 이 떡을 항상 우리에게 주소서 **35** 예수께서 이르시되 나는 생명의 떡이니 내게 오는 자는 결코 주리지 아니할 터이요 나를 믿는 자는 영원히 목마르지 아니하리라 **36** 그러나 내가 너희에게 이르기를 너희는 나를 보고도 믿지 아니하는도다 하였느니라 **37** 아버지께서 내게 주시는 자는 다 내게로 올 것이요 내게 오는 자는 내가 결코 내쫓지 아니하리라 **38** 내가 하늘에서 내려온 것은 내 뜻을 행하려 함이 아니요 나를 보내신 이의 뜻을 행하려 함이니라 **39** 나를 보내신 이의 뜻은 내게 주신 자 중에 내가 하나도 잃어버리지 아니하고 마지막 날에 다시 살리는 이것이니라 **40** 내 아버지의 뜻은 아들을 보고 믿는 자마다 영생을 얻는 이것이니 마지막 날에 내가 이를 다시 살리리라 하시니라

30~31절: 유대인들의 물음 – "표적을 보여 달라."

유대인들은 예수를 믿기 위한 어떤 표적을 행할 것을 요구한다. 하나님이 요청하신 오직 하나의 행위가 예수를 믿는 것이라면, 그것을 알 수 있게 분명한 표적을 행해서 보여 달라고 요구한다. 이미 오병이어의 기적을 보았던 군중이 만나의 기적을 다시 요구하는 것은 모순이다. 믿음이 없는 사람들은 어떠한 기적에도 만족할 수 없다. 일어난 기적은 잊어버리고 또 다른 기적을 계속해서 요구한다(36절 참조). 하나님의 말씀이 아닌 감각적인 체험에 근거할 때, 믿음은 심각한 위기에 빠진다. 그래서 예수는 보지 않고 믿는 자가 복이 있다고 하였다(20:29).

유대인들은 출애굽 세대에 대해서 말하는데, 모세가 광야에서 여러 기적을 행해서 하나님이 자신을 보냈다는 것을 입증해 보였기 때문이다. 그중에는 하늘에서 만나를 내리게 한 사건도 있었다(출 16:4,15). 구약성서에 의하면, 만나는 하늘에서 내려온 양식이고(시 78:24; 느 9:15), 원래 천사들의 양식이었다. 그러므로 예수가 이런 만나의 기적을 행하여, 그 자신이 마지막 때의 구원자라는 것을 보여 달라는 것이 유대인들의 요청이다. 고대 유대교는 모세를 첫 번째 구원자로 보았고, 신명기 18:15~22에 의거해서 모세와 유사한 마지막 구원자가 나타날 것을 기대하고 있었고, 유대인들은 이 구원자가

메시아라고 믿었다. 그가 나타나면, 그는 만나의 기적을 반복해서 보여줄 것이고, 그것이 그 자신이 마지막 구원자라는 것을 입증하는 표적이 된다고 생각하였다. 그래서 유대군중은 예수에게 그런 표적을 행하여 보여줄 것을 요구한 것이다.

32~33절: 예수의 응답 – "내 아버지가 주시는 참 떡"

32절에는 $\delta\iota\delta\omega\mu\iota$ ("주다")동사가 두 번 나온다. 모세와 관련해서는 과거형이 사용되고("준"), 아버지 하나님과 관련해서는 현재형이 사용되었다("주시나니"). 모세가 과거에 유대인의 조상에게 "준" 양식은 하늘에서 온 양식이 아니다. 이로써 요한복음의 예수는, 모세가 준 떡을 하늘의 만나로 믿고 있는 유대교 전통을 부정한다. 모세가 준 만나를 먹은 조상들은 모두 죽었기 때문에, 모세가 준 양식은 하늘에서 온 것이 아니다. 그와 반대로 "이제" 예수의 "내 아버지"께서 "주시는" 양식은 영생하게 하는 것이기 때문에, "참" 떡이다. "세상"은 하나님 앞에서 죄를 짓고 멸망 받아야 할 인간이다. 하나님이 주시는 떡은 하늘에서 내려와서 죽어야 할 인간에게 생명을 준다.

34절: 유대인들의 요청 – "배를 채워 주시오."

유대인들은 이 떡을 예수에게 달라고 요청하는데, 그들은 전적으로 오해하고 있다. 왜냐하면 이 떡은 다름이 아닌 예수 자신이기 때문이다. 예수와 떡을 분리해서 생각하는 것 자체가 잘못이다. 4장에서 사마리아 여인도 생수와 예수를 분리하는 오해를 한 바 있었다. 하늘의 떡을 육체적인 배고픔을 항상 달랠 수 있는 떡으로 그들은 오해했다. 이처럼 오해한 그들은, 예수가 모세의 만나와 비교할 수 없이 많은 양의 양식을 주어서 "항상" 먹을 수 있게 해 달라고 요청한다. 사마리아 여인이나 유대군중이나 모두 먹고 마셔서 항상 배부를 수 있는 데 관심한다. 경제문제가 세상의 모든 인간들의 가장 중요한 관심사이다. 믿음과 종교도 예외가 아니다. 그럴 때 사람들은 예수를 죽일 수 있다.

35~40절: 예수의 응답 - "내가 생명의 떡이다."

35절에서 예수는 "내가 생명의 떡이다"라고 대답한다. 예수 말고는 다른 생명의 떡이 없다. 예수가 생명의 떡을 주시는 것이 아니라, 예수 자신이 생명의 떡이다. 예수와 생명은 분리되는 별개가 아니다. 예수 자신이 복이고 생명이다. 예수 믿고 난 후에 복을 받는 것이 아니라, 예수를 믿는 것 자체가 복이다. 예수의 인격과 예수가 주시는 복을 별개로 여길 때 믿음은 오염된다. 유대인 무리도 예수와 예수가 주는 떡을 별개로 여겼고, 사마리아 여인도 예수와 그가 주는 생수를 별개로 여겼다. 여기에 문제가 있다. 예수가 곧 생수이고, 생명의 떡이다. 예수 외의 다른 어느 것도 생명일 수 없다.

요한복음에서 이곳에 최초로 사용된 후 여러 차례 반복되는 "나는 …이다"는 전형적인 표현에는 구원의 약속이 따르는데, 35b절이 그 약속을 말한다. 예수에게 오는 사람은 절대로 굶주리지 않으며, 예수를 믿는 사람은 영원히 목마르지 않는다. 이 약속은 육체적인 배고픔과 목마름을 해결해 주겠다는 경제적인 약속이 아니고, 영원한 생명에 배고프지 않고 목마르지 않는다는 약속이다. 예수께 오는 사람은 영생을 소유하기 때문에, 더 이상 다른 곳에서 영생을 찾을 필요가 없다. "예수에게 오다"는 "예수를 믿다"와 동일한 뜻이다. 예수를 믿는 것은 한 차례의 회개로 그치는 것이 아니라, 예수에게 와서 그 안에 지속적으로 머물러 사는 것, 예수와 지속적으로 교제하는 삶이다. 그것이 "영원히 목마르지 않는 삶"이다. 언제까지나 끊이지 않고 지속적인 그리스도와의 교제가 진정한 생명이다.

36절에서 예수는 유대인들이 그를 보고도 믿지 않았다고 말하는데, 이는 26절과 같은 말씀이다. 그들은 예수가 행한 오병이어의 기적을 보고도 예수를 믿지 않았다. 다시 20:29의 말씀을 상기할 필요가 있다. "보지 않고 믿는 자가 복이 있다."

유대인들이 예수를 믿지 않는 이유를 말하는 37절은 요한복음의 신학을 이해하는 데 매우 중요한 말씀이다. 왜 유대인들이 예수를 믿지 않았는가? 그들이 믿을 수 있는데도 믿지 않았는가? 믿거나 믿지 않거나 하는 것은 인간의 의지적인 결단의 문제인가? 그렇지 않다. 아버지가 그들을 예수에게 주지 않으셨기 때문에, 그들은 예수를 믿지 않았다. 아무나 예수를 믿을 수 있는 것이 아니다. 아버지가 예수께 "주시는 자"만 예수를 믿는다. 아버지가 예수를 믿도록 허락한 사람은 항상 예수와의 사귐 속에서 살며, 예수는 그를 결코 내쫓지 않는다. οὐ μή는 미래의 강한 부정이다("결코 … 아니다"). "내쫓다"는 어떤 사람과 더 이상 교제를 나누지 않고 추방하는 것이다. 예수에게 와서 믿는 것은 인간 자신의 의지나 노력의 산물이 아니라, 하나님이 부르셔서 믿게 허락해 주신 은혜의 선물이다. 하나님이 허락해서 예수에게 와서 믿는 사람을 예수는 결코 쫓아내지 않으며, 그러므로 결코 멸망하게 버려두지 않는다. 인간에게 믿음의 의식이 약해지거나 혹은 잃어버릴 수 있다. 주관적으로 인간은 자신이 항상 믿음 가운데 있다고 확신하지 못할 때도 있지만, 그러나 믿음은 하나님이 주신 예수 그리스도와의 관계이기 때문에, 믿는 사람 자신에 의해서만 이루어지는 것이 아니다. 예수가 주도적으로 이루는 관계이기 때문에, 이 관계는 인간에 의해서 파괴될 수 없다. 인간은 어느 순간에 믿음의 의식을 잃을 수는 있어도, 예수는 그를 결코 내쫓지 않는다. 하나님이 선택하여 믿음을 선물로 주신 사람은 그 믿음을 잃어버릴 수 없다.

38~39절은, 예수가 행해야 할 일을 말하는데, 아버지가 그에게 주신 사람들에게 영생을 주고, 그들을 지키고 보호하여 마지막 날에 다시 살리는 것이 예수가 할 일이다. 이를 위하여 예수는 하늘로부터 이 세상에 왔다. 37절이 말한 잃어버릴 수 없는 믿음이라는 주제가 여기서 다시 반복되는데, 구원을 보증해 주는 것은 믿는 사람 자신의 주관적인 의식이 아니라, 예수 그리스도이다. 누구도 예수의 손에서 그를 빼앗아 갈 수 없다(10장 참조). 로마서 8장에서 바울이 그리스도 예수 안에 있는 하나님의 사랑에서 우리를 빼앗아갈 자가 없다고 확신에 차서 노래했던 것처럼(롬 8:31~39), 여기서도 예수는, 하나님이 그에게 허락해 주신 단 한 사람도 잃어버리지 않을 것이라고 한다. 구원이 믿는 사람들의 주관적인 의식에 의해서 좌우된다면, 누구라도 구원을 받을 수 없다. 인간의 의식은 수시로 변하여 믿을 수 없기 때문이다. 그러

나 구원은 그리스도의 일이고, 그리스도에 의해서 결정된다. 예수 그리스도는 언제까지나, 그러므로 "마지막 날에"도 변함이 없는 하나님의 아들, 우리의 구원자이다.

40절의 표현은 조건 문장처럼 되어 있지만, 확신을 말한다. 여기에는 현재적 종말론과 미래적 종말론이 결합되어 있다. 죽음도 그리스도 관계를 깨뜨릴 수 없다. 예수는 "마지막 날"에 죽음의 권세를 깨뜨리고 그와 믿음의 관계에 있는 사람들을 살리실 것이다.

41~51절 세 번째 대화 – "내가 생명의 떡이다."

41 자기가 하늘에서 내려온 떡이라 하시므로 유대인들이 예수에 대하여 수군거려 **42** 이르되 이는 요셉의 아들 예수가 아니냐 그 부모를 우리가 아는데 자기가 지금 어찌하여 하늘에서 내려왔다 하느냐 **43** 예수께서 대답하여 이르시되 너희는 서로 수군거리지 말라 **44** 나를 보내신 아버지께서 이끌지 아니하시면 아무도 내게 올 수 없으니 오는 그를 내가 마지막 날에 다시 살리리라 **45** 선지자의 글에 그들이 다 하나님의 가르치심을 받으리라 기록되었은즉 아버지께 듣고 배운 사람마다 내게로 오느니라 **46** 이는 아버지를 본 자가 있다는 것이 아니라 오직 하나님에게서 온 자만 아버지를 보았느니라 **47** 진실로 진실로 너희에게 이르노니 믿는 자는 영생을 가졌나니 **48** 내가 곧 생명의 떡이니라 **49** 너희 조상들은 광야에서 만나를 먹었어도 죽었거니와 **50** 이는 하늘에서 내려오는 떡이니 사람으로 하여금 먹고 죽지 아니하게 하는 것이니라 **51** 나는 하늘에서 내려온 살아 있는 떡이니 사람이 이 떡을 먹으면 영생하리라 내가 줄 떡은 곧 세상의 생명을 위한 내 살이니라 하시니라

41~42절: 유대인들의 반응 – "요셉의 아들 예수가 아니냐?"

그리스도는 하늘에서 내려온 생명의 떡이지만, 예수를 피상적으로만 아는 사람들은 이 진리를 볼 수 없다. 예수를 요셉의 아들로만 알고 있는 사람들은 하늘의 진리를 알 수 없다. 인간적인 정보에 의하면, 유대인들이 옳다. 예수는 분명히 요셉의 아들이며, 그러므로 그는 하늘에서 온 생명의 떡이 될 수 없다. 그러므로 36절이 말한 대로, 인간적인 잣대로만 예수를 아는 사람

은, 예수를 보고도 믿을 수 없다. 믿음은 인간 예수와 창조 이전부터 계시던 하나님의 아들이 동일한 존재라는 것을 인정하는 것이고, 믿지 않음은 그것을 부정하는 것이다. 만일 예수가 나와 너와 같은 보통 사람에 불과하다면, 우리는 그를 깨끗이 잊어버려도 문제가 될 것이 없다. 수많은 사람들 중에서 한 사람을 잊어버린다고 문제될 것이 없다. 그러나 믿음의 사람들은 그가 단순히 요셉의 아들만은 아니라는 것을 잘 안다. 그는 본질적으로 보통 사람과는 다른 사람, 그러므로 하늘에서 온 사람이며, 이 진리는 오직 믿음의 사람들에게만 알려진다.

43~51절: 예수의 응답 – "내가 줄 떡은 곧 세상의 생명을 위한 내 살이다"

44절은 37~39절과 동일한 내용의 말씀이다. 아버지가 허락하지("이끌지") 않으면 누구도 예수를 믿을 수 없다. 인간은 자신이 가진 지식이나 정보 혹은 어떤 경험이나 결단을 통해서 예수를 믿을 수 없고, 오로지 하나님만이 예수에게로 이끌어가서 믿게 할 수 있다. 불트만은 하나님에게 이끌림을 받아서 예수를 믿고 안 믿고는 한 인간의 결단에 달렸다고 주장했다.[76] 본문은 그렇게 말하지 않는다. 성서본문에 의하면, 하나님이 이끌어주셔야 인간은 예수에게 올 수 있고, 그렇게 예수에게 온 사람을 예수는 잃어버리지 않고, 반드시 살릴 것이다.

45절은 이사야 54:13(LXX)의 인용이지만, 이스라엘에 관련된 부분을 의도적으로 빼고 인용한다. 요한복음도, 바울처럼, 구약성서를 인용할 때, 적절하지 않다고 생각하는 것을 바꾸거나 첨삭해서 인용한다. 인용하려는 구절 그 자체보다 더 중요한 것은, 그 구절이 그리스도로부터 그리고 그리스도를 향하여 더 잘 이해될 수 있어야 한다는 원칙 때문이다. 초대교회는 그리스도로부터 출발해서 구약성서를 이해한다. 그리스도는 구약성서를 이해하는 원리이다. 이사야의 구절에 의하면, 오직 유대인들만 하나님으로부터 가르

---

76) Johannes 172.

침을 받지만, 요한복음은 이 말에 담겨있는 민족적인 한계를 무너뜨리는 동시에 새로운 한계를 설정한다. 이사야의 구절에 없는 "다"를 첨가하는데, "다"($\pi\alpha\nu\tau\epsilon\varsigma$)는 모든 유대인을 말하는 것이 아니다. 그렇다고 "다"가 모든 인간을 무제한적으로 말하는 것도 아니다. "다"는 유대인이나 이방인을 불문하고 아버지에 의해서 선택을 받고 가르침을 받은 사람들 전체를 말한다. 그러므로 이사야와는 다른 새로운 한계가 설정된다.[77] 아버지가 선택해서, 아버지로부터 듣고 배운 사람은 "다" 예수께로 와서 믿는다.

아버지께 듣고 배운 자만 예수께로 온다는 말은 오해를 불러올 수 있었다. 예수 이전에 이미 아버지를 본 사람이 있다거나 혹은 예수 외에 다른 곳에서도 하나님을 알 수 있다고 오해할 수 있다. 46절은 이런 오해를 해소시키려고 한다. "하나님에게서 온 자" 곧 예수 외에는 하나님 아버지를 본 사람이 없다. 그러므로 오직 그리스도만이 하나님에 대한 정확한 지식을 가지고 있으며, 그러므로 그리스도 안에서만, 그리고 그리스도를 만남으로써만 인간은 하나님을 정확하게 알 수 있고 또 하나님과 올바른 관계를 맺는다. 예수 외에는 아버지와 관계를 맺을 수 있는 다른 길이 없다(1:18; 14:6,9). 그러므로 예수의 말씀을 듣고 믿는 사람만이 하나님에 의해서 선택된 사람이고, 오직 그만이 예수의 말씀을 믿는다.

47~51a절은 30~35절과 같은 말씀으로서, 예수는 그를 믿는 사람들을 위한 진정한 생명의 떡이다. 물론 사람은 만나를 먹어야 육신적으로 살 수 있다. 그러나 육신적인 삶만을 살게 해 주는 만나는 하늘에서 온 것이 아니다. 광야 세대의 유대인들이 먹은 만나는 하늘에서 온 것이 아니었다. 영원히 살게 해 주는 만나만이 하늘에서 온 것이며, 그런 만나는 오직 예수뿐이다. 생명의 떡인 예수의 살을 먹고, 그와의 지속적인 관계 속에서 사는 사람은 영원히 배고프지도 않고 목마르지도 않을 것이다(35절).

---

77) 이러한 해석학적인 전례는 쿰란 공동체에서도 찾을 수 있다. 예를 들어서 4Q177 Fr.12/13은 사 35:10의 귀향하는 사람들을 빛에 속한 사람들로 제한하여 이해한다.

51b절은 어떻게 예수가 생명의 떡인지를 설명한다. "내가 줄 떡은 곧 세상의 생명을 위한 내 살이다." 여기서 "살"(σαρξ)이 중요하다. "살"은 무엇을 말하는가? σαρξ는 죽어야 할 인간 곧 살과 피로 된 인간이다(사 40:6; 요 1:14; 마 16:17; 고전 15:50 참조). 그러므로 살은 예수의 죽음을 말한다.[78] 십자가에 달려 죽어야 하는 예수가 세상을 위한 생명의 떡이다. 영원한 로고스가 죽어야 할 육신을 입고 이 세상에 왔다(1:14). 영생을 얻기 위하여 사람들이 먹어야 할 떡은 예수의 살 곧 성육신하신 하나님이다(50,51,58절). 생명의 떡은 십자가에서 찢기신 예수의 몸이고, 흘린 피다.

예수의 죽음은 "세상의 생명을 위하여" 일어났다. 하나님의 아들이 세상으로 오셨듯이, 그의 죽음은 모든 세상을 위하여 일어났다. 이런 보편적인 구원이해는 33절을 비롯해서 요한복음에 자주 반복된다(3:16; 8:12). 그러나 요한복음은, 예수가 자기 양들을 위하여, 자기 친구들을 위하여 목숨을 바쳤다고도 한다(10:11,15; 15:13 참조). 예수는 세상을 위해 죽었다고도 하고, 다른 한편으로는 자기 양 혹은 친구들을 위해 죽었다고도 한다. 예수가 세상을 위하여 죽었으며, 그러므로 세상의 생명과 빛이다. 그러나 그러한 예수의 생명에 참여한 사람들은 하나님이 예수에게 이끌어서 믿게 한 사람들뿐이다(44절). 이처럼 요한복음은 구원의 보편적인 사고와 예정적인 사고를 동시에 보여준다.

52~59절 네 번째 대화 – "이 떡을 먹는 자는 영원히 살리라."

52 그러므로 유대인들이 서로 다투어 이르되 이 사람이 어찌 능히 자기 살을 우리에게 주어 먹게 하겠느냐 **53** 예수께서 이르시되 내가 진실로 진실로 너희에게 이르노니 인자의 살을 먹지 아니하고 인자의 피를 마시지 아니하면 너희 속에 생명이 없느니라 **54** 내 살을 먹고 내 피를 마시는 자는 영생을 가졌고 마지막 날에 내가 그를 다

---

78) 요한복음이 υπερ(위하여)를 사용하는 구절들은 거의 예수의 죽음을 의미하고 있다. "양을 위하여"(10:11,15); "백성을 위하여(11:50); " 민족을 위하여"(11:51~52); " 친구를 위하여"(15:13); " 그들을 위하여"(17:19) 등.

시 살리리니 **55** 내 살은 참된 양식이요 내 피는 참된 음료로다 **56** 내 살을 먹고 내 피를 마시는 자는 내 안에 거하고 나도 그의 안에 거하나니 **57** 살아 계신 아버지께서 나를 보내시매 내가 아버지로 말미암아 사는 것 같이 나를 먹는 그 사람도 나로 말미암아 살리라 **58** 이것은 하늘에서 내려온 떡이니 조상들이 먹고도 죽은 그것과 같지 아니하여 이 떡을 먹는 자는 영원히 살리라 **59** 이 말씀은 예수께서 가버나움 회당에서 가르치실 때에 하셨느니라

52절: 유대인들의 반응 – "이 사람이 어찌 능히…"

유대인들은 예수의 말씀을 오해했다. 예수가 그들에게 육체적인 그의 살을 주어서 먹게 하겠다는 것으로 오해했다. 예수는 그의 십자가 죽음을 말하기 때문에, 유대인들의 말은 철저한 오해였다(요한복음의 오해에 대해서는 59쪽을 보라).

53~58절: 예수의 응답 – "내 살은 참된 양식이요, 내 피는 참된 음료로다."

유대인들의 오해로 인하여 제기된 물음에 길게 답변하면서 예수는 살과 피를 구분한다. 이러한 구분은 음식과 음료를 구분하는 것과 같고, 이미 35절에서 주림과 목마름을 말할 때 구분한 바 있다.

이 단락에서 새로운 것은, 이미 51b절부터, 성만찬에 대한 연상이 일어나고 있다는 것이다. 그러나 성만찬 자체를 말하지는 않는다.[79] 특히 57~58절은 하늘에서 내려온 떡으로서 예수를 먹는 것을 말하는데, 그것은 믿음이다. 예수를 믿고 그에게 나오는 사람은 그를 먹는다. 그러므로 믿음은 예수의 살과 피로 된 거룩한 음식을 먹는 성례전에 참여한다. 물론 성례전만을 말하는 것은 아니고, 예수 그리스도와의 완전한 교제를 포괄적으로 말한다. 그리스도의 살과 피로 된 진정한 음식을 먹는 사람들은 그리스도와의 진정한

---

79) 대다수의 주석학자들은 여기서 그리고 13장의 발 씻음 사건에서 요한 공동체에서 행해지고 있던 성만찬 예전을 보려고 한다. 더구나 영지주의자들에 반대하여 반 가현설적인 신학이 전개되고 있는 것으로 본다. 전적으로 옳은 해석이다. 그러나 요한복음이 다른 복음서들이나 사도 바울과는 달리 성만찬을 분명하게 언급하지 않고 있는 것은 특이하다고 할 수 있다.

교제 가운데 산다(56절). 진정한 생명은 예수 그리스도와 교제하는 삶이며, 이런 삶은 영원하다. 그런 사람은 아버지-예수-믿는 사람으로 이어지는 관계의 고리 속에서 영원히 산다(57절). 예수는 아버지와 사람들 사이에서 생명을 중계해 주는 역할을 한다. 그러므로 유대인의 조상이 광야에서 만나를 먹은 것과 예수의 생명을 먹는 것은 전혀 다르다(58절). 조상들은 만나를 먹고 죽었지만, 예수를 믿고 성만찬에 참여하는 사람은 영원히 산다. 성만찬은, 예수의 살과 피가 먹고 마시는 사람 속에 들어와서 예수와 진정한 교제를 나누는 삶을 산다는 것을 예전적으로 고백하는 것이다. 이러한 진정한 교제가 없이 단순히 하나의 형식적인 예식으로만 성만찬에 참여했다고 해서, 그것으로 구원을 받았다고 말할 수 없다.

59절은 생명의 떡에 관한 긴 말씀을 마무리한다. 이 떡에 관한 말씀을 예수는 가버나움의 회당에서 가르쳤다. 이는 24절에 상응하는 상황에 대한 해설이다. 복음서 저자는 예수께서 회당에서 가르친 말씀을 회상하는 형식으로 말한다.

주제해설 8

요한복음의 εγω ειμι …(나는 …이다) 말씀들

1. 용례

"나는 …이다"(εγω ειμι …)라는 표현은 요한복음에 자주 나온다. 마태복음에 5회, 마가복음에 3회, 누가복음에 4회 나오는 데 비해서 요한복음에는 무려 29회나 나온다. 요한복음에서 이 어투는 3회를 제외하고 26회나 예수의 입에서 나온다(마태 1회, 마가 2회, 누가 2회). 이런 전형적인 어투를 사용해서 요한복음의 예수는 자신의 정체뿐만 아니라, 자신이 해야 할 일이 무엇인지를 밝힌다. 그러므로 "나는 …이다"는 말씀에는 요한복음의 기독론과 구원론이 축약되어 있다. 이 어투들은 그 형태에 따라서 다음과 같이 몇 가지로 나눌 수 있다.

1) 예수의 정체를 밝히는 명사 술어와 함께 사용된 경우

    a) 6:35.41.48.51   나는 생명의 떡이다.
    b) 8:12(9:5)   나는 세상의 빛이다.
    c) 10:7.9   나는 양의 문이다.
    d) 10:11.14   나는 선한 목자이다.
    e) 11:25   나는 부활이요 생명이다.
    f) 14:6   나는 길이요, 진리요, 생명이다.
    g) 15:1.5   나는 포도나무이다.

이 말씀들에 이어서 약속의 말씀이 뒤따른다. 예를 들어서 6:35에는 "나는 생명의 떡이다"는 말씀에 이어서 "내게 오는 자는 결코 주리지 않고, 목마르지 않으리라"는 약속의 말씀이 따른다.

2) 아무런 술어 없이 그냥 εγω ειμι로만 사용된 경우도 있다. 6:20; 8:24.28.58; 13:19; 18:5.6.8 등이다. 18:5.6.8에서는 그를 잡으러 온 사람들에게 예수는 "내가 그이다"(εγω ειμι)라고 자기 정체를 밝히고 자발적으로 체포된다. 여기서 예수는, "너희가 잡으러 온 사람이 바로 나다"라고 하며 단순히 자수하는 것이 아니라, "십자가의 죽음을 위하여 내가 왔다"라고 자기 정체와 사명을 공공연히 밝히며 자발적으로 수난과 죽음에 임한다. 이러한 예수 앞에서 군인들은 엎드러진다(18:6). 6:20의 "내니"(εγω ειμι)에는 마가복음 6:50에서처럼 "내가 귀신이 아니다"는 의미와 "내가 파도에게 명령할 수 있다"는 계시적인 의미를 동시에 가지고 있다. 8:58의 "내가 있다"(εγω ειμι)는 표현은 시편 90:2에서 하나님에 대한 지칭을 예수에게 적용하는 것이다. 그러므로 이 표현은 비록 계시의 말씀은 아니지만, 예수가 하나님이라는 중요한 계시적인 의미를 담고 있다. 8:24과 13:19의 ε

$\gamma\omega\ \varepsilon\iota\mu\iota$도 중요한 계시의 표현으로서, 이사야 43:10~11; 46:10에 가깝다. 그렇다면 이사야 구절이 말하는 것처럼, 여기서도 "나는 역사를 주관하고, 구원을 일으키는 하나님이다"라는 뜻으로 쓰였을 가능성이 있다. 그것은 8:23이나 13:18.20과의 맥락에서도 확인할 수 있다.

8:28에 대한 평가는 쉽지 않다. 8:24이나 13:19과 같이 계시의 말씀일 수도 있으나, 8:28은 심판에 대해서 말하기 때문에, 출애굽기 14:4.18; 에스겔 28:22과 관련이 있을 수도 있다. 그렇다면 너희는 내가 너희의 심판자라는 것을 알게 되리라는 말씀이다.

3) $\varepsilon\gamma\omega\ \varepsilon\iota\mu\iota$ 표현이 분사나 전치사 표현의 술어와 함께 사용되는 경우가 있다(4:26; 8:18.23). 4:26에서 예수는 이 어투를 통해서 사마리아 여인에게, 그녀와 말하고 있는 예수가 기다리는 메시아라는 것을 밝힌다. 8:18에서 예수는 이 어투를 사용해서 그 자신이 하나님과 함께 자기 자신에 관하여 증언하는 증인이라고 밝힌다. 8:23에서 예수는 자신이 이 세상에 온 것이 아니라, "위로부터 온" 것이라고 말한다.

4) $\varepsilon\gamma\omega\ \varepsilon\iota\mu\iota$ 표현이 장소나 시간을 나타내는 관계부사($o\pi o\upsilon$)와 함께 사용되어 "나 있는 곳"을 말하는 경우가 있다(7:34.36; 12:26; 14:3; 17:24).

5) $\varepsilon\gamma\omega\ \varepsilon\iota\mu\iota$ 표현이 예수의 자기 계시와 상관없이 사용되는 경우도 있다. 9:9은 예수에 의해서 치유를 받은 소경이 자기 정체를 밝히기 위하여 사용하고, 18:35에서는 빌라도가 "내가 유대인이냐?"라고 부정적으로 되물으면서 사용한다. 그 외에도 1:20과 3:28에서 세례자 요한이 자기가 그리스도가 아니라고 부정하면서 이 어투를 사용한다. 세례자 요한의 말은 예수가 그리스도라는 간접적인 계시를 말하고 있다.

2. 의미

1) 예수는 이 표현으로써 자신이 누구인지를 계시한다. εγω(나는)가 주어이고, ε ιμι(이다)가 동사이고, 그에 이어서 예수를 설명하는 명사(예: 생명의 떡, 세상이 빛 등)가 술어로 나온다. 이 술어명사에는 항상 관사가 붙는데, 이 관사는 술어명사가 이미 잘 알려진 것이거나 혹은 오직 유일한 것이라는 뜻이다. 그러므로 술어명사는 예수의 유일한 본질을 드러낸다. 예를 들어서 "예수만이 오직 유일한 생명의 떡이다"를 의미한다. 그러므로 술어명사("생명의 떡")는 오직 예수에게만 해당되는 것이고, 다른 누구에게도 적용될 수 없다.

εἰμι는 비교하려는 의미가 아니라, 존재를 의미한다. 가령 예수는 세상의 떡이나 빛과 같다고 말하는 것이 아니라, 예수는 세상의 떡, 세상의 빛이라고 말한다. 더구나 오직 예수만이 세상의 떡이고 빛이다. 이런 모든 말씀들은 예수의 본질(기독론)을 나타낼 뿐만 아니라, 그가 무엇을 하실 것인지(구원론)를 드러내기도 한다. 예수는 생명의 떡으로서, 사람들에게 영생하도록 있는 양식이다. 예수는 세상의 빛으로서 어둠 속에 있는 사람들을 밝힌다. 예수는 부활이요 생명으로서 죽은 사람을 살린다. 예수는 길이요 진리요 생명으로서 사람들을 하나님께로 이끈다. 예수는 선한 목자로서 양들을 위하여 자기 목숨을 내놓는다.

2) 계시의 말씀에 이어서 약속의 말씀이 나온다. 이런 전형적인 계시의 말씀들에 이어지는 약속의 말씀들을 결단하라는 부름의 말씀으로 이해하는 사람도 있다. 영원히 주리지 않고, 영원히 목마르지 않으려면, 생수이며 생명이 떡인 예수께로 나오라는 부름이라고 해석하는 것인데, 그런 해석은 잘못이다. 이는 약속의 말씀에 나오는 강조적인 부정어(οὐ μη)에서 분명히 드러난다. 예수를 믿는 사람은 생명을 가지며, 절대로 그 생명을 잃어버리지 않을 것이라고 약속한다. 하나님께서 그에게 허락하셔서 믿게 한 사람들의 결단을 촉구하는 것이 아니라, 예수께서 그들을 목마르지 않고 주리지 않게 하겠다는 약속이다.

7) 6:60~71 예수의 말씀에 대한 "많은 사람들"과 "열둘"의 상반된 반응

하늘에서 내려온 생명의 떡이라는 예수의 말씀을 들은 사람들의 반응은 두 가지로 확연하게 나뉜다. 먼저 "많은 사람들"(πολλοι)의 반응을 말하고, 그런 후에 이들과는 다른 "열둘"(δωδεκα)의 반응을 말한다. 예수의 말씀이 선포되면, 그 말씀은 듣는 사람들을 구분한다. 예수의 말씀 앞에서 어정쩡한 중간지대는 없다.

60~66절 믿지 못하고 떠나는 사람들

60 제자 중 여럿이 듣고 말하되 이 말씀은 어렵도다 누가 들을 수 있느냐 한대 **61** 예수께서 스스로 제자들이 이 말씀에 대하여 수군거리는 줄 아시고 이르시되 이 말이 너희에게 걸림이 되느냐 **62** 그러면 너희는 인자가 이전에 있던 곳으로 올라가는 것을 본다면 어떻게 하겠느냐 **63** 살리는 것은 영이니 육은 무익하니라 내가 너희에게 이른 말은 영이요 생명이라 **64** 그러나 너희 중에 믿지 아니하는 자들이 있느니라 하시니 이는 예수께서 믿지 아니하는 자들이 누구며 자기를 팔 자가 누구인지 처음부터 아심이러라 **65** 또 이르시되 그러므로 전에 너희에게 말하기를 내 아버지께서 오게 하여 주지 아니하시면 누구든지 내게 올 수 없다 하였노라 하시니라 **66** 그 때부터 그의 제자 중에서 많은 사람이 떠나가고 다시 그와 함께 다니지 아니하더라

60절과 66절이 말하는 "제자"는 넓은 의미에서 제자이다. 그러므로 그들은 예수의 진실한 제자들이 아니다. 예수에 대해서 흥미를 가지고 따라다니다가 결국은 예수를 부정한 사람들이다. 그것은 요한복음이 기록될 당시의 역사적 상황의 반영이기도 하다. 당시 유대교의 회당에는 예수에게 적대적인 사람들만 있었던 것이 아니고, 호의적인 사람들도 있었지만, 이들 역시 결국은 예수를 거부하였다. 이들이 진정한 제자들이 아니라는 표식은 πολλοι("많은" 혹은 "여럿")라는 단어이다. 진실하지 못한 믿음을 가진 사람들을 말하기 위해서 이 단어는 이곳과 66절 외에도 자주 사용되었다.[80]

61~62절에 앞서 41~42절이 사람들의 수군거림을 말했다. 요셉의 아들 예수가 하나님의 아들이라는 사실을 그들은 받아들일 수 없었다. 예수가 하늘에서 내려온 생명의 떡이라는 사실을 믿지 못하는 사람들이, 예수가 전에 있던 곳으로 올라간다는 말을 어떻게 이해할 수 있겠는가?(62절). 예수 그리스도가 하나님의 아들이라는 것도 믿을 수 없는 거침돌이 되는데, 십자가에서 죽은 예수가 살아나서 하나님께로 올라간다는 말은 얼마나 더 큰 거침돌이었겠는가? 성육신, 십자가 죽음 그리고 부활 승천 등 모든 예수사건은 유대인들에게는 도저히 받아들일 수 없는 거침돌이었다(고전 1:18,23 참조). 교회가 선포하는 복음은, 세상이 당연하게 받아들일 수 있는 것이 아니다. 십자가에 달려 죽은 나사렛 예수가 하나님이며, 하나님이신 사람 예수 안에 영생이 있다는 메시지를 세상의 누가 받아들일 수 있겠는가? 그것을 진리로 받아들이는 사람이 있다면, 그는 하나님으로부터 온 사람이고(1:13), 그런 믿음은 하나님이 주신 은혜의 선물이다. 그러므로 믿음은 하나님으로부터 온 기적이요 은혜이다(65절). 세상 사람들은 오직 수군거릴 따름이다.

하나님으로부터 온 믿음만이 인간을 영원히 살린다(63절). 인간으로서는 도저히 받아들일 수 없는 거침돌을 받아들일 수 있는 것은 하나님으로부터 온 믿음이다. 그러므로 믿음은 결코 인간의 가능성이 아니다. "육"($\sigma\alpha\rho\xi$; 63절)은 자연적인 인간과 그가 할 수 있는 가능성을 말한다(1:13; 3:6). 자연적인 인간은 예수 그리스도를 믿고 받아들이는 데 전혀 무익하고 무능하다. 그런 인간은 기껏해야 예수의 세상적인 출신 정도를 알 수 있다(41~42절 참조). 육이 할 수 없는 것을 할 수 있는 것은 "영"이다. "영"은 하나님의 영이다. 하나님의 영은 인간을 새롭게 창조한다(3장에 있는 니고데모와의 대화 참조). 하나님의 영이 인간에게 믿음을 줄 수 있다. "내가 너희에게 이른 말"이 곧 영이요 생명이다. 하나님의 영은 예수가 하신 말씀 안에 있다. 요한복음이 전해 주는 예수의 말씀 안에 하나님의 살리는 영, 믿음을 창조하는 영이 들어

---

80) 2:23; 7:12~13,31; 8:30; 10:42; 12:11,42.

있다. 그러므로 생명을 위해서는 요한복음이 전해 주는 예수의 말씀을 들어야 한다.

64~65절에 의하면, 예수는 누가 자신을 믿지 않을 사람이고, 누가 자기를 팔 사람인지를 이미 알고 계셨다. 가롯 유다는 믿고 구원을 받도록 선택을 받은 사람이 아니라, 그가 해야 할 일을 하도록 부름을 받은 사람이다. 가롯 유다는 예수를 배신하는 역할을 하도록 택함을 받은 사람이다. 65절은 44절처럼 예수에게 와서 그를 하나님으로 믿는 것은 인간의 결단이 아니라, 하나님의 허락과 이끄심이라는 것을 반복한다.

66절은 60절과 같이 "많은" 제자들을 말하면서, 그들이 이제 예수를 떠났다고 한다. 그들은 다시는 예수와 함께 다니지 아니하였다. 그들은 이제부터 예수와의 사귐에서 배제되었다. 왜냐하면 그들은 하나님이 선택해서 예수에게 보낸 사람들이 아니기 때문이다. 그들은 선택을 받은 사람들이 아니라, 단지 예수에게서 호감을 느꼈거나 혹은 예수를 통해서 자신들의 욕구를 채우려는 사람들에 불과했다. 그들은 잠시 동안 예수의 "제자"처럼 보였고, "제자"처럼 행세했으나, 결국 선택받지 못한, 그래서 믿지 못하는 사람들로 되돌아갔다. 진정한 믿음은 많은 사람들의 떼거지 믿음이 아니라, 예수와의 인격적인 만남과 관계이다. 군중심리는 진정한 믿음이 아니다.

67~71절 믿음을 고백하는 진정한 제자들

67 예수께서 열두 제자에게 이르시되 너희도 가려느냐 **68** 시몬 베드로가 대답하되 주여 영생의 말씀이 주께 있사오니 우리가 누구에게로 가오리이까 **69** 우리가 주는 하나님의 거룩하신 자이신 줄 믿고 알았사옵나이다 **70** 예수께서 대답하시되 내가 너희 열둘을 택하지 아니하였느냐 그러나 너희 중의 한 사람은 마귀니라 하시니 **71** 이 말씀은 가롯 시몬의 아들 유다를 가리키심이라 그는 열둘 중의 하나로 예수를 팔 자러라

66절의 "많은" 사람들과 대조되는 12제자들의 반응이다. 이 제자들은 "많은" 사람들과는 달리 하나님이 선택해서 예수에게 보낸 사람들이다. 요

한복음에서 "열둘"은 67.70.71절과 20:24에만 나오는데, 이들 중에서 가룻 유다를 제외해야 하기 때문에 사실은 11명이다. "열둘"이라는 표현은 이미 굳어진 표현으로 널리 사용되었기 때문에, 요한복음도 그냥 그대로 사용하고 있다. 11명의 제자들의 대표자는 베드로였다.

67절에 나오는 예수의 질문이 μη로 시작되는데, 이는 당연히 "아니요"라는 대답을 기대하는 물음이다. 그러므로 예수의 질문은 너희들은 결코 나를 떠나지 못한다는 말이다. 하나님의 허락과 이끄심을 통해서 예수의 진정한 제자들로 부름을 받은 사람들에게는 예수를 믿고 따를 자유는 있지만, 예수를 버리고 떠날 자유는 없다. 그들에게 예수를 따르는 것은 부정하거나 피할 수 없는 운명이 되었다.

68~69절에서 베드로가 11제자들을 대표해서 "우리는 … 믿었고 알았다."고 고백한다. 동사들이 완료형으로 사용된 것은 우연이 아니다(1:49; 11:27 참조). 하나님이 선택해서 예수에게 보내서, 그들이 예수를 처음 만나는 순간부터 그들은 예수를 하나님의 거룩하신 자로 믿어오고 있으며 또 그렇게 알고 있기 때문이다. "믿었다"가 앞에 오고, "알았다"가 뒤따르는 것도 우연이 아니다. 예수의 말씀에는 영과 생명이 있는 "영생의 말씀"이기 때문에, 그 말씀은 진정으로 듣는 사람 안에 믿음을 불러일으킨다. 예수의 말씀은 단순히 지식이나 정보가 아니다. 예수의 말씀을 설교하는 것은 성서 지식에 대한 정보를 제공하는 것이나 호소하는 것이 아니다. 믿음과 생명을 불러일으키는 예수의 말씀을 선포하는 것이다. 말씀의 선포는 사람들을 믿음으로 인도하는 거룩한 작업이다. 말씀이 믿음을 창출하면, 그 믿음은 거꾸로 말씀에 대한 지식을 요구한다. 믿음은 까막눈이 아니다. 믿음은 무엇을 믿는 것인지를 알고, 설명할 수 있어야 한다. 그러므로 믿음은 깊은 사색을 동반하며 이성의 작용을 요구한다. 지식보다는 믿음이 우선이지만, 믿음에는 신학적인 지식과 통찰이 뒤따라야 한다. 무지한 믿음은 없다. 믿음에는 신학이 뒤따라야 한다. 진실한 믿음은 무조건 믿음이나 막무가내 식의 믿음이 아니라, 깊은 사색을 통한 성찰과 합리적인 설명이 따르는 믿음이다.

베드로의 대답 중에서 "하나님의 거룩하신 자"는(69절) 누구인가? 마가복음 1:24과 누가복음 4:34에도 같은 표현이 나오지만, 요한복음은 10:36에서 그 의미를 찾아야 한다. 그에 따르면, 예수는 "하나님께서 거룩하게 하사 세상에 보내신 자" 곧 "하나님의 아들"이다. 여기서 "거룩하다"는 말은 세상 사람들과는 근본적으로 다르게 완전히 하나님께 속한 영원한 존재라는 뜻이다. 요한복음 1:1을 여기서 생각할 수 있다. 예수는 완전히 하나님께 속하신 분이다. 그러므로 대다수의 사본들처럼 "당신은 그리스도 곧 하나님의 아들이다"로 읽을 수 있다.

베드로가 고백한 신앙고백은 객관적인 진리이다. 베드로의 개인적인 의견이 아니다. 베드로가 믿고 그렇게 생각했기 때문에 진리가 되는 것이 아니다. 그것은 베드로의 고백과는 상관없이 진리이다. 베드로의 생각이 우리에게 무슨 의미가 있겠는가? 내가 믿기 때문에, 예수가 하나님의 아들이 되는 것은 아니다. 예수가 하나님의 아들이기 때문에 나는 믿는다. 나의 믿음이나 나의 생각에는 전혀 영향을 받지 않고, 예수는 하나님의 아들이다. 내가 그것을 믿지 않는다고 하더라도, 그것은 영원한 진리이다.

70~71절은 64~65절에 상응하는 말씀이다. 예수가 열둘을 선택했지만, 그 중에서 하나는 예수를 배신한다. 처음에는 전체를 포괄적으로 말하고("열둘"), 곧 이어서 제한하는 말("한 사람")이 나오는 것은 요한복음의 전형적인 표현방식이다.[81] 그러므로 예수를 배신할 한 사람은 선택을 받지 못했다. 그는 처음부터 버림을 받을 사람이었다. 이런 생각은 13:10~11과 13:18에서도 확인된다. 유다는 예수를 배신함으로써 처음부터 버림을 받을 자로서 하나님의 구원 활동을 도와주는 사람이다. 하나님의 뜻을 이루기 위하여 선택을 받은 유다가 어떻게 처음부터 버릴 패가 되었는지에 대해서는 합리적으로 설명할 수 없다. 이것은 가룟 유다의 비밀이다.

---

81) 1:11~12; 3:32~33; 8:15b~16; 17:12 등을 참조.

8) 7:1~13 세 번째 예루살렘 여행

1 그 후에 예수께서 갈릴리에서 다니시고 유대에서 다니려 아니하심은 유대인들이 죽이려 함이러라 **2** 유대인의 명절인 초막절이 가까운지라 **3** 그 형제들이 예수께 이르되 당신이 행하는 일을 제자들도 보게 여기를 떠나 유대로 가소서 **4** 스스로 나타나기를 구하면서 묻혀서 일하는 사람이 없나니 이 일을 행하려 하거든 자신을 세상에 나타내소서 하니 **5** 이는 그 형제들까지도 예수를 믿지 아니함이러라 **6** 예수께서 이르시되 내 때는 아직 이르지 아니하였거니와 너희 때는 늘 준비되어 있느니라 **7** 세상이 너희를 미워하지 아니하되 나를 미워하나니 이는 내가 세상의 일들을 악하다고 증언함이라 **8** 너희는 명절에 올라가라 내 때가 아직 차지 못하였으니 나는 이 명절에 아직 올라가지 아니하노라 **9** 이 말씀을 하시고 갈릴리에 머물러 계시니라 **10** 그 형제들이 명절에 올라간 후에 자기도 올라가시되 나타내지 않고 은밀히 가시니라 **11** 명절중에 유대인들이 예수를 찾으면서 그가 어디 있느냐 하고 **12** 예수에 대하여 무리 중에서 수군거림이 많아 어떤 사람은 좋은 사람이라 하며 어떤 사람은 아니라 무리를 미혹한다 하나 **13** 그러나 유대인들을 두려워하므로 드러나게 그에 대하여 말하는 자가 없더라

예수의 형제들까지도 그를 믿지 않았다(5절; 막 3:22도 참조). 하나님이 허락하지 않고서 단순히 형제라는 인간적인 관계로는 예수가 하나님의 아들이라는 진리를 믿을 수 없다. 그들은 예수가 오병이어와 같은 엄청난 능력을 예루살렘에서 행하여 세상의 영광을 취할 것을 요구한다(4절). 예수는 그들의 요청을 거부하고 갈릴리에 머물지만, 나중에는 예루살렘으로 간다(9~10절). 마치 2:3~5에서 마리아의 요청을 처음에는 거부했던 예수가 나중에는 그녀의 요청을 들어주었던 것과 비슷하다. 요한복음에서 예수는 누군가의 요청이나 강요에 의해서 행동하는 것이 아니라, 스스로 행한다. 누가 하나님의 아들에게 강요할 수 있겠는가? 하나님의 아들은 스스로 행동한다.

형제들은, 예수가 군중들에 의해서 인정을 받아야 하고자 하는 일을 할 수 있다고 여긴 것이다. 권력과 영광은 군중으로부터 나온다. 이것은 민주주의 원칙이다. 그러나 예수는 정치인이 아니다. 예수를 그렇게 보는 것은 믿음 없음의 표현일 따름이다(5절). 예수가 받아야 할 영광은 사람들로부터

받는 것이 아니다(5:41). 하나님께서 정하신 "때"에 십자가의 고난을 거쳐서 죽음의 세력을 정복하고 하나님께로 되돌아가는 것이 예수가 받아야 할 영광이다. 사람들은 예수에게서마저 세상의 영광을 찾고자 한다. 믿지 않는 유대인으로 대표되는 세상은 예수를 이해하지도 못하며, 오히려 미워한다(7절; 15:18~19; 17:14, 16 참조). 세상에서 예수의 영광이 나타나야 할 유일한 곳은 십자가이다. 그것은 마치 마가복음에서 예수가 하나님의 아들이라는 사실이 분명하게 드러난 곳이 십자가인 것과 같다(막 15:39). 그래서 마가복음의 신학은 십자가의 신학이고, 요한복음의 신학은 영광의 신학이다. 그러나 십자가의 신학이나 영광의 신학이나 모두가 십자가에서 예수의 진정한 정체가 드러난다는 점에서는 같다. 그리고 초막절의 시점에서 볼 때, 예수가 십자가에 달려야 할 때는 아직 오지 않았다(6.8절).[82] 사람들은 자신들의 때를 자기들 마음대로 정할 수 있을지라도, 예수의 때는 사람이 아니라, 오직 하나님이 정하신다.

하나님의 "때"가 아직 이르지 않았기 때문에 예수는 "나타내지 않고 은밀히" 예루살렘으로 간다(10절). 나중에 때가 되면, 예수는 공개적으로 예루살렘으로 갈 것이다(12:12~19). 그러나 이미 예수는 군중들의 관심의 핵심이 되었다. 예수가 좋은 사람이냐 아니면 미혹하는 사람이냐 하는 논쟁은 이후 모든 시대에 반복되는 논쟁이기도 하다.

9) 7:14~52 두 번째 논쟁 – 예수가 그리스도인가?

예수와 유대인들 사이의 논쟁은 초막절 중간(14~36절)과 끝 날에 벌어진 논쟁으로(37~52절) 구분된다. 태양력으로 하면 9월 10일부터 10월 10일에 이르는 기간을 유대력으로는 티쉬리라고 하는데, 이 달에 신년축제, 대속죄일,

---

82) 7:6, 8에서는 "때"를 말하기 위해서 $\kappa\alpha\iota\rho o\varsigma$를 사용하고, 다른 곳에서는 $\omega\rho\alpha$를 사용하지만, 그 둘 사이에 의미상의 큰 차이는 없다.

초막절 등 세 개의 명절이 연속해서 열린다. 유대 역사가 요세푸스에 의하면, 7일간 계속되는 초막절은 "히브리인들 사이에 가장 크고 거룩한 명절"로 여겨졌다.[83]

14~36절 초막절 명절 중간에 벌어진 논쟁

14 이미 명절의 중간이 되어 예수께서 성전에 올라가사 가르치시니 **15** 유대인들이 놀랍게 여겨 이르되 이 사람은 배우지 아니하였거늘 어떻게 글을 아느냐 하니 **16** 예수께서 대답하여 이르시되 내 교훈은 내 것이 아니요 나를 보내신 이의 것이니라 **17** 사람이 하나님의 뜻을 행하려 하면 이 교훈이 하나님께로부터 왔는지 내가 스스로 말함인지 알리라 **18** 스스로 말하는 자는 자기 영광만 구하되 보내신 이의 영광을 구하는 자는 참되니 그 속에 불의가 없느니라 **19** 모세가 너희에게 율법을 주지 아니하였느냐 너희 중에 율법을 지키는 자가 없도다 너희가 어찌하여 나를 죽이려 하느냐 **20** 무리가 대답하되 당신은 귀신이 들렸도다 누가 당신을 죽이려 하나이까 **21** 예수께서 대답하여 이르시되 내가 한 가지 일을 행하매 너희가 다 이로 말미암아 이상히 여기는도다 **22** 모세가 너희에게 할례를 행했으니 (그러나 할례는 모세에게서 난 것이 아니요 조상들에게서 난 것이라) 그러므로 너희가 안식일에도 사람에게 할례를 행하느니라 **23** 모세의 율법을 범하지 아니하려고 사람이 안식일에도 할례를 받는 일이 있거든 내가 안식일에 사람의 전신을 건전하게 한 것으로 너희가 내게 노여워하느냐 **24** 외모로 판단하지 말고 공의롭게 판단하라 하시니라 **25** 예루살렘 사람 중에서 어떤 사람이 말하되 이는 그들이 죽이고자 하는 그 사람이 아니냐 **26** 보라 드러나게 말하되 그들이 아무 말도 아니하는도다 당국자들은 이 사람을 참으로 그리스도인 줄 알았는가 **27** 그러나 우리는 이 사람이 어디서 왔는지 아노라 그리스도께서 오실 때에는 어디서 오시는지 아는 자가 없으리라 하는지라 **28** 예수께서 성전에서 가르치시며 외쳐 이르시되 너희가 나를 알고 내가 어디서 온 것도 알거니와 내가 스스로 온 것이 아니니라 나를 보내신 이는 참되시니 너희는 그를 알지 못하나 **29** 나는 아노니 이는 내가 그에게서 났고 그가 나를 보내셨음이라 하시니 **30** 그들이 예수를 잡고자 하나 손을 대는 자가 없으니 이는 그의 때가 아직 이르지 아니하였음이러라 **31** 무리 중의 많은 사람이 예수를 믿고 말하되 그리스도께서 오실지라도 그 행하실 표적이 이 사람이 행

---

83) Josephus, Ant. VIII 100.

한 것보다 더 많으랴 하니 **32** 예수에 대하여 무리가 수군거리는 것이 바리새인들에게 들린지라 대제사장들과 바리새인들이 그를 잡으려고 아랫사람들을 보내니 **33** 예수께서 이르시되 내가 너희와 함께 조금 더 있다가 나를 보내신 이에게로 돌아가겠노라 **34** 너희가 나를 찾아도 만나지 못할 터이요 나 있는 곳에 오지도 못하리라 하시니 **35** 이에 유대인들이 서로 묻되 이 사람이 어디로 가기에 우리가 그를 만나지 못하리요 헬라인 중에 흩어져 사는 자들에게로 가서 헬라인을 가르칠 터인가 **36** 나를 찾아도 만나지 못할 터이요 나 있는 곳에 오지도 못하리라 한 이 말이 무슨 말이냐 하니라

초막절 축제가 한창 무르익었을 때에, 예수는 5장에 이어서 두 번째로 예루살렘 성전에 가서서 유대인들과 논쟁한다. 예루살렘의 유대인들은 예수가 갈릴리 출신이라는 것을 알기 때문에, 무식한 사람으로 여겼던 같다(15절). 랍비 교육도 제대로 받지 못한 예수가 성전에서 "가르치는" 것을 유대인들은 경이롭게 여긴다. 때로는 잘 안다고 하는 사람들이 실상은 제대로 알지 못하는 실수를 범한다. 예수는 인간적인 교육을 통해서 가르치는 권위를 인정받아야 하는 그런 선생이 아니라, 세상의 모든 권위를 넘어서는 하나님의 아들이다.

16~17절에서 예수는 그와 하나님 사이에는 존재와 행위, 그리고 가르침에 있어서 일치 가운데 있다는 것을 다시 한 번 분명하게 말한다. 그러므로 예수의 "교훈"은 랍비교육을 통해서 배운 인간적인 교훈이 아니라, 하나님의 교훈이다. 하나님의 뜻을 행하려는 사람은 예수의 말씀을 듣고 바로 알아야 한다. 예수가 하나님과 일치 가운데 있는 아들이라는 사실을 믿을 때에만, 예수의 교훈이 하나님께로부터 온 것임을 믿는다. 오로지 믿음만이 예수의 교훈을 하나님의 교훈으로 인정할 수 있다.

하나님과 예수는 모든 면에서 일치 가운데 있지만, 그러나 하나님은 보내시는 분이고, 예수는 보내심을 받은 분이라는 점에서 차이가 있다(18절). 그러나 보내심을 받은 예수는 오직 그를 보내신 하나님의 영광을 구하기 때문에, 예수 안에는 조금이라도 "불의"가 없다. 예수 안에 하나님이 계셔서 행동하시고 가르치시기 때문에, 죄는 예수 안에 계시는 하나님의 영광을 보지도 못하고 구하지도 않는다.

세상의 누구도, 어떤 경건한 유대인이라도 모세의 율법을 온전히 지킬 수 없다(19절). 모든 인간은 모세의 율법 앞에서 죄인일 따름이다. 모세의 율법을 제대로 지키지 못하는 죄인임에도 불구하고 유대인들은 하나님과 일치 가운데 하나님의 뜻을 가르치는 예수를 죽이려 한다. 그러한 유대인들을 꿰뚫어 보시는 예수의 말씀에 유대인들은 당황한 듯 그들의 생각을 감추려 한다(20절).

예수가 행한 "한 가지 일"로 인하여 모두가 이상히 여겼다(21절). 그 한 가지 일은 5장에 나오는 베데스다 연못가에서 안식일에 예수가 행한 병자의 치유이다. 유대인들은 안식일에도 할례를 행했으면서도, 예수가 병자를 치유해 주는 사건을 빌미삼아서 안식일 계명을 어겼다고 분노한다. 안식일에 할례를 행하는 것과 생명을 구하는 것 중에서 어느 것이 더 하나님의 뜻에 일치하는가? 안식일의 진정한 의미를 깊이 생각하지 않고, 형식적이고 율법적으로만 안식일 계명을 지키는 것은, 하나님의 뜻에 합당한 것이 아니며, 그러므로 "공의롭게" 판단하는 것이 아니다(24절). 안식일에도 생명을 구하는 일은 중단될 수 없다. 그것이 하나님의 진정한 뜻이다. 이미 5:17에서 예수는 하나님이 "항상" 일하시니 자기도 항상 일한다고 하면서, 안식일에도 생명을 살리는 일은 중단될 수 없는 하나님의 뜻이라고 말하였다.

25~30절에서 유대인들과 요한복음의 예수는 누가 메시아인가 하는 문제를 놓고 논쟁을 벌인다. 이것은 요한 공동체와 유대교 회당 공동체 사이의 논쟁이었다. 유대교 지도자들이 예수를 죽이고자 한다는 사실은 이미 널리 알려진 사실이다. 그럼에도 불구하고 예수가 예루살렘에 모습을 나타내자 어떤 이들은 놀란다(25절). 26절 하반절에 논쟁의 핵심 주제가 나타나 있다: "이 사람이 참으로 그리스도인가?" 그리고 27절에는 유대인들이 어떤 메시아를 생각하고 기대하는지가 드러나 있다. 유대인들은, 메시아는 다윗의 혈통이어야 하지만, 출생의 근원은 확실하게 알 수 없다고 여겼다. 그러나 그들은 나사렛이라는 예수의 출생의 근원을 알기 때문에, 예수는 메시아일 수 없다고 한다.

28~29절에서 예수는 유대교의 메시아 이해와는 다르게 자신의 출생 근원

을 분명하게 말한다. 예수는 하나님으로부터 왔다. 요한복음의 예수께서 말하는 메시아와 유대교인들이 기대하는 메시아는 이처럼 전혀 달랐다. 두 개의 전혀 다른 메시아 믿음은 공존하기 어렵다(30절). 그래서 유대인들은 예수를 죽였고, 요한 공동체를 박해하였다. 그러나 예수가 십자가에 달려야 하는 때는 하나님이 정하시는 것이기 때문에, 하나님은 아직 그들의 손에 예수를 넘기지 않았다.

31절의 "무리 중의 많은 사람"이 예수를 믿었다는 말은 요한복음에 자주 나오지만, 그것은 진실한 믿음을 말하지 않는다(6:60~65 참조). 예수가 행한 표적을 보았던 많은 사람들이 예수에게 호감을 가졌다는 정도의 표시일 뿐이다. 예수의 체포 장면에서 볼 수 있듯이, 그런 호감은 어느 한 순간에 다시 적대감으로 돌변할 수 있다. 그러나 유대인 지도자들은 예수에 대한 그런 호감이 행여 어떤 집단행동으로 나타나 소요사태를 일으킬 수 있다는 생각 때문에 예수를 잡아들이려고 한다(32절).

하나님이 정하신 "때"가 아직 되지 않았다. 그러므로 예수는 "조금 더" 있다가 십자가에서 죽게 될 것이다(33절). 십자가 죽음은 하나님의 아들이라는 예수의 본질이 드러나는 사건이고, 그러므로 하나님과 아들이 원래대로 함께 거하게 되는 사건이다. 요한복음 1장의 로고스 송가가 말한 대로, 태초에 예수와 하나님은 함께 거하셨기 때문이다. 그러나 유대인들은 예수의 말씀을 오해한다(34~36절). 아마도 그들은 예수께서 외국으로 이민을 갈 계획이라고 오해한 것이다. 그들의 오해는 당연하다. 믿음이 없는 사람이 하나님의 일을 어찌 제대로 알 수 있겠는가?

37~52절 명절 마지막 날에 일어난 논쟁

37 명절 끝날 곧 큰 날에 예수께서 서서 외쳐 이르시되 누구든지 목마르거든 내게로 와서 마시라 **38** 나를 믿는 자는 성경에 이름과 같이 그 배에서 생수의 강이 흘러 나오리라 하시니 **39** 이는 그를 믿는 자들이 받을 성령을 가리켜 말씀하신 것이라 (예

수께서 아직 영광을 받지 않으셨으므로 성령이 아직 그들에게 계시지 아니하시더라) 40 이 말씀을 들은 무리 중에서 어떤 사람은 이 사람이 참으로 그 선지자라 하며 41 어떤 사람은 그리스도라 하며 어떤 이들은 그리스도가 어찌 갈릴리에서 나오겠느냐 42 성경에 이르기를 그리스도는 다윗의 씨로 또 다윗이 살던 마을 베들레헴에서 나오리라 하지 아니하였느냐 하며 43 예수로 말미암아 무리 중에서 쟁론이 되니 44 그 중에는 그를 잡고자 하는 자들도 있으나 손을 대는 자가 없었더라 45 아랫사람들이 대제사장들과 바리새인들에게로 오니 그들이 묻되 어찌하여 잡아오지 아니하였느냐 46 아랫사람들이 대답하되 그 사람이 말하는 것처럼 말한 사람은 이 때까지 없었나이다 하니 47 바리새인들이 대답하되 너희도 미혹되었느냐 48 당국자들이나 바리새인 중에 그를 믿는 자가 있느냐 49 율법을 알지 못하는 이 무리는 저주를 받은 자로다 50 그 중의 한 사람 곧 전에 예수께 왔던 니고데모가 그들에게 말하되 51 우리 율법은 사람의 말을 듣고 그 행한 것을 알기 전에 심판하느냐 52 그들이 대답하여 이르되 너도 갈릴리에서 왔느냐 찾아 보라 갈릴리에서는 선지자가 나지 못하느니라 하였더라

초막절의 "끝날 곧 큰 날"에 제사장들은 실로암의 우물에서 길러온 물을 제단에 일곱 차례 뿌린다. 그럼으로써 그들은 물의 풍성함과 생명과 구원의 풍성함을 상징적으로 연결하는 예식을 행하였다(사 12:3; 겔 47:1~12). 이러한 의미가 깊은 행사를 하는 명절의 마지막 날에 예수께서 결정적인 계시의 말씀으로써 사람들을 초대하는 것은 결코 우연이 아니다. 실로암에서 길러 와서 제단에 뿌리는 물이 아니라, 오직 예수만이 인간의 목마름을 영원히 해결할 수 있는 생수이다(4:14; 6:35). 그러므로 이 말씀은 유대인의 예루살렘 성전 예배나 사마리아 사람들의 그리심 산의 예배가 아니라, 오직 예수만이 진정한 예배의 장이라는 말씀과 같다(4:21,23). 영원히 목마르지 않는 물을 마시기 위해서는 유대교 성전의 제사가 아니라, 예수께로 와서 그를 만나야 한다.

"누구든지 목마르거든 내게로 와서 마시라." 이것은 명령문이다. 이것은 목마른 죄인들을 향한 예수의 초대이다. 그러나 초대를 받은 사람의 의지에 의해서 따르거나 거부할 수 있는 것은 아니다. 이 명령은 하나님으로부터 오는 명령으로서, 하나님이 이 명령을 통하여 부르는 사람은 거부할 수 없으며, 그래서 반드시 예수에게로 와야 한다. 그러므로 "누구든지"는 모든 사람이 아니라, 하나님에 의해서 부르심을 받은 사람이다. 세상의 모든 사람에게

주어진 초대라고 하더라도, 그 초대를 따를 수 있는 사람은 하나님의 부르심을 받은 사람들이다. 언뜻 보면, 하나님의 명령에 따르거나 거부하는 것이 인간의 선택이나 결단에 달린 것처럼 보이지만, 그렇지 않다. 하나님의 부르시는 은혜가 없이는 누구도 예수의 초대에 응할 수 없다.

38절이 말하는 성서말씀이 어디에서 온 것인지 알 수 없다. 아마도 에스겔서에 나오는 진정한 성소로부터 흘러나오는 생수에 관한 말씀으로 추측할 수 있다. 그렇다면 예수 자신이 진정한 성소가 되며, 그러므로 그의 배에서 생수가 강물처럼 흘러나온다.[84] 19:34과 연결해서 읽으면, 십자가에 달려 죽은 예수가 생수의 근원이다. 39절은 38절이 말하는 생수의 강을 "성령"이라고 해설한다. 요한복음에서 성령은 부활 예수 자신이다(14~16장의 보혜사 성령 참조). 그러므로 십자가와 부활사건 이후에 예수는 성령의 형태로 제자들에게 다시 오신다. 그러므로 하나님의 부르심을 받은 사람은 구원의 생수가 되시는 부활 예수께 나아가서 믿음으로써 구원을 받는다. 요한복음은 항상 부활 예수로부터 출발해서 기록되었음을 잊어서는 안 된다. 그러므로 부활 사건이 있기 이전에는 성령이 아직 제자들에게 오지 않았다고 한다.

유대 군중들 사이에 다시 예수가 그리스도이냐 아니냐 하는 논쟁이 있었다(40~52절). 예수는 갈릴리 출신이다. 그런 출신배경을 놓고 유대인들 사이에 쟁론이 벌어졌다. 유대인들에 의하면, 갈릴리에서는 그리스도가 나올 수 없다(41.52절; 1:46도 참조). 그들은 베들레헴에서 다윗의 후손으로 그리스도가 나온다고 믿었다. 그래서 마태복음과 누가복음은, 예수가 베들레헴에서 탄생했다고 하지만, 그러나 요한복음은 예수의 베들레헴 탄생에 대해서는 전혀 말하지 않는다. 요한복음에서는 예수의 지리적인 출생 장소가 중요한 것은 아니다. 예수가 오로지 하나님께로부터 왔다는 것이 중요할 뿐이다. 어떤 유대인들은, 예수가 다윗의 동네인 베들레헴 출신이 아니기 때문에, 그리스도가 될 수 없다고 역설한다(42절; 미가서 5:1 참조). 그러나 또 다른 어떤

---

84) 겔 47장 외에도 성령의 부음에 대해서 말하는 겔 36:25 이하도 염두에 두고 있는 것 같다.

이들은 예수가 행한 표적이나 말씀이 어떤 인간도 지금까지 하지 못한 것이라는 이유를 들면서 예수가, 자신들이 기다리는 특별한 선지자라고 역설하기도 한다(40절; 신 18:15~18 참조). 심지어 대제사장들과 바리새인들이 예수를 잡으라고 보낸 사람들까지도 예수의 말씀의 특별함을 증언한다(46절).

그러나 대제사장과 바리새인들은, 자신들이 율법을 잘 알고 있다고 하면서(48절) 예수에게 호의적인 주장을 하는 유대인들을 율법을 모르는 저주받을 자들로 몰아세운다(49절). 예수에게 호의를 가지고 있던 니고데모는 당국자들의 처사가 율법에 어긋난다는 사실을 지적함으로써(50~51절), 그들의 주장이 율법에 근거한 것이 아니며, 예수에 대한 그들의 태도가 공정하지 못하다고 한다. 그러나 그들은 오히려 니고데모까지 몰아세운다(52절). "너도 갈릴리에 왔느냐?" 유대교의 지도자들은 갈릴리 출신들을 깔보았다. 예수 역시 예루살렘에서는 항상 죽음의 위협을 받았으나, 갈릴리에서는 안전함을 느꼈다(7:1). 니고데모에게서 알 수 있듯이, 유대교 지도층 중에서도 예수에게 호의적인 사람들도 있었다. 예수가 그리스도이냐 아니냐 하는 주제를 놓고 유대인들 사이에 극심한 혼란이 벌어진다. 그러나 누구도 분명하게 예수를 그리스도라고 말하지 못한다. 이 대목에서 니고데모가 공개적으로 예수에게 믿음을 고백했다고 말하는 해석[85]은 본문에 대한 적절하지 않다. 단순히 예수께 호의를 가지고 있는 정도로는 믿음의 고백에 이를 수 없다.

10) 7:53~8:11 간음의 현장에서 붙잡힌 여인과 예수

53 [다 각각 집으로 돌아가고 **1** 예수는 감람 산으로 가시니라 **2** 아침에 다시 성전으로 들어오시니 백성이 다 나아오는지라 앉으사 그들을 가르치시더니 **3** 서기관들과 바리새인들이 음행중에 잡힌 여자를 끌고 와서 가운데 세우고 **4** 예수께 말하되 선생이여 이 여자가 간음하다가 현장에서 잡혔나이다 **5** 모세는 율법에 이러한 여자를 돌로 치라 명하였거니와 선생은 어떻게 말하겠나이까 **6** 그들이 이렇게 말함은 고발할 조건

---

85) U. Schnelle, Johannes, 150. 그것은 19:38~42에서도 그렇다.

을 얻고자 하여 예수를 시험함이러라 예수께서 몸을 굽히사 손가락으로 땅에 쓰시니 **7** 그들이 묻기를 마지 아니하는지라 이에 일어나 이르시되 너희 중에 죄 없는 자가 먼저 돌로 치라 하시고 **8** 다시 몸을 굽혀 손가락으로 땅에 쓰시니 **9** 그들이 이 말씀을 듣고 양심에 가책을 느껴 어른으로 시작하여 젊은이까지 하나씩 하나씩 나가고 오직 예수와 그 가운데 섰는 여자만 남았더라 **10** 예수께서 일어나사 여자 외에 아무도 없는 것을 보시고 이르시되 여자여 너를 고발하던 그들이 어디 있느냐 너를 정죄한 자가 없느냐 **11** 대답하되 주여 없나이다 예수께서 이르시되 나도 너를 정죄하지 아니하노니 가서 다시는 죄를 범하지 말라 하시니라]

이 단락이 포함되어 있는 사본이 있는가 하면, 없는 사본들도 많다. 그래서 우리말 개역성경은 이 단락을 괄호로 묶었다. 요한복음에 대한 주석서들도 이 단락을 아예 빼버리거나 혹은 맨 끝에 부록 형식으로 다루거나 혹은 간단하게 요약해서 언급을 하는 것으로 만족하는 경우 등 매우 다양하다.[86] 어쨌든 이 단락은 지금의 문맥에서는 어울리지 않는다. 8:12 이하는 7:52로 이어지며 예수와 유대인들 사이의 논쟁을 계속한다.

예수와 논쟁을 벌이던 무리들이 다 집으로 돌아가고, 예수도 감람산으로 갔다가 아침 일찍 다시 성전으로 들어와서 백성을 가르친다. 예수의 가르침은 바리새인들과 서기관들이 간음의 현장에서 붙잡힌 여자를 끌고 옴으로써 중단된다. 그들은 예수를 의도적으로 "선생"이라고 부른다. 예수가 율법에 정통한 "선생"이라면, 율법에 따라서 간음의 현행범을 어떻게 처리해야 하느냐고 묻는다. 신명기 22:22; 레위기 20:10에 의하면, 간음죄인은 죽여야 하고, 에스겔 16:38~41; 23:45~48 등에 의하면, 돌로 쳐서 죽여야 한다. "선생" 예수는 이러한 상황에 대한 명백한 의견을 제시해야 한다. 처형에 동의하면, 죄인을 용서하시는 하나님의 사랑에 반하는 것이고, 처형을 반대하면, 율법을 어기는 것이다. 이는 마가복음 12:13~17 등에서 가이사에게 세금을

---

86) R. Bultmann의 요한복음 주석은 이 단락을 전혀 다루지 않으며, 우리말로 번역된 C. K. Barrett의 주석은 부록 형식으로 다루고, J. Becker와 R. E. Brown의 주석들은 간략하게 요약적으로 언급하고 만다. 반면에 R. Schnackenburg와 U. Schnelle의 주석서들은 다른 본문들과 동일하게 이 본문을 다룬다.

바치는 문제로 예수가 시험을 받았던 것과 유사하다. 그러나 예수는 자신을 시험하는 자들을 무시하고 손가락으로 땅에 쓰셨다. 무엇을 썼는지는 모른다. 예레미야 17:13의 말씀을 기억나게 한다. "여호와를 떠나는 자들은 흙에 기록되리니, 그들이 생수의 근원이신 여호와를 버리기 때문이다." 예수를 시험하는 서기관과 바리새인들을, 예레미야가 질책했듯이, 생수의 근원을 버린 사람들로 보았다는 표시일까?

그러나 그들은 예수에게 대답을 재촉한다(7절). 그러자 예수는 그들에게 "너희 중에 죄 없는 자가 먼저 돌로 치라"고 한다. 이는 신명기 13:9~11; 17:5~7에 따른 것이다. 구약성서의 이 말씀에 의하면, 죄인의 죄를 입증한 증인이 제일 먼저 죄인을 돌로 쳐야 한다. 예수의 말씀은 그들 안에 양심의 가책을 불러왔다. 모두가 죄인이기 때문에, 누구도 돌을 들어서 여인을 칠 수 없다. 그들은 말없이 사라져버리고, 이제 예수와 여인만이 남았다. 이제야 예수는 여인을 보고, 주위를 둘러보며 그녀를 고발한 사람이 없다는 것을 확인하게 한다. "주여, 없나이다." 모두가 죄인이다. 코 묻은 개가 재 묻은 개 나무란다는 우리 속담처럼, 죄 앞에서는 모두가 도토리 키 재기와 같다. 마태복음 7:1~5에 있는 예수의 말씀을 여기서 기억하는 것도 좋겠다.

"나도 너를 정죄하지 아니하노니, 가서 다시는 죄를 범하지 말라." 7절에 있는 말씀과 함께 이는 신약성서에서 가장 널리 알려진 예수의 말씀들에 속한다. 예수의 이 말씀은 11장에서 무덤에서 수족을 동여매고 나온 나사로에게 "풀어놓아 다니게 하라"고 한 말씀(11:44)이나 베데스다 연못가에서 치료를 받은 38년 된 병자에게 "네가 나았으니 더 심한 것이 생기지 않게 다시는 죄를 범하지 말라"고 한 말씀(5:14)과 유사하다. 돌에 맞아 죽어야 할 간음의 현행범이었던 여인은 무덤 속의 나사로처럼 죽어서 냄새나는 사람이었지만, 예수는 그를 비난하거나 정죄하지 아니하고, 새롭게 살아갈 수 있는 기회를 준다. 사마리아 여인, 나면서 맹인 된 사람, 38년 된 병자 그리고 나사로처럼 요한복음에서 예수를 진정으로 만난 사람들은 모두가 새로운 출발을 할 수 있었던 것처럼, 이 여인도 예수로부터 새로운 삶의 기회를 얻는다.

11) 8:12~59 계속되는 논쟁

7:53~8:11의 삽입 단락으로 흐름이 중단되었던 논쟁이 다시 계속된다. 이 논쟁은 예수/요한 공동체와 유대교 사이에 벌어지는 가장 격렬한 논쟁이다. 논쟁의 주제는 예수가 누구이며, 어디서 왔느냐 하는 것이다. 예수가 반복해서 자기의 정체를 밝히고, 이에 대해서 유대인들은 부정하고, 급기야 예수는 유대인들을 향하여 마귀의 자식이라고 정죄하기에까지 이른다. 이 논쟁은 단순히 예수 시대에나 혹은 요한 공동체의 역사적인 상황에만 해당되는 것은 아니고, 모든 시대에 해당된다. 하나님의 진리의 계시자인 예수와 그를 믿지 못하는 사람들 사이에 이어질 수 없는 커다란 간격을 이 논쟁은 분명하게 보여준다.

12~20절 "나는 세상의 빛이다."

12 예수께서 또 말씀하여 이르시되 나는 세상의 빛이니 나를 따르는 자는 어둠에 다니지 아니하고 생명의 빛을 얻으리라 **13** 바리새인들이 이르되 네가 너를 위하여 증언하니 네 증언은 참되지 아니하도다 **14** 예수께서 대답하여 이르시되 내가 나를 위하여 증언하여도 내 증언이 참되니 나는 내가 어디서 오며 어디로 가는 것을 알거니와 너희는 내가 어디서 오며 어디로 가는 것을 알지 못하느니라 **15** 너희는 육체를 따라 판단하나 나는 아무도 판단하지 아니하노라 **16** 만일 내가 판단하여도 내 판단이 참되니 이는 내가 혼자 있는 것이 아니요 나를 보내신 이가 나와 함께 계심이라 **17** 너희 율법에도 두 사람의 증언이 참되다 기록되었으니 **18** 내가 나를 위하여 증언하는 자가 되고 나를 보내신 아버지도 나를 위하여 증언하시느니라 **19** 이에 그들이 묻되 네 아버지가 어디 있느냐 예수께서 대답하시되 너희는 나를 알지 못하고 내 아버지도 알지 못하는도다 나를 알았더라면 내 아버지도 알았으리라 **20** 이 말씀은 성전에서 가르치실 때에 헌금함 앞에서 하셨으나 잡는 사람이 없으니 이는 그의 때가 아직 이르지 아니하였음이러라

예수가 사람들을 비추는 빛이라는 것은 이미 로고스 송가에서도 밝힌 바 있고(1:4~9), 또 다른 곳에서도 여러 차례 언급되었다(3:19; 9:5; 12:35~36.46).

12a절은 "나는 …이다"는 계시 어투를 사용해서 예수께서 자신이 "세상의 빛"이라는 정체를 밝히고, 12b절은 계시의 말씀에 이어지는 약속의 말씀이다. 9:5에도 동일한 계시의 말씀이 나오지만, 약속의 말씀이 없다. "나를 따르는 자"는 예수를 세상의 빛으로 믿는 자이다. "빛"은 생명이고, "어둠"은 죽음이다. 생명은 예수와의 영원한 교제이고, 죽음은 예수와의 영원한 분리이다. 예수의 이러한 자기 계시의 말씀에 대해서 바리새인들이 일반적인 증언의 원리를 들어서 비판하지만(13절), 예수는 자신과 그들 사이의 질적인 차이를 말씀하시며, 자기증언이 진리라는 것을 강조한다(14절).

"어디서 오며, 어디로 가는지"는 예수의 근원과 출처를 말한다. 예수는 영원 전부터 하나님과 함께 계시던 분이셨고, 다시 하나님께로 돌아가실 분이다. 그러므로 예수는 하나님의 아들이다. 그런 예수의 증언은 영원한 진리이다. 바리새인들이 제기하는 증언의 원리는 인간들 사이에서나 유효할 것이지, 하나님의 아들인 예수에게도 적용될 수 있는 것은 아니다. 하나님의 증언은 세상의 권위라는 바탕 위에 세워지는 것이 아니다. 하늘의 진리는 오로지 하늘의 증언에 의해서만 확인될 수 있다(5:30~40 참조).

예수는 육체의 기준에 의거해서 아무도 판단하지 않으신다(15절). 이미 7:53~8:11에서 간음현장에서 붙잡혀 온 여인에게도 예수는 육체적인 기준을 적용하지 않았다. 그러나 만일 예수가 누구를 판단하더라도, 그 판단은 정확하고 공정한 것이다(7:24 참조). 예수는 혼자 계시는 분이 아니라, 항상 예수 안에는 하나님이 함께 계시기 때문이다(16절). 바리새인들이 자신의 증언을 비판하기 위하여 제기했던 증언의 율법적인 원리를 받아들이면서(17절; 민 35:30; 신 17:6; 19:15) 예수는 자기 증언의 진리성을 위하여 자기 자신과 아버지의 증언 곧 두 증인이 있다고 한다(18절). 바리새인들은 아버지가 어디에 있느냐고 묻지만, 그런 물음은 믿지 못함의 표현이다(19절). 예수가 하나님과 일치 가운데 계시는 세상의 빛이라는 진리를 믿는 사람은 그런 질문을 제기하지 않는다. 믿음의 사람은 예수 안에서 하나님을 보기 때문이다. 예수의 자기증언은 성전에서 공개적으로 일어났지만, 아직 그의 때 곧 십자가에 달려야 할 때가 이르지 않았기 때문에, 누구도 예수를 체포할 수 없다(20절).

어떠한 인간적인 측면이나 기준으로는 예수를 바로 이해할 수 없다. 예수의 정체에 대한 유일한 증인은 하나님이신데, 그의 증언은 모든 인간의 차원을 넘어서는 것이다. 그러므로 믿음 외의 다른 방식으로는 하나님의 증언 곧 예수가 하나님의 아들이라는 진리를 알 수 없다.

21~30절 "나는 위에서 났다."

21 다시 이르시되 내가 가리니 너희가 나를 찾다가 너희 죄 가운데서 죽겠고 내가 가는 곳에는 너희가 오지 못하리라 **22** 유대인들이 이르되 그가 말하기를 내가 가는 곳에는 너희가 오지 못하리라 하니 그가 자결하려는가 **23** 예수께서 이르시되 너희는 아래에서 났고 나는 위에서 났으며 너희는 이 세상에 속하였고 나는 이 세상에 속하지 아니하였느니라 **24** 그러므로 내가 너희에게 말하기를 너희가 너희 죄 가운데서 죽으리라 하였노라 너희가 만일 내가 그인 줄 믿지 아니하면 너희 죄 가운데서 죽으리라 **25** 그들이 말하되 네가 누구냐 예수께서 이르시되 나는 처음부터 너희에게 말하여 온 자니라 **26** 내가 너희에 대하여 말하고 판단할 것이 많으나 나를 보내신 이가 참되시매 내가 그에게 들은 그것을 세상에 말하노라 하시되 **27** 그들은 아버지를 가리켜 말씀하신 줄을 깨닫지 못하더라 **28** 이에 예수께서 이르시되 너희가 인자를 든 후에 내가 그인 줄을 알고 또 내가 스스로 아무 것도 하지 아니하고 오직 아버지께서 가르치신 대로 이런 것을 말하는 줄도 알리라 **29** 나를 보내신 이가 나와 함께 하시도다 나는 항상 그가 기뻐하시는 일을 행하므로 나를 혼자 두지 아니하셨느니라 **30** 이 말씀을 하시매 많은 사람이 믿더라

21~22절은 7:32~36과 거의 같은 말이다. 7장에서는 예수가 외국으로 이민을 갈 것인가 하고 오해했던 유대인들이 여기서는 자결할 것인가라고 오해한다. 세상에 속한 사람은 하늘의 뜻을 이해할 수 없기에, 오해할 수밖에 없다. 예수가 아버지께로 돌아가신 후에 유대인들은 예수를 찾아도 결코 예수를 만날 수 없다. 왜냐하면 그들은 "죄 가운데" 있기 때문이다. 요한복음에서 "죄"는 믿지 않음이고, 믿지 않은 사람은 예수가 어디로 갔으며, 어디에 계시는지를 모른다. 예수와의 교제 속에 영원한 생명이 있다. 예수를 만

날 수 없는 사람들은 영원한 생명에서 배제되고, 그러므로 죄 가운데서 산다. 죄 가운데서 사는 것은 영원히 죽는 것이다.

"위에서부터 난" 예수와 "아래에서 난" 유대인들 사이에는 연결될 수 없는 질적인 차이가 존재한다(23절). 근원은 존재를 결정하고, 존재는 행동을 결정한다. 그러므로 "세상에 속한" 그들이 "세상에 속하지 않은" 예수를 받아들일 수 없는 것은 당연하다. 예수를 믿지 못하였기 때문에 비로소 죄인이 되는 것이 아니다. "아래에서 난 자", "세상에 속한 자"는 이미 존재론적으로 죄인이다. 그러므로 그들은 이미 죄인이기 때문에 예수를 받아들이지 못한다(24절). 예수를 거부함으로써 그들은, 영원한 죽음에 빠진 죄인으로 확인된다.

유대인들은 여전히 예수가 누구인지를 모른다. 그러므로 "네가 누구냐?"라고 묻는다(25절). 예수가 하나님의 아들임을 아는 사람은 그런 질문을 제기하지 않는다. 이러한 유대인들에게 예수는 아직도 할 말이 많이 있지만, 그가 한 모든 말씀은 그들에게 심판의 말씀이 될 것이다. 예수가 세상에게 하는 모든 말씀은 하나님으로부터 들은 것이다(26절). 유대인들은, 예수가 "나를 보내신 이"라고 할 때, 그 말이 하나님 아버지를 뜻한다는 것을 알지 못한다(27절). 인자 예수가 십자가에 매달린 후에야 사람들은 예수의 정체를 알아보게 될 것이고, 예수가 한 모든 행동과 말씀이 아버지께서 가르쳐 주신 것이라는 사실을 알 것이다(28절). "항상" 예수는 아버지께 순종하여 기쁘게 하셨기 때문에, 예수가 십자가에 달리는 그 순간에도 하나님은 그를 홀로 두지 아니하시고 그와 함께 하신다(29절). "위에서 난" 자로서 예수는 성육신하기 이전부터 하나님과 함께 하셨고, 세상을 사시는 동안에도 항상 하나님과 함께 하셨고, 십자가에 달려 죽는 순간에도 하나님과 함께 하셨다. 예수와 하나님, 하나님과 예수는 한순간도 떨어져서 생각할 수 없고, 항상 함께 연합하여 계신다. 예수의 이러한 자기존재에 대한 계시의 말씀을 "많은 사람"이 믿었다고 하지만(30절), 요한복음에서 "많은 사람"의 믿음은, 6:66이 말하듯이, 진실한 믿음이 아니다.

31~36절 "진리가 너희를 자유하게 하리라."

31 그러므로 예수께서 자기를 믿은 유대인들에게 이르시되 너희가 내 말에 거하면 참으로 내 제자가 되고 **32** 진리를 알지니 진리가 너희를 자유롭게 하리라 **33** 그들이 대답하되 우리가 아브라함의 자손이라 남의 종이 된 적이 없거늘 어찌하여 우리가 자유롭게 되리라 하느냐 **34** 예수께서 대답하시되 진실로 진실로 너희에게 이르노니 죄를 범하는 자마다 죄의 종이라 **35** 종은 영원히 집에 거하지 못하되 아들은 영원히 거하나니 **36** 그러므로 아들이 너희를 자유롭게 하면 너희가 참으로 자유로우리라

"많은 사람들"의 믿음이 진실한 믿음이 아니라는 것은 31절 이하에서 분명해진다. 31절은 "자기를 믿는 유대인들"에게 예수가 "너희가 내 말에 거하면 참으로 내 제자가 된다."고 말하는데, 이 말은, 그들이 아직 예수의 말에 거하는 참 제자가 아니며, 그러므로 진리에 의해서 죄로부터 해방되지 못했다는 것을 말한다. 혹은 이들이 오래 전부터 예수를 믿어온 유대인 그리스도인들인데, 지금 유대교로부터 그리스도 믿음을 버리라는 협박을 당하고 있는 사람들이라고 할지라도[87] 계속되는 예수의 말씀에 비추어볼 때, 그들은 진정한 믿음의 사람들이 아니다. 그들은 놀라운 기적을 행하는 예수에게 일시적으로 매혹되어 믿는 것처럼 보였지만, 끝내 예수의 말씀에 거하지 못했다. 진리는 예수 자신이다(14:6). 그러므로 예수의 말씀에 "거하는" 것은, 예수가 하나님의 아들이라는 것을 아는 것이고, 그렇게 믿는 것이다. 그래서 예수의 말씀 안에서 사는 것이다. 예수는 믿는 사람들을 죽음, 죄, 어둠으로부터 해방시켜서 진정한 자유의 삶을 살게 한다. 예수를 믿는 사람의 삶의 가장 큰 특징은, 바울이 갈라디아서에서 말하듯이, 자유이다.

예수를 믿었다고 했던 "많은 사람들"이 실제로는 믿지 않았다는 사실은 33절에서도 드러난다. 유대인들은 자신들을 "아브라함의 자손"이라고 생각

---

87) R. Schnackenburg, Johannes II, 259는 유대교로부터 위협을 받아서 믿음의 위기에 빠진 유대인 그리스도인들이라고 한다. 이들이 이미 상당 기간 예수를 믿어오던 사람들이라는 해석은 "믿은 유대인들"이라는 표현이 헬라어 완료형(οι πεπιστευκοτες)으로 표현되었다는 데 기인한다.

했다. 아브라함은 하나님의 선택을 받았고, 이삭을 바침으로 하나님의 시험을 통과하였으며, 할례를 받음으로 하나님과 언약을 맺은 사람으로서, 하나님 앞에서 그가 가진 공적이 그의 자손들에게도 유효하기 때문에, 그를 조상으로 여기는 유대인들에게는 자유인이라는 강한 자부심이 있었다. 아브라함의 자손으로서 이미 자유인이라는 자기이해를 가지고 있는 유대인들은 "진리가 너희를 자유하게 하리라"는 예수의 말씀을 이해할 수 없었다.

유대인들을 향한 예수의 대답은 유대인을 포함한 인간과 자유의 본질을 밝힌다(34~36절). 인간은 "죄의 종"이다. 죄는 인간을 지배하는 힘이며, 인간은 죄가 지배하는 영역에서 사는 존재이다. 죄의 지배를 받지 않으면서, 그러므로 죄를 범하지 않으면서 살 수 있는 인간은 없다. 인간이 죄의 지배 영역으로부터 해방될 수 있는 유일한 길은 하나님의 아들을 만나는 것이다. 태초부터 죄와는 상관이 없는 하나님의 아들만이 죄의 힘을 깨뜨리고, 인간을 해방시켜서 진정한 자유인이 되게 할 수 있다. 유대인들은 아브라함의 자손이라는 혈통적인 근거에서 스스로를 자유인이라고 하지만, 그러나 진정한 자유는 오로지 하나님의 아들에 의해서만 주어진다.

37~47절 "너희는 아비 마귀에게서 났다."

37 나도 너희가 아브라함의 자손인 줄 아노라 그러나 내 말이 너희 안에 있을 곳이 없으므로 나를 죽이려 하는도다 **38** 나는 내 아버지에게서 본 것을 말하고 너희는 너희 아비에게서 들은 것을 행하느니라 **39** 대답하여 이르되 우리 아버지는 아브라함이라 하니 예수께서 이르시되 너희가 아브라함의 자손이면 아브라함이 행한 일들을 할 것이거늘 **40** 지금 하나님께 들은 진리를 너희에게 말한 사람인 나를 죽이려 하는도다 아브라함은 이렇게 하지 아니하였느니라 **41** 너희는 너희 아비가 행한 일들을 하는도다 대답하되 우리가 음란한 데서 나지 아니하였고 아버지는 한 분뿐이시니 곧 하나님이시로다 **42** 예수께서 이르시되 하나님이 너희 아버지였으면 너희가 나를 사랑하였으리니 이는 내가 하나님께로부터 나와서 왔음이라 나는 스스로 온 것이 아니요 아버지께서 나를 보내신 것이니라 **43** 어찌하여 내 말을 깨닫지 못하느냐 이는 내 말을 들을 줄 알지 못함이로다 **44** 너희는 너희 아비 마귀에게서 났으니 너희 아비의 욕

심대로 너희도 행하고자 하느니라 그는 처음부터 살인한 자요 진리가 그 속에 없으므로 진리에 서지 못하고 거짓을 말할 때마다 제 것으로 말하나니 이는 그가 거짓말쟁이요 거짓의 아비가 되었음이라 **45** 내가 진리를 말하므로 너희가 나를 믿지 아니하는도다 **46** 너희 중에 누가 나를 죄로 책잡겠느냐 내가 진리를 말하는데도 어찌하여 나를 믿지 아니하느냐 **47** 하나님께 속한 자는 하나님의 말씀을 듣나니 너희가 듣지 아니함은 하나님께 속하지 아니하였음이로다

예수와 유대인들의 논쟁은 여기서 정점에 이른다. 급기야 예수는 유대인들에게 마귀의 자식들이라는 정죄를 하기에 이른다. 왜 유대인들은 예수를 버렸는가? 왜 그들은 예수의 죽음을 원했고, 결국 그를 죽였는가? 유대인들은 왜 복음과 예수의 말씀을 거부했는가? 스스로 유대인의 한 사람으로서 그리스도인이 된 요한복음의 저자는 유대인들을 향해 그렇게 묻고 또 답한다. 예수의 말씀 안에 거하면 진정한 제자가 되는데(31절), 37절에 의하면 예수의 말씀이 유대인들 속에 거할 곳이 없다. 그러므로 그들은 예수를 죽이려고 한다. 그들의 아비가 마귀이기 때문이다(38.44절). 그러므로 그들은 예수의 말씀을 듣고 받아들일 수가 없다. 그들이 하나님께 속한 사람들이 아니기 때문이다(47절).

37~41a절에서 예수는, 아브라함이 혈통적으로는 유대인들의 아버지이지만, 영적으로는 그렇지 않다고 한다.[88] 왜냐하면 그들은 예수를 죽이려고 하며, 예수의 말을 듣지 않기 때문이다. 사람의 혈통으로는 하나님의 아들 예수를 믿을 수 없다(1:13 참조). 그러나 아브라함은 선재하신 하나님의 아들 예수를 믿었다. 만일 유대인들이 아브라함의 진정한 후손이었더라면, 그들도 역시 아브라함처럼 예수를 믿었을 것이다(38.40절). 유대인들이 예수의 말씀에 마음을 닫고 그를 죽이고자 함으로써, 그들은 아브라함과는 전혀 다른 이의 말에 따라서 행동한다. 사람은 어디에 속하느냐, 어디에서 왔느냐가

---

88) 아브라함의 자손으로서 유대인들을 외적인 차원과 내적인 차원으로 구분하는 것은 신약성서에서 뿐만 아니라, 유대교 자체에서도 널리 알려져 있었다. 롬 2:28~29; 마 3:9; Billerbeck II, 523 참조.
89) R. Bultmann, Johannes, 245

그의 행동을 결정한다. 행동이 사람의 본질을 결정하는 것이 아니라, 본질이 사람의 행동을 결정한다. 아브라함으로부터 온 후손이었다면, 유대인들은 예수에게 그런 행동을 하지 않았을 것이다. 그들의 행동을 보면, 그들의 본질을 알 수 있다. 그들은 하나님의 자녀가 아니기 때문에, 그러므로 아브라함의 자손이 아니기 때문에, 예수를 죽이려고 한다.

41b~42절에서 논쟁이 더욱 첨예화된다. 유대인의 아버지는 하나님이 아니다. 그러나 유대인들은, 자신들이 간음해서 난 자식들이 아니라고 응답하며, 하나님의 자식이라고 주장한다. 호세아 2:6을 암시하는 말이다. 유대인들은, 자신들이 유일하신 하나님의 자녀라고(말 2:10) 주장한다. 이러한 유대인들의 주장을 예수는 42절에서 부정한다. "하나님이 참으로 너희의 아버지라면, 너희는 나를 사랑했을 것이다, 왜냐하면 아버지와 나는 하나이기 때문이다." 여기서 우리는 예수 시대뿐만 아니라, 기원 후 90년경의 상황을 잊어서는 안 된다. 당시 유대인들은 그들이 하나님의 진정한 자녀들이라고 주장했고, 그 주장에 대해서 요한 공동체의 그리스도인들은, 정말 그렇다면 유대인들이 하나님의 아들인 예수를 믿었을 것인데, 믿지 않은 것으로 볼 때, 그들은 하나님의 자녀가 아니라고 대꾸한다.

43~47절에서 예수의 논증은 마지막 정점에 도달한다. 예수는, 유대인의 아버지는 하나님이 아니라, 마귀라고 한다. 왜 유대인들은 진리인 예수의 말을 듣지 않는가? 43절에서 예수는 그렇게 묻는다. 왜 유대인들은 그의 말을 이해하지 못하는가? 그들이 예수의 말씀을 들을 능력이 없기 때문이다. 믿지 않음은 이해하지 못함과 듣지 못함의 결과이다. 불트만은 그 순서를 바꾸어서 믿지 않기 때문에 듣지 못한다고 하지만,[89] 그렇지 않다. 그들은 믿고 싶지도 않았겠지만, 믿고 싶어도 결코 믿을 수 없었다(12:39 참조). 그들이 예수의 말씀을 들을 수 없는 이유가 무엇인가? 유대인들이 아버지 하나님으로부터 온 것이 아니라, 마귀로부터 왔기 때문에, 그리고 그들은 그들의 아비 마귀의 욕망을 실행하고자 하기 때문에, 예수의 말씀을 듣지 못한다(44a절). 여기서 사용되는 εἰναι ἐκ(be from; "…에게서 나다")는 출처와 기원 그

리고 소속을 말한다. 그러므로 유대인들은 아비 마귀에게서 왔고, 마귀에게 속해 있다. 아비인 마귀가 그들의 존재와 행동을 결정한다.

유대인들은 달리 행동할 수 없었다. 여기서 우리는 노예의지(servum arbitrio)를 말할 수 있다. 유대인들은 아비 마귀가 원하는 것을 노예처럼 그대로 실행하고자 했다. "너희가 행하고자 한다."는 언뜻 들으면 인간의 의지적인 선택을 말하는 것처럼 보이지만, 요한복음에서 이런 말은 항상 자유롭지 못한 인간의 의지를 전제한다. 마귀는 처음부터 진리와는 상관없는 인간 살인자이다. 그는 거짓의 총체이다. 그는 거짓말쟁이며 거짓의 아비이다.

예수를 거부하고 죽이려고 하는 유대인들은 마귀의 자식들이기 때문에 그 본질상 거짓말쟁이와 살인자의 영역에 속한다(45~46절). 거짓의 아비에게 속한 사람은 거짓을 행할 수밖에 없고, 진리를 행할 수 없다. 그들은 인간 살인자에게 속했기 때문에 예수를 믿을 수 없었고, 예수를 죽이고자 했다. 누구도 예수에게서 죄의 꼬투리를 잡을 수 없다. 예수는 죄와는 전혀 상관이 없는 하나님의 아들이기 때문이다(고후 5:21 참조). 죄와는 아무런 상관이 없기 때문에, 예수만이 죄의 문제를 해결할 수 있다.

47절은 결론이다. 하나님으로부터 온 사람은 하나님의 말씀을 듣는다(18:37도 참조). 하나님의 말씀을 들었기 때문에 하나님으로부터 온 사람이라고 하지 않는다. 행동이 출처를 결정하는 것이 아니라, 출처가 행동을 결정한다. 본질이 행동을 결정한다. 행동은 본질을 드러낼 뿐이다. 믿지 않는 유대인들은 하나님으로부터 오지 않았기 때문에, 하나님의 자녀가 아니고, 하나님의 말씀을 들을 수 없다. 하나님으로부터 오지 않고 하나님께 속하지 않은 사람은 예수의 말씀을 들을 수 없고, 믿을 수 없다(고후 4:3~4도 참조).

48~59절 "아브라함이 나기 전부터 내가 있느니라."

48 유대인들이 대답하여 이르되 우리가 너를 사마리아 사람이라 또는 귀신이 들렸다 하는 말이 옳지 아니하냐 **49** 예수께서 대답하시되 나는 귀신 들린 것이 아니라 오직 내 아버지를 공경함이거늘 너희가 나를 무시하는도다 **50** 나는 내 영광을 구하지

아니하나 구하고 판단하시는 이가 계시니라 **51** 진실로 진실로 너희에게 이르노니 사람이 내 말을 지키면 영원히 죽음을 보지 아니하리라 **52** 유대인들이 이르되 지금 네가 귀신 들린 줄을 아노라 아브라함과 선지자들도 죽었거늘 네 말은 사람이 내 말을 지키면 영원히 죽음을 맛보지 아니하리라 하니 **53** 너는 이미 죽은 우리 조상 아브라함보다 크냐 또 선지자들도 죽었거늘 너는 너를 누구라 하느냐 **54** 예수께서 대답하시되 내가 내게 영광을 돌리면 내 영광이 아무 것도 아니거니와 내게 영광을 돌리시는 이는 내 아버지시니 곧 너희가 너희 하나님이라 칭하는 그이시라 **55** 너희는 그를 알지 못하되 나는 아노니 만일 내가 알지 못한다 하면 나도 너희 같이 거짓말쟁이가 되리라 나는 그를 알고 또 그의 말씀을 지키노라 **56** 너희 조상 아브라함은 나의 때 볼 것을 즐거워하다가 보고 기뻐하였느니라 **57** 유대인들이 이르되 네가 아직 오십 세도 못되었는데 아브라함을 보았느냐 **58** 예수께서 이르시되 진실로 진실로 너희에게 이르노니 아브라함이 나기 전부터 내가 있느니라 하시니 **59** 그들이 돌을 들어 치려 하거늘 예수께서 숨어 성전에서 나가시니라

자신들을 마귀의 자식이라고 비난하는 예수를 오히려 유대인들은 "사마리아인"과 "귀신 들린 사람"이라고 비난한다. 사마리아인들은, 유대인들이 올바른 하나님 예배를 드리지 못하는 사람들이라고 비난했다. 어떤 사마리아 예언자들은 하나님의 권능과 영광을 가지고 있다고 주장하기도 했다. 이러한 사마리아인들을 유대인들은 도리어 정반대로 하나님을 제대로 알지도 못하고 바른 예배도 드리지 못하는, 그러므로 하나님의 백성도 아니고, 마술과 신성모독적인 이들이라고 비난했다. 예수가 유대인들을 아브라함의 자손이 아니고 마귀의 자손이라고 했다면, 그것은 마치 사마리아인들이 유대인들을 비난한 것과 같았다. 단순한 인간에 불과하면서 스스로 하나님과 일치 가운데 있다고 주장하는 예수가 유대인들에게는 어떤 사마리아 예언자와 비슷한 신성모독적인 사람으로 보였을 것이다. 이처럼 유대인들과 예수는 서로를 향해서 비난하였다. 이는 AD 90년 무렵에 유대교 공동체와 요한 공동체 사이에 서로를 향해서 비난하던 상황이다.

유대인들의 비난에 맞서 예수는 다시 특유의 계시말씀을 한다(49~51절). "귀신들렸다"는 것은 하나님과 관계가 없을 뿐만 아니라, 하나님의 영광과 능력을 사칭함으로써 하나님을 모독한다는 뜻이다. 그러나 예수는 하나님

을 모독한 적이 없고, 언제나 공경했다. 예수가 하나님의 진리를 말했다면, 그것은 스스로 한 것이 아니라, 하나님이 그에게 가르쳐 주신 것을 말했을 뿐이다(8:28). 항상 하나님과 일치 가운데 있는 예수는 자기의 영광을 구한 적이 없다. 예수의 영광을 "구하는" 이는 오히려 하나님 자신이다(50절; 54절도 참조). 그러므로 하나님은 예수와 유대인들 사이의 다툼에서 "판단하시는 이"이다. 그러므로 예수는 유대인들에게 다시 한 번 권위 있게 진리를 선포한다. "진실로 진실로 너희에게 이르노니, 사람이 내 말을 지키면 영원히 죽음을 보지 아니하리라." 31절이 말했듯이 예수의 말씀 안에 "거하면" 진정한 제자가 되어 예수와 영원한 교제 가운데 살게 된다. 예수의 입에서 나온 계시의 말씀을 하나님의 말씀으로 믿고, 그 말씀에 따라서 사는 사람은 예수와 함께 영원히 하나님의 집에 살게 될 것이다(14:1~3).

52절 이하에서 논쟁은 다시 그리스도 문제로 비화한다. 51절에 있는 예수의 말씀이 계기가 되었다. "내 말을 지키면 죽지 않고 영원히 살 것이다." 예수의 이 말씀을 들은 유대인들은, 예수가 귀신에 붙잡혀 있다는 그들의 생각이 옳다고 확인한다. 믿음이 없는 어느 인간이 이런 말을 하는 사람을 정상이라고 하겠는가? 유대인들은 믿지 않는 모든 인간을 대표한다. 유대인들이 가장 위대한 사람으로 추앙하는 아브라함도 선지자들도 모두 죽었거늘, 자신의 말을 지키면 죽지 않고 영원히 산다고 말하는 예수를 어떤 인간으로 여겨야 할 것인가? 그들은 예수에게 "너는 너를 누구라고 하느냐?"(53절)고 물을 수밖에 없다. "예수는 누구인가?" 이 물음은 AD 90년경 요한복음이 기록될 당시 유대인들이 기독교인들에게 제기한 최대의 물음이며, 모든 시대의 믿음 없는 사람들이 그리스도인들에게 제기하는 물음이다. "너희 그리스도인들은 단순히 한 인간에 불과한 예수를 신으로 만들었다." 단순히 한 인간에게 신적인 성격을 부여하여 신격화시켰지 않느냐 하는 물음이다. 이는 특히 포스트모던시대를 사는 사람들이 자주 제기하는 물음이다. 오늘날 많은 신학자들까지도 예수는 한 인간에 불과하며, 나중에 기독교가 그를 신격화한 것이라고 주장한다.

이에 대한 예수의 대답은 54~58절에 나와 있지만, 핵심은 58절에 있다. "아브라함이 나기 전부터 내가 있느니라." 그러므로 아브라함도 예수의 때를 보고자 했고, 보고 즐거워했다(56절). 예수는 영원부터 영원까지 존재하시는 분 곧 하나님이다. 이 진리를 증언해 주시는 분은, 유대인들이 하나님이라고 부르는 그분이다(54절). 유대인들은 하나님을 부르지만, 실상은 하나님을 모른다. 그들이 하나님을 알았다면, 예수가 누구인지를 알았을 것이다. 예수는 하나님이다. 이것이 요한복음에서 예수가 유대인들에게 준 답변이고, 모든 시대의 인간에게 주는 답변이다. 이 답변은 유대인들에게는 하나님을 참칭하는 신성모독으로 들릴 수밖에 없었다. 50세도 채 되지 않은 한 인간이 수천 년 전에 살았던 아브라함보다 더 먼저 있었고, 아브라함이 예수의 때를 보고 즐거워했다는 말은 믿지 않는 유대인들에게는 "귀신 들린 사람"의 말 이상으로는 들리지 않았다. 그러므로 그들이 돌로 예수를 쳐 죽이려 한 것은 너무도 당연한 일이었다(레 24:11~16).

그러므로 여기서는 예수에 대한 양자택일이 요청된다. 예수를 창조 이전부터 계신 하나님의 아들로 믿고 받아들이든지, 아니면 신을 참칭한 모독자로 여겨서 돌로 쳐서 죽이든지, 어느 하나를 선택할 수밖에 없다. 어느 시대에 살든지 간에 보통의 인간이라면, 누구나 본문의 유대인들처럼 할 것이다. 그러므로 예수를 하나님의 아들로 믿는 믿음은 인간에게서 나온 것일 수 없고, 오로지 하나님께서 믿게 해 주실 때에만 믿을 수 있다. 믿음은 하나님이 인간에 준 최고의 축복이고 선물이다.

주제해설 9

요한복음의 예정적인 구원이해

구원은 인간의 자유로운 선택과 결단으로 받는 것인가? 아니면 구원은 하나님께서 인간에게 주시는 은혜인가? 누가 예수를 믿을 수 있는가? 인간의 자유로운 의지로서 믿음을 결단하는가? 아니면 믿음은 하나님이 주시는 선물인가? 구원과 믿음은 하나님의 은혜로운 선물이라면, 인간의 책임의 영역은 어디에 있는가? 신약성서 안에는 하나님의 구원활동과 믿음을 말하는 두 개의 범주가 있다. 하나는 마태복음과 히브리서 등에 나오는 것이고, 다른 하나는 바울의 서신들과 요한복음 등이 말하는 것이다. 마태복음과 히브리서는 믿음과 구원이 인간의 행동과 뗄 수 없이 결합되어 있지만, 바울 서신들과 요한복음에서는 믿음과 구원은 하나님의 전적인 선택과 은혜의 결과이다. 그러므로 바울서신들과 요한복음은 하나님의 구원을 예정적으로 말한다.

1. 요한복음의 예정적인 구원이해

1) 출발점

요한복음이 믿음과 구원을 말할 때에는 항상 믿음과 믿지 않음이 공존하는 상황을 전제하고, 그런 상황을 신학적으로 설명한다. 어떤 사람은 예수의 말씀을 듣고 믿어서 영생에 참여하고, 어떤 사람은 예수의 말씀을 들어도 믿지 않고 배척하며 죽음에 머물러 있는가? 이것은 요한복음 저자와 요한 공동체가 현실적인 경험 속에서 제기하는 물음이다. 더구나 그들은 예수를 믿지 않는 사람들(특히 유대인들)로부터 박해를 받으면서, 그런 사람들이 왜 예수를 믿지 않고, 믿음의 공동체를 박해하고 있는지에 대해서 신학적으로 반성할 수밖에 없었다.

요한복음은 사람 자신의 선택과 결정에 의해서 어느 한 부류에 속하는 결과가 생겨난 것이 아니라, 하나님에 의해서 그렇게 된 것이라고 결론을 내린다. 이런 예정적인 말씀은 특히 6장, 8장, 10장, 17장 등에 집중적으로 나타나 있다. 이러한 요한복음의 생각의 출발점은 이미 로고스 송가에 저자가 해설적으로 첨가한 1:13에 분명하게 나타난다. 태초에 하나님과 함께 계시던 하나님이신 로고스가 세상에 오자, 그를 하나님으로 영접한 사람들도 있었지만, 그러나 그를 배척한 사람들도 있었다. 그를 영접하여 믿은 사람은 "혈통으로나 육정으로나 사람의 뜻으로 나지 아니하고, 오직 하나님께로부터 난 자"이다. 성육신하신 예수를 하나님의 아들로 믿는 것은 인간의 자유로운 결단이나 의지가 아니고, 하나님으로부터 온 것이다.

2) 요한복음의 예정적인 말씀들

1:13에서 말한 원리가 요한복음 전체에 걸쳐서 광범위하게 나타난다.

6장: 예수는 하늘에서부터 내려온 참된 생명의 떡이다(35절). 그런 떡의 표적을 직접 경험한 유대인들이 예수를 믿지 않는다(36절). 그러면 누가 이 진리를 믿는가? "아버지께서 내게 주시는 자"(37절)가 믿는다. 44절에서 예수는 "나를 보내신 아버지께서 이끌지 않으면 누구도 나에게 올 수 없다"고 말한다. 예수에게 나오는 사람의 결단과 행동에 앞서 하나님의 이끄심이 먼저 있다. 65절에 따르면, 아버지가 그에게 주지 않은 사람은 누구도 그에게 올 수 없다. 예수께 와서 그를 믿고 따르는 것은 그 사람 자신의 뜻이나 결정에 의해서가 아니라, 하나님에 의한 것이다. 45절은 아버지에 의해서 가르침 받은 사람만이 예수에게로 올 수 있다고 한다. 그러므로 예수를 믿음과 예수께로 오는 것은 "사람의 능력이나 의지 안에 있는 일들이 아니다. 하나님의 능력과 의지를 떠나서는 존재하지 않는다."[90]

8장: 예수는 세상의 빛이다. 예수를 따르는 사람은 어둠에 있지 아니하고 생명의 빛을 얻는다(12절). 예수는 진리다. 이 진리를 알고 따르면 진정한 자유인이 된다(31~32절). 예수와 예수의 말씀이 진리인 이유는, 예수가 하나님으로부터 왔기 때문이다(23절). 그러나 예수의 이러한 계시의 말씀을 들은 유대인들은 예수를 따르기는커녕 오히려 예수를 죽이려 한다. 왜 그들은 예수의 죽음을 원했고, 결국 그를 죽였는가? 요한 공동체는 AD 90년경에 살던 유대인들은 왜 복음과 예수의 말씀을 거부했는지를 묻고 있다. 이 물음에 대한 근원적인 답은, 그들이 예수를 믿을 수 없는 존재라는 것이다. 그들은 "아래에서 났기" 때문이다(23절). 그들은 하나님께로부터 오지 않았기 때문이다(47절). 마귀가 그들의 아버지이기 때문이다(43~44절).

37~41a절에 요한복음의 핵심적인 주제가 드러난다. 사람은 어디에 속하느냐 곧 어디에서 왔느냐가 그의 행동을 결정한다. 유대인들은 예수의 말씀을 들을 능력이 없다(43절). 믿고 싶지 않기 때문이 아니라, 믿을 능력이 그들에게는 없다. 그들은 믿고 싶지도 않았겠지만, 믿고 싶어도 결코 믿을 수 없었다(12:39 참조). 44a

---

90) C. K. Barrett, 「요한복음 I」, 461.

절에 의하면, 믿지 않는 유대인들은 마귀를 아버지로 두고 있기 때문에, 믿지 못한다. 그들은 아버지 하나님으로부터 온 것이 아니라, 마귀로부터 왔기 때문에, 그리고 그들은 그들의 아버지인 마귀의 욕망을 실행하고자 하기 때문에, 예수의 말씀을 듣지 못한다. 유대인들은 마귀 아버지로부터 와서 그에게 속해 있다. 마귀 아버지라는 그들의 근원이 그들의 존재를 결정하고 그들의 행동을 결정한다. 그러므로 유대인들은 예수를 배척하는 것 외의 다른 행동을 할 수 없었다. 여기서 우리는 노예의지(servum arbitrio)를 말할 수 있다. 8:37~47에는 전형적으로 예정론적인 생각이 나타나 있다. 예수의 말씀을 듣지 않고 그를 믿지 않은 사람은 그가 하나님으로부터 오지 않았고 하나님께 속하지 않았기 때문이다(고후 4:3~4도 참조).

10장: 8:47이 말한 내용이 여기서 확인된다. 하나님으로부터 온 사람들은 역시 하나님으로부터 온 예수를 알고, 그의 말씀을 믿는다. 목자이신 예수에게 속한 "자기 양"은 그의 음성을 알기 때문에, 듣고 따라온다(4.27절). 반대로 예수의 양 떼에 속하지 않는 사람들은 예수를 믿지 않는다(26절). 여기서도 다시 ειναι εκ(be from)가 사용된다. 인간의 출신성분이 인간의 행동을 결정한다. 유대인들은 아버지로부터 오지 않았기 때문에, 예수를 믿을 수 없다. 29절에 의하면, 아버지가 그들을 예수에게 주셨다. 그래서 그들은 예수의 말씀을 듣는 예수의 양들이다. 이것은 날카로운 이원론이다. 한 부류는 믿는다. 왜냐하면 아버지가 그들을 예수에게 주셨기 때문이다. 반면에 다른 이들은 하나님이 예수에게 이끌지 않았기 때문에, 예수를 믿지 않는다.

하나님에 의해서 허락되고 이끌어온 사람들만 예수의 음성을 듣는다. 그들은 그의 음성을 들었기 때문에 그의 양이 된 것이 아니고, 그들이 그의 양들이기 때문에 그의 음성을 들었다. 28~29절에는 "보존"이라는 또 다른 생각이 표현되어 있다. 보존론은 예정론과 상응하는 생각이다. 하나님이 구원으로 예정한 사람들은 영원히 멸망 받지 않고, 결코 잃어버리지 않는다. 누구도 그들을 예수의 손에서 빼앗아 갈 수 없다. 아버지가 아들에게 주신 양들은 결코 잃어버릴 수 없다.

12장: 예수가 행한 많은 표적을 보았으나, 예수를 믿지 못하는 사람들은 하나님에 의해서 눈이 멀었고 마음이 굳어졌기 때문에 듣고 믿을 능력이 없다(12:37 이

하). 이를 위하여 이사야의 말씀을 인용하지만(12:40; 9:39도 참조), 요한복음은 히브리어 본문이나 헬라어 본문에서보다는 훨씬 강하게 눈을 멀게 하고 마음을 굳게 하시는 분이 하나님 자신이라는 사실을 강조한다. 그러므로 그들은 자기들의 의지와 결단으로가 아니라, 하나님에 의해서 그런 무능한 사람들이 되었다.

17장: 수난을 길을 가기 바로 전에 예수는 제자들을 위하여 하나님 아버지께 기도한다. 예수의 제자가 되어 그를 따르는 사람들은 "아버지께서 아들에게 주신 모든 사람들"(2.6.24절)이다. 예수는, 아버지가 "아버지의 소유"이지만 "내게 주신 자들"을 위하여 기도한다(9절). 그들이 아버지의 소유이기 때문에, 그들은, 예수가 아버지께로부터 왔다는 것을 믿는다(8.25절). 예수는 그들에게 아버지가 주신 말씀과 이름을 주었고, 그래서 그들은 예수를 믿었고, 아버지의 말씀을 지켰다(6.14.26절). 아버지가 사람들을 예수에게 주어서 믿게 하였기 때문에, 예수는 그들을 보전하고 지켰고(12절), 또 그를 위하여 기도한다(15절). 누가 예수를 믿고 따르는 제자들인가? 아버지가 "세상 중에서" 아들에게 준 사람들이 예수를 믿고 따른다(6절). 예수는 이들을 위하여 아버지께 기도한다.

3) 예정적인 말씀의 의미

요한복음의 예정적인 말씀은, 인간 스스로의 뜻과 힘으로는 예수께 나올 수 없는 인간의 전적인 무능을 말한다(3:6; 6:63). 인간은 영으로 거듭나야 한다. 인간은 예수에 의해서 눈이 뜨여져야 진리를 볼 수 있다. 죽은 자들을 깨우는 하나님의 아들의 부르는 목소리를 들어야 일어날 수 있다. 요한복음이 반복적으로 말하는 이러한 신학적인 담론을 신학적으로 예정론이라고 한다. 그러므로 예정론은 구원에 관한 은혜론의 한 형태라고 할 수 있다. 예정론은 죄론의 결과이기도 하다. 죄인은, 바울의 말을 빌리면, 구원을 위해서는 스스로는 아무것도 할 수 없는 연약한 자요, 무능한 자요, 하나님의 원수이다(롬 5:1~10). 구원에 관한한, 하나님의 은혜가 없이는 단 한 발짝도 움직일 수 없는 것이 인간이다. 그러므로 예정론은, 우리의 구원은 우리의 뜻과 선택에 의하지 않고, 오로지 하나님의 뜻과 은혜에 의한 것이라는 진리를 가장 분명하게 표현할 수 있는 신학적 담론이다.

그러나 예정적인 담론을 결정론(Determination)으로 이해해서는 안 된다. 결정론은, 모든 사건이 하나님에 의해서 미리 결정되었다는 생각이다. 하나님께서 개인과 세상 그리고 모든 우주적 운명을 이미 결정해 놓으셨으며, 모든 것은 그 결정에 따라서 일어난다는 것이 결정론이다. 인간의 구원도 역시 하나님이 미리 정하신 결정에 따라서 기계적으로 일어나는 것으로 여기게 되는데, 신약성서의 어느 문헌도 이런 식으로 결정론적으로 구원을 말하지 않는다.[91]

결정론과 함께 생각해야 할 것은, 이원론(Dualism)이다. 이는 어떤 사물이나 원리의 양면을 예리하게 나누어서 대조하려는 생각이다. 이원론은 여러 가지 형태가 있다. 윤리적인 이원론이 있다. 인간은 자신의 삶에서 두 가지 길 곧 선한 길과 악한 길 중에서 하나를 선택하는 결단을 해야 한다. 인간은 그 두 개의 길 중에서 어느 것 하나를 선택할 수 있고, 그 결과도 스스로 책임을 져야 한다. 그러므로 윤리적인 이원론은 항상 결단의 이원론이다. 윤리적인 차원에서 인간은 둘 중의 어느 것을 선택할 수 있는 자유를 가지고 있다. 좁은 길과 넓은 길에 관한 산상설교의 말씀이 전형적인 윤리적인 이원론이라고 할 수 있다. 윤리적인 이원론에서는 인간의 자유의지를 말할 수 있다.

종말론적인 이원론도 있다. 이 세상과 역사를 두 가지 영적인 세력 사이의 종말론적인 전쟁의 장으로 보는 세계관 혹은 역사관을 말한다. 인간도 이 싸움의 어느 한편에 서서 싸워야 한다. 악의 자녀들은 거짓의 영에 속하고, 빛의 자녀들은 진리의 영에 속해서 반대세력과 싸운다. 그러나 종말에는 선의 세력이 승리한다. 예정론적인 이원론을 말할 수도 있다. 하나님의 예정적인 선택에 의해서 내가 거짓의 영에 속할 것인지 혹은 진리의 영에 속할 것인지가 이미 예정되었다는 생각이다.

결정론이나 이원론과는 달리, 예정론(Predestination)이 말하고자 하는 것은, 인간의 구원은 인간 자신에 의해서가 아니라, 오직 하나님에 의해서만 이루어진다는 믿음의 표현이다. 그러나 우리는, 하나님이 인간을 창조하시기 전에 그리고

---

91) 요한복음에서 "결정론"을 말하는 학자들도 있다. J. J. Holtzmann, *Lehrbuch der neutestamentlichen Theologie*, 540~545; R. Bultmann, *Theologie des Neuen Testaments*, 373~378. R. Schnackenburg, *Johannes II*, 332도 "결정론"과 "예정론"을 같은 것으로 보는 듯 하는 표현을 사용한다.

인간의 타락이 일어나기도 전에 누구를 타락하게 해서 멸망으로 혹은 누구를 구원으로 결정하셨다는 그런 초자연적이고 절대적인 결정론의 의미에서 예정론을 말해서는 안 된다. 물론 그것은 하나의 예정론적인 생각은 될 수 있을지 모르지만, 요한복음이 말하는 것은 아니다.

2. 예정론적인 담론에 반대하는 것처럼 보이는 요한복음의 말씀들

요한복음에는 예정적인 담론에 반대하는 것처럼 보이는 말씀들도 많이 있다.

믿음과 관련하여 인간의 의지적인 자유결단을 촉구하는 많은 표현들이 있다. 6:27a은 "썩을 양식을 위하여 일하지 말고 영생하도록 있는 양식을 위하여 하라"고 결단을 촉구한다. 14:1은 "하나님을 믿으니 또 나를 믿어라"고 믿음의 결단을 촉구한다(14:11도 참조). 그 외에도 10:37~38; 12:36도 개인의 믿음의 결단을 촉구한다. 이처럼 직접적으로 믿음의 결단을 촉구하는 말씀들 외에도 요한복음은 다양한 표현을 통해서 믿음을 촉구한다. 20:31은 믿게 하려고 복음서를 기록했다고 함으로써 간접적으로 믿음을 촉구한다. 요한복음은 여러 곳에서 믿음을 조건으로 이해할 수 있게 하는 분사 표현을 사용하면서, 개인의 믿음의 결단을 구원의 조건처럼 제시한다.[92] 뿐만 아니라 특히 믿지 않음을 비난하는 3:12; 4:48; 5:38.44.46.47 등도 그러한 비난을 통해서 간접적으로 믿음을 촉구하는 것으로 보인다.[93] 그래서 슈낙켄부르그는 이렇게 말한다. "요한복음에서 믿음은 실제로 인간이 보여 주어야 할 태도이며, 구원에 이르기 위하여 기본적으로 요청되는 것이다. 모든 인간은 예수를 믿을 수 있는 가능성이 있다는 것은 요한복음에서는 의심할 여지가 없다. … 믿음은 인간의 도덕적인 전체태도와 굳게 결합되어 있다."[94] 슈낙켄부르그는 믿음과 생명에 관한 예수의 대부분의 계시말씀들을 믿음의 결단을 촉구하거나 호소하는 것으로 본다.[95]

---

92) 1:12; 3:15.16.18.36; 5:24; 6:35.40.47; 7:38.39; 11:25~26; 12:44.46; 14:12; 20:31b 등.
93) R. Schnackenburg, *Johannes II*, 330. 그러나 요한복음은 "믿음"을 어떻게 이해하느냐가 문제이다.
94) 330~331.
95) 예를 들어서 6:40.47 등의 말씀을 그는 믿으라는 촉구나 호소라고 해석한다(332).

특히 세상에 대한 사랑은 우주적이고 보편적인 사상을 말한다. 3:16; 4:42; 6:33,51; 8:12; 9:5 등에서 세상(κοσμος)은 보편적인 하나님의 사랑과 구원의 대상으로 나타난다. 물론 "세상"에 대한 요한복음의 생각은 대단히 복잡하고 다양하다.[96] "세상"은 양적인 의미에서 모든 사람을 말하는가? 아니면 질적인 차원에서 선택받은 사람들을 말할 뿐인가? 그래서 선택받은 사람들이 처해 있는 잘못된 실제적인 상황 속에서, 그들을 "세상"이라고 말하고 있을 뿐인가? 3:19; 7:7; 9:39; 16:8~11 등에서 세상은 예수를 거부하는 사람들을 말한다. 1:9~10은 가치중립적인 세상과 부정적인 세상을 동시에 말한다. "세상"을 통해서 요한복음은 하나님의 구원의지의 보편성을 강조하는 것은 분명하다. 그러나 하나님의 구원사건이 실제로 누구에게 효력을 미칠 것이냐 하는 것은 인간의 선택사항이 아니라, 하나님께 속한 것이다. 그러므로 하나님의 구원의지의 보편성과 구원의 실현을 말하는 예정적인 담론은 다른 것이지만, 그러나 상호 배타적인 것은 아니다. 하나님은 세상을 구원하고자 하지만, 그러나 예수에 의해서 이루어진 구원은 세상이 아니라, 하나님이 예수를 믿도록 허락한 사람들에게 주어진다(17:6,14,16).

3. 예정론적인 말씀에 대한 신학적인 평가

1) 요한복음의 예정론적인 진술이 말하려는 핵심

첫째, 예정적인 말씀들은 하나님의 전적인 은혜를 말한다. 한편으로 철저히 죄에 빠지고 타락한 인간을 생각하고, 다른 한편으로 그처럼 스스로를 구원할 수 없는 인간에게 구원이 주어졌다는 사실을 진지하게 말할 수 있는 방법은 예정론적인 담론 외에는 없다. 철저히 죄인이며, 절망적으로 이미 죽음에 빠져 있는 인간에게 생명이 주어진다면, 그것은 인간의 선택이나 의지에 의한 것이 아니라, 전적으로 은혜이다. 하나님이 누구에게도 은혜를 빚지지 않았으며, 그러므로 누구에게도 은혜를 베풀어야 할 의무는 없다. 누구도 하나님께 은혜를 요구할 수 없고, 또 은혜를 베풀지 않았다고 불평할 수도 없다. 은혜는 전적으로 하나님의 선물일 따

---

96) 임진수, "요한복음의 세상(κοσμος)이해", 173~194; U. Schnelle, *Johannes*, 76~77.

름이다. 은혜에 조건이 결부되면 은혜일 수 없다. 그러므로 전적으로 타락한 인간에게 주어진 구원을 예정적인 담론으로 말하는 것은 "오직 은혜"를 가장 진지하게 말할 수 있는 유일한 길이다.

예정론적인 차원에서만 은혜는 진정한 은혜가 된다. 예정론은 sola gratia(오직 은혜로)와 sola fidei(오직 믿음으로)의 확증이며, sola gratia와 sola fidei는 solus christus(오직 그리스도)의 해석이다. solus christus는 sola gratia와 sola fidei로써 설명된다. 그리스도 안에 계시된 하나님은 전적으로 타락한 인간을 사랑하시는 은혜의 하나님이다. 이러한 하나님의 은혜를 말할 수 있는 방법은, 요한복음이 말하고 있는 것과 같이, 오직 예정론적인 표현뿐이다. 전적으로 타락하여 자신의 구원을 위해서는 아무것도 할 수 없는 인간에게 먼저 찾아오셔서 아무 조건도 없고, 아무 전제도 없이 은혜의 손길을 내밀어 믿음을 갖게 하고, 그 믿음 안에서 구원을 얻게 하시는 하나님을 말할 수 있는 방법은 그것뿐이다. 그러므로 예정론적인 진술을 거부하면 하나님의 은혜를 부정하는 것이다.

둘째, 예정론적인 말씀들은 하나님 앞에서 철저히 타락한 죄인으로서의 인간을 말한다. 인간이 죄인이라는 말은, 인간 스스로의 힘으로는 죄의 멍에를 벗을 수 없다는 뜻이다. 그러므로 여기서 주목해야 할 단어는 니고데모의 단락에서 반복해서 사용되었던 "할 수 있다" 혹은 "할 수 없다"는 말이다. 인간은 자신이 철저히 죄인이라는 사실도 깨달을 수 없고, 죄에서 벗어날 수 없고, 하나님을 알 수도 없다. 그러므로 예수를 하나님의 아들로 믿고 받아들일 수도 없다. 그러므로 죄인이 하나님을 알고, 예수를 믿고, 구원을 받는다면, 그것은 철저히 인간 자신으로부터 나오는 것이 아니다. 그것은 인간의 자유의지나 결단과는 상관없이 오직 하나님이 먼저 베풀어주신 은혜의 결과이다. 하나님이 죄인에게 베푸신 은혜를 인간은 거부"할 수" 없고, 단지 거부하거나 받아들일 뿐이다. 인간은 하나님의 은혜에 대해서 거부하거나 받아들일 수 있는 "능력"이 없다. 단지 받아들이든가 거부한다.

루터는 인간의 본성에 반해서 믿음을 주시는 분은 오직 하나님뿐이며, 믿음은 하나님의 선물이고, 믿음은 말씀을 듣는 사람에게 뿐만 아니라, 말씀을 거부하는 사람에게도 "하나님이 원하실 때" 주어진다고 한다.[97] 이것이 예정론적인 말씀의 핵심이다. 루터는 로마서 10:14을 주석하면서, '하나님께서 당신의 말씀을 보낸다면, 그 말씀은 저항할 수 없는 힘을 가지고 있다. 그래서 그 말씀은 친구들뿐만 아니라, 저항하는 원수들까지도 회개하게 한다.' 고 말한다. 어거스틴은, 하나님의 은혜는 원하지 않는 사람들을 원하는 사람들로 만든다고 말했다.

2) 요한복음의 예정론적인 진술에서 문제가 되는 것

요한복음이 하나님의 선택받음과 선택받지 못함을 너무 구체적인 인물들에게 직접적으로 적용하는 것은 매우 심각한 문제이다. AD 90년 무렵을 살면서 예수 그리스도를 믿지 않은 유대인들은, 그들이 하나님으로부터 나지 않았기 때문에, 예수 그리스도를 믿지 않는다고 말한다. 어떤 사람이 믿음으로 나오지 않는다면, 그가 선택을 받지 못했기 때문이라고 말할 수 있다. 그러나 문제는 선택을 받지 못한 사람들의 범주를 역사의 체험에 근거해서 확정해버리는 것이다. 이것이 요한복음의 문제이다.

이것은 바울에게서는 다르다. 하나님의 선택을 받은 백성 유대인들이 어떻게 하나님의 아들이신 예수 그리스도를 믿지 않는 일이 일어날 수 있는가? 하나님의 선택을 받은 백성이 믿지 않는다는 현실은 심각한 물음을 제기한다. 바울은, 로마서 9~11장에서 유대인들이 하나님으로부터 오지 않았거나 버림을 받았기 때문에 예수를 믿지 않는다고 말하지 않는다. 오히려 바울은, 이방인들을 먼저 구원하기 위하여 하나님이 잠깐 동안 유대인들을 믿지 않음에 버려두었기 때문에, 지금 유대인들이 믿지 않고 있다고 말한다. 그러나 하나님은 한번 선택하시면 반드시 구원하시는 신실하신 분이기 때문에, 그리스도께서 재림하실 때 모든 유대인들을 구원하실 것이라고 말한다(롬 11:25~36). 바울은 지금 믿지 아니하는 유대인들에 대한 최후의 선언을 할 수 없었다. 그것은 하나님의 몫이기 때문이다.

그러나 요한복음이 기록된 AD 90년의 상황 곧 회당과 교회의 치열한 투쟁 속에서, 믿지 않는 유대인들은 궁극적으로 버림을 받았다고 말한다면, 그 말은 유대

---

97) WA 39,1,91.

인들에 대한 최후의 선언이 될 것이다. 요한복음 저자는 해서는 안 될 말을 예수의 입을 빌려서 하고 말았다. 유대인들을 향하여 마귀의 자식들이라고 한다면, 하나님의 선택에 심각한 의문을 제기하는 것이다. 그러므로 예정론적인 말을 할 때 조심해야 한다. 긍정적인 차원에서는 분명하게 말할 수 있다. 가령 믿음 안에 있는 사람들에게, 그들은 하나님의 예정적인 선택으로 인하여 믿음을 갖게 되었고 구원의 백성이 되었다고 말할 수 있다. 그러나 부정적인 차원에서는 그렇게 단호하게 말할 수 없다. 그러므로 지금 믿지 않은 사람들을 향하여, 너희는 하나님의 선택을 받지 않았다고 최종적인 멸망의 선언을 해서는 안 된다. 그들에 대한 최종 선언은 인간의 몫이 아니라, 최후심판 때에 하나님께서 하실 몫이다. 언제 어떻게 그 사람들까지도 믿음에로 불러서 믿게 하실지, 그것은 하나님께는 항상 열려 있다.

4. "신학적인 경계의 진술"(?)

요한복음에서 예정론적인 언급들과 그에 반대되는 듯 하는 언급들을 동시에 보면서 우리는 그것들을 어떻게 연결해서 이해할 수 있을까? 이에 대한 학자들의 주장도 크게 엇갈리고 있다. 요한복음의 예정적인 구원론을 가장 강하게 주장하는 이들도 있고, 반대로 요한복음에서 예정론적인 신학을 거부하고 개인의 결단을 요청하는 것으로 보는 이들도 있다. "은총의 선재", "은혜론의 역설"을 말하는 이들도 있다. 요한복음이 말하는 상반되는 언급들을 논리적으로 이해하려고 해서는 안 된다고 하는 이들도 있다. 우리는 요한복음의 예정적인 언급을 "신학적인 경계의 진술"로 볼 수 있다.[98] 하나님의 전적인 은혜와 인간의 참여가 구분되면서 동시에 만나는 "경계의 진술"로 말이다.

요한복음의 이러한 예정적인 언급은, 예수에 대한 신앙과 불신앙이라는 역사체험을 나중에 신학적으로 반성하면서 설명하기 위한 것이다. 그러므로 이러한 역사체험에서 온 말씀들을 예정론, 이중예정론 혹은 자유의지론 등 교리로 만들어서 배타적으로 어느 하나를 주장하는 것은 적절하지 않다. 어떤 역사적인 상황

---

98) U. Schnelle, *Johannes*, 128.

에서 무엇을 말하기 위해서 이런 말들을 하고 있는지를 고려해서 이해하려는 노력이 필요하다.

12) 9:1~41 나면서부터 맹인 된 사람의 치유(여섯 번째 표적)

9:1~7의 맹인 치유사건은 5장에 나오는 베데스다 연못가의 38년 된 병자의 치유사건과 매우 유사하다. 9:8 이하는 맹인 치유사건을 신학적으로 반성한다. 본문의 맹인은, 38년 된 병자와 마찬가지로, 하나님 없는 인간을 대표하며, 은혜로 선택을 받고 치유를 받은 그리스도인을 대표한다. 그에게 다시 눈이 떠서 보게 되는 기적이 일어났다. 구약성서에 의하면, 눈이 멀었다는 것은 하나님을 외면하고 눈을 감은 사람이다. 더구나 나면서부터 맹인이라는 말은 인간의 능력으로는 도저히 치유 불가능한 상태에서 오직 하나님에 의해서 치유되었음을 말한다. 그러므로 이 기적 사건은 하나님을 모르는 사람이 어떻게 하나님을 알게 되고 고백하는 믿음을 갖게 되는지를 말한다.

1~7절 맹인 치유사건 - "나는 세상의 빛이라."

1 예수께서 길을 가실 때에 날 때부터 맹인 된 사람을 보신지라 **2** 제자들이 물어 이르되 랍비여 이 사람이 맹인으로 난 것이 누구의 죄로 인함이니까 자기니이까 그의 부모니이까 **3** 예수께서 대답하시되 이 사람이나 그 부모의 죄로 인한 것이 아니라 그에게서 하나님이 하시는 일을 나타내고자 하심이라 **4** 때가 아직 낮이매 나를 보내신 이의 일을 우리가 하여야 하리라 밤이 오리니 그 때는 아무도 일할 수 없느니라 **5** 내가 세상에 있는 동안에는 세상의 빛이로라 **6** 이 말씀을 하시고 땅에 침을 뱉어 진흙을 이겨 그의 눈에 바르시고 **7** 이르시되 실로암 못에 가서 씻으라 하시니 (실로암은 번역하면 보냄을 받았다는 뜻이라) 이에 가서 씻고 밝은 눈으로 왔더라

나면서부터 맹인이 되었다는 말은 인간의 절망적인 상황을 극단적으로 표현한다. 인간은 스스로의 힘으로는 도저히 빠져나갈 수 없는 죄와 죽음의

절망에 빠져 있다. 맹인은 예수를 볼 수도, 알 수도 없고, 예수에게 도움을 청할 수도 없다. 그래서 예수가 먼저 그에게 다가간다. 마치 베데스다 연못가의 38년 된 병자에게 다가가서 말을 걸었던 것처럼, 그렇게 예수가 먼저 다가간다. 하나님의 아들이 죽음의 질병에 걸린 인간에게 먼저 오신다.

2~3절은 제자들의 질문과 예수의 답변이다. 눈이 먼 것이 누구의 책임인가? 이 물음은 유대인들에게는 당연한 것이었다. 그들은 질병을 죄에 대한 대가로 보기 때문이다. 그러나 예수는 질병을 죄의 대가로 보지 않는다. 질병 자체가 죄이다. 죄는 무슨 잘못의 결과로 나타나는 것이 아니라, 인간의 본질이다. 인간은 무엇을 행하거나 행하지 않아서 죄인이 된 것이 아니라, 인간 자체로서 죄인이다. 그러므로 죄인으로서 인간은 항상 치유 불가능한 질병을 앓고 있다. "하나님이 하시는 일"은 예수의 구원행위를 말한다(11:4 참조). 인간이 죄인이기에, 그 인간을 구원하는 일이 바로 하나님의 일이고, 예수의 일이다. 그러므로 나면서부터 맹인 된 사람은 하나님의 구원을 받아야 할 죄인으로서의 인간을 대표하고 있다.

4~5절의 말씀에서 우리는 이 사건이 단순히 한 병자의 치유사건이 아니라, 그보다 훨씬 깊은 메시지, 곧 예수가 누구이냐는 메시지를 말하고 있음을 알 수 있다. 예수는 하나님을 잃어버리고 어둠에 빠진 세상을 밝히는 빛이다. 예수는 "하나님이 하시는 일"을 세상에서 실현하기 위해서 오셨다. 그러므로 예수는 하나님을 모르는 사람들을 비추며, 그들을 하나님께로 인도하며, 구원에로 인도한다. 그러나 예수는, "우리가" 하나님의 일을 해야 한다고 한다. 하나님의 구원사건은 예수에 의해서 실현되어야 하지만, 그러나 제자들은 예수에 의해서 실현된 구원사건을 증언하고 선포함으로써 "하나님이 하시는 일"에 참여한다. 그러므로 "우리"는 일차적으로는 예수 자신이지만, 동시에 예수가 복음을 증언하도록 세상으로 보내는 제자들까지도 포함한다.[99] 제자로 부름을 받은 사람들은 예수와 더불어 생명구원의 위대한

---

99) 13:20; 17:18; 20:21.

사역에 동참한다. 이러한 하나님의 구원사건은 예수가 "세상에 있는 동안"에 일어나야 한다. "세상의 빛"이신 예수가 계시는 동안은 "낮"이다. "밤"은 예수의 수난의 시간이다(13:30 참조). 예수가 계시는 동안에 눈이 먼 병자를 치료해야 한다. 인간으로서 예수에게도 활동할 수 있는 시간이 한정되어 있듯이, 모든 제자들에게도 그렇고, 모든 인간에게도 복음을 믿음으로 받아들여서 구원에 참여할 수 있는 시간이 한정되어 있다. 어느 인간에게도 기회는 영원히 주어지지 않는다.

6~7절은 치료행위를 구체적으로 설명한다. "침"은 고대세계에서는 눈의 병을 치료하는 약으로 여겨졌다. 침을 넣은 진흙을 발랐다거나 혹은 실로암에 가서 씻음으로써 눈이 뜨였다는 것은 여러 전승에서 온 것으로 보이지만, 정작 복음서가 말하고자 하는 것은, 치유가 예수의 행위와 명령에 의해서 이루어졌다는 것이다. 실로암의 의미가 "보냄을 받았다"는 것이라는 복음서 저자의 해설은, 하나님으로부터 보냄을 받은 예수에 의해서 환자가 치유되었다는 것을 암시한다.

8~12절 이웃 사람들의 반응

8 이웃 사람들과 전에 그가 걸인인 것을 보았던 사람들이 이르되 이는 앉아서 구걸하던 자가 아니냐 **9** 어떤 사람은 그 사람이라 하며 어떤 사람은 아니라 그와 비슷하다 하거늘 자기 말은 내가 그라 하니 **10** 그들이 묻되 그러면 네 눈이 어떻게 떠졌느냐 **11** 대답하되 예수라 하는 그 사람이 진흙을 이겨 내 눈에 바르고 나더러 실로암에 가서 씻으라 하기에 가서 씻었더니 보게 되었노라 **12** 그들이 이르되 그가 어디 있느냐 이르되 알지 못하노라 하니라

맹인이 치유된 사건은 가장 먼저 그의 이웃들에게 커다란 반향을 불러온다. 구걸행각을 하던 맹인이 갑자기 눈을 뜨고 나타났으니, 그를 아는 이웃들의 반응이 어떠했으리라는 것은 충분히 짐작할 수 있다. 자신의 정체성에 의구심을 나타내는 사람들을 향하여 당사자가 "내가 그라"고 자신을 밝힌다

(9절). 당연히 사람들의 관심은 "어떻게"에 집중된다(10절). 치유를 받은 사람은 6~7절의 내용을 반복하면서 자신에게 일어난 사건을 설명한다. 여기서 그는 예수를 "그 사람"이라고 칭한다. 놀라운 치유사건을 경험한 사람은 아직 예수를 모른다. 17절에서는 "선지자"로, 33절에서는 하나님께로부터 온 사람이라고 고백한다. 그리고 나중에 예수를 다시 만나서 말씀을 들음으로써 예수에 대한 온전한 지식과 고백에 이르게 된다(35~37절). 여기서도 치유사건 자체가 예수에 대한 믿음을 창출하지 못한다는 것을 알 수 있다. 기적적인 치유의 사건은 예수에 대한 관심을 불러오며, 예수를 바르게 알아가는 계기가 되기는 하지만, 진정한 믿음은 예수의 말씀을 들음으로써 생겨난다.

13~17절 바리새인들의 심문

13 그들이 전에 맹인이었던 사람을 데리고 바리새인들에게 갔더라 **14** 예수께서 진흙을 이겨 눈을 뜨게 하신 날은 안식일이라 **15** 그러므로 바리새인들도 그가 어떻게 보게 되었는지를 물으니 이르되 그 사람이 진흙을 내 눈에 바르매 내가 씻고 보나이다 하니 **16** 바리새인 중에 어떤 사람은 말하되 이 사람이 안식일을 지키지 아니하니 하나님께로부터 온 자가 아니라 하며 어떤 사람은 말하되 죄인으로서 어떻게 이러한 표적을 행하겠느냐 하여 그들 중에 분쟁이 있었더니 **17** 이에 맹인되었던 자에게 다시 묻되 그 사람이 네 눈을 뜨게 하였으니 너는 그를 어떠한 사람이라 하느냐 대답하되 선지자니이다 하니

일반 백성들이 이해할 수 없는 일이 벌어지면 바리새인들에게 가르침을 받는 것이 당시의 상황이었다. 그래서 치유 받은 사람의 이웃들은 이 사람을 바리새인들에게로 데리고 간다. 그들은, 바리새인들이 율법에 정통한 사람들이라고 여겼기 때문에, 놀라운 사건에 대한 그들의 설명을 듣고 싶었기 때문이다. 그럼으로써 율법에 정통한 지식을 가지고 있어서 잘 안다고 자부하는 바리새인들과 나면서부터 맹인이라서 아무것도 모르는 것으로 여겨지는 과거의 맹인이 묘한 대조를 이루고 있다. 누가 과연 진리를 잘 알고 있는가?

맹인을 치유해 준 날이 안식일이라는 언급이 이제야 나온다. 안식일에 진흙 덩어리를 만드는 것은 금지된 일들 중의 하나였다. 베데스다 연못에서 38년 된 병자를 치유해 준 것도 안식일이었다. 안식일에 일어난 놀라운 기적 사건에 직면해서 바리새인들 사이에도 논란이 일어났다(16절). 안식일을 어긴 사람이 어떻게 하나님께로부터 온 사람일 수 있겠는가? 그러나 만일 예수가 죄인이라면, 어떻게 이런 엄청난 기적을 행할 수 있겠는가? 예수라는 인물이 과연 누구이며, 어디로부터 온 인간인가? 이것이 바리새인들 사이에 벌어진 논란의 중심이었다.

17절은 대단한 역설이다. 맹인으로 태어나 구걸이나 하던 무식한 사람에게 당대 최고의 율법전문가들로 알려진 바리새인들이 묻는다. "너는 그를 어떠한 사람이라 하느냐?" 질문을 받은 사람의 대답은 간단하다. "선지자니이다." 훌륭한 "선지자"는 하나님의 특별한 능력을 발휘할 수 있다는 당시의 일반적인 견해에 따른 대답이다. 이 사람은 아직 예수를 바르게 알지 못하고 있기 때문에, 이것은 올바른 신앙고백이 아니다.

18~23절 맹인이었던 사람의 부모에 대한 심문

18 유대인들이 그가 맹인으로 있다가 보게 된 것을 믿지 아니하고 그 부모를 불러 묻되 **19** 이는 너희 말에 맹인으로 났다 하는 너희 아들이냐 그러면 지금은 어떻게 해서 보느냐 **20** 그 부모가 대답하여 이르되 이 사람이 우리 아들인 것과 맹인으로 난 것을 아나이다 **21** 그러나 지금 어떻게 해서 보는지 또는 누가 그 눈을 뜨게 하였는지 우리는 알지 못하나이다 그에게 물어 보소서 그가 장성하였으니 자기 일을 말하리이다 **22** 그 부모가 이렇게 말한 것은 이미 유대인들이 누구든지 예수를 그리스도로 시인하는 자는 출교하기로 결의하였으므로 그들을 무서워함이러라 **23** 이러므로 그 부모가 말하기를 그가 장성하였으니 그에게 물어 보소서 하였더라

맹인이었던 사람이 예수가 "선지자"라고 대답했지만, 유대인들은 그에 대한 어떠한 반응도 하지 않은 채, 그의 부모를 부른다. 17절까지는 바리새

인들이 심문의 주체였는데, 18절부터 갑자기 "유대인들"이 심문을 한다. 여기의 "유대인들"은 유대교를 대표하는 사람들이다. 그들은, 이 사람이 맹인으로 태어났다는 소문이 사실이 아닐지도 모른다는 생각을 한 것 같다. 그러나 부모의 확인으로 모든 것은 확실해졌다. 나면서부터 맹인이 된 사람의 기적적인 치유가 일어났다는 사실이 분명해진 것이다. 19절에서 그들이 그의 부모에게 물은 것도 "어떻게"이다(10절 참조). 예수가 하나님의 아들이라는 것을 믿지 못하는 사람은, 니고데모가 그랬던 것처럼(3:4), 하나님의 말씀이나 놀라운 일 앞에서 오직 "어떻게"라고 물을 수밖에 없다. 그들의 "어떻게"라는 물음에 대해서 그의 부모들도 "누가 어떻게 아들의 눈을 뜨게 해 주었는지"를 묻는다(21절). 그러나 바리새인들이 "어떻게"를 묻는 이유와 그 부모가 묻는 이유는 다르다. "예수를 그리스도라 시인하는 자"는 누구나 유대교에서 출교 조치하기로 결의하였다는 사실 때문에 눈이 뜨인 사람의 부모는 그렇게 대답한 것이다(22절). 그러므로 그 부모는 이미 누가 아들의 눈을 치유해 주었는지를 잘 알고 있었다.

이로써 나면서부터 맹인 된 사람의 치유사건을 둘러싼 논쟁의 핵심도 "예수가 그리스도이냐" 하는 물음이었음이 분명해진다. 사실 요한복음이 기록되던 AD 90년 무렵에 기독교 공동체와 유대교의 회당 공동체는 예수가 누구냐 하는 문제로 논란을 벌였고, 예수가 그리스도라는 신앙의 고백을 한 사람은 누구나 회당에서 쫓겨났다. 예수에 대한 진정한 신앙고백은 신자의 삶에 깊은 흔적과 결과를 가져온다. 당시 유대인으로서 예수를 믿는 사람들은 유대사회로부터 배척을 받는 결과를 감수해야 하였다.

24~34절 맹인에 대한 두 번째 심문 - "내가 한 가지 아는 것은…"

24 이에 그들이 맹인이었던 사람을 두 번째 불러 이르되 너는 하나님께 영광을 돌리라 우리는 이 사람이 죄인인 줄 아노라 **25** 대답하되 그가 죄인인지 내가 알지 못하나 한 가지 아는 것은 내가 맹인으로 있다가 지금 보는 그것이니이다 **26** 그들이 이르되 그 사람이 네게 무엇을 하였느냐 어떻게 네 눈을 뜨게 하였느냐 **27** 대답하되 내가

이미 일렀어도 듣지 아니하고 어찌하여 다시 듣고자 하나이까 당신들도 그의 제자가 되려 하나이까 **28** 그들이 욕하여 이르되 너는 그의 제자이나 우리는 모세의 제자라 **29** 하나님이 모세에게는 말씀하신 줄을 우리가 알거니와 이 사람은 어디서 왔는지 알지 못하노라 **30** 그 사람이 대답하여 이르되 이상하다 이 사람이 내 눈을 뜨게 하였으되 당신들은 그가 어디서 왔는지 알지 못하는도다 **31** 하나님이 죄인의 말을 듣지 아니하시고 경건하여 그의 뜻대로 행하는 자의 말은 들으시는 줄을 우리가 아나이다 **32** 창세 이후로 맹인으로 난 자의 눈을 뜨게 하였다 함을 듣지 못하였으니 **33** 이 사람이 하나님께로부터 오지 아니하였으면 아무 일도 할 수 없으리이다 **34** 그들이 대답하여 이르되 네가 온전히 죄 가운데서 나서 우리를 가르치느냐 하고 이에 쫓아내어 보내니라

유대 당국자들은 두 번째로 치유를 받은 사람을 부른다. "너는 하나님께 영광을 돌리라"는 구약성서에서는 특히 죄인이 죄를 고백해야 할 때 자주 사용되는 표현이다(수 7:19; 삼상 6:5; 대하 30:8; 렘 13:16 등). 그러므로 유대인들은 이 사람으로 하여금 과거 예수의 편에 섰던 사실을 하나님 앞에 죄를 범한 것으로 고백하도록 강요한다. 그러므로 그들은 이미 예수를 "죄인"으로 낙인을 찍고, 그의 확인을 받으려는 것이다.

고침을 받은 사람은 "내가 한 가지 아는 것은, 내가 맹인으로 있다가 지금 보는 그것이다"라고 말한다(25절). 이것이 진정한 믿음의 고백이다. 진정한 믿음은 "나는 전적으로 죄인(맹인)으로서 나 자신의 힘으로는 볼 수 없었으나, 그분을 만나서, 그분에 의해서 내 눈이 뜨이고, 그래서 지금은 내가 본다."라고 고백한다. 여기에 인간의 어떠한 능력이나 의지가 개입할 여지가 없다. 나면서부터 맹인은 "내가 내 힘(이성)으로 예수에게 나가서 내 힘으로 그를 믿고 고백했고, 그래서 내가 이제 보게 되었다."라고 말할 수 없다. "나는 내 스스로 결단해서 예수를 믿게 되었다."라고 말하는 사람은 진정한 믿음에 이르지 못한 사람이다.

유대 당국자들은 다시 "어떻게"를 묻고(26절), 치유 받은 사람의 비꼬는 듯 하는 말에 욕설로 반응한다(27절). 그러면서 그들은 "모세의 제자"임을 자처하며 "예수의 제자"를 비난한다. 그들은, 하나님이 모세에게 말씀하심

으로써, 모세의 권위와 그를 통해서 주어진 율법의 신적인 권위를 강조하지만, 반면에 예수는 출처가 의심스러운 믿을 수 없는 사람이라고 한다(29절). 모세의 권위는 하나님에 의해서 주어진 것이라고 그들은 확신하면서, 예수는 무엇에 근거해서 권위를 주장하는지 모르겠다는 비아냥거림이다.

30~33절은 이러한 그들의 희롱에 대한 요한 공동체의 대답이다. 나면서부터 맹인이었던 사람을 치유해 주는 놀라운 기적을 행한 예수에게서 하나님의 권위와 능력을 보지 못한다는 것이 말이 되느냐는 반문이다. 이처럼 놀라운 능력을 보여 주는 예수가 죄인이라는 것이 말이 되느냐는 반문이다. 그러므로 창세 이후 볼 수 없는 놀라운 능력을 행한 예수는 "하나님께로부터 왔다." 결국, 5:46이 말하듯이, 유대인들은 모세를 내세우지만, 실상은 모세를 제대로 알지 못하고 있다는 것이 요한복음의 대답니다. 그들이 모세를 바로 알았다면, 당연히 예수가 누구인지를 알고 믿었을 것이다. 요한복음은 예수로부터 직접 치료를 받아서 눈이 떠진 사람의 증언을 내세워서 더 이상 어떻게 부정하거나 의심할 수 없는 확실한 메시지를 던진다. 예수는 하나님께로부터 오신 분이다.

24~33절에는 "알다"는 동사가 반복된다. 유대인들이, 예수가 죄인인 줄을 "안다."(24절) 그러나 치유 받은 사람은 예수가 죄인인 줄은 모르겠으나, 그가 "아는 것"은 예수에 의해서 자신에게 놀라운 변화가 일어났다는 것이다(25절). 다시 유대인들은 29절에서 하나님이 모세에게 말씀하신 것을 "알지만", 예수가 어디서 왔는지를 "알지 못한다." 그러나 치유 받은 사람은 그들이 알지 못함을 이상하게 여기며(30절), 그는 자기에게 행한 예수의 기적 행위로 볼 때, 예수는 죄인이 아니라 경건하여 하나님의 뜻을 행하는 사람인 것을 "안다."(31절). 유대인들의 앎/알지 못함과 치유 받은 사람의 앎/알지 못함이 계속해서 충돌한다. 예수에 대한 진정한 지식은, 예수를 만나서 그의 능력을 경험할 때 가능하며, 더 나아가서 예수의 말씀을 직접 들을 때, 온전해진다. 예수를 바로 알 때, 모세도, 율법도, 구약성서도 바로 안다.

34절에서 유대인들은 죄와 질병의 인과관계에 근거해서 치유 받은 맹인을 "죄 가운데서 난" 사람으로 몰아세운다. 그러나 그런 인과관계는 이미 예수에 의해서 부정되었다(3절). 그들은, "죄 가운데 난" 사람은 율법에 무지한 사람이지만, 자신들은 율법에 정통한 사람들이라고 여겼기 때문에, 치유 받은 사람의 앎을 올바른 앎으로 인정하지 않는다. 결국 유대인으로 대표되는 믿지 않는 사람들은 그리스도인들의 신앙지식과 고백을 부정한 것이다.

35~41절 누가 진짜 맹인인가?

35 예수께서 그들이 그 사람을 쫓아냈다 하는 말을 들으셨더니 그를 만나사 이르시되 네가 인자를 믿느냐 **36** 대답하여 이르되 주여 그가 누구시오니이까 내가 믿고자 하나이다 **37** 예수께서 이르시되 네가 그를 보았거니와 지금 너와 말하는 자가 그이니라 **38** 이르되 주여 내가 믿나이다 하고 절하는지라 **39** 예수께서 이르시되 내가 심판하러 이 세상에 왔으니 보지 못하는 자들은 보게 하고 보는 자들은 맹인이 되게 하려 함이라 하시니 **40** 바리새인 중에 예수와 함께 있던 자들이 이 말씀을 듣고 이르되 우리도 맹인인가 **41** 예수께서 이르시되 너희가 맹인이 되었더라면 죄가 없으려니와 본다고 하니 너희 죄가 그대로 있느니라

예수에 의해서 치유를 받고 눈을 떠서 예수를 바로 알게 된 사람은 유대교 회당 공동체로부터 쫓겨난다. 놀라운 치유 사건은 그로 하여금 점차 예수가 누구인지를 깨닫게 하였다. 그는 먼저 예수를 선지자라고 대답하고(17절), 이어서 하나님께로부터 온 사람이라고 한다(33절). 진정한 믿음에 이른 그는 아직 예수를 보지 못하였다. 보지 못하였음에도 불구하고 자신을 치유해 준 사람이 하나님께로부터 왔다는 사실을 유대교 당국자들의 서슬 퍼런 심문 앞에서도 꿋꿋이 증언하였다. 유대교 공동체에서 쫓겨났다는 소식을 들은 예수가 그에게 온다. 그의 꿋꿋한 증언은, 그가 하나님이 예수에게 주신 사람, 예수의 양들 중의 한 사람이라는 것을 확인해 주었다. 그를 찾아온 예수는 그를 완전한 믿음의 깨달음으로 안내한다. "네가 인자를 믿느냐?"는 예수의 질문과 가르침에 의해서 그는 드디어 완전한 깨달음에 이른다. 그래서 그는 "주여, 내가 믿나이다."라고 고백하며 무릎을 꿇어 절을 한다(38절).

유대인이 무릎을 꿇어 절하는 것은 하나님뿐이다. 그러므로 그는 예수를 하나님으로 경배했다.

39~41절에 의하면, 하나님의 진리를 이 세상에 계시하신 예수에게 어떤 태도를 보이느냐에 따라서 심판과 구원이 결정된다. 여기서도 우리는 믿음이 무엇이며, 어떻게 구원에 이르는가를 볼 수 있다. 40절에 의하면, "나는 본다."라고 스스로의 힘과 능력을 내세우는 바리새인과 같은 사람은 불신앙의 사람이다. 믿음과 구원은 인간의 힘으로는 얻을 수 없고, 오직 예수를 만나서, 예수에 의해서만 선물로 얻을 수 있다. 그래서 39절에서 예수는, 스스로 본다고 여기는 사람들을 맹인이 되게 하고, 스스로 보지 못하는 사람들을 보게 하리라고 말씀한다. 이것이 심판($\kappa\rho\iota\mu\alpha$)이다. 인간 자신의 힘으로 볼 수 있다고 생각하는 사람은, 예수에 의해서 주어지는 치유 곧 믿음을 거부함으로써, 언제까지나 죄인으로 남는다(41절). 스스로 본다고 하는 사람은, 예수가 필요 없는 사람이다. 스스로 보지 못하는 맹인 곧 병자임을 고백하는 사람만이 예수를 필요로 하고, 오직 그 사람만이 예수에 의해서 고침을 받고 믿음을 고백하며 구원을 받는다. "건강한 자에게는 의사가 쓸 데 없고, 병든 자에게라야 쓸 데 있느니라. 나는 의인을 부르러 온 것이 아니라, 죄인을 부르러 왔노라."는 공관복음에 나오는 예수의 말씀을 기억나게 한다(막 2:17; 마 9:12~13; 눅 5:31~32).

13) 10:1~21 "나는 선한 목자이다."

7장부터 계속되는 예수와 바리새인으로 대표되는 유대인들 사이의 예루살렘 논쟁이 이제 정점에 다가가고 있다.

1~5절 문과 목자의 비유 - "절도와 강도, 그리고 목자"

1 내가 진실로 진실로 너희에게 이르노니 문을 통하여 양의 우리에 들어가지 아니

하고 다른 데로 넘어가는 자는 절도며 강도요 **2** 문으로 들어가는 이는 양의 목자라 **3** 문지기는 그를 위하여 문을 열고 양은 그의 음성을 듣나니 그가 자기 양의 이름을 각각 불러 인도하여 내느니라 **4** 자기 양을 다 내놓은 후에 앞서 가면 양들이 그의 음성을 아는 고로 따라오되 **5** 타인의 음성은 알지 못하는 고로 타인을 따르지 아니하고 도리어 도망하느니라

1~5절의 말씀과 6절의 해설은 예수가 그의 논쟁의 적들에게 행한 비유이다. 1~2절은 "절도와 강도"를 "양의 목자"와 대조한다. "절도"는 은밀하게 들어오는 도둑이고, "강도"는 폭력을 행사하는 도둑이다. 그러므로 그들은 "문"이 아닌 "다른 데"를 통해서 은밀하게 우리 안으로 들어온다. 반면에 목자는 문을 통해서 정정당당하게 들어간다. 3절에 의하면, 우리를 지키는 문지기가 따로 있다. 소수의 양들을 키우는 여러 목자들이 밤이면 하나의 우리에 양들을 모아놓고, 목자들이 돌아가면서 당번 형식으로 우리의 문을 지켰던 것이 관습이었다. 목자들은 자기 양들에게 이름을 붙여 주었던 것도 당시의 관습이었다. 별도의 천막에서 잠을 자던 목자들 중의 한 목자가 문으로 우리에 들어가서 "자기" 양들의 이름을 부르면, 그 양들은 목자의 음성을 듣고 따라서 우리를 나섰다. 목자와 양들은 그처럼 매우 친밀한 관계를 가지고 있었다. 구약성서에서 이름을 기억하고 부르는 것은 하나님이 그의 백성을 특별히 사랑한다는 표식이기도 하다(사 43:1; 45:3~4; 59:1 등). 목자는 그의 음성을 알아들은 양들을 앞서가면, 양들은 그 뒤를 따라간다. 빛이신 예수를 따르면 어둠에 빠지지 않듯이(8:12), 목자이신 예수의 말씀을 듣고 따르는 그리스도인들은 길을 잃고 헤매지 않고 푸른 초장과 쉴 만한 물가에 도달할 수 있다. 양들은 "타인의 음성"을 알아듣지 못하기 때문에 따르지 않고 도망한다(5절). 예수 이외의 다른 목자가 없기 때문에, 양들은 다른 사람이나 그의 가르침을 따라갈 수 없다. 목자가 그의 양들의 이름을 알고 부르듯이, 양들은 목자의 음성을 알고 따른다.

6절 비유를 깨닫지 못하는 유대인

6 예수께서 이 비유로 그들에게 말씀하셨으나 그들은 그가 하신 말씀이 무엇인지 알지 못하니라

예수의 말씀은 "비유"($\pi\alpha\rho\circ\iota\mu\iota\alpha$)인데, 유대인들이 이 비유의 의미를 깨닫지 못했다. 오늘 우리가 읽으면, 전혀 이해하기 어려운 이야기가 아니다. 비유에서 목자는 예수를 말하고, 목자의 음성을 듣고 따라가는 양들은 그리스도인들을 의미한다는 것은 너무 간단하다. 우리가 그렇게 잘 알 수 있는 것은, 보혜사 성령이 와서 예수와 그의 말씀을 깨닫게 해 주었기 때문이다. 성령의 조명이 없이는 이해할 수 없는 것이 예수의 가르침, 특히 "비유"($\pi\alpha\rho\circ\iota\mu\iota\alpha$)이다(16:25 이하). 그러니 예수를 믿지 않는 유대인들은 비유를 깨닫지 못하는 것은 당연하다. 그들은, 9:39에서 말한 것처럼, 본다고 하지만 실제로는 보지 못하는 사람들이기 때문이다(8:43, 47도 참조).

7~10절 문의 비유 해설 – "나는 양의 문이다."

7 그러므로 예수께서 다시 이르시되 내가 진실로 진실로 너희에게 말하노니 나는 양의 문이라 **8** 나보다 먼저 온 자는 다 절도요 강도니 양들이 듣지 아니하였느니라 **9** 내가 문이니 누구든지 나로 말미암아 들어가면 구원을 받고 또는 들어가며 나오며 꼴을 얻으리라 **10** 도둑이 오는 것은 도둑질하고 죽이고 멸망시키려는 것뿐이요 내가 온 것은 양으로 생명을 얻게 하고 더 풍성히 얻게 하려는 것이라

7~10절은 문의 비유를 사용한다. 역시 긍정적인 표현과 부정적인 표현을 반복해서 사용한다. 7절은 긍정적인 표현으로서 요한복음의 전형적인 계시 어투를 사용해서 오직 예수만이 "양의 문"이라($\varepsilon\gamma\omega\ \varepsilon\iota\mu\iota$)고 말한다. 예수 외에는 다른 문이 없다. 양의 문이 되시는 예수를 통하여 양들은 안전한 우리에 도달하고 또 푸른 초장에 나갈 수 있다. 그러므로 오직 예수를 통해서만 양들은 구원에 이른다. 14:6에서 예수가 "나는 길이요 진리요 생명이니 나로 말미암지 않고는 아버지께 올 자가 없다"고 하신 말씀과 같은 내용이다.

8절은 부정적인 표현으로서 예수에 앞서서 온 사람은 모두가 절도와 강

도라고 한다. 예수보다 "먼저 온 자"가 구체적으로 누구인지는 알 수 없다. 목자는 아침이 되어서 오는데, 그보다 먼저 밤중에 몰래 들어오는 도둑들을 말한다. 이로써 예수 이외의 다른 구원자가 없다는 것을 강조한다. 예수 외에 다른 구원의 길이 있을 수 없다. 예수 외에는 구원으로 들어갈 수 있는 다른 문은 없다. 그럼에도 불구하고 자신이 구원의 문이라고 주장하는 사람이 있다면, 그는 절도와 강도에 지나지 않는다.

9절은 다시 7절에 상응하는 긍정적인 표현으로서 예수를 통해서 구원의 꼴을 먹을 수 있다고 한다. 10a절은 다시 부정적인 표현으로서 8절에 상응하고, 10b절은 7절에 상응하는 긍정적인 표현이다. 이러한 문의 비유에는 시편 118:19~20; 민수기 27:17; 미가 5:4 등이 작용하고 있다.

11~18절 목자의 비유 해설 - "나는 선한 목자이다."

11 나는 선한 목자라 선한 목자는 양들을 위하여 목숨을 버리거니와 **12** 삯꾼은 목자가 아니요 양도 제 양이 아니라 이리가 오는 것을 보면 양을 버리고 달아나나니 이리가 양을 물어 가고 또 헤치느니라 **13** 달아나는 것은 그가 삯꾼인 까닭에 양을 돌보지 아니함이나 **14** 나는 선한 목자라 나는 내 양을 알고 양도 나를 아는 것이 **15** 아버지께서 나를 아시고 내가 아버지를 아는 것 같으니 나는 양을 위하여 목숨을 버리노라 **16** 또 이 우리에 들지 아니한 다른 양들이 내게 있어 내가 인도하여야 할 터이니 그들도 내 음성을 듣고 한 무리가 되어 한 목자에게 있으리라 **17** 내가 내 목숨을 버리는 것은 그것을 내가 다시 얻기 위함이니 이로 말미암아 아버지께서 나를 사랑하시느니라 **18** 이를 내게서 빼앗는 자가 있는 것이 아니라 내가 스스로 버리노라 나는 버릴 권세도 있고 다시 얻을 권세도 있으니 이 계명은 내 아버지에게서 받았노라 하시니라

11~16절에는 역시 긍정적인 표현과 부정적인 표현이 반복되며, 두 번에 걸쳐서 예수의 자기 계시의 말씀(εγω ειμι)이 나온다(11,14절). "나는 선한 목자다"(11절). 선한 목자는 양을 "위하여" 자기 목숨을 내놓는다(막 10:45 참조). 이는 이사야 53:10에 상응하는 표현이다. 선한 목자로서 양들을 위한 예수의 죽음은 죄인을 대리하는 속죄의 죽음이다. 이런 대속적인 죽음을 통해

서 양들의 죄를 용서하여 그들로 하여금 생명의 풍성함으로 누리게 하는 목자는 오직 예수뿐이다.

12~13절은 부정적인 표현이다. 1절이나 8절이 절도와 강도를 말한다면, 여기서는 "삯꾼"을 말한다. 삯꾼은 목자와는 달리 양들을 위하여 자기 목숨을 내놓지 않는다. 삯꾼은 양을 위해서가 아니라, 자기의 삯을 위해서만 일한다. 그러므로 양들을 위하여 목숨을 버리려고 하지 않는다. 에스겔 34장은 이스라엘의 지도자들을 목자라고 하면서, 그들이 양 떼를 돌보지 않았으며, 그래서 양 떼들이 짐승의 밥이 되고 흩어졌다고 탄식한다(34:1~8). 이러한 잘못된 목자들을 대신해서 하나님께서 "친히 내 양의 목자가 되어" 먹이고 노략거리가 되지 않게 하겠다고 한다(34:15). 이어서 에스겔은, 하나님께서 다윗을 목자로 세울 것이라고 한다(34:23). 에스겔이 고발하는 이스라엘의 목자들은 자기들의 이익과 안전만을 챙기는 "삯꾼"이다. 이는 단지 종교적인 차원만은 아니고, 경제나 정치적인 차원에서도 그렇다. 진정한 리더십을 가진 목자는 자신의 안위보다는 양들을 위해서 죽을 수 있어야 한다.

14~16절은 다시 긍정적인 표현으로, 삯꾼과 대비되는 "선한 목자"를 말한다. 목자와 양의 관계는 아버지 하나님과 아들 예수의 관계와 같다. 아버지가 먼저 아들을 아시듯, 목자가 양들을 안다. 목자의 앎이 먼저이고, 양들의 앎이 뒤따른다. 안다는 것은 단순히 지적인 작용에 그치는 것이 아니라, 상호 깊은 교제까지를 포함하는 앎이다. 행동에까지 이르는 내밀한 관계를 포함한다. 아버지가 아들을 알기 때문에, 아들은 아버지의 뜻을 알아 순종한다. 그것은 목자가 양들을 위하여 죽는 것이다. 예수는 아버지의 뜻에 순종하여 양들을 위하여 목숨을 버린다.

16절의 "우리에 들지 아니한 다른 양들"은 이방인들이다. 유대인이나 이방인을 무론하고, 하나님께서 아들에게 준 사람들은 아들 예수의 음성을 듣고, 그래서 "한 무리가 되어 한 목자에게 있어야 한다." 이것이 진정한 교회이다. 진정한 구원의 공동체는 유대인과 이방인을 포괄한다. 유대인이나 이방인을 구분하지 아니하고 모든 제자들이 한 목자의 인도 아래에서 하나의 무리가 되어 일치를 이루게 하기 위해서 예수는 죽었고(11:51~52) 또 그 일치를 위하여 예수는 기도한다(17:20~21). 교회의 일치는 십자가의 죽음에서 예수가 이루어놓은 것이다. 그러므로 누구도 교회의 일치를 깨뜨릴 수 없다. 교회의 일치와 평화는 요한복음 외에도 특히 에베소서에서 핵심적인 메시지이다(엡 2:11~22; 4:1~16).

17~18절에 의하면, 선한 목자로서 예수가 양들을 위하여 자기 목숨을 내놓기도 하고, 다시 얻기도 한다. 그러므로 예수는 생명의 권세를 가지신 주이다. 예수의 십자가 죽음과 부활은 떨어질 수 없다. 생명의 주이신 예수는 악한 세력에 의해서 억지로 죽음의 길을 가는 것이 아니라, 예수 스스로 자신의 죽음의 길을 간다. 악한 세력이 예수를 죽였는데, 하나님이 그를 부활시킴으로써 악한 세력을 물리치고 예수를 하나님의 아들로 확인하셨다는 뜻이 아니다. 요한복음에서 예수는 항상 하나님과 일치 가운데 있다. 그러므로 누구도 그에게 죽음을 강요할 수 없다. 하나님의 아들이신 예수는 스스로 죽음으로 들어가서, 죽음의 세력을 극복할 수 있는 권세를 가지고 있다. 그러므로 그는 죽음의 심연 속에서도 승리의 노래를 부른다. 이런 죽음의 이해는 예수의 수난이야기에서 분명히 드러나게 될 것이다. 요한복음에서 예수의 수난은 그에게 강요된 길이 아니라, 그 자신이 스스로 가는 길이다. 예수가 자신을 원수들의 손에 넘겨주시기 때문에, 그들은 예수를 심문하고 처형할 수 있었다. 예수는 어쩔 수 없이 희생된 것이 아니라, 자발적으로 죽음의 길을 간다.

19~21절 유대인의 분열된 반응

19 이 말씀으로 말미암아 유대인 중에 다시 분쟁이 일어나니 **20** 그 중에 많은 사람이 말하되 그가 귀신 들려 미쳤거늘 어찌하여 그 말을 듣느냐 하며 **21** 어떤 사람은 말하되 이 말은 귀신 들린 자의 말이 아니라 귀신이 맹인의 눈을 뜨게 할 수 있느냐 하더라

7:11, 40~43; 9:16에서처럼, 예수의 말씀은 다시 유대인들 사이에 논쟁을

불러일으킨다. 결국 주제는 예수가 누구냐 하는 것이다. 예수는 귀신에 들린 미치광이이든가[100] 아니면 맹인의 눈을 뜨게 한 하나님이든가, 둘 중의 하나이다. 이것 역시 AD 90년경에 유대교와 요한 공동체로 대표되는 기독교 사이에 예수를 놓고 벌인 뜨거운 논쟁을 반영한다.

14) 10:22~39 수전절의 논쟁 - "나와 아버지는 하나이다."

22 예루살렘에 수전절이 이르니 때는 겨울이라 **23** 예수께서 성전 안 솔로몬 행각에서 거니시니 **24** 유대인들이 에워싸고 이르되 당신이 언제까지나 우리 마음을 의혹하게 하려 하나이까 그리스도이면 밝히 말씀하소서 하니 **25** 예수께서 대답하시되 내가 너희에게 말하였으되 믿지 아니하는도다 내가 내 아버지의 이름으로 행하는 일들이 나를 증거하는 것이거늘 **26** 너희가 내 양이 아니므로 믿지 아니하는도다 **27** 내 양은 내 음성을 들으며 나는 그들을 알며 그들은 나를 따르느니라 **28** 내가 그들에게 영생을 주노니 영원히 멸망하지 아니할 것이요 또 그들을 내 손에서 빼앗을 자가 없느니라 **29** 그들을 주신 내 아버지는 만물보다 크시매 아무도 아버지 손에서 빼앗을 수 없느니라 **30** 나와 아버지는 하나이니라 하신대 **31** 유대인들이 다시 돌을 들어 치려 하거늘 **32** 예수께서 대답하시되 내가 아버지로 말미암아 여러 가지 선한 일로 너희에게 보였거늘 그 중에 어떤 일로 나를 돌로 치려 하느냐 **33** 유대인들이 대답하되 선한 일로 말미암아 우리가 너를 돌로 치려는 것이 아니라 신성모독으로 인함이니 네가 사람이 되어 자칭 하나님이라 함이로라 **34** 예수께서 이르시되 너희 율법에 기록된 바 내가 너희를 신이라 하였노라 하지 아니하였느냐 **35** 성경은 폐하지 못하나니 하나님의 말씀을 받은 사람들을 신이라 하셨거든 **36** 하물며 아버지께서 거룩하게 하사 세상에 보내신 자가 나는 하나님의 아들이라 하는 것으로 너희가 어찌 신성모독이라 하느냐 **37** 만일 내가 내 아버지의 일을 행하지 아니하거든 나를 믿지 말려니와 **38** 내가 행하거든 나를 믿지 아니할지라도 그 일은 믿으라 그러면 너희가 아버지께서 내 안에 계시고 내가 아버지 안에 있음을 깨달아 알리라 하시니 **39** 그들이 다시 예수를 잡고자 하였으나 그 손에서 벗어나 나가시니라

예수가 누구냐? 이 물음을 둘러싼 논쟁이 계속된다. "수전절"은 BC 165

---

100) 7:20; 8:48,49,52.

년에 유다 마카베어에 의해서 성전의 제사가 회복된 것을 기념하여 12월에 8일 동안 계속되는 유대인의 축제이다. 7:2에 의하면, 예수는 가을에 열리는 "장막절"에 예루살렘에 올라왔는데, 그 이후 수전절이 열리는 겨울까지 예루살렘에 계속 머물렀는지, 아니면 다시 갈릴리로 돌아갔다가 왔는지 알 수 없다. 만일 계속 예루살렘에 머물렀다면 최소 2개월 이상을 머문 셈이다.

성전 안 솔로몬 행각에서 유대인들이 먼저 예수에게 질문을 한다(24절). "당신이 그리스도이냐?" 이 질문에 대해서 예수는 25~30절에서 길게 대답한다. 이미 앞에서 살펴 본 것처럼, 예수의 대답은 요한복음의 예정론적인 신학을 밝히는 데 매우 중요하다. 예수는, 이미 자신이 누구인지 그들에게 말했으나, 그들이 믿지 않았다(25절). 예수는 메시아이다. 그러나 유대인들이 생각하고 기다리는 메시아가 아니다. 예수와 아버지는 하나이다. 이런 예수의 말에서 유대인들은 그들이 가지고 있던 전통적인 메시아 기대를 생각할 수 없다. 예수는 유대교 전통에 합당한 메시아가 아니다. 유대인들에게 믿음의 은혜가 임하지 않았으니, 예수의 말씀이나 예수의 행위가 주는 의미를 그들이 이해할 수 없는 것은 당연했다.

26~27절에 의하면, 유대인들이 예수의 말을 듣지 않은 것은, 그들이 예수의 양들이 아니기(εἶναι ἐκ) 때문에 믿지 않는다. 그러므로 그들에게는 예수의 말씀을 듣고자 하는 의지가 없을 뿐만 아니라, 들을 수 있는 능력도 없다. 오직 예수의 양들만이 예수의 말씀을 듣는다. 하나님이 예수에게 허락한 양들은 예수 음성을 듣고, 예수는 그들을 알며 그들은 예수를 따른다. 오직 하나님에 의해서 예수의 양들로 선택된 사람들만이 그의 음성을 듣는다. 그들은 그의 음성을 들었기 때문에, 그 결과 그의 양이 된 것이 아니다.

28~29절에 의하면, 예수는 그들에게 영생을 준다. 그러므로 예수의 양들은 영원히 멸망하지 않는다. 누구도 예수에게서 그의 양들을 빼앗을 수 없다. 이미 로마서 8장에서 바울이 노래하였던 것과 같다. 그 누구도 "우리를 그리스도 예수 안에 있는 하나님의 사랑에서 끊을 수 없다."(롬 8:3). 아버지보다 더 크신 존재는 없다. 아버지의 능력을 이길 수 있는 어떠한 능력도 없

다. 그러므로 누구도, 아버지가 아들에게 허락한 사람들을 아버지의 손에서 빼앗아갈 수 없다. 하나님이 구원으로 선택한 사람들은 영원히 죽지 않는다.

30절은 28절을 보충해서 설명한다. 아들과 아버지는 행동과 존재에서 일치를 이루는 관계이다. 그러므로 아버지처럼 아들도 영생을 준다. 인간에게 영원한 생명을 주실 수 있는 분은 오직 하나님뿐이다. 그런데 예수가 영생을 준다면, 예수와 하나님이 일치 가운데 있다는 뜻이다. "나와 아버지는 하나이다."는 이 말씀은 요한복음의 예수가 한 계시의 말씀 중에서 가장 날카롭고 분명한 말씀이다.

그러므로 31절에서 유대인들이 예수를 돌로 치려고 한 것은 당연하다. 한 인간에 불과하면서 자신이 하나님과 하나라고 주장한다면, 이는 하나님을 모독하는 사람이고, 그에 대한 율법에 규정된 형벌은 돌로 쳐 죽이는 것이다. 그러나 예수는 자기가 하나님으로 말미암아 "선한 일"을 그들에게 해 주었는데, 그중에 어떤 일 때문에 유대인들이 자기를 죽이려고 하는지 묻는다.

그러나 유대인들은 "선한 일"과 "신성모독"을 분리한다(33절). 선한 일은 예수가 행한 행동, 곧 병자를 치유한 것이다. 하나님이 안식일에도 쉬지 않고 일하시니 예수도 안식일에 병자를 치유하였다. 그러므로 "선한 일"은 하나님과 예수가 일치된 행동으로 한 일이다. 반면에 신성모독은 예수와 하나님 사이의 존재적 일치에 관련된다. 유대인들은 행동의 일치에 대해서는 신성모독을 말하지 않는다. 선지자들도 그런 행동을 할 수 있었다. 그러므로 유대인들이 예수를 죽이려고 한 것은, 단순히 예수가 행동에 있어서 하나님과의 일치했기 때문이 아니라, 존재론적으로 그와 하나님이 하나라고 말했기 때문이다. 요한복음은 하나님과 예수가 하나이기 때문에 예수 안에서 하나님을 만난다고 말하지만, 유대인들은 하나님과 예수를 분리해서 생각한다. 요한복음은 예수가 정말로 하나님이라고 믿고 있으나, 유대인들은 예수가 "자칭 하나님이라"고 생각하기 때문에 신성모독자로 여긴다(5:18; 19:7도 참조).

이에 대해서는 34절에서 예수는 시편 82:6의 말씀을 근거로 제시한다. 이 시편에 의하면, 이스라엘의 불의한 재판관들을 "신들"이라고 한다. 그 외에도 시편 8:6(MT)의 본문이나 출애굽기 22:27(LXX)의 본문은 하나님의 말씀을 받은 재판관들을 "신"이라고 부른다. 사람들에게 하나님을 대신하여 말씀하고 판단하는 이들을 그렇게 부른 것이다(출 4:16; 7:1의 모세; 시 45:7의 왕; 슥 12:8의 다윗의 족속 등에 대한 언급도 참조). 35절이 설명하듯이, "하나님의 말씀을 받은" 이들을 "신들"이라고 부른다면, 하물며 하나님이 직접 세상에 보내셔서 하나님의 진리를 계시하게 하신 예수가 자신을 하나님의 아들이라고 하는 것이 어찌하여 신성모독이 될 수 있겠는가? 이렇게 예수는 유대인들에게 반문한다(36절).

34~36절에서 예수는 유대인들의 성경에 근거해서 자기가 신성모독을 행하지 않았다는 것을 논증한 후에 37~38절에서는 그가 행한 "일"을 내세워 논증한다. 고린도전서 1:22에서 바울이 말하였듯이, 유대인들은 표적을 구하는 민족이다. 하나님이 보내셨다면, 그에 합당한 능력을 발휘하여 표적을 행해야 한다고 그들은 생각하였다. 요한복음에서 예수는 하나님의 능력으로 많은 표적들을 행하였다. 예수의 인격을 보고는 못 믿을지라도, 예수가 행한 그 일들을 보고서라도 그들은 예수와 하나님 사이의 일치를 믿어야 한다.

그러나 그들을 향한 예수의 설득과 호소도 소용이 없었다. 그들은 하나님이 예수를 믿도록 허락한 사람들이 아니기 때문이다. 예수가 그들에게 믿으라고 하는 요청은 그들이 믿을 수 없는 사람들에 불과하다는 사실을 더 선명하게 드러낼 뿐이다. 그래서 그들은 예수를 잡으려고 하지만, 아직은 예수가 잡혀야 할 때가 아니다(39절).

5 10:40~12:50 생명의 주, 예수가 죽음의 길을 가다

1) 10:40~42 베다니로 가다

40 다시 요단 강 저편 요한이 처음으로 세례 베풀던 곳에 가사 거기 거하시니 **41** 많

은 사람이 왔다가 말하되 요한은 아무 표적도 행하지 아니하였으나 요한이 이 사람을 가리켜 말한 것은 다 참이라 하더라 **42** 그리하여 거기서 많은 사람이 예수를 믿으니라

예수는 예루살렘에서(10:22) 요단 강 건너편, 요한이 세례를 베풀던 곳으로 간다. 1:28에 의하면, 이곳의 이름은 베다니이다. "요한이 이 사람을 가리켜 말한 것"(41절)은 1:24~36; 3:23~36에 나오는 요한의 증언을 말한다. 요한의 증언의 핵심은 예수가 "하늘로부터" 온 "하나님의 아들"이며(1:34; 3:31) 또 "세상 죄를 지고 가는 하나님의 어린 양"이라는 것(1:29)이다. 이러한 요한의 증언은 "참"되며, 그러므로 진리이다.

우리는 11:45~57을 여기서 먼저 살펴보자. 나사로 사건에 자극을 받아서 산헤드린은 예수를 죽이기로 결의한다(53절). 가야바의 말이 이런 결의에 결정적인 역할을 한다. 그는 "한 사람이 백성을 위하여 죽어서 온 민족이 망하지 않게 하자"고 한다(50절). 요한복음은, 가야바의 이 말을 유대인과 이방인을 위한 예수의 죽음을 미리 예고하는 것으로 해석한다(51~52절). 가야바는 의도하지 않고 한 말이었지만, 역설적으로 진리를 말한 것이다.

10:40~42의 세례 요한과 11:45~57의 가야바의 말을 비교하면, 그 둘은 내용적으로 일치한다. 한 사람 예수가 세상의 죄를 지고 죽음으로써 세상을 살린다. 예수는 죽고, 세상은 살아난다. 바로 이것이 나사로 사건의 메시지이다. 그러므로 10:40~42과 11:45~57은 나사로 사건의 앞과 뒤에서 그 신학적인 핵심을 미리 앞당겨서 그리고 마무리로서 말한다. 이로써 나사로 사건과 예수의 죽음은 불가분리의 관계에 있다는 사실도 분명해진다.

2) 11:1~44 나사로를 살리다(일곱 번째 표적)

나사로 사건은 요한복음의 클라이맥스이다. 나사로 이야기에는, 예수가 누구이며 구원이 무엇인지 그리고 어떻게 받는지가 명료하게 나타나 있다. 나사로 이야기에는 두 개의 정점이 있다. 첫째는 계시의 말씀이 핵심을 이루는 23~27절이다. 여기서 예수는, 자신이 부활이요 생명이고, 그러므로 예

수를 믿으면 영원히 살게 된다고 말한다. 다른 하나는 표적사건이 핵심을 이루는 38b~44절이다. 여기서는 실제로 죽은 나사로가 예수의 말씀을 통하여 다시 살아난다. 부활이요 생명이신 예수께서 말씀으로 나사로를 살린다. 예수의 말씀이 죽음을 이기는 생명의 사건으로 실현된다.

1~5절 주인공들의 소개 – 죽음의 병에 든 인간

1 어떤 병자가 있으니 이는 마리아와 그 자매 마르다의 마을 베다니에 사는 나사로라 **2** 이 마리아는 향유를 주께 붓고 머리털로 주의 발을 닦던 자요 병든 나사로는 그의 오라버니더라 **3** 이에 그 누이들이 예수께 사람을 보내어 이르되 주여 보시옵소서 사랑하시는 자가 병들었나이다 하니 **4** 예수께서 들으시고 이르시되 이 병은 죽을 병이 아니라 하나님의 영광을 위함이요 하나님의 아들이 이로 말미암아 영광을 받게 하려 함이라 하시더라 **5** 예수께서 본래 마르다와 그 동생과 나사로를 사랑하시더니

1~2절은 두 번이나 나사로가 병들었다고 한다. 3~4절도 두 번이나 병에 관해서 말하고, 6절도 병을 말한다. 38년 된 병자나 태어나면서 맹인이었던 사람과 마찬가지로 죽음에 이르는 병에 들었고, 이미 죽어버린 나사로, 그는 모든 인류의 절망적인 상황을 대변한다. 앞의 두 병자는 아직 죽지는 않았는데, 나사로는 이미 죽어버렸다. 그런 점에서 생명이요 부활이신 예수의 구원사역이 나사로 사건에서 더 극적으로 최대한의 모습으로 나타난다. 모든 인간은 죽음에 이르는 병에 들어서, 절망적으로 죽어가고 있다. 과연 누가 이 절망적인 인류의 상황을 반전시킬 수 있을까? 인간은 어떻게 이 죽음의 질병에서 벗어날 수 있는가? 오직 예수만이 죽음의 질병에서 인간을 건질 수 있다. 나사로 이야기는 이것을 말한다.

베다니는 두 곳에 있었다. 1:28과 10:40에 의하면, 요단강 건너편에 있는 요한이 세례를 베풀던 곳이 베다니이고, 11장과 12:1 그리고 공관복음에 의하면, 전혀 다른 장소 곧 예루살렘에서 약 3Km 정도 떨어진 마을이 베다니였다. 그러므로 예수는 요단강 동편의 베다니에서 나사로의 병든 소식을 들

고, 그가 죽은 후에 요단강 서편의 베다니로 왔다. 2절은 12:1 이하에서 말하게 될 사건을 앞당겨 말한다. 미래에 일어날 일을 말하면서 부정과거 완료형 동사("붓고, 닦던")가 사용된 것은 헬라어에서 과거의 관점에서 미래를 말하는 문법이다. 향유를 부음은 예수의 죽음을 암시한다. 여기서 이 말이 12장에 앞서 미리 언급된 것은, 나사로의 부활사건이 예수의 죽음과 밀접하게 연결되어 있다는 것을 드러내기 위해서이다. "주"라는 호칭은 예수의 부활과 관련된 말씀들이며, 요한복음도 "주"라는 호칭을 예수의 부활과 관련해서 사용한다.[101]

3절은, 2:3에서 마리아가 한 것처럼, 예수를 향하여 "우리를 도와줄 수 없습니까?"라는 누이들의 간청이 예수께 전달되었다. 마르다와 마리아 자매는, 아무리 심각한 질병이라도 예수는 치유해 주실 것으로 믿었다. 그래서 그에게 소식을 전한 것이다. 그러나 자매는 나사로가 죽고 난 이후에는 예수가 오더라도 그를 살려낼 수 없다고 생각하였기 때문에, 아직 죽기 전에 와서 도와달라고 부탁한다.

4절은 9:3을 상기시킨다. 예수는 나사로의 질병이 죽음의 병이 아니라고 한다. 예수의 판단은 의학적인 진단 결과가 아니다. 이어서 전개되는 이야기를 보면 나사로는 실제로 죽었고, 4일 동안이나 무덤에 있어서 썩는 냄새가 났다. 이것은 나사로로 대표되는 인간이 처한 현실을 극단적으로 말한다. 4절의 말씀은, 오직 예수 자신과 연관해서만 이해할 수 있다. 다시 말해서 예수가 가기 때문에, 예수에 의해서 그 죽음이 극복되기 때문에, 나사로는 비록 죽음의 질병에 걸렸을지라도, 그는 결코 죽지 않는다. 그러므로 4절의 말씀은 일반적인 말씀이 아니라, 예수 안에서만 극복되고 치유되는 그래서 하나님의 영광을 드러내는 나사로의 질병을 말한다. 이제 일어나게 될 기적은 하나님의 영광을 위한 것이고, 아들이 영화롭게 될 기적이다.[102]

---

101) 6:23; 11:2; 20:2; 20:18,20,25(몇몇 사본들의 4:1).
102) 2:11; 11:40; 1:14; 12:41 참조.

"하나님의 아들이 이로 말미암아 영광을 받다"는 말은 예수의 십자가 죽음과 연관해서 보다 깊은 의미를 갖는다.[103] 요한복음에 따르면, 예수의 영광은 십자가의 죽음에서 빛난다. 나사로의 질병/죽음은 십자가에 달려 죽으신 예수 안에서 하나님의 영광이 빛나게 하는 데 이바지한다. 예수 안에 나타난 하나님의 영광은 죽음까지도 이기는 하나님의 능력이다. 나사로의 질병/죽음은 죽음을 이기는 예수의 신적인 본질을 드러내기 때문에, 이로 인하여 하나님의 아들이 영광을 받는다. 예수는 십자가/부활에서 죽음을 이기는 영광을 드러냈기 때문에(13:31~32; 17:1,4~5), 나사로의 죽음/부활은 예수의 십자가/부활과 밀접하게 연관되어 있다. 그러나 나사로의 죽음/부활에서 나타날 하나님의 영광은 오직 예수를 믿는 사람들만 볼 수 있다(25~26,40절).

5절은 두 자매와 나사로 모두를 예수의 사랑을 받던 사람이라고 함으로써 이 이야기의 중심에는 나사로만 있는 것이 아니라, 두 자매도 있다. 예수가 이들에게 베푼 사랑은, 13:1이 말하듯이, 십자가의 죽음을 말한다(15:13~14도 참조). 나사로와 그의 누이들은 예수가 넘치도록 풍성하게 사랑해서 자신의 생명을 내어주신 사람들, 그의 양들이다.

6~16절 예수의 죽음과 나사로의 부활

6 나사로가 병들었다 함을 들으시고 그 계시던 곳에 이틀을 더 유하시고 **7** 그 후에 제자들에게 이르시되 유대로 다시 가자 하시니 **8** 제자들이 말하되 랍비여 방금도 유대인들이 돌로 치려 하였는데 또 그리로 가시려 하나이까 **9** 예수께서 대답하시되 낮이 열두 시간이 아니냐 사람이 낮에 다니면 이 세상의 빛을 보므로 실족하지 아니하고 **10** 밤에 다니면 빛이 그 사람 안에 없는 고로 실족하느니라 **11** 이 말씀을 하신 후에 또 이르시되 우리 친구 나사로가 잠들었도다 그러나 내가 깨우러 가노라 **12** 제자들이 이르되 주여 잠들었으면 낫겠나이다 하더라 **13** 예수는 그의 죽음을 가리켜 말씀하신 것이나 그들은 잠들어 쉬는 것을 가리켜 말씀하심인 줄 생각하는지라 **14** 이에 예수께서 밝히 이르시되 나사로가 죽었느니라 **15** 내가 거기 있지 아니한 것을 너희를 위

---

103) 12:23; 13:31,32; 17:1,4,5 참조.

하여 기뻐하노니 이는 너희로 믿게 하려 함이라 그러나 그에게로 가자 하시니 **16** 디두모라고도 하는 도마가 다른 제자들에게 말하되 우리도 주와 함께 죽으러 가자 하니라

구조적으로 예수의 죽음과 나사로의 죽음/부활이 밀접하게 연결되어 있다. 6~10절에서 예수는 유대로 다시 돌아가자고 하는데, 8절로 볼 때, 유대에 가면 예수가 죽을 수도 있다. 11~15절에서는 예수가 이미 죽어버린 나사로를 다시 살리기 위하여 간다. 그리고 16절은 6~10절처럼 죽음을 말한다. 결국 이 단락은 죽은 나사로를 살리기 위하여 예수는 죽음의 길을 가고 있다는 것을 암시한다.

6절의 "더"는 7절의 "그 후에"로 연결된다. 예수는 즉각 출발하지 않고 머뭇거리고 있다. 2~4절에 나오는 두 자매의 간청에 대해서 예수는 즉각 반응을 나타내지 않고 "이틀을 더" 요단강 동쪽에 머물렀다. 요한복음에서 예수는 사람들의 요청을 받으면 즉각 반응을 나타내지 않는다(2:3~4; 7:3~9 참조). 하나님의 아들이신 예수는 자기 이외의 누군가에 의해서 그의 행동이 강요되는 것을 원치 않았다. 그가 행동해야 할 시간은 그 자신이나 혹은 아버지가 결정한다. 나사로를 다시 살리는 시간은 예수의 시간이다. 나사로의 부활은 누구에 의해서 간청되거나 강요되어서 일어난 사건이 아니라, 예수의 주체적이고 주도적인 활동의 결과이다. 인간은 기도할 수 있다. 그러나 인간의 기도가 예수의 움직임을 결정하는 것이 아니라, 예수는 자신이 활동할 시간을 스스로 결정한다. 이틀을 더 머물고 3일째 되는 날에 예수는 나사로에게 간다. 예수도 죽은 지 3일째 되는 날에 부활하였다. 그러므로 3일째 되는 날은 부활의 날이다(2:19; 2:1도 참조). 그러므로 나사로의 죽음/부활은 예수의 죽음/부활과 밀접하게 관련된다.

7~8절에 의하면, 2:13; 5:1; 7:14에 이어서 다시 유대로 가는 것은, 그가 죽임을 당할 수도 있다는 것을 각오해야 한다.[104] "방금도"는 죽음의 위협을 당한 바 있다고 한 10:31.39을 말한다. 실제로 예수는 이번 예루살렘 여행에

---

104) 이러한 위험은 5:16.18; 7:1.19.25.30.32.44; 8:37.40.59; 10:31.39 등에 이미 언급된 바 있다.

서 체포되고 죽는다.

9절에서 예수는 "낮이 열두 시간이 아니냐?"고 묻는다. 유대인들이나 로마인들은 하루의 낮은 12시간 계속되는 것으로 보았다. 물론 한 시간을 60분으로 보는 오늘의 시간과 정확히 일치되는 것은 아니다. 9~10절의 낮과 밤은 상징적인 표현이다(9:4; 12:35~36 참조). 낮은 사람이 활동하는 시간이다. 예수는 사명을 이루기 위하여 활동한다. 그것을 위해 그는 낮을 활용한다(9:4). 그러므로 그는 다시 유대로 가야 한다. 그렇다면 무엇이 그의 사명인가? 십자가에 달리는 것이 그의 사명이다.[105] 그러므로 그가 이루어야 할 사명은 양들을 위하여 자신의 목숨을 내어놓는 것이다. 이를 위하여 그는 예루살렘으로 가야 한다.

요단강 동쪽에서 예수는 이미 나사로가 죽었다는 사실을 알고 있었다(11절).[106] "잠들다"로 번역된 헬라어($\kappa\varepsilon\kappa o\iota\mu\eta\tau\alpha\iota$)는 "죽다" 혹은 "잠들다"로 번역될 수 있다. 이러한 이중적인 의미로 인하여 12절의 상이한 이해가 생겨난다. 예수는 나사로가 실제로 죽었으니 그를 다시 살리러 가자라고 말한 반면에, 제자들은 잠든 것으로 오해한다. 제자들은 죽은 것처럼 보이지만, 실제로는 잠들어 있는 나사로를 깨우러가는 것으로 오해한 것이다. 제자들은 가느다란 생명줄이라도 붙어 있는 상태에서 살아나는 것을 생각한 반면에, 예수는 완전한 죽음으로부터의 부활을 말한다. 제자들은 혼수상태에 빠져 있는 나사로가 스스로 회복되기를 바라지만, 예수는 그가("내가") 죽어 있는 나사로를 다시 살릴 것을 말한다. 어느 인간도 스스로의 힘으로는 살아날 수 없으며, 예수만이 죽음에서 생명으로 살릴 수 있다.

13절은 이러한 상반된 이해에 대한 복음서 저자의 해설이다.[107] 제자들의 오해는 단순한 오해가 아니라, 실상은 예수가 누구인지를 믿지 못하는 표현이다. 제자이지만 그들은 아직도 예수가 누구인지를 완전하게 알지 못한

---

105) 4:34; 5:30.36; 6:38; 10:17~18; 14:31; 17:4.28.
106) 예수가 보여준 초자연적인 지식에 대해서는 1:47~48; 2:24~25; 4:17~18에서도 볼 수 있다.
107) 오해에 대한 이러한 해설은 2:21; 6:71; 7:39; 12:16.33 등에서도 읽을 수 있다.

다. 그들은 완전한 죽음에 빠진 인간을 예수가 다시 살려낼 수 있는 신적인 권능을 가지고 있음을 아직 제대로 믿지 못하고 있다. 그러므로 그들은 "내가 깨우러 가노라"(11절)의 의미를 제대로 파악하지 못한 것이다.

14절에서 예수는 제자들의 오해 앞에서 나사로가 "죽었다"고 명확하게 사실을 밝힌다. 이로써 모든 사실이 명명백백하게 드러난다. 나사로는 실제로 죽었다. 스스로 깨어날 가망은 전혀 없다. 이것이 하나님 앞에서 서 있는 인간의 현주소이다. 죽어버린 인간이 스스로의 힘으로 다시 일어날 수 있다고 누가 말할 수 있겠는가? 자신의 구원을 인간이 자유의지로 결정할 수 있다고 누가 감히 말할 수 있겠는가? 나사로는 실제로 죽었다. 인간은 하나님 앞에서 예외 없이 완전히 죽었다 곧 완전한 죄인이다. 그러므로 죽은 나사로는 죽음의 죄에 빠진 인간을 대표한다.

12절에서 제자들이 믿음에 이르지 못했다는 사실은, "너희가 믿게 하려 함이라"는 15절의 예수의 말에서 분명해진다. 나사로 사건과 예수의 계시의 말씀을 통해서 제자들은 믿음에 이르게 된다. 그것을 예수는 "기뻐한다." 제자들이 믿어야 할 내용은 25~26절에 언급되어 있다. 예수가 부활이요 생명이라는 사실을 죽음의 극복을 통해서 실증적으로 입증해 보이고, 그래서 제자들로 하여금 그 진리를 믿게 하려고 한다. 그러므로 예수는, 자신이 나사로의 병든 현장에 없었던 것을 기뻐한다. 예수가 나사로와 함께 있었다면, 나사로는 죽지 않았을 것이고, 그러면 예수가 부활이요 생명이라는 진리를 체험적으로 가르치고 믿게 해줄 수 있는 기회를 놓치는 꼴이 된다. 제자들에게는 아직 예수가 부활이요 생명이라는 믿음이 없었다. 예수는 그 믿음을 그들에게 생겨나게 하려고 한다. 요한복음의 표적들이 모두가 예수의 정체를 밝히기 위하여 이야기되고 있다는 사실이 여기서도 분명해진다. 나사로 사건은 "예수가 부활이요 생명"이라는 정체를 밝히기 위하여 일어났다.

16절에서는 14:5과 20:24에서처럼 도마가 발언자로 나온다. 16절은 8절로 연결된다. 도마는 예수가 유대로 돌아가는 길이 오직 죽음의 길이라고만 생각했기 때문에, 예수와 함께 죽을 각오로 유대로 올라가자고 한다. 도마는 예수의 죽음의 진정한 의미를 알고 있지 못했지만, 그 길이 죽음의 길이라는 사실만은 확실하게 알고 있었다.

17~38a절 "나는 부활이요 생명이다."

17 예수께서 와서 보시니 나사로가 무덤에 있은 지 이미 나흘이라 **18** 베다니는 예루살렘에서 가깝기가 한 오 리쯤 되매 **19** 많은 유대인이 마르다와 마리아에게 그 오라비의 일로 위문하러 왔더니 **20** 마르다는 예수께서 오신다는 말을 듣고 곧 나가 맞이하되 마리아는 집에 앉았더라 **21** 마르다가 예수께 여짜오되 주께서 여기 계셨더라면 내 오라버니가 죽지 아니하였겠나이다 **22** 그러나 나는 이제라도 주께서 무엇이든지 하나님께 구하시는 것을 하나님이 주실 줄을 아나이다 **23** 예수께서 이르시되 네 오라비가 다시 살아나리라 **24** 마르다가 이르되 마지막 날 부활 때에는 다시 살아날 줄을 내가 아나이다 **25** 예수께서 이르시되 나는 부활이요 생명이니 나를 믿는 자는 죽어도 살겠고 **26** 무릇 살아서 나를 믿는 자는 영원히 죽지 아니하리니 이것을 네가 믿느냐 **27** 이르되 주여 그러하외다 주는 그리스도시요 세상에 오시는 하나님의 아들이신 줄 내가 믿나이다 **28** 이 말을 하고 돌아가서 가만히 그 자매 마리아를 불러 말하되 선생님이 오셔서 너를 부르신다 하니 **29** 마리아가 이 말을 듣고 급히 일어나 예수께 나아가매 **30** 예수는 아직 마을로 들어오지 아니하시고 마르다가 맞이했던 곳에 그대로 계시더라 **31** 마리아와 함께 집에 있어 위로하던 유대인들은 그가 급히 일어나 나가는 것을 보고 곡하러 무덤에 가는 줄로 생각하고 따라가더니 **32** 마리아가 예수 계신 곳에 가서 뵈옵고 그 발 앞에 엎드리어 이르되 주께서 여기 계셨더라면 내 오라버니가 죽지 아니하였겠나이다 하더라 **33** 예수께서 그가 우는 것과 또 함께 온 유대인들이 우는 것을 보시고 심령에 비통히 여기시고 불쌍히 여기사 **34** 이르시되 그를 어디 두었느냐 이르되 주여 와서 보옵소서 하니 **35** 예수께서 눈물을 흘리시더라 **36** 이에 유대인들이 말하되 보라 그를 얼마나 사랑하셨는가 하며 **37** 그 중 어떤 이는 말하되 맹인의 눈을 뜨게 한 이 사람이 그 사람은 죽지 않게 할 수 없었더냐 하더라 **38a** 이에 예수께서 다시 속으로 비통히 여기시며 무덤에 가시니

17~19절은 상황설명이다. 먼저 17절에 의하면, 예수는, 나사로가 이미 매장되어 4일 동안이나 무덤에 묻혀 있다는 것을 알게 되었다. 여기서 4일은 우연한 기간이 아니다. 팔레스타인에서는 높은 온도로 인하여 시신이 빨리

썩기 때문에 죽은 당일에 매장을 한다. 그리고 민간신앙에 따르면, 죽은 자의 영혼이 3일 동안 시신 근처를 배회하다가 다시 영혼이 시신 속으로 들어가서 죽은 사람이 살아날 수도 있다고 믿었다. 그러므로 사람들은 죽은 것처럼 보일 뿐 실제로는 다시 살아날 수도 있다고 생각한 것이다.[108] 그러므로 나사로가 4일 동안 무덤에 있었다는 것은, 그가 이제 완전히 죽었다는 것을 확증한다. 그러므로 4일이라는 말은, 모든 종교적 혹은 의학적인 차원에서 다시 살아날 수 있는 가능성이 완전히 사라진 것을 말한다. 요한계시록 11:9에 의하면, 선지자들이 죽었는지 확인하기 위하여 3일반 동안을 매장하지 못하도록 한다는 말도 같은 차원이다.

18절에 의하면, 베다니는 예루살렘으로부터 "15스타디온" 정도 떨어져 있었다. 15스타디온은 3km정도 되는 거리다(우리말 개역성서는 "한 오 리"로 번역한다). 이처럼 1시간 이내에 걸어서 갈 수 있는 거리를 말하는 것은, 많은 유대인들이 예루살렘으로부터 베다니에 올 수 있는 거리라는 것을 말하며 동시에 예수가 그의 죽음의 장소인 예루살렘에 매우 가까이 와 있다는 것을 말한다.

19절에서 우리는 유대인들의 장례 풍습을 볼 수 있다. 장례기간은 대개 7일 동안이었고(창 50:10), 슬픔을 당한 유족들을 위로하는 것이 유대인들에게는 율법에 규정되지는 않았지만, 실천해야 할 중요한 사랑의 행위였다.[109] 사람들은 유족들을 위로하면서 "티끌 속에 묻힌 모든 사람들과 함께 망자는 부활할 것"이라고 말한다. 물론 이것은 종말 때의 부활을 말한다.

20~32절은 예수와 두 자매 사이의 대화이다. 먼저 20~27절에서 예수는 마르다와 대화를 나누고, 이어서 28~31절에서 마르다는 동생 마리아를 부르고, 32절에서 마리아가 예수께 말을 한다. 이 단락은 마르다와 마리아가 행한 동일한 말로 시작되고 끝난다(21.32절). 그리고 그 중간에 신학적인 핵심

---

108) Billerbeck II 544~545.
109) Billerbeck IV, 592~607.

을 이루는 계시의 말씀이 나온다(23~27절). 마르다가 세 번이나 반복하는 말을 주목할 필요가 있다. 그녀는 22절과 24절에서 "나는 아나이다"라고 말하고 27절에서는 "내가 믿나이다"라고 말한다. 그러나 각기 알고 믿는 내용이 다르다. 22절과 24절은 유대인들에게 일반적으로 알려진 진리를 안다고 말하지만, 그것은 진정한 믿음을 말하지 않는다. 결정적인 것은 27절의 고백이다.

20절은 단순한 상황 묘사이다. 예수가 온다는 소식에 마르다는 나가서 마중하고, 마리아는 울면서 집에 남아 있다. 21절과 32절에서 마르다와 마리아는 동일한 말을 반복한다. 이 말에는 깊은 의미가 담겨 있다. 예수가 여기 계셨더라면 나사로가 죽지 않았을 것이다. 예수가 나사로의 질병을 치료해서, 죽지 않게 할 수 있었을 것이라는 고백이다. 예수가 있는 곳에는 죽음이 있을 수 없다는 뜻이다. 이것은 마리아가 아직 완전하게 알고 있지 못하면서 한 말이지만, 그 자체로서는 위대한 진리이다.

22절에 나오는 마르다의 이 말은, 그녀가 39절에서 한 말과 모순되는 것처럼 보이지만, 좀 더 자세히 살펴보면 그렇지 않다. 매우 치밀한 일관성을 가지고 구성된 이야기이다. 22절의 강조는 "하나님"이라는 말에 있다. 마리아는 나사로가 죽었지만, 그러나 지금도 예수가 하나님께 기도하면 하나님이 생명을 다시 살릴 수 있다고 고백한다. 그러나 그녀가 아직 모르고 있는 결정적인 것은, 예수가 바로 그 하나님이라는 사실이다. 마르다는 예수가 하나님께 기도하면, 하나님이 이루어주실 수 있다고 믿지만, 그녀는, 예수가 곧 부활이요 생명이라는 진리(25절)를 알아야 했다. 그러므로 마르다는 예수를 아직 제대로 알지 못한다. 마르다는 예수를 유대교가 알고 있는 엘리야나 엘리사와 같은 위대한 선지자나 기적 행위자 정도로 알고 있을 따름이다 (9:31; 왕상 17:17~24; 왕하 4:18~37 참조). 오직 하나님만이 죽은 자를 살리는 기적을 행할 수 있기 때문에, 기적을 행하는 사람은 기도를 통해서 하나님을 움직여야 한다고 유대인들은 믿었다. 그러나 누구나 그런 기도를 할 수 있는 것은 아니기 때문에, 몇몇 하나님의 사람들만이 그런 기도를 할 수 있다고 믿었다. 이 구절에서 마르다는 이러한 유대교의 일반적인 믿음을 말하고 있다. 결국 마르다는 하나님과 예수를 전혀 다른 분으로 생각하였다. 이것이 바로 마르다의 오류였다.

23절은 14절의 반대말이다. "살아나리라"는 미래형 표현은 요한복음에서 이곳과 24절 그리고 20:9에만 나온다. 24절에서 마르다는 다시 바리새적인 유대교의 일반적인 믿음을 말한다(행 23:8). "마지막 날" 곧 종말심판 때에 죽은 자들이 살아나리라. 이것은 장례식에서 조객들이 유족을 위로하기 위하여 건네는 바리새적인 믿음의 표현이다. 물론 사두개인들은 이런 종말 부활에 대한 믿음을 가지고 있지 않았다. 사두개인들은 모세오경에 기록된 것만을 믿었고, 모세오경에는 죽은 자의 부활이 기록되어 있지 않기 때문이다. 부활신앙은 구약성서의 비교적 후기 문헌들에 나온다. 하나님이 죽음에 대해서 더 이상 아무런 힘을 발휘할 수 없다는 것을 믿을 수 없기 때문에 나온 신앙이다. 죽은 자의 부활은 신약성서 시대의 유대교 안에서는 논란거리였다. 마리아는 바리새파의 랍비적인 믿음을 고백하고 있다. 이때 마르다가 한 바리새적인 고백의 "살아날 것이다"라는 미래형 표현은 예수와는 전혀 상관없이 일어날 사건을 말한다. 이는 마치 12절에서 제자들이 한 말과 같다. 마리아의 말 속에는 예수가 설 자리가 없다. 예수와는 상관없이 종말심판 때에는 나사로의 부활이 일어날 것이라는 말이다. "종말에는 부활이 있을 것이다." 이러한 일반적인 믿음은 기독교의 믿음이 아니고, 유대교의 믿음일 뿐이다. 요한복음이 가르치는 믿음은, 반드시 예수와 결합된 부활을 믿는 것이다.

25~26절은 나사로 이야기의 핵심이다. 진정한 믿음은 무엇인가? 요한복음 6장을 상기해야 한다. 6:39~40.44.54에서 예수는 그를 믿는 사람들을 종말에 부활시킬 것이라고 말씀했다. 초대교회의 부활신앙은 유대교의 일반적인 부활신앙을 그대로 물려 받은 것이 아니다. 여기서 중요한 것은 "내가"이다. 예수가 일으켜주셔야 죽은 자는 부활한다. 고린도전서 15장에서 바울도 부활이 있기 때문에 예수가 부활한다고 말하지 않는다. 부활은 종말에

있을 당연한 일인데, 예수는 그 당연한 일에 단지 참여하는 존재가 아니다. 오히려 예수가 부활하였기 때문에, 죽은 자들의 부활이 있다. 종말에 일어날 죽은 자들의 부활은 예수의 부활 안에 근거와 토대를 갖는다. 만일 예수가 부활하지 않았다면, 어떠한 부활도 일어날 수 없다.

그러므로 예수는 "나는 …이다"는 어투를 사용해서 이 진리를 분명하게 깨우친다. 여기서도 이 어투의 전형적인 구조가 나타난다. 먼저 "나는 …이다"의 어투를 사용해서 예수의 본질을 계시하고, 이어서 약속의 말씀이 뒤따른다. 오직 예수만이 부활이요 생명이다. 예수 외의 어느 누구도 부활일 수 없고, 생명일 수 없다. 예수와 상관없는 부활과 생명은 없다. 예수와 상관없이도 죽은 이후에 생명을 계속할 수 있다는 생각은 환상에 불과하다. 오직 부활이요 생명이신 예수께서 부활시켜 생명을 주셔야만 영원한 생명을 가질 수 있다.

"나는 부활이요 생명이다"에서 부활과 생명의 순서도 중요하다. 부활이 있어야 진정한 생명이 가능하다. 진정한 생명은 오직 부활을 통해서만 가능하다. 죽음으로부터 일으킴을 받은 사람 외에는 누구도 진정한 생명을 모른다. 죽음을 극복한 사람만이 진정한 생명을 안다. 자연적인 인간 그 자체로부터는 진정한 생명이 불가능하다. 죽음을 극복한 예수를 만나고 새로운 인간으로 거듭난 사람만이 진정한 생명을 살 수 있다.

예수의 이 말은 마르다의 고백을 정면으로 뒤엎는다. 하나님이 나사로를 다시 살릴 수 있다는 그녀의 말은 맞지만, 예수가 하나님이 아니라는 전제는 잘못이기에, 예수는 마르다의 말을 뒤엎는다. 예수가 하나님이기 때문에, 예수는 나사로를 살릴 수 있다. 이것을 마르다가 믿어야 한다. 예수는 부활이요 생명이다. 그러므로 예수를 소유한 사람은 부활과 생명을 소유한다. 예수가 무엇을 해 주기를 바라는 것이 아니라, 예수 자신을 소유해야 한다. 내 안에 예수가 계시면, 예수는 내 안에서 부활과 생명이 되신다. 예수가 무엇을 해 주기를 바랄 필요가 없다. 예수를 소유하면 모든 것이 해결된다.

25b~26절의 약속의 말씀을 이해하는 것은 결코 쉽지 않다. 예수를 믿는

사람은 죽어도 살 것이라는 말씀(25b절)은 영적인 차원과 동시에 실질적이
고 종말론적인 차원의 말씀이다. 육신적인 죽음은 우리 인생의 종점이 아니
다. 죽음이라도 우리가 예수 그리스도와 나누는 인격적인 교제를 빼앗을 수
없기 때문이다. 믿음 안에 있는 우리의 현재적인 삶은 죽음에 빠지지 않는
다. 예수 그리스도에 대한 인격적 관계(믿음)는 육신적인 죽음을 통하여 결
코 파괴될 수 없기 때문이다. 그리스도와의 관계 속에 있는 우리의 삶은 부
활과 영생의 삶이다. 이러한 믿음의 삶은 원칙적으로 죽음의 영역을 벗어나
있다. 비록 그리스도인은 아직 죽지 않았지만, 그러나 죽음을 두려워하지 않
는다. 어떠한 죽음도 우리를 그리스도에게서 떼어낼 수 없기 때문이다. 믿
음의 사람을 영원히 죽일 수 있는 죽음은 없다.

　예수의 이러한 말씀은 오직 하나님만이 하실 수 있는 말씀이다. 어느 인
간도, 그가 아무리 위대한 선지자라 할지라도, 이런 말을 할 수 없다. 천사라
할지라도 죽은 자를 다시 살려낼 수 없다. 과연 어느 인간이 "나는 부활이요,
생명이다"라고 말할 수 있겠는가? 베드로는 다비다를 기도로 다시 살릴 수
있었다(행 9:32~43). 그러나 베드로는 다비다에게 "나는 너의 부활이요, 생명
이다"라고 말할 수 없다. 루터는 "나는 …이다"는 말씀을 예수 그리스도가
하나님이라는 것을 드러내는 확실한 증거라고 했다. 유대교가 기다리는 어
느 메시아도 "내가 부활이요 생명이다"라고 말할 수 없다. 오직 하나님만이
그렇게 말할 수 있다. 사람은 사람을 하나님으로 믿을 수 없다. 예수를 순전
히 한 인간으로만 보려는 것은 올바른 생각이 아니다. 사람에게 영생을 줄
수 있는 예수는(17:2) 하나님의 권위를 가지고 있다. 예수는 하나님이다. 그
러므로 예수는 부활이요 생명이다. "이것을 네가 믿느냐?"

　27절에서 마르다가 믿음을 고백한다. 이처럼 예수가 자신의 정체를 분명
히 밝히고, 믿느냐고 묻자, 이에 대해서 마르다가 믿음을 고백한다. "믿나이
다"로 번역된 헬라어 동사는 현재완료형(πεπιστευκα)이다. 이는 확신을 강
조하는 완료형이다.[110] 마르다의 고백은 두 부분으로 되어 있다. 먼저 마르
다는 "당신은(우리말 성서는 '주는' 으로 번역) 그리스도"라고 고백한다(1:20,41;

3:28; 4:25.29도 참조). 그런 다음에 "하나님의 아들"이라는 고백에는 "세상에 오시는"이라는 표현이 첨가되어 있는데, 이는 요한복음에 자주 나오는 전형적인 표현이다.[111] 마르다의 고백은 20:31과 비슷하고, 이미 1:49에도 비슷한 고백이 있다. "하나님의 아들" 고백은 시편 2편의 "하나님의 아들"과는 전혀 다르다. 요한복음에서 하나님의 아들은 형이상학적인 차원을 가지고 있다. 시편 2편의 전통에서 메시아는 사람으로서 하나님에 의해서 아들로 인정을 받지만, 그러나 요한복음에서는 원래 하나님이셨던 분이 세상에 오신 메시아다. 그러므로 유대교의 전통적인 메시아 개념이 요한복음에서는 변화되었다. 요한복음은 하나님 아들로서 메시아를 해석한다. 메시아가 누구인가? 세상에 오시는 하나님의 아들이다. 그러므로 요한복음이 말하는 메시아는 선재적인 하나님의 아들이다. 하나님으로서 사람이 되어 세상에 오신 분이 메시아이다. 요한복음은, 메시아가 구원을 가져온다는 전통적인 표상을 받아들이지만, 메시아를 전혀 새롭게 이해한다. 전통적인 메시아 개념이 말하는 왕적이고 세상적인 차원이 제거되고, 선재적인 차원이 강조된다.

27절의 마르다의 신앙고백과 25~26절에 있는 예수의 계시적인 말씀의 관계가 중요하다. 여기에는 믿음은 들음에서 난다는 주제가 분명히 드러난다. 예수가 "나는 …이다"라고 계시의 말씀을 하자, 그 말씀을 들은 마르다는 "당신은 …이다"라는 고백으로 응답한다. 이 응답은 마르다의 순전한 결단이 아니라, 예수가 행한 계시의 말씀이 마르다 안에서 믿음을 불러일으킨 결과이다. 마르다는 예수의 말씀을 통해서 믿음을 갖게 되었다. 그러나 이야기의 차원에서 볼 때, 마르다는 39절에서 다시 한 번 믿지 못함을 드러내고, 그래서 40절의 예수의 말씀을 나오게 한다. 그러나 이러한 이야기의 진행으로부터 마르다가 앞서 갖게 된 믿음을 다시 잃어버렸다는 결론을 내려서는 안 된다. 복음서는 역사적으로 실제 일어난 사건들을 순서대로 말하지 않는

110) 6:69; 16:27; 20:29 등에도 사용되었다.
111) 1:9; 3:19; 6:14; 9:39; 12:46; 16:28; 18:37 참조.

다. 우리는 본문에서 말씀의 차원과 사건의 차원을 구별해야 한다. 믿음은 예수 그리스도를 떠나서는 존재할 수 없으며, 언제까지나 그의 말씀에 대한 울림이다. 이야기는 이 핵심적인 주제를 여러 차원에서 말하고 있다.

28~31절에서 마르다는 마리아를 부른다. 예수를 "선생님"이라고 부른다. 이는 1:49의 "랍비"와 같은 차원의 호칭이다. "선생님"이라는 호칭은 존칭이다(13:13~14). 32절에서 마리아는 21절에 있는 마르다의 말을 반복한다. 그녀 역시 마르다처럼 예수가 질병을 치료할 수는 있으나, 죽은 자를 살려낼 수는 없다고 믿었다.

33~38a절에서 예수가 나사로의 무덤으로 간다. 예수는 나사로의 죽음 앞에서 우는 마리아와 유대인들을 보시고 마음에 비통함을 느낀다. 33절과 38a절이 두 번이나 예수의 비통함을 말한다. 예수는 죽음 앞에서 희망을 빼앗겨버린 인간의 절망에 대해서 비통해하신다. 유족들과 조객들의 울음은 그러한 절망의 표출이다. 죽음의 절대 권력은 이러한 인간의 절망적 울음을 통하여 스스로의 힘과 영광을 과시한다. 그러나 부활이요 생명이신 예수 앞에서도 죽음의 권력은 절대적일 수 있는가?

인간의 절망적 울음 앞에서 예수도 눈물을 흘린다(35절). 예수가 눈물을 흘렸다는 기록은 신약성서에서 이곳이 유일하다.[112] 예수는 왜 울었는가? 33절의 우는 사람들로 인하여 감정이 복받쳐서 예수가 울었다고 해석하는 이도 있고, 죽음의 잔인함 때문에 예수가 울었다고 해석하는 이도 있다. 슬픔에 대한 연대감의 표현이며, 더 나아가서 슬픔의 원인에 대한 분노의 표현으로 보는 이도 있다. 예수의 비통함은 인간을 비통하게 만드는 원인 곧 죽음의 현실에 대한 분노이며 저항이다. 이 죽음의 현실에 대한 예수의 분노와 부정은 이 현실을 극복하기 위해 십자가를 향하여 가는 예수의 분노이고 부정이다.

---

112) "울다"를 위하여 31절과 33절은 $\kappa\lambda\alpha\iota\epsilon\iota\nu$을 사용하지만, 35절은 $\delta\alpha\kappa\rho\upsilon\epsilon\iota\nu$을 사용한다. 그러므로 예수의 울음은 마르다, 마리아 그리고 유대인 조객들의 울음과는 다르다.

그러나 유대인들은 예수의 눈물을 마르다 가족에 대한 사랑의 표현으로 이해하였다(36절). 37절에서 유대 조객들은 21절에서 마르다가 그리고 32절에서는 마리아가 한 동일한 말을 한다. 유대인들은 맹인의 눈을 뜨게 한 위대한 기적을 행한 예수가 나사로의 질병을 죽기 전에 왔으면 고칠 수 있으리라고 기대했었지만, 이미 죽어버린 나사로의 문제는 예수라도 어쩔 수 없다고 생각했기 때문에, 뒤늦게 나타난 예수를 원망한다. 그들은 예수라도 죽음의 장벽을 넘어설 수 없다고 생각하기 때문이다. 그러므로 제자들도(12절), 마르다와 마리아도 그리고 유대 조객들도 부활이요 생명이신 예수를 제대로 알지 못한다. 이처럼 죽음을 인간의 최후라고 여기며, 그 죽음 앞에서 울부짖는 사람들의 절망을 비통하게 여기면서 예수는 그 죽음의 상징인 무덤 앞으로 간다(38a). 이제 예수 앞에서는 죽음도 아무런 힘을 가질 수 없다는 사실을 모두에게 알려줄 엄청난 사건이 일어날 차례이다. 예수는 질병을 고치는 위대한 능력을 발휘할 수 있지만, 그러나 죽음 앞에서는 어쩔 수 없는 그런 인간이 아니다. 예수는 죽음까지도 이겨내는 신적인 권능을 가진 존재, 하나님의 아들이다. 이 진리가 이제 밝혀져야 한다. 이 진리는 이미 25~26절에서 "나는 부활이요 생명이다"는 예수의 말씀을 통해서 밝혀진 바 있지만, 이제는 이 진리가 실제로 죽음을 극복하는 능력으로 나타나서 25b~26절의 약속이 실현되어야 한다. 그래서 예수에 대한 인간의 불신앙이 극복되고, 믿음이 창출되어야 한다.

38b~44절 나사로가 살아나다

38b 무덤이 굴이라 돌로 막았거늘 **39** 예수께서 이르시되 돌을 옮겨 놓으라 하시니 그 죽은 자의 누이 마르다가 이르되 주여 죽은 지가 나흘이 되었으매 벌써 냄새가 나나이다 **40** 예수께서 이르시되 내 말이 네가 믿으면 하나님의 영광을 보리라 하지 아니하였느냐 하시니 **41** 돌을 옮겨 놓으니 예수께서 눈을 들어 우러러 보시고 이르시되 아버지여 내 말을 들으신 것을 감사하나이다 **42** 항상 내 말을 들으시는 줄을 내가 알았나이다 그러나 이 말씀 하옵는 것은 둘러선 무리를 위함이니 곧 아버지께서 나를

보내신 것을 그들로 믿게 하려 함이니이다 **43** 이 말씀을 하시고 큰 소리로 나사로야 나오라 부르시니 **44** 죽은 자가 수족을 베로 동인 채로 나오는데 그 얼굴은 수건에 싸였더라 예수께서 이르시되 풀어 놓아 다니게 하라 하시니라

38b~41a절을 보자. 나사로는 큰 돌로 막혀 있는 동굴 무덤에 묻혀 있다. 이것은 유대인들의 일반적인 무덤 형태였다. 무덤 앞에 선 예수는 무덤을 막고 있는 돌을 옮겨 놓을 것을 명령한다(39a절). 마르다를 "죽은 자의 누이"라고 다시 한 번 설명하면서, 죽은 나사로에 대한 마르다의 인간적인 사랑을 강조한다. 그리고 "죽은 지가 나흘이 되었으매, 벌써 냄새가 난다"는 마르다의 말에서 우리는 인간적인 사랑이 죽음 앞에서 얼마나 무기력한 것인지를 본다. 죽은 오라비에 대한 인간적 사랑이 아무리 깊고 진실해도, 그 사랑은 죽음의 현실을 넘어서지 못한다. 죽음 앞에서 인간의 사랑은 오직 망연자실할 뿐이다. 무덤을 막고 있는 돌을 치운다면, 시체 썩는 냄새 이외의 무엇을 더 기대할 수 있겠는가? 그러나 예수는 이 상황에서도 자신이 부활이요 생명이라는 사실을 마르다가 믿을 수 있기를 바란다. 예수가 25~26절에서 한 "말"을 마르다가 믿을 수만 있다면, 죽음을 넘어서는 하나님의 영광을 볼 수 있을 것이다(40절). 27절에서 위대한 신앙을 고백했던 마르다가 다시 그 신앙을 버렸는가? 그렇게 해석해서는 안 된다. 39절에 있는 마르다의 대답은 예수가 보여줄 생명의 위대한 힘을 분명히 드러나게 하기 위해서 나사로의 시신이 썩고 있다는 사실을 강조하는 역할을 한다. 죽어서 나흘이 지나 시신이 썩고 있다는 사실을 밝힘으로써, 그런 나사로를 살리는 예수의 위대한 생명력을 강조하려는 것이다.

41b~44절에서 나사로가 살아나는 기적이 일어난다. 드디어 무덤을 막고 있는 돌이 치워지자, 예수는 유대인들의 기도하는 모습 그대로 눈을 들어 하늘을 보면서 기도한다(41b~42절). "아버지여, 내 말을 들으신 것을 감사하나이다." 예수는 하나님이 그의 말을 항상 들으시는 줄을 이미 "알았기" 때문에, "감사하다"라고 기도한다. 예수는 나사로를 살려달라고 기도하지 않는다. 예수는 원래 하나님과 일치의 관계에 있기 때문에, 아버지는 "항상" 아

들의 말을 들어주신다. 그러므로 원칙적으로 아들은 아버지께 기도할 필요가 없다. 그러나 여기서 예수가 길게 기도하는 것은, 주변에 둘러서 있는 무리들을 위한 것이다. 예수와 아버지 사이를 무리가 분명히 깨닫고 믿을 수 있게 하려는 것이다. 요한복음에서 예수는 "스스로 행동하지 않고," 그를 보내신 아버지의 뜻에 따라 행동하기 때문에,[113] 예수는 아버지께 기도한다.

그러므로 43절은 예수를 신적인 기적행위자나 혹은 유대교가 말하는 위대한 예언자의 기적행위라고 말하지 않는다. 신약성서 시대의 헬라 세계에서는 위대한 인물들은 엄청난 기적을 행할 수 있다고 믿었다. 티아나(Tyana)의 아폴로니오스(Apollonius)가 그 대표적인 인물이다. 그는 매장되려는 한 소녀의 목숨이 붙어 있는 것을 알고서, 그의 영혼이 아직 붙어 있다고 하며 그 소녀의 목숨을 살렸다고 한다. 그러나 예수는 그런 류의 기적행위자가 아니다. 예수가 기적을 행한다면, 그는 그것을 항상 하나님 아버지와의 일치 속에서 행한다. 예수는 엘리야나 엘리사와 같은 예언자처럼 기적을 일으키는 것도 아니다. 예수는 기도를 통해서 하나님만 행하실 수 있는 부활을 일으켰다. 그러나 예수는 항상 행동과 존재에 있어서 하나님과 일치 가운데 있는 분으로서 행동한다. 그러므로 예수는 "나사로야, 나오라"라고 명령한다. 이 명령은 예수가 신적인 권능으로 내린 명령이며, 죽음에서 새로운 생명을 창조하는 말씀이다(6:63,68~69 참조). 예수가 "부활이요 생명이기" 때문에, 죽어서 매장되어 썩어 냄새나는 나사로에게 그렇게 명령할 수 있다. 죽은 자들이 주의 음성을 듣고 살아나리라는 5:28~29의 말씀이 여기서 실현된다. 목자가 자기 양의 이름을 각각 불러 인도한다는 10:3의 말씀도 여기서 실현된다.

44절에서는 나사로가 다시 살아났다는 단순한 사실이 아니라, 그가 어떻게 살아났는지를 알아야 한다. 부활이요 생명이신 예수의 명령이 내려지자 수족을 베로 동이고 얼굴이 수건에 싸인 채로 나사로가 무덤을 나온다. 이

---

113) 5:19,30; 7:161~7,28; 8:28; 12:49; 14:10,24 등.

런 기괴한 형상으로는 무덤에서 나올 수 없다. 손과 발이 매인 사람이 어떻게 스스로 걸을 수 있겠는가? 나사로가 스스로의 힘으로 걸을 수 있게 된 것은, 그를 매고 있는 것들을 풀어놓은 이후이다. 그러므로 그 이전에 나사로가 무덤에서 걸어 나온 것은, 스스로의 힘에 의한 것이 아니다. 하나님의 능력에 의한 기적이다. 하나님의 능력이 아니고는 어느 인간도 죽음에서 걸어 나올 수 없다.

"그를 풀어놓아 다니게 하라"는 예수의 명령으로 나사로 이야기가 끝난다. 더 이상의 언급이 필요 없었을 것이다. 그러나 우리는 18:8에서 예수가 그를 잡으러 온 군인들에게 "너희가 나를 찾는다면, 이 사람들을 가게 하라"한 말씀을 함께 생각할 수 있다. 두 명령문은 헬라어로 매우 비슷하다. 18:8의 명령은 예수가 제자들을 대리하여 죽음의 길을 가고, 예수의 희생 때문에 제자들이 해방되는 것을 말한다. 나사로에게도 비슷한 명령이 주어진다면, 여기에는 예수의 죽음과 나사로의 부활이 연결되어 있음을 암시한다. 예수가 나사로를 대신하여 죽음의 길을 가기 때문에 나사로는 살아서 다닐 수 있게 된다. 이제 비로소 나사로는 자신의 의지로써 걸어 다니며 행동할 수 있게 되었다. 자유의지는 예수의 말씀으로 죽음에서 생명으로 살아나온 사람에게 비로소 주어진다. 하나님의 은혜로써 구원을 받은 사람은, 그 이후부터 새롭게 된 그의 의지를 가지고 하나님을 찬양하고 하나님의 뜻을 실현하는 사람을 살아가야 한다(롬 12:1~2 참조).

주제해설 10

나사로 사건이 주는 신학적인 메시지

1) 나사로 이야기를 역사적으로 일회적으로 특정한 시점에, 특정한 장소에서 일어난 특정한 사건만으로 읽어서는 안 된다. 엘리야나 엘리사 혹은 베드로가 죽

은 사람을 살려낸 그런 류의 사건과는 다르다. 그런 사건들은 역사적으로 한 번 일어난 것들에 불과하다. 그러므로 그것은 나와는 상관없는 과거의 어떤 사건이다. 그러나 나사로의 사건은 바로 나의 사건이다. 5:21.26에 언급되고, 5:24~25.28~29에 보다 자세히 설명된 말씀이 실제로 일어났다. 그곳의 신학적인 진술이 이곳에서는 하나의 사건이 되었다.[114] 그리스도께서는 언제, 어디서나 그를 믿는 사람들(11:3.5), 그의 친구들에게(11:11; 15:13~15) 말씀을 통하여 나사로에게 행하신 것을 하실 수 있다. 예수는 그의 친구들, 그를 믿는 사람들을 죽음에서 생명으로 불러낸다. 나사로의 이야기에는 육적인 죽음과 영적인 죽음이 결합되어 있다. 인간의 영적인 죽음은 죄에 떨어진 것이다. 인간은 죄 가운데서 살다가 죽어야 할 존재이다. 그러므로 죽음은 단순히 한 인간의 물리적인 종말이 아니다. 인간의 육적인 죽음에서 그가 죄인이라는 것이 드러난다. 그러므로 인간은 죽을 수밖에 없다. 그러므로 영적인 죽음으로부터의 구원은 반드시 육적인 죽음으로부터의 구원을 포함한다. 그러므로 영적인 죽음과 육적인 죽음 사이에는 내적으로 결합되어 있다. 하나님의 아들은 말씀을 통해서 믿음을 불러일으키고 (11:25.27), 죽은 자를 생명으로 불러냄으로써(11:43~44; 5:25; 6:63.68~69도 참조), 생명을 창조한다. 그러므로 나사로의 사건은, 죽은 사람은 최후 심판 때에 다시 살아날 것이라고 믿는 전통적인 부활신앙을 선포하는 데 그치는 것이 아니다. 물론 최후 심판 때에 죽은 자들이 다시 살아날 것이다. 그러나 부활신앙은, 하나님의 아들 예수 그리스도가 지금 여기에서 부활이요 생명이기 때문에, 진리이다. 예수가 하나님의 아들이시며 부활이요 생명이라는 진리를 믿을 때에만, 부활신앙은 진리가 된다. 예수를 떠난 부활신앙은 진리가 아니다. 부활한 나사로도 언젠가 다시 죽는다. 그러나 예수가 그를 지금 여기서 죽음으로부터 다시 살리셨기 때문에, 그는 최후심판 때에 다시 살아날 것이다. 예수가 함께 하는 곳에 죽음은 함께 할 수 없다. 그러므로 예수가 계셨더라면, 나사로가 죽지 않았을 것이라는 마르다와 마리

---

114) O. Hofius, "Die Auferweckung des Lazarus. Joh 11,1~44 als Zeugnis narrativer Christologie", 43~44.

아의 말은 -그녀들 스스로는 이 말의 진정한 의미를 아직 모르고 사용하지만- 영원한 진리이다(11:21.32; 15절도 참조).

2) 나사로의 부활 기적은 25~26절에 언급된 말씀의 실현 곧 말씀의 사건화이다. 그러므로 예수가 부활이요 생명임을 입증하는 사건이다. 현재적인 종말론은 단순히 신학적인 이론으로 그치는 것이 아니다. 죽음에게 허락된 것은 아무것도 없다. 심지어 썩어서 냄새나는 나사로의 육신도 죽음에게 맡겨질 수 없다. 나사로의 부활은, 5:28~29에 의하면, 무덤 속에 있는 자들이 겪게 될 생명에로의 부활을 미리 보여 주고 확인하는 사건이다. 11:17.31.38에 무덤이 언급되고 있는 것은 결코 우연이 아니다. 무덤에게, 죽음에게, 냄새나는 시체를 향한 하나님의 아들의 마지막 말씀은 "나오라"이다. 그러므로 나사로의 사건은 5:28~29의 말씀의 실현을 사건설화 형식으로 말한다. 그러므로 나사로의 사건에는 현재적 종말론과 미래적 종말론이 하나로 묶인다. 이는 5장에서도 확인된다. 현재적인 종말론은 영적인 죽음에서 영생으로 살아나는 부활(믿음)이고, 미래적 종말론은 무덤 속에 있는 모든 사람들이 그의 음성을 들을 때가 오고, 믿는 사람들은 생명으로 부활한다고 한다. 이 두 차원이 11장에서는 하나로 결합되어 있다.

3) 나사로의 부활과 예수의 수난 사이에는 내적으로 연결되어 있다. 나사로의 사건은 단순히 하나의 기적이 아니고 예수의 죽음과 깊은 연관성을 드러낸다. 그 둘 사이의 내적 맥락은 다음과 같다.

a) 11:4.8.16 등에 예수의 수난과 죽음이 강하게 암시되어 있다.

b) 11:45~53에 의하면, 산헤드린이 나사로의 부활에 근거해서 예수를 죽이기로 결정한다. 그러므로 나사로의 부활은 예수의 죽음을 대가로 지불해야 하는 사건이다.

c) 12:1~8의 기름부음의 사건에서 예수에 의해서 부활한 나사로가 죽음으로 가야 하는 예수와 함께 있다. 그의 누이가 예수에게 향유를 부어서 죽음을 준비하듯이, 나사로는 예수와 함께 있음으로 해서, 죽음의 길을 가는 예수가 생명의 주인

이심을 증언한다. 썩어서 냄새나는 인간 나사로가 그 어두운 무덤에서 새 생명으로 살아나고, 그를 구원한 예수는 죽음의 길을 가야 한다. 나사로를 살리기 위해서 예수가 유대로 돌아간 그 길은 예수 자신을 죽음으로 인도하는 길이다. 결국 예수의 죽음에 근거해서 나사로는 다시 살아난다. 예수는 십자가에 죽으러 가고, 나사로는 죽음에서 생명으로 살아난다.

4) 11장의 나사로 사건에서 "죄인의 칭의"를 본 것은 어거스틴이었다. 11:1~54에 대한 설교에서 어거스틴이 그런 주제를 말한 이래 루터와 칼빈 그리고 동방교회와 도스토예프스키에 이르기까지 그러한 신학적 해석의 전통은 이어졌다.

나사로의 부활과 9장의 나면서부터 소경된 사람의 치유 사건은 내적으로 긴밀하게 연결되어 있다. 이는 11:37을 통해서 분명히 드러난다. 9장의 사건은 스스로는 도저히 믿음을 가질 수 없는 인간이 믿음에 이르게 되는 기적을 말한다. 11장은, 죄인의 칭의는 믿음으로 말미암은 칭의라고 보다 강하게 말한다. 그러나 믿음으로 말미암은 칭의는, 우리의 믿음 행위에 의해서 의롭게 된다는 뜻이 아니라, 우리에게 믿음이 주어지는 기적을 통하여 의롭게 된다는 뜻이다.

우리는 로마서 6:4; 골로새서 2:12; 에베소서 2:1~10; 누가복음 15장의 탕자의 비유 등에서도 비슷한 신학적인 주제를 발견한다. 탕자의 비유에서 작은 아들은 죽었다가 다시 살아났다. 마가복음 5장의 야이로의 딸을 살리는 사건과 누가복음 7장의 과부의 죽은 아들을 살리는 사건도 단순히 죽은 자의 부활에 관한 기적 이야기가 아니라, 나사로의 이야기와 같은 방향의 메시지를 전하는데, 그것은 죄인의 칭의 메시지이다. 물론 이러한 사건들은 역사적으로 일어난 사건을 전제하고 있으나, 역사적인 일회성을 뛰어넘는 진리 곧 시간적인 한계를 넘어서는 종말론적인 메시지를 말한다. 그것은 죄인의 칭의이다.

죄인의 칭의는 죽음으로부터의 부활이다. 그러므로 죄인의 칭의는 죄인을 단순히 개선하거나 개조하는 것이 아니다. 이미 살고 있는 기존 삶을 치유하거나 증진시키는 것이 아니다. 기존의 건물에다 예쁜 믿음의 옥상을 올리거나 리모델링하는 것이 아니다. 믿음을 갖는다는 것은, 죽음으로부터의 부활이다. 죽음은 완전한 철거이고, 부활은 완전히 새로운 창조이다. 무로부터의 창조(creatio ex nihilo)가 죄인의 칭의이다. 예수의 입에서 나오는 부르심의 말씀은 잘못되거나 왜곡된 삶을 본연의 삶으로 부르는 것에 그치는 것이 아니라, 죽음으로부터 생명으로 부른다. 수많은 설교들이 단순히 삶의 개선이나 개조를 외친다. 그러다 보니 도덕적 호소나 특정한 율법의 준수를 요청하는 것으로 그친다. 그런 설교는 인간의 훈계나 말이다. 그런 설교는, 마치 설교자 자신이 청중들을 좀 더 친절하고 경건하고 훌륭한 사람들로 만들 수 있을 것이라는 착각에서부터 출발한다. 그러나 예수의 입에서 나온 하나님의 말씀만이 인간을 살린다. 우리 모두는 죽은 자들로서 우리 스스로의 힘으로는 도저히 하나님의 말씀을 듣고 믿을 수 없으며, 스스로의 힘으로는 깨어나 일어설 수 없다. 인간은 단순히 병든 사람이 아니라, 완전히 죽은 사람이다. 그러므로 인간은 예수를 만나서 단순히 치유되는 것이 아니라, 새로운 생명으로 창조된다. 예수가 베푼 은혜는 근본적으로는 여전히 건강한, 그러나 일시적 혹은 부분적으로만 병든 삶을 회복시키는 것이 아니다. 우리의 삶은 근본적으로 병든 것이 아니라, 죽은 것이다. 희망이라고 전혀 없는 절망에 빠진 죽은 사람들이다. 죽은 나사로는 모든 사람들의 대표자이다. 죽은 나사로에게 삶의 희망과 자유의지가 어디에 있겠는가? 예수가 그를 살려냈을 때, 그에게는 비로소 희망이 주어지고 자유의지에 의한 활동이 요청된다.

　나사로의 사건은, 복음이 선포되는 곳에서는 반복해서 일어날 수 있다. 죽은 나사로에게 예수가 "나사로야, 나오라"고 할 때, 무슨 일이 일어날 것인가? 수족과 얼굴을 동여맨 나사로가 무덤에서 걸어서 나온다. 죽은 사람을 향하여 "나오라"고 명령한다면, 죽은 사람은 이 명령을 따를 수 없다. 예수의 명령은 인간적인 호소나 간청이 아니다. 예수의 명령은 죽은 사람을 일어나서 걷게 한다. 죽은 사람이 그 명령을 실천해서 일어나 걷는 것이 아니라, 예수의 명령이 그 명령을 수행한다. 예수의 입에서 나온 하나님의 말씀이 나사로를 행동하게 하는 주체이다. 나사로의 이성적 판단과 자유의지가 행동의 주체가 아니다.

　동방정교회는 종려주일 바로 앞의 토요일을 나사로의 토요일로 지킨다. 이날 교회에서는 나사로 부활 단락을 봉독하며 다음과 같은 찬양을 한다. "당신께서 마리아에게 '나는 부활이다' 고 말씀하시고, 나사로를 하데스에서 불러내심으로써 이 말씀을 실제로 이루신 것처럼, 그렇게 죄 안에서 죽은 나를 당신의 자비로써 죽음으로부터 불러일으키소서. 생명의 주님으로서 당신은 죽은 사람을 잠자는 사람처럼 불러냈습니다. …"

나사로의 사건을 죄인의 칭의 사건으로 해석한 위대한 소설가는 러시아의 도스토예프스키였다. 그는 "죄와 벌"에서 나사로 사건을 훌륭하게 해석한다. "분열"을 뜻하는 라스콜리니코프라는 이름을 가진 대학생은 인간을 두 부류로 구분하는 철학을 가지고 있다. 그는 인간의 한 부류를 물질이라고 부른다. 다른 한 부류는 천재적인 인간인데, 그 자신이 거기에 속한다고 생각한다. 이 천재적인 인간에게는 모든 관심과 목표를 이루기 위해서는 삶에 가치가 없는 사람들을 제거하는 일이 허락되었다. 이 철학을 그는 실천에 옮긴다. 그는 늙은 고리대금업 노파를 도끼로 쳐서 죽인다. 그러나 그는 그녀의 도움으로 공부할 수 있었다고 말한다. 이어서 그는, "나는 천재다. 그러므로 나에게는 그녀를 죽이는 것이 허용되었다"고 말한다. 소설에서 도스토예프스키는 반복해서 라스콜리니코프는 죽었다는 말을 한다. 이야기가 계속되면서 라스콜리니코프는 그를 사랑하는 사람들로부터 그 자신을 분리한다. 그는 죽은 나사로이다. 물론 그는 나사로의 부활을 믿는다. 그러나 그의 믿음은 이론적인 믿음에 불과하다. 그는, 영생을 믿지 않는다고 말한다. 그는 나사로의 부활을 믿지만, 영생을 믿지 않는다. 한 마디로 그는 "분열"이다.

소냐라는 여자 친구는 창녀이다. 소냐는 이복형제들을 먹여 살리기 위하여 몸을 파는 일을 할 수밖에 없다. 그러나 이 창녀는 믿음을 가진 진실한 사람이다. 그녀의 간음행위는 그녀의 마음을 오염시키지 못한다. 소냐는 라스콜리니코프를 사랑한다. 이 사랑은 죄인을 향한 하나님의 사랑을 상징한다. 이 사랑이 라스콜리니코프를 새로운 인간으로 만든다. 소냐는 그가 회개할 것을 기대하면서 요한복음 11장의 나사로 이야기를 읽어 준다. 그러나 복음서의 증언이 기계적으로 반복되어 일어나지 않는다. 기적을 일으키는 시간은 하나님의 것이다. 소냐는 그것을 잘 알고 있다. 마침내 소냐의 사랑을 통해서 새로 태어나는 기적이 라스콜리니코프에게 일어난다. 라스콜리니코프는 도스토예프스키가 해석한 나사로이다.

3) 45~54절 산헤드린이 예수를 죽이기로 결정하다

45 마리아에게 와서 예수께서 하신 일을 본 많은 유대인이 그를 믿었으나 **46** 그 중에 어떤 자는 바리새인들에게 가서 예수께서 하신 일을 알리니라 **47** 이에 대제사장들과 바리새인들이 공회를 모으고 이르되 이 사람이 많은 표적을 행하니 우리가 어떻게 하겠느냐 **48** 만일 그를 이대로 두면 모든 사람이 그를 믿을 것이요 그리고 로마인들이 와서 우리 땅과 민족을 빼앗아 가리라 하니 **49** 그 중의 한 사람 그 해의 대제사장인 가야바가 그들에게 말하되 너희가 아무 것도 알지 못하는도다 **50** 한 사람이 백성을 위하여 죽어서 온 민족이 망하지 않게 되는 것이 너희에게 유익한 줄을 생각하지 아니하는도다 하였으니 **51** 이 말은 스스로 함이 아니요 그 해의 대제사장이므로 예수께서 그 민족을 위하시고 **52** 또 그 민족만 위할 뿐 아니라 흩어진 하나님의 자녀를 모아 하나가 되게 하기 위하여 죽으실 것을 미리 말함이러라 **53** 이 날부터는 그들이 예수를 죽이려고 모의하니라 **54** 그러므로 예수께서 다시 유대인 가운데 드러나게 다니지 아니하시고 거기를 떠나 빈 들 가까운 곳인 에브라임이라는 동네에 가서 제자들과 함께 거기 머무르시니라

이 단락은 나사로의 부활과 예수의 죽음을 연결시킨다. 나사로 부활사건은 요한복음에 나오는 일곱 개의 표적들 중에서 가장 큰 사건이다. 예수가 하나님의 아들이라는 계시가 나사로 사건에서 가장 분명하게 드러난다. 그러나 이 사건으로 인하여 산헤드린은 예수를 죽이기로 최종 결정한다.

나사로의 부활사건과 "부활이요 생명"이라는 예수의 자기 계시의 말씀에 대한 청중의 반응은 두 가지로 나뉜다(45~46절). 이 사건과 말씀으로 인하여 많은 사람들은 예수에 대하여 긍정적이다. 그러나 나사로의 부활이라는 사건을 보고 이들이 보인 반응이 진정한 믿음은 아니다(2:23 참조). 그들은 예수의 행위에 놀라움과 기대를 가지고 있었다. 그러나 어떤 사람들은 그 사건을 바리새인들에게 알려서 예수를 죽이기로 의견을 모으게 한다. 대제사장과 바리새인들은 "공회" 곧 산헤드린을 소집해서 예수사건을 논의한다(47절). 그들은 예수의 지도하에 로마제국에 맞서는 반란이 일어날 수 있다고 우려한다. "모든 사람이 그를 믿을 것이요"(48절)라는 산헤드린의 우려에서

우리는 예수에게 긍정적인 반응을 보인 군중들의 "믿음"이 어떤 것인지를 엿볼 수 있다. 그들은 많은 기적을 행하는 예수를 민족적이고 정치적인 해방을 가져올 수 있는 전통적인 메시아로 기대하고 믿었다(6:14~15 참조). 그런 메시아 기대는 로마에 맞서는 유대의 독립전쟁으로 확산될 수 있고, 그러면 과거에 그런 것처럼, 많은 유대인들이 로마에 의해서 죽임을 당할 수 있다. 그래서 그들은 예수를 죽이고, 그로 인하여 일어날 수도 있을 대량학살을 방지하려고 한다. 예수의 죽음은 많은 사람들을 대신해서 죽은 대리적인 죽음이다(50절). 대제사장 가야바의 말은 예수의 죽음의 진정한 의미를 은연중에 밝히고 있다고 복음서 저자는 해설한다(51~52절). 가야바는 그 자신이 말하는 내용이 신학적으로 무엇을 의미하는지 이해하지 못하면서도 진리를 말한다. 그러나 예수는 아직 그의 때가 오지 않았기 때문에 조용한 시골 마을로 물러나서 때가 오기를 기다린다(54절).

4) 11:55~12:11 베다니에서 향유부음 – 예수의 죽음을 준비하다

55 유대인의 유월절이 가까우매 많은 사람이 자기를 성결하게 하기 위하여 유월절 전에 시골에서 예루살렘으로 올라갔더니 **56** 그들이 예수를 찾으며 성전에 서서 서로 말하되 너희 생각에는 어떠하냐 그가 명절에 오지 아니하겠느냐 하니 **57** 이는 대제사장들과 바리새인들이 누구든지 예수 있는 곳을 알거든 신고하여 잡게 하라 명령하였음이러라 **1** 유월절 엿새 전에 예수께서 베다니에 이르시니 이 곳은 예수께서 죽은 자 가운데서 살리신 나사로가 있는 곳이라 **2** 거기서 예수를 위하여 잔치할새 마르다는 일을 하고 나사로는 예수와 함께 앉은 자 중에 있더라 **3** 마리아는 지극히 비싼 향유 곧 순전한 나드 한 근을 가져다가 예수의 발에 붓고 자기 머리털로 그의 발을 닦으니 향유 냄새가 집에 가득하더라 **4** 제자 중 하나로서 예수를 잡아 줄 가룟 유다가 말하되 **5** 이 향유를 어찌하여 삼백 데나리온에 팔아 가난한 자들에게 주지 아니하였느냐 하니 **6** 이렇게 말함은 가난한 자들을 생각함이 아니요 그는 도둑이라 돈궤를 맡고 거기 넣는 것을 훔쳐 감이러라 **7** 예수께서 이르시되 그를 가만 두어 나의 장례할 날을 위하여 그것을 간직하게 하라 **8** 가난한 자들은 항상 너희와 함께 있거니와 나는 항상 있지 아니하리라 하시니라 **9** 유대인의 큰 무리가 예수께서 여기 계신 줄을 알고 오니

이는 예수만 보기 위함이 아니요 죽은 자 가운데서 살리신 나사로도 보려 함이러라 **10** 대제사장들이 나사로까지 죽이려고 모의하니 **11** 나사로 때문에 많은 유대인이 가서 예수를 믿음이러라

이제 서서히 유월절이 다가오고 있다. 그러므로 유월절의 어린 양으로서 죽임을 당하게 될 예수의 때가 다가온다. 십자가에 달려서 하나님의 영광을 드러내고, 그 자신이 하나님의 사명을 성공적으로 완수하여 하나님의 아들로서 분명히 드러나서 영광을 받을 때가 다가오고 있다. 그때는 "유월절" 명절 중에 있을 것이다.

에브라임 시골에 물러나 있던 예수도 이제 "유월절 6일 전에" 곧 유월절 전주 토요일에 다시 예루살렘 근방의 베다니에 나타났다(12:1). 이날부터 다음 주 금요일까지 예수의 최후의 일주일이 시작된다. 베다니에서 첫날에 일어난 사건 중에서 향유를 부은 것과 나사로와 예수가 함께 있다는 것, 그 두 가지 사실이 가장 중요하다. 이 둘 모두 예수의 죽음과 직결되기 때문이다.

"나사로는 예수와 함께" 앉아 있었다(2절). 그리고 마리아가 예수의 발에 향유를 부었더니, 온 집이 향유 냄새로 가득하게 되었다. "향유"는 예수의 죽음과 부활을 의미한다(19:38~42 참조). 향유 냄새가 집에 가득함으로써, 썩은 죽음의 냄새가 향기로운 생명의 냄새로 변화된다. 고통스러운 예수의 죽음은 사람들에게 향기로운 생명을 가져다 줄 것이다. 예수에 의해서 생명을 얻은 나사로가 거기에 있다. 나사로의 살아남은 나사로를 위해서 자신의 생명을 죽음에 내어 놓은 예수의 죽음의 결과이다. 그러므로 그 둘이 나란히 한 식탁에 앉아 있다. 부활된 사람 나사로와 그를 부활시키는 대신에 스스로 죽음의 길을 가야 하는 예수가 나란히 함께 있는 것은 무엇을 의미하는가? 그의 누이가 예수에게 향유를 부어서 죽음을 준비하듯이, 나사로는 예수와 함께 있음으로 해서, 죽음의 길을 가는 예수가 그를 살리신 생명의 주인이라는 것을 증언한다. 썩어서 냄새나는 인간 나사로가 그 어두운 무덤에서 향기로운 새 생명으로 살아남으로써, 결국 그를 구원한 예수는 죽음의 길

을 가야 한다. 나사로를 살리기 위해서 예수가 유대로 돌아간 그 길은 예수 자신을 죽음으로 인도하는 길이다. 결국 예수의 죽음은 나사로의 부활의 근거이다. 예수는 십자가에 죽으러 가고, 나사로는 죽음에서 생명으로 살아난다. 예수가 사랑하셔서 자신의 목숨을 십자가에 내어놓은 인간의 대표자가 나사로이다. 인간을 대표하는 나사로의 부활은 예수의 골고다 수난에서 일어난다. 그러므로 나사로의 부활은 엘리야나 엘리사가 죽은 자를 살린 사건과는 근본적으로 다르다. 엘리야와 엘리사의 사건은 역사적인 한계 안에 있는 사건에 불과하고, 나사로의 부활은 예수가 사랑한 모든 사람에게 언제나 반복해서 일어나는 영원히 현재적인 사건이다. 엘리야와 엘리사의 사건은 우리에게 흥미와 흥분을 가져다 줄 수는 있으나, 우리에게 믿음을 가져다주지는 못한다. 나사로의 부활은 역사적인 한계를 뛰어넘어서 모든 믿음의 사람들에게 일어나는 새 생명 창조의 사건이다.

예수의 죽음과 부활의 의미를 모르는 가룟 유다는 마리아의 행위를 비난한다. 12:4~6은 가룟 유다가 왜 예수를 배신하였는지를 설명한다. 이러한 설명으로써 그의 배신이 다 설명되는 것은 아니지만, 나중에 그의 배신의 원인에 대해서 많은 추측성 설명이 있었고, 4~6절은 그러한 설명 중의 하나라고 할 수 있다. 예수는 마리아의 행위를 두둔한다(7절). 그 이유는 가난한 자들은 항상 있어서 그들에게 선을 행할 기회는 많이 있지만, 예수에게 선을 행할 수 있는 기회는 얼마 남아 있지 않기 때문이다(8절). 본문의 의도는 윤리적인 선에 있는 것이 아니라, 예수의 죽음이라는 신학에 있다.

대제사장들은 생명의 주인이 되는 예수뿐만 아니라, 예수의 생명 사역의 큰 증거가 되는 나사로까지 함께 죽이려고 한다(9~11절). 예수뿐만 아니라, 나사로까지도 유대인들을 흥분시켜서 로마에 맞서는 반란을 일으킬 수 있기 때문이었다. 예수를 믿은 "많은" 유대인들의 믿음은 진정한 믿음이 아니다. 요한복음의 여러 곳에서 말한 것처럼, 예수를 생명의 주인으로 믿는 것이 아니라, 오히려 이스라엘을 로마의 압제에서 해방시킬 전통적인 해방자로 기대하는 믿음이다.

5) 12:12~19 예루살렘 입성

12 그 이튿날에는 명절에 온 큰 무리가 예수께서 예루살렘으로 오신다는 것을 듣고 **13** 종려나무 가지를 가지고 맞으러 나가 외치되 호산나 찬송하리로다 주의 이름으로 오시는 이 곧 이스라엘의 왕이시여 하더라 **14** 예수는 한 어린 나귀를 보고 타시니 **15** 이는 기록된 바 시온 딸아 두려워하지 말라 보라 너의 왕이 나귀 새끼를 타고 오신다 함과 같더라 **16** 제자들은 처음에 이 일을 깨닫지 못하였다가 예수께서 영광을 얻으신 후에야 이것이 예수께 대하여 기록된 것임과 사람들이 예수께 이같이 한 것임이 생각났더라 **17** 나사로를 무덤에서 불러내어 죽은 자 가운데서 살리실 때에 함께 있던 무리가 증언한지라 **18** 이에 무리가 예수를 맞음은 이 표적 행하심을 들었음이러라 **19** 바리새인들이 서로 말하되 볼지어다 너희 하는 일이 쓸 데 없다 보라 온 세상이 그를 따르는도다 하니라

예수에게 향유를 붓는 사건과 함께 나귀를 타고 예수께서 예루살렘에 입성한다는 이야기는 공관복음에서도 찾을 수 있다. 물론 세세한 부분에서는 차이점들도 나타난다. 이 단락에서 특히 중요한 것은, 스가랴 9:9의 인용이다(15절). 스가랴의 구절은 메시아를 말한다. 스가랴서는 강력한 힘을 가진 지배자로서의 메시아를 말하지 않고, 겸손한 메시아를 말한다. 공관복음에 나오는 이야기의 순서와는 달리 요한복음에서 예수는 먼저 군중의 환영을 받고 난 후에 나귀를 발견하고 탄다. 이러한 순서는 매우 중요한 의미를 말한다. 유대 군중은 군마를 거느리고 와서 이스라엘을 해방시켜줄 정치-군사적으로 강력한 힘을 가진 메시아를 기대하며 환호한다. 종려나무 가지를 흔든다거나 혹은 호산나를 외치는 것도 모두가 강력한 힘을 가지고 적들을 무찌르고 승리하는 메시아를 환영하는 표식이다.

그러나 예수는 나귀 새끼를 타고 입성함으로써 그러한 군중의 기대를 부정해 버린다. 유대 군중은, 예수가 행한 엄청난 표적들을 보고 그런 기대를 가졌다(18절). 그러나 예수는 메시아이기는 하지만, 군중들이 기대했던 그런 메시아가 아니다. 유대 군중뿐만 아니라, 예수의 제자들도 예수를 바로 이해하지 못하였다. 제자들은, 예수가 영광을 얻으신 후 곧 십자가 사건이 있고

난 후에야 나귀타고 입성하는 예수사건의 의미를 바로 알게 되었다고 복음서 저자는 해설한다(16절). 그럼으로써 복음서 저자는 예수 사건 전체를 부활신앙의 눈으로 해설하고 있다. 나사로의 부활 사건이 다시 역할을 한다(17절). 나사로 사건은 유대 군중으로 하여금 예수에 대한 잘못된 기대를 갖게 했고, 그래서 결국 예수를 죽음으로 몰아간다.[115]

19절에 있는 바리새인들의 말은 11:48의 염려를 한층 강화한다. 그들은 예수를 중심으로 로마에 저항하는 민중운동을 염려한 것이다. 그러므로 바리새인들이 19절에서 한 말을 당시 예수가 군중들 사이에서 거둔 대성공을 말할 뿐만 아니라, 미래에도 "온 세상"이 유대교 지도자들을 버리고 예수에게로 갈 것이라는 복음의 선교적인 성공을 예언하고 있다는 해석[116]은 적절하지 않다. 이러한 해석은 군중들의 믿음이 진정한 믿음이라는 전제에서만 가능한데, 군중들의 믿음은 잘못된 메시아 기대에 근거한 것이기 때문에, 진정한 믿음이 아니다. 그러나 우리는 18:14에서 가야바가, 자신도 알지 못한 채 진리를 말했던 것처럼, 여기서도 바리새인들이, 자신들이 의도하지 않았지만, 유대인들뿐만 아니라 헬라인들도, 그러므로 "온 세상"이 예수의 복음을 믿게 될 것을 무의식중에 예언하고 있다고 할 수도 있다.[117]

6) 12:20~50 예수가 마지막으로 자신을 공개적으로 드러내다

예수의 공개적인 활동의 마지막이다. 이 단락이 끝나고 13장부터 17장까지 예수는 더 이상 공개적으로 활동하지 않고, 오직 제자들에게만 말씀하시고 행동한 후에, 18장부터는 고난의 사건이 시작된다.

---

115) U. Schnelle, *Johannes*, 202는 여기서도 군중들이 예수를 "종말적인 구원자요 생명의 수여자로 고백하고 있다"고 말함으로써 그들의 믿음을 바른 믿음으로 이해한다. 그러나 이는 잘못된 본문이해이다.

116) R. Schnackenburg, *Johannes II*, 474; U. Schnelle, *Johannes*, 202.

117) H. Thyen, *Johannesevangelium*, 556~557.

20~26절 헬라인들의 면담신청과 예수의 대답

20 명절에 예배하러 올라온 사람 중에 헬라인 몇이 있는데 **21** 그들이 갈릴리 벳새다 사람 빌립에게 가서 청하여 이르되 선생이여 우리가 예수를 뵈옵고자 하나이다 하니 **22** 빌립이 안드레에게 가서 말하고 안드레와 빌립이 예수께 가서 여쭈니 **23** 예수께서 대답하여 이르시되 인자가 영광을 얻을 때가 왔도다 **24** 내가 진실로 진실로 너희에게 이르노니 한 알의 밀이 땅에 떨어져 죽지 아니하면 한 알 그대로 있고 죽으면 많은 열매를 맺느니라 **25** 자기의 생명을 사랑하는 자는 잃어버릴 것이요 이 세상에서 자기의 생명을 미워하는 자는 영생하도록 보전하리라 **26** 사람이 나를 섬기려면 나를 따르라 나 있는 곳에 나를 섬기는 자도 거기 있으리니 사람이 나를 섬기면 내 아버지께서 그를 귀히 여기시리라

유월절에 참여하기 위하여 헬라인들이 예루살렘에 왔다. 이들은 헬라인이지만 유대교의 회당에 참여하여 하나님을 믿고 경외하는 사람들일 것이다. 이들 중에서 몇몇이 예수에게 면담 신청을 했다. 빌립과 안드레를 통해서 헬라인의 면담 요청에 관한 소식을 전해들은 예수는 엉뚱해 보이는 대답을 한다(23절). "인자가 영광을 얻을 때가 왔다." 예수가 십자가에 달릴 때가 왔다는 말이다(7:30; 8:20 참조). 십자가 사건이 있고 난 후부터 복음은 이방인들에게 전파되기 시작한다. 그러므로 하나님의 아들 예수와 헬라인들과의 면담은 십자가 이후에나 가능하다는 것을 암시한다. 육신의 예수는 유대인들에게만 진리를 전파하고, 십자가의 구원사건이 있은 후에 보혜사 성령은 이방인들에게도 진리를 전파할 것이다.

23절의 "영광을 얻다"(δοξαζειν)는 32.34절의 "들리다"(υψουσται)와 연결된다. "들리다"는 십자가에 달리는 것이다. 십자가에 달림으로써 예수는 유대인이나 헬라인을 막론하고 하나님이 그에게 허락한 모든 사람들을 구원한다. 그럼으로써 예수는 영광을 받는다.

24절은 예수의 죽음과 부활을 씨앗의 비유를 통해서 말함으로써, 23절의 말씀을 설명한다.[118] 예수의 죽음과 부활을 통하여 이방인들을 포함하여 많

은 사람들이 구원을 받게 될 것이다(32절). 그 일을 위하여 하나님의 아들이 인간이 되었고, 예수는 십자가에서 그의 사명을 완수하며, 그래서 영화롭게 된다. 한 알의 밀알처럼 예수는 죽고, 그로 인하여 구원을 받는 많은 사람들의 열매를 수확한다. 예수에게는 어두운 시간이 많은 사람들에게는 밝은 시간이다.

25절은 제자들의 운명을 말한다. 특히 요한복음이 기록될 당시(AD 90년 무렵)에 요한 공동체가 겪고 있는 현실을 반영한다. 그리스도인들에게 세상에서의 박해와 죽음은 마지막이 아니다. 예수가 죽었으나 영원한 생명으로 부활한 것처럼, 그렇게 제자들도 박해를 받고 죽을 수 있겠으나, 그 죽음이 그들의 최종 운명은 아니다. 부활이요 생명이신 주께서 그들을 영원한 생명으로 보존할 것이다. 그것을 26절은 말한다.

26절의 표현과 구조를 살펴보자.

　　a 사람이 나를 섬기려면,

　　b 나를 따르라. 나 있는 곳에 나를 섬기는 자도 거기 있으리니

　　c 사람이 나를 섬기면,

　　d 내 아버지께서 그를 귀히 여기시리라.

a와 c가 동일한 조건을 말하고, b와 d는 동일한 약속을 말한다. "있으리니"와 "여기시리라"는 미래 동사이지만, 시간적인 미래가 아니라, 논리적인 미래이다. 다시 말해서 a와 c의 조건이 충족되면, 일어날 결과를 b와 d가 말한다. 그러므로 이 미래를 반드시 종말 재림 때로 이해할 필요는 없다. 믿는 사람은 예수를 섬기고 따름으로써 예수가 있는 곳에 이미 지금 있게 된다. "섬기고, 따름"은 믿음이다. 예수가 십자가 고난을 받았듯이, 제자들도 세상에서 예수처럼 고난을 받음으로써 예수를 믿는다. 예수가 계시는 곳에 제자들도 함께 있다. 예수가 십자가에 달렸듯이, 그렇게 제자들도 예수와 함께

---

118) 이 비유는 공관복음에 나오는 파종의 비유를 연상시킨다(막 4:3~9, 26~29, 30~32; 마 13:3~9, 24~30, 31~32; 눅 8:4~8; 13:18~19).

고난을 받는다. 그러나 예수가 부활하였듯이, 그렇게 제자들도 예수의 부활에 함께 참여한다. 예수가 하나님과 영원히 교제하듯이, 그렇게 제자들도 하나님과 예수와 함께 교제한다. 그것도 이미 지금 여기서 그렇게 교제한다. 8:12이 말한 것처럼, 예수를 "따르는 자는 어둠에 다니지 아니하고 생명의 빛을 얻는다." 그러므로 "아버지가 그를 귀히 여기다"는 말도 동일한 의미이다. 하나님은 아들 예수에게 이끌어주신 사람들로 하여금 그리스도의 십자가에서 일어난 구원에 참여하게 함으로써 "귀히 여긴다." 하나님께서 아들 예수를 영화롭게 하시듯이(8:50,54; 13:32), 그렇게 예수의 뒤를 따라 기꺼이 고난을 감당하는 제자들도 영화롭게 하심으로써 귀히 여기신다. 그래서 예수가 있는 곳에 그들도 있게 하신다. 예수와 함께 제자들도 십자가의 고난에 참여하지만, 그럼으로써 그들은 동시에 예수의 부활과 영광에 참여하며, 하나님과 예수와 영원히 교제한다. 그것도 이미 지금 박해와 고통의 삶한가운데에서.

27~36절 예수의 마지막 공개 활동

27 지금 내 마음이 괴로우니 무슨 말을 하리요 아버지여 나를 구원하여 이 때를 면하게 하여 주옵소서 그러나 내가 이를 위하여 이 때에 왔나이다 **28** 아버지여, 아버지의 이름을 영광스럽게 하옵소서 하시니 이에 하늘에서 소리가 나서 이르되 내가 이미 영광스럽게 하였고 또다시 영광스럽게 하리라 하시니 **29** 곁에 서서 들은 무리는 천둥이 울었다고도 하며 또 어떤 이들은 천사가 그에게 말하였다고도 하니 **30** 예수께서 대답하여 이르시되 이 소리가 난 것은 나를 위한 것이 아니요 너희를 위한 것이니라 **31** 이제 이 세상에 대한 심판이 이르렀으니 이 세상의 임금이 쫓겨나리라 **32** 내가 땅에서 들리면 모든 사람을 내게로 이끌겠노라 하시니 **33** 이렇게 말씀하심은 자기가 어떠한 죽음으로 죽을 것을 보이심이러라 **34** 이에 무리가 대답하되 우리는 율법에서 그리스도가 영원히 계신다 함을 들었거늘 너는 어찌하여 인자가 들려야 하리라 하느냐 이 인자는 누구냐 **35** 예수께서 이르시되 아직 잠시 동안 빛이 너희 중에 있으니 빛이 있을 동안에 다녀 어둠에 붙잡히지 않게 하라 어둠에 다니는 자는 그 가는 곳을 알지 못하느니라 **36** 너희에게 아직 빛이 있을 동안에 빛을 믿으라 그리하면 빛의 아

들이 되리라 예수께서 이 말씀을 하시고 그들을 떠나가서 숨으시니라

27절은 공관복음에 나오는 겟세마네 동산의 기도를 연상하게 한다(막 14:32~42). 그러나 공관복음에서보다는 고난과 죽음에 대한 순응을 강조한다. 예수는 "이를 위하여" 곧 십자가의 죽음을 위해 이 세상에 왔다. "아버지의 이름이 영광스럽게"(28절) 되는 것은 예수가 십자가에 달릴 때이다. 인간을 구원하시고자 하는 아버지의 뜻이 예수의 십자가에서 온전히 이루어짐으로써 하나님의 이름이 영광스럽게 된다. 그러므로 아버지는 아들에게 십자가의 죽음을 면하게 해 주는 것이 아니라, 그 아들이 십자가에 달릴 때, 아버지는 영광을 받는다. 그러므로 "아버지의 이름을 영광스럽게 하소서"는 공관복음의 겟세마네 기도에서 "내 뜻대로 마시고, 아버지의 뜻대로 하소서"와 같은 의미이다. 아들이 죽음으로써 아버지가 영광스럽게 되기 때문에, 아들을 죽음에서 벗어나게 해달라는 것이 아니라, 오히려 죽음으로써 아버지를 영광스럽게 할 수 있게 해달라고 한다.

하늘의 음성에서 "이미 영광스럽게 하였고"는 예수가 이미 행한 표적을 통해서 아버지의 사랑, 능력 그리고 뜻이 드러나서 영광스럽게 되었다(2:11; 9:3; 11:40)는 뜻이고, "영광스럽게 하리라"는 이제 곧 일어날 예수의 십자가와 부활 승천을 말한다. 아들의 온전한 순종, 그로 이한 하나님의 구원의 뜻이 실현되고, 아들을 다시 하늘에 있는 아버지 곁으로 데려가심을 통해서 아버지는 영화롭게 될 것이다.

29절의 무리들의 반응은 예수와 아버지의 대화의 신비성을 말한다. 천둥이나 천사의 말은 유대교에서는 대개 신의 계시와 연결해서 언급되는 경우가 많았다. 기이하게 여기는 무리들에게 30~32절에서 예수가 답한다. 예수와 하나님은 서로를 영화롭게 하는 일치된 관계 속에 있기 때문에, 하늘의 음성은 "나를 위한 것"이 아니고, "너희를 위한 것"이다. 아들과 아버지 사이의 대화를 통해서 사람들이 예수가 누구이고, 무엇을 하기 위해서 세상에 왔는지를 알아야 하기 때문이다.

31절의 "이제"는 예수가 십자가에 달릴 때이다(23.27절). 예수를 십자가에 매달면서 세상은 스스로를 심판한다. 세상은 예수를 십자가에 매달아 죽여 없애려고 하지만, 그러나 쫓겨나는 것은 예수가 아니라 오히려 "세상의 임금"이다. 세상의 임금은 모든 죽음의 세력과 악을 총칭하며, 그들의 지배를 받고 예수를 죽이려는 정치-종교적인 세력까지도 포함한다. 예수가 십자가에 달림으로써 죽음의 세력은 끝장이 난다. 예수의 십자가는, 예수가 부활이요 생명이라는 진리를 드러내기 때문이다. 그러므로 예수의 십자가는 믿음의 사람들에게는 구원의 시간이지만, 세상에게는 심판의 위기에 빠지는 시간이다. 세상은 예수를 죽임으로써 스스로 강한 것 같이 보이지만, 실상은 하나님의 뜻을 실현하기 위하여 세상은 이용당한 것에 불과하며, 또한 예수가 다시 살아나심은 세상의 죽이는 힘이 얼마나 효력이 없는 보잘것없는 것인지를 폭로할 것이다.

32절과 34절의 "들리다"는 십자가에 달리는 것을 말한다. 요한복음은 동일한 내용을 말하기 위하여 다양한 용어들을 사용하기도 하고, 일상적으로 사용되는 용어들과 상당히 다른 것들을 사용하기도 하기 때문에 때로는 혼란스럽다. 특히 신학적으로 중요한 십자가 죽음, 부활, 올라감 등을 말할 때 그렇다. 첫째, 십자가 죽음을 나타내기 위해서 요한복음은 "죽다", "십자가에 달리다", "그의 생명을 내놓다", "들리다" 등과 같은 다양한 용어들을 사용한다(3:14; 8:28; 12:32.34). 둘째, 부활을 말하기 위해서 요한복음은 "일어나다"(2:22), "살아나다"(20:9), "생명을 다시 얻다"(10:18) 등을 사용한다. 셋째, 아버지께로 올라감을 말하기 위해서 요한복음은 "올라가다"(3:13; 20:17)를 사용한다. 요한복음에서 "들리다"는 하늘의 아버지께로 올라가는 것을 의미하지 않고, 십자가에 달리는 것을 말한다. 십자가에서 예수가 영화롭게 되기 때문이다. 물론 예수가 영화롭게 되는 것은 십자가에 들리는 것을 넘어서서 부활 승천까지를 말한다(16절; 7:39; 13:31; 17:1~5 참조). 그러나 예수가 영화롭게 되는 핵심적인 장소는 십자가이다(23절). 그러므로 예수는 십자가에서 영화롭게 되지만, 부활과 아버지께로 돌아감으로써 또한 영화롭게 된다

(13:1). 영광을 얻는 것은, 십자가에 들리는 것을 포함해서, 부활과 승천까지를 포함한다. 32절은 24절과 같은 내용을 말한다. 24절에서는 한 알의 밀이 땅에 떨어져서 죽음으로써 많은 열매를 맺는다고 하나, 여기서는 예수가 땅에서 들려 올림으로써 "모든 사람" 곧 하나님께서 그에게 허락해서 믿게 한 모든 사람들을 구원하신다고 한다.

33절의 "어떠한 죽음"은 죽음의 방식 곧 십자가의 죽음을 말한다. 예수는 십자가에서 죽어야 한다. 예수는 십자가 외의 다른 방식으로 죽을 수 없다. 아마도 이사야 53장이 여기에 작용하고 있는 것으로 보인다. 십자가에 들리는 것은 영화롭게 되는 것이다. 죽음에서 승리가 일어난다. 십자가에서 예수가 "다 이루었다"라고 말한다면, 그 말은 이제 예수의 인생이 끝났다는 뜻이 아니고, 아버지가 예수에게 부여한 사명을 완전히 이루었다는 뜻이다. 그의 사명은 죽음을 이기는 것이다. 예수의 십자가 죽음은 그를 믿는 모든 사람들을 대신한 죽음이다. 그러므로 그의 십자가 죽음은 그를 믿는 모든 사람들을 위한 구원이다.

34~36절은 예수와 유대인들 사이의 마지막 논쟁이다. 유대교의 메시아 신앙과 요한 공동체의 그리스도 믿음이 여기서 다시 한 번 충돌한다. "무리"는 유대교의 대표자들이다. 그들은, 메시아는 영원히 산다는 말을 율법에서 들었다. 메시아는 다윗의 후손으로 오는데, 다윗의 후손은 영원하다(시 89:37). 그런데 요한복음에서 예수는, 자신이 죽어야 한다고 말한다. 죽어야 하는 "이 인자는 누구냐?" 메시아가 십자가에 못 박혀 죽었다고 그리스도인들이 말한다면, 이는 시편의 말씀과 다른 것이 아닌가?

그러나 예수는 유대인들의 이러한 반론에 대해서 더 이상 논쟁을 벌이지 않는다. 예수는 논쟁을 끊고, 빛을 믿을 것을 요청한다. 너무 늦기 전에 빛을 믿어야 한다. "세상의 빛"(8:12)이신 예수가 그들에게 나타나 진리를 계시하고 빛을 비추게 될 시간은 얼마 남지 않았다. 생수이신 예수를 마시면 영원히 목마르지 않고(4:14), 빛이신 예수 안에 있으면, 빛의 아들이 되어 영원히 어둠에 붙잡히지 않는다. 그러므로 빛이 있는 동안에 "빛을 믿으라. 그리하면 빛의 아들이 되리라." 이것이 요한복음에서 예수가 공개적으로 한 마지막 말씀이다. 그러나 믿으라고 초대하기는 했지만, 예수는, 하나님이 믿음을 허락하지 않은 그들이 믿을 수 없다는 사실을 너무도 잘 알고 있다. 그래서 예수는 그들을 떠나서 숨어버린다. 그럼으로써 예수의 공개적인 활동은 막을 내린다.

37~43절 사람들이 예수를 믿지 않는 이유

37 이렇게 많은 표적을 그들 앞에서 행하셨으나 그를 믿지 아니하니 **38** 이는 선지자 이사야의 말씀을 이루려 하심이라 이르되 주여 우리에게서 들은 바를 누가 믿었으며 주의 팔이 누구에게 나타났나이까 하였더라 **39** 그들이 능히 믿지 못한 것은 이 때문이니 곧 이사야가 다시 일렀으되 **40** 그들의 눈을 멀게 하시고 그들의 마음을 완고하게 하셨으니 이는 그들로 하여금 눈으로 보고 마음으로 깨닫고 돌이켜 내게 고침을 받지 못하게 하려 함이라 하였음이더라 **41** 이사야가 이렇게 말한 것은 주의 영광을 보고 주를 가리켜 말한 것이라 **42** 그러나 관리 중에도 그를 믿는 자가 많되 바리새인들 때문에 드러나게 말하지 못하니 이는 출교를 당할까 두려워함이라 **43** 그들은 사람의 영광을 하나님의 영광보다 더 사랑하였더라

예수의 공개적인 활동을 마무리하면서 복음서 저자는, 이 단락에서 사람들이 예수를 믿지 않은 이유를 다시 한 번 정리한다. 세상에 오신 하나님의 아들 예수는 여러 차례 "나는 …이다"는 말씀과 놀라운 표적행위들을 통해서 자신의 정체를 계시하셨지만, 그것을 듣고 보았던 수많은 유대인들이 예수를 믿지 않았다. 복음서 저자는 지금까지 반복해서 유대인들이 예수를 믿지 않은 이유를 언급한 바 있는데, 공개적인 활동을 마무리하는 이 대목에서 그 이유를 구약성서의 말씀을 인용하여 다시 한 번 말한다. 여기서 복음서 저자가 예수를 믿으라고 독자들에게 촉구하고 있다고 해석하는 이도 있지만,[119] 복음서 저자는 믿음을 촉구하는 것이 아니라, 예수의 수많은 계시의

---

119) R. Schnackenburg, *Johannes II*, 513.

말씀과 표적행위들을 직접 듣고 보았으면서도 유대인들의 믿지 않은 이유를 설명한다.

　유대인들의 믿지 않은 원인과 근거를 복음서 저자는 예언자 이사야의 말씀에서 찾는다. 그는 38절과 40절에서 이사야 53:1과 6:10의 말씀을 인용한다. 유대인들이 예수를 믿지 못하는 것은 그들의 자유의지나 선택에 의한 것이 아니라, 하나님께서 그들로 하여금 믿지 못하게 완고한 마음을 주셨기 때문이다. 바울도 역시 로마서에서 유대인들의 믿지 않음을 설명하기 위해서 이사야의 말씀을 사용했다. 바울은 로마서 10:16에서 이사야 53:1을 인용하고, 이어서 역시 구약성서의 말씀[120]을 인용해서 유대인들이 예수를 믿지 않은 것은 하나님의 섭리라고 말한다(특히 로마서 11:8~10 참조). 바울은 이 말씀들을 인용해서, 하나님께서 이스라엘의 귀와 눈을 막아서 복음을 깨닫지 못하게 하셨다고 한다. 그래서 이스라엘은 지금까지 복음을 믿지 못하고 있다. 이스라엘이 믿지 않았기 때문에 하나님은 그들의 눈과 귀를 막아버리신 것이 아니라, 하나님이 먼저 그들의 귀와 눈을 막으셔서 "우둔하게" 만드셨기 때문에, 그들이 믿지 않았다. 그러나 바울은 이스라엘의 믿지 않음은 영원하지 않고, 하나님께서 정하신 때까지라고 한다. 유대인들을 완악하게 하신 것은, 이방인들을 구원하기 위한 것이었고, 하나님께서 정하신 그때가 오면 하나님은 온 이스라엘을 믿게 하셔서 구원하실 것이다(롬 11:25~36). 그러나 요한복음 저자는 바울처럼 유대인의 구원 문제를 신학적으로 깊이 있게 끝까지 숙고하지 않는다. 다만 그는 많은 표적을 보고서도 믿지 못하는 기이한 현상에 대해서, 더구나 믿지 않는 그들로부터 박해를 받는 상황에서, 신학적으로 사고한다. 그러므로 우리는 유대인의 믿지 않음과 그럼에도 불구하고 그들의 구원에 관한 문제에 대해서는 요한복음보다는 로마서에서 더 깊은 신학적인 해명을 들을 수 있다.

　요한복음 저자가 이사야의 소명 이야기를 인용하는 이유는 41절에서 밝

---

120) 신 29:4; 사 6:9~10; 29:9~12; 시 69:22~23.

혀진다. 이사야가 예언자로 소명을 받을 때, 그는 "주의 영광"을 보았다. 이사야는 "주" 하나님을 말하지만, 요한복음 저자는 이사야가 본 "주"를 예수 그리스도라고 한다. 그에 따르면, 이사야는 예수 그리스도의 영광을 보았고, 그러므로 예수 그리스도를 선재하신 분으로 보았다. 창조 이전에 선재하시며 하나님과 함께 영광을 공유하셨던 예수를(17:5) 이사야가 보았다고 한다. 아브라함이 예수의 때를 보고 즐거워했던 것과 같은 차원이다(8:56). 복음서 저자는 로고스 송가에서 이미 노래한 예수 그리스도의 선재를 이사야의 말씀에서 다시 보고 있다.[121) 유대인들이 예수를 믿지 않은 것은, 예수 안에 계신 하나님께서 그들로 하여금 믿지 못하게 하셨기 때문이다.

　예수의 표적들을 보고서 예수에게 호감을 가진 사람들도 있었고, 더구나 "관리" 곧 공의회 회원들 중에서도 있었다(42절). 많은 표적을 본 사람들이 예수를 믿지 못했다거나 혹은 겉으로는 믿은 것처럼 보이지만, 실제로는 진실하게 믿은 것이 아니라는 사실은 요한복음에서 지금까지 여러 차례 반복해서 나타났다. "많은 사람"의 믿음[122)은 예수를 하나님의 아들로 믿는 그런 진실한 믿음이 아니라, 표적이라는 기이한 현상에 직면하여 사람들이 예수께 호감을 가졌다거나 기껏해야 위대한 예언자 정도로 알았다는 것을 말한다. 그들은 표적을 행하는 예수에게서 어떤 이득을 보려고 예수를 따라다니는 군중에 불과했다(6:2). 그들은 이득을 더 이상 기대할 수 없을 때에는 언제라도 예수를 버리고 떠날 수 있다(6:66). 그들은 하나님의 영광보다는 사람의 영광을 더 사랑하였기 때문에 공개적으로 예수에 대한 믿음을 고백하지 못했다(43절). 예수에 대한 믿음의 고백은 유대교로부터의 출교를 각오해야 하는데, 그들은 그렇지 못한 것이다(9:22). 요한복음에서 그런 각오가 없는 믿음은 진정한 믿음이 아니다. 아무리 좋은 감정이나 생각을 가지고 있었다고 해도, 박해와 죽음을 각오하는 믿음의 고백이 없는 것은 진정한 제자

---

121) 1:1,14; 2:11; 11:4,40.
122) 2:23; 7:31; 8:30; 10:42; 11:45; 11:11 등.

의 믿음이 아니다. 믿음은 하나님으로부터 난 자들에게 주어지는 은혜의 선물이지, 예수에 대한 인간적인 단순한 호감이 아니다.

44~50절 예수의 마지막 증언

44 예수께서 외쳐 이르시되 나를 믿는 자는 나를 믿는 것이 아니요 나를 보내신 이를 믿는 것이며 **45** 나를 보는 자는 나를 보내신 이를 보는 것이니라 **46** 나는 빛으로 세상에 왔나니 무릇 나를 믿는 자로 어둠에 거하지 않게 하려 함이로라 **47** 사람이 내 말을 듣고 지키지 아니할지라도 내가 그를 심판하지 아니하노라 내가 온 것은 세상을 심판하려 함이 아니요 세상을 구원하려 함이로라 **48** 나를 저버리고 내 말을 받지 아니하는 자를 심판할 이가 있으니 곧 내가 한 그 말이 마지막 날에 그를 심판하리라 **49** 내가 내 자의로 말한 것이 아니요 나를 보내신 아버지께서 내가 말할 것과 이를 것을 친히 명령하여 주셨으니 **50** 나는 그의 명령이 영생인 줄 아노라 그러므로 내가 이르는 것은 내 아버지께서 내게 말씀하신 그대로니라 하시니라

예수가 공개적인 활동을 끝내고 숨어버렸다고 해 놓고서(36b절) 그리고 사람들이 왜 예수를 믿지 못하는지를 해설(37~43절)한 후에 복음서 저자는, 다시 예수가 계시의 말씀을 외쳤다고 한다. 문맥에 어울리지 않는다. 그래서 이 단락은 8:12의 다음에 와야 한다고 주장하는 학자도 있고,[123] 나중에 첨가된 부분이라고 주장하는 이들도 있다.[124] 그러나 복음서 저자는 이 대목에서 예수의 계시말씀을 요약해서 다시 한 번 제시함으로써 예수의 공개적인 계시활동을 마무리하고 싶었을 것이다. 복음서 저자의 요약이기 때문에, 예수가 이 마지막 말씀을 어디서, 어떤 상황에서, 누구에게 하셨는지 말하지 않는다. 그럼으로써 복음서 저자는, 이 말씀은 어떤 특정한 장소와 시대 및 상황에서 제한된 사람들에게만 주신 것이 아니라, 모든 시대의 모든 사람들에게 주신 말씀이라고 말하고 싶은 것이다. 인간 예수는 세상을 피해

---

123) R. Bultmann, *Johannes*, 237.262.
124) R. Schnackenburg, *Johannes II*, 514; J. Becker, *Johannes II*, 484.

서 숨어버렸지만, 그의 입에서 나온 계시의 말씀은 모든 세상을 향하여 계속 살아 있다. 그리하여 인간 예수가 더 이상 함께 하지 않은 모든 시대, 모든 장소의 모든 사람들에게도 예수의 말씀은 여전히 살아있어서, 믿음의 사람들을 구원하고, 그러나 믿지 않는 사람들을 심판한다. 44~50절에서 복음서 저자가 요약하고 있는 예수의 말씀은 이미 앞에서 다 말한 바 있는 것들이다.[125]

예수는 그 자신을 세상에 보내신 아버지께서 말씀하라고 명령하여 주신 그대로 "외쳤다." 그의 말씀은 곧 하나님의 말씀이며, 그를 믿는 것은 곧 하나님을 믿는 것이고, 그를 보는 사람은 곧 하나님을 본다(1:18; 14:9). 보내신 분은 보내심을 받은 분 안에 현존하시기 때문이다. 보내심을 받은 예수 안에서 인간은 하나님과 교제를 나누며, 빛 가운데 있으며, 영생을 살아간다. 하나님을 믿고 만날 수 있는 오직 유일한 길은 예수 그리스도이다. 그러므로 예수를 믿지 않고 거부하는 것은, 스스로 심판을 자초하는 것이다. 지금 여기서 예수와 어떠한 관계 가운데 있느냐가 사람의 영원한 운명을 결정한다. 물론 인간 예수는 더 이상 세상에 없다. 그러나 예수의 말씀은 항상 있다. 그러므로 예수의 말씀에 대한 태도가 곧 예수에 대한 태도를 결정한다. 예수의 말씀은 요한복음 안에서 듣고 읽을 수 있다. 예수의 공개적인 계시 활동을 마무리하는 이 대목에서 요한복음의 저자는 이것을 다시 한 번 분명하게 천명한다.

---

125) 1:18; 3:17; 8:12.15.28; 9:39; 14:9 등.

예수와 제자들

이제 예수가 영광을 받을 "때"가 가까이 왔다. 십자가에 달림으로써, 예수가 하나님의 아들이라는 신적인 본질이 드러나고, 하나님이 맡기신 사명을 온전히 이루고, 하나님께로 돌아갈 "때"가 가까이 온 것이다. 그러나 이 "때"는 예수와 제자들 사이의 이별의 때이기도 하다. 제자들은 여전히 세상에 남아 있어야 하고, 예수는 하늘 아버지께로 되돌아가야 한다. 그러나 하늘 아버지께 돌아가는 예수는 제자들을 고아처럼 세상에 버려두지 않을 것이다. 보혜사 성령을 보내셔서 제자들을 지속적으로 돌볼 것이다. 13~17장은 예수와 제자들의 이별을 준비하는 내용이다.

13장: 예수께서 제자들과 마지막 식사를 나눈다.
14장: 예수가 제자들에게 첫 번째 고별설교를 한다.
15~16장: 예수가 제자들에게 두 번째 고별설교를 한다.
17장: 예수가 제자들을 위하여 마지막 고별기도를 한다.

예수의 고별설교와 고별기도는, 요한복음의 저자가 보혜사 성령을 통해서 깨우친 진리가 예수의 설교와 기도로 나타난 것이다. 그러므로 고별설교와 고별기도는 역사의 예수가 한 그때의 말씀과 기도가 아니다. 요한복음 저자의 언어와 신학이 스며들어 있다.

성서의 말씀은 역사성에 근거해서 진리가 되는 것이 아니다. 역사성이 진리 판단의 시금석이 아니다. 우리는 어떤 사건의 역사성을 믿는 것이 아니라, 지금도 살아 계신 예수 그리스도를 믿는다. 역사성이 우리를 구원하는 것이 아니고, 지금 살아 계셔서 우리에게 말씀하시는 예수 그리스도가 우리를 구원하신다. 하나님의 아들은 인간 예수의 몸으로 역사에 나타나셨지만, 그러나 그러한 역사적인 한계 안에 머물지 않고, 역사를 넘어 영원히 살아 계시며 말씀하신다. 성서 속의 예수 그리스도, 특히 요한복음의 예수 그리스도는 역사의 예수이면서 동시에 역사를 초월한 하나님의 아들이다.

요한복음 저자는 이처럼 긴 말씀과 기도를 예수의 말씀과 기도로 기록한다. 저자가 이 복음서 전체를 통해서 말하는 것은, 성령에 의해서 복음서 저자에게 계시된 것이다. 성령께서 이 말씀들과 기도를 요한복음의 저자에게 계시해 주었고, 그는 그것을 예수의 말씀과 기도로 기록하였다. 그런 유형의 문헌을 우리는 복음서라고 한다. 요한복음 저자를 포함해서, 신약성서의 모든 저자들은 예수 그리스도가 누구인지를 말하기 위해서 단순히 역사적인 자료를 수집하고 그에 기인하여 기록한 것이 아니라, 성령의 계시와 조명을 받아서 기록한다. 2천여 년이 지난 오늘 우리는 그들의 증언 배후로 들어가서 그것의 역사성이나 진리성을 검증할 수 없다. 우리가 할 수 있는 일은, 그들의 증언을 오직 믿음으로 받아들이는 것뿐이다. 우리가 믿을 때, 그들의 증언은 진리로 밝혀진다. 믿지 않은 사람들에게 그들의 증언이 역사적인 사실이라고 아무리 강조하여도, 그것은 진리가 되지 못한다. 성령의 조명을 받은 성서 저자들의 증언을 읽고 연구하는 것은, 그들의 문서로 된 증언을 일관되게 읽고, 제반 상황에 비추어 반성하는 것이다.

1 13:1~38 제자들과의 마지막 식사

12:44~50에서 예수의 공개적인 계시활동이 마무리되었다. 지금부터 예수는 오직 제자들과 함께 하신다. 먼저 13장은 제자들과 최후의 식사를 나누는 자리에서 일어난 사건과 예수가 하신 말씀들을 전한다.

1) 13:1~20 제자들의 발을 씻기다

1절 드디어 때가 오다

1 유월절 전에 예수께서 자기가 세상을 떠나 아버지께로 돌아가실 때가 이른 줄 아시고 세상에 있는 자기 사람들을 사랑하시되 끝까지 사랑하시니라

이 구절은 13~17장 전체를 결정하는 징조를 말한다. 이제 "때"가 이르렀다. 물론 아직은 "유월절 전"이다. 그러나 이제 곧 유월절 희생양을 죽이는 그날이 온다. 예수는 그때에 십자가에 달려 죽어야 한다. 요한복음에서 "때"는 십자가의 죽음의 시간이다. 예수가 누군가를 "사랑하시"면, 그것은 예수가 사랑하는 사람을 위하여 죽는다는 말이다.[126] "끝까지"($\varepsilon\iota\varsigma\ \tau\varepsilon\lambda o\varsigma$)는 19:30의 "다 이루었다"($\tau\varepsilon\tau\varepsilon\lambda\varepsilon\sigma\tau\alpha\iota$)와 연결해서 이해하면, 예수는 자기 사람들을 위하여 십자가에서 죽기까지 사랑하셨다는 뜻이다. 예수는 십자가에서 죽음으로써 하나님께서 자기에게 주신 "자기 사람들"(1:11 참조)에 대한 사랑과 그들을 위한 구원을 "다 이루시고" 하나님께로 돌아간다. 세상은 세상에 속한 자기 것을 사랑하고, 예수는 하나님께 속한 자기 사람을 사랑하신다(15:19). 이처럼 예수와 세상은 뚜렷이 구분된다. 그러므로 "세상에 있는 자기 사람들"은 예수에게 대적하는 세상에서, 그 세상으로부터 미움과 박해

---

126) 10:11,15,17; 15:13 그리고 11:3,5도 참조.

를 받으며 살아야 하는 제자들이다. 이러한 제자들에게 하시는 예수의 마지막 말씀과 기도가 13~17장이다. 예수의 이 말씀과 기도를 통하여 제자들은 세상을 이기고 승리해야 한다.

2~20절 제자들의 발을 씻기다

2 마귀가 벌써 시몬의 아들 가룟 유다의 마음에 예수를 팔려는 생각을 넣었더라 **3** 저녁 먹는 중 예수는 아버지께서 모든 것을 자기 손에 맡기신 것과 또 자기가 하나님께로부터 오셨다가 하나님께로 돌아가실 것을 아시고 **4** 저녁 잡수시던 자리에서 일어나 겉옷을 벗고 수건을 가져다가 허리에 두르시고 **5** 이에 대야에 물을 떠서 제자들의 발을 씻으시고 그 두르신 수건으로 닦기를 시작하여 **6** 시몬 베드로에게 이르시니 베드로가 이르되 주여 주께서 내 발을 씻으시나이까 **7** 예수께서 대답하여 이르시되 내가 하는 것을 네가 지금은 알지 못하나 이 후에는 알리라 **8** 베드로가 이르되 내 발을 절대로 씻지 못하시리이다 예수께서 대답하시되 내가 너를 씻어 주지 아니하면 네가 나와 상관이 없느니라 **9** 시몬 베드로가 이르되 주여 내 발뿐 아니라 손과 머리도 씻어 주옵소서 **10** 예수께서 이르시되 이미 목욕한 자는 발밖에 씻을 필요가 없느니라 온 몸이 깨끗하니라 너희가 깨끗하나 다는 아니니라 하시니 **11** 이는 자기를 팔 자가 누구인지 아심이라 그러므로 다는 깨끗하지 아니하다 하시니라 **12** 그들의 발을 씻으신 후에 옷을 입으시고 다시 앉아 그들에게 이르시되 내가 너희에게 행한 것을 너희가 아느냐 **13** 너희가 나를 선생이라 또는 주라 하니 너희 말이 옳도다 내가 그러하다 **14** 내가 주와 또는 선생이 되어 너희 발을 씻었으니 너희도 서로 발을 씻어 주는 것이 옳으니라 **15** 내가 너희에게 행한 것 같이 너희도 행하게 하려 하여 본을 보였노라 **16** 내가 진실로 진실로 너희에게 이르노니 종이 주인보다 크지 못하고 보냄을 받은 자가 보낸 자보다 크지 못하나니 **17** 너희가 이것을 알고 행하면 복이 있으리라 **18** 내가 너희 모두를 가리켜 말하는 것이 아니니라 나는 내가 택한 자들이 누구인지 앎이라 그러나 내 떡을 먹는 자가 내게 발꿈치를 들었다 한 성경을 응하게 하려는 것이니라 **19** 지금부터 일이 일어나기 전에 미리 너희에게 일러 둠은 일이 일어날 때에 내가 그인 줄 너희가 믿게 하려 함이로라 **20** 내가 진실로 진실로 너희에게 이르노니 내가 보낸 자를 영접하는 자는 나를 영접하는 것이요 나를 영접하는 자는 나를 보내신 이를 영접하는 것이니라

발을 씻기는 것은 상징적인 행위이다. 그러므로 발 씻김은 예수의 십자가 죽음의 전조이다. 그가 자신을 굽혀서 제자들의 발을 씻긴다는 사실은 자기 사람들을 사랑하시는 주님의 자기 비움과 겸손 곧 죽음을 상징한다. 이로써 예수가 자기 사람들을 "끝까지 사랑하신다." 예수는 십자가에서 죽기까지 그들을 사랑하신다.

2절은 마귀가 유다의 마음에 예수를 배신할 생각을 넣었다고 한다. 우리는 마귀가 어디서 왔는지, 그 근원을 알 수 없다. 그러나 예수를 배반하려는 마음은 이미 마귀의 지배를 받은 마음이다. 복음서 저자는 여기서 마귀론을 전개하려는 것은 아니다. 인간은 초인간적인 세력의 지배를 받는 존재라는 고대의 인간관에 따라서, 유다의 배신은 마귀라는 초인간적인 세력에 의한 것이라고 말할 따름이다. 반면에 12:6은 유다의 배신을 도덕적인 차원에서 설명한다. 그러므로 초대교회는 유다의 배신에 대해서 여러 가지 이해와 설명을 하려고 했던 것 같다.

예수는 모든 것을 아시는 분이다. 1절에서 예수는 자신의 때를 아시고, 3절에서 예수는 자신이 누구인지 그리고 어떤 권한을 가지고 있는지를 분명히 안다. 하나님 아버지께로부터 왔으며, 그러므로 하나님의 권능("모든 것")을 온전히 물려받으신 하늘과 땅의 주권자로서(3:35; 17:2), 심판과 생명의 권한을 가진(5:22.26) 예수께서 제자들의 발을 씻는다. 그러므로 하나님이 죄인들의 발을 씻는다는 말이다. 최고의 영광이 최악의 수치를 스스로 받고 있다. 창세 이래 유일한 절대 권력이 자기를 굽혀서 죄인들의 발을 씻는다. 일어날 수 없는 일이 일어난 것이다. 이것은 더 이상 상상할 수 없는 최고의 겸손이지만, 그러나 단순히 도덕적인 겸손으로만 보아서는 안 된다. 발 씻음은 십자가의 죽음을 의미하기 때문이다. 예수의 십자가 죽음은 그에게 속한 백성을 죄로부터 정결하게 하여 구원하는 것이다. 자기 백성의 죄를 씻기 위하여 하나님의 아들은 최악의 수치를 스스로 감당하신다. 깊은 어둠 속에서 빛은 빛나며, 가장 낮음에서 가장 위대함이 나타난다.

4절에서 예수께서 겉옷을 벗으셨다는 것은 발을 씻기 위한 준비동작이지만, 또한 십자가 죽음과 연관되기도 한다. 19:23에 의하면, 로마 군인들은 예수를 십자가에 못 박고, 그의 옷을 나누어 가졌다. 허리에 수건을 두르는 것은 시중드는 하인들의 일반적인 모습이다. 하인이 주인의 발을 씻는 행위는 고대에는 흔한 일이었다. 사랑과 존경의 표현으로 아내가 남편의 발을 씻기도 했고, 제자가 스승의 발을 씻기도 했다(왕상 3:11). 그러나 예수는 스승으로서 제자의 발을 씻긴 것이다. 최고의 권위가 최고의 겸손 가운데서 드러났다. 하나님의 아들이라는 최고의 명예와 권능이 십자가라는 최악의 수치 속에서 드러나게 될 것을 상징적으로 말한다. 동시에 이러한 종과 주인의 역할 교체에서 우리는 죄인과 하나님의 아들의 역할 교체를 본다. 죽어야 할 죄인들은 살고, 영원히 살아야 할 하나님의 아들은 죽는다. 이처럼 발을 씻겨주는 사건은 예수의 죽음을 상징적으로 드러낸다.

일어나서는 안 될 일이 일어나고 있는 사실 앞에서 베드로는 6절에서 결코 그럴 수 없다고 거부한다. 그러나 발 씻기는 행위가 십자가의 죽음을 상징한다는 의미를 지금 베드로는 모르고 있다. 베드로는 단순히 스승이 제자의 발을 씻길 수는 없다고 생각했을 뿐이다. 7절에 의하면, 제자들은 "지금은" 이해할 수 없지만, 십자가의 사건이 일어난 "이후에는" 예수의 행위를 이해하게 된다(2:22; 12:16도 참조). 예수가 아버지께로 가서 성령을 보내면, 그 성령이 비로소 예수의 인격과 행위, 말씀 등을 깨닫게 해 주신다(14:26; 16:13). 성령이 아니고서는 누구도, 제자들이라도 자신이 가진 이성과 경험의 지식으로는 제자들의 발을 씻기는 예수의 겸비한 행위가 상징하는 십자가 죽음을 이해할 수 없다(7:39).

그러나 아직도 예수의 행위가 무엇을 의미하는 것인지를 모르는 베드로는 8a절에서 "당신은 나를 위하여 죽을 수 없다"고 단호하게 말한다. 베드로의 말은 공관복음에서 예수의 십자가로 가는 길을 막아서다가 예수의 꾸지람을 받았던 베드로의 말에 상응한다(막 8:32). 이에 대해서 8b절에서 예수는 "만일 내가 너를 위하여 죽지 않는다면(내가 너의 발을 씻기지 않는다면), 그러면 너는 나의 생명에 참여할 수 없다(나와 상관이 없다)"고 대답한다. 그러므로 베드로가 예수의 생명에 참여하기 위해서는 예수가 반드시 죽어야한다. 발 씻김은 예수의 죽음을 상징하기 때문에, 예수가 제자들의 발을 반드시 씻어주어야 한다면, 예수가 반드시 죽어야 한다는 뜻이다.[127] 베드로는 인간의 구원이, 이사야 53장의 고난당하는 하나님의 종처럼, 하나님의 아들의 비천함과 죽음을 통해서 일어나야 한다는 사실을 몰랐다. 인간의 구원은 세상적인 찬란함과 영광 속에서 일어난 것이 아니라, 하나님의 아들의 비천함과 죽음 속에서 일어났다. 그러므로 바울에 의하면, 십자가는 능력을 구하는 유대인에게는 거리낌이고, 지혜를 구하는 헬라인에게는 미련한 것이지만, 부르심을 받은 자들에게는 하나님의 능력이요 지혜이다(고전 1:23~24).

이에 9절에서 베드로는 발뿐만 아니라, 손과 머리도 씻겨달라고 하고, 10a절에서 예수는 이미 목욕한 사람은 발 외에는 씻을 필요가 없다고 대답한다. 아마도 예수는 이미 베드로의 발을 씻겨준 것 같다. 머리와 손까지 더 씻겨달라는 베드로의 간청에 대한 예수의 대답은, 베드로가 예수의 생명에 참여하기 위해서는 발 씻음 곧 예수의 단 한 번의 십자가 죽음 이외의 다른 것이 필요 없다는 뜻이다. "발 씻음"은 예수의 십자가 죽음을 상징하기 때문에, "발밖에 씻을 필요가 없다"는 말은 예수의 십자가 죽음 이외의 다른 구원의 길이 없다는 말이다. 인간의 구원을 위해서 예수의 십자가 죽음은 다른 보충이 필요 없는 완전한 것이다. 그러므로 예수의 죽음은 자기 사람들이 구원을 받기 위해서는 반드시 필요한 것이며, 동시에 예수의 죽음 이외의 다른 것은 전혀 필요하지 않다. 예수의 죽음은 인간의 구원을 위한 유일한 필요충분조건이다.

10b~11절은 6:64와 동일한 말이다. 예수를 "팔 자"인 유다는 예수로부터 발 씻김을 받았지만, 예수의 그런 행위가 십자가의 죽음을 의미한다는 진정한 뜻을 깨우치지 못했다. 왜냐하면 유다는 하나님이 예수에게 가도록 허락

---

127) 인간의 구원을 위해서 예수가 반드시 죽어야 한다는 생각은 이미 니고데모와의 대화에서 살펴보았다(3:14의 δει에 대한 86쪽의 해석을 참조).

한 사람이 아니기 때문이다(6:65).[128] 발 씻음이 세례를 상징적으로 의미한다면, 교회에서 형식적으로 세례를 받았다고 해서 모두가 구원을 받은 것은 아니다. 예수에 의해서 발 씻음을 받았지만, 결국 예수를 배신한 유다처럼, 세례를 받고 교회에 다닌다고 해서 다 구원을 받은 것은 아니다. "다는 아니니라." 오직 하나님께서 부르셔서 예수의 제자가 되게 하시고, 보혜사 성령이 예수의 십자가 죽음의 진정한 의미를 깨닫게 해 주어, 믿음을 갖게 하는 은혜를 입은 사람만이 예수의 생명에 참여할 수 있다. 가라지의 비유(마 13:24~30)가 말하듯이, 교회 안에서 세례를 받은 사람들 중에서도 생명에 참여할 수 있는 이들이 있는가 하면, 뽑혀서 불에 태워질 이들도 있다.

12~17절은, 예수가 제자들의 발을 다 씻기신 후에 그들에게 하신 말씀이다. 예수의 십자가 죽음을 통해 제자들은 죄로부터 정결하게 되었다. 그렇다면 죄로부터 정결하게 된 사람들은 그 이후부터 서로 어떤 삶을 살아야 할 것인가? 그들은 예수의 모범을 따라서 서로 발을 씻겨주는 삶을 살아야 한다. 신학적으로 표현한다면, 은혜로 말미암아 의롭다고 인정을 받은 사람들은 성화의 삶을 실천해야 한다. 칭의와 성화, 구원과 윤리는 구분될 수는 있을지라도, 결코 분리될 수 없다. 예수는 "주"와 "선생"으로서 제자들의 발을 씻기는 모범을 제자들에게 보여 주었다. 발 씻는 행위의 근본적인 의미는 도덕적인 모범이 아니고, 오히려 십자가 죽음을 상징하는 행위였지만, 그러나 십자가를 통해서 죄 씻음을 받은 사람들에게 예수의 발 씻기는 행위는 본받아야 할 모범이기도 하다. 그러므로 예수의 발 씻김에는 구원사건과 윤리적인 모범이라는 두 가지의 의미가 동시에 들어 있다. 십자가의 진정한 의미를 깨우치지 못한 유다는 이기심에 빠져서 예수를 배신하지만, 십자가의 의미를 깨우친 제자들은 서로를 섬기는 예수의 모범을 따르는 삶을 실천해야 한다. 그럴 때 제자들은 "복이 있다."

18절은 다시 10b~11절로 이어지는 말씀이다. 십자가의 죽음과 겸손한 섬

---

128) 6:70~71의 해설 참조.

김을 의미하는 발 씻김의 복이 예수가 선택한 모든 제자들에게 해당되는 것은 아니다. 예수는 그가 선택한 사람들 하나하나를, 목자가 양들을 알듯이, 그렇게 너무도 잘 알고 있다. 12제자들 중에서 그를 배신할 유다도 예수가 선택하였지만, 그러나 유다는 다른 제자들과는 다른 역할을 위하여 선택되었다. 시편 41:9의 말씀이 이루어지기 위하여 유다는 선택되었다.

19절은 유다의 이름을 말하지는 않지만, 유다의 배신을 미리 예고한다. "일이 일어나기 전"에는 유다의 배신과 예수의 수난이 시작되기 전을 말한다. 유다의 배신이 있고 예수가 수난을 당하여 십자가에서 죽고 난 후에 보혜사 성령이 와서 그 모든 것의 의미를 밝혀줄 것이다(14:26,29). 보혜사 성령을 통해서 제자들은 "내가 그인 줄" 알고 믿게 될 것이다(8:24). 예수는 하나님이 보내신 하나님의 아들이다. 유다의 배신과 예수의 수난은 이러한 예수의 정체와 본질을 밝히 드러내게 될 것이고, 그때 제자들은 예수를 진정으로 알고 믿게 될 것이다.

보혜사 성령을 통하여 예수가 하나님이 보내신 하나님의 아들이라는 것을 알고 믿으면("영접하다") 하나님을 알고 믿는 것이다. 하나님은 예수를 보냈고, 예수는 제자들을 보냈다. 보낸 자와 보냄을 받은 자는 일치 가운데 있으며, 이는 예수와 그의 제자들 사이에도 그렇다(막 9:37; 마 10:40; 눅 10:16 참조). 보내는 이의 권위가 보냄을 받은 사람의 권위를 뒷받침한다. AD 90년 무렵 요한 공동체가 선포하는 복음을 영접하지 않는 사람은 결국 예수를 영접하지 않은 것이고, 더 나아가서 하나님을 영접하지 않는 것이다.

2) 13:21~30 유다의 배신을 예고하다

21 예수께서 이 말씀을 하시고 심령이 괴로워 증언하여 이르시되 내가 진실로 진실로 너희에게 이르노니 너희 중 하나가 나를 팔리라 하시니 **22** 제자들이 서로 보며 누구에게 대하여 말씀하시는지 의심하더라 **23** 예수의 제자 중 하나 곧 그가 사랑하시는 자가 예수의 품에 의지하여 누웠는지라 **24** 시몬 베드로가 머릿짓을 하여 말하되 말씀하신 자가 누구인지 말하라 하니 **25** 그가 예수의 가슴에 그대로 의지하여 말하되

주여 누구니이까 **26** 예수께서 대답하시되 내가 떡 한 조각을 적셔다 주는 자가 그니라 하시고 곧 한 조각을 적셔서 가룟 시몬의 아들 유다에게 주시니 **27** 조각을 받은 후 곧 사탄이 그 속에 들어간지라 이에 예수께서 유다에게 이르시되 네가 하는 일을 속히 하라 하시니 **28** 이 말씀을 무슨 뜻으로 하셨는지 그 앉은 자 중에 아는 자가 없고 **29** 어떤 이들은 유다가 돈궤를 맡았으므로 명절에 우리가 쓸 물건을 사라 하시는지 혹은 가난한 자들에게 무엇을 주라 하시는 줄로 생각하더라 **30** 유다가 그 조각을 받고 곧 나가니 밤이러라

13:3이 말하는 저녁식사가 계속되는 가운데, 예수는 18절에서 예고했던 제자들 중의 한 사람이 자신을 배신할 것을 다시 예고한다. "심령이 괴로워"(21절)는 제자들 중의 한 사람이 자신을 배신할 것이라는 사실 때문이라기보다는 이제 죽음의 세력과 맞서야 하는 상황이 가까이 왔다는 것을 말한다. 11:33에서도 예수는 죽음의 세력 앞에서 괴로워하는 이들을 보고 "심령이 비통해" 하였다. 예수의 배신 예고를 들은 제자들이 서로를 보며 불안한 의심을 한다(22절).

23절에 요한복음에서 처음을 "사랑하시는 제자"가 언급된다. 그는 "예수의 품에 의지하여 누워서" 식사를 했다. 로마 사람들의 식사 관습이 유대인들에게도 일반적인 관습이 되어 있었다. 왼편으로 비스듬히 누워서 왼팔로 몸을 바치고 오른손으로 식사를 했기 때문에, 예수의 오른쪽에 있는 제자는 자연스럽게 예수의 품에 의지하는 형상이 되었다. 그러나 1:18에서 예수가 하나님의 품에 계시는 것처럼, 이 제자가 예수의 품에 의지해 있다는 것은, 단순히 식사 모습을 묘사하는 것이 아니라, 오히려 예수와 이 제자 사이의 밀접한 사랑의 관계를 강조한다. 하나님의 품에 계시던 예수가 "하나님의 해석자였듯이, 그렇게 사랑하는 제자는 예수에 대한 독특한 해석자이다." [129] 요한복음은 이 제자의 증언에 근거해 있기 때문에, 그의 역할은 특히 중요하다.

---

129) U. Schnelle, *Johannes*, 219.

반면에 베드로는 예수와 비교적 먼 곳에서 식사를 하고 있었다. 베드로가 "사랑하시는 제자"에게 머릿짓을 하여 예수를 배반한 자가 누구인지 물어보게 한다(24절). 공관복음에서는 항상 베드로가 제자들을 대표해서 예수께 묻고 대답을 하며, 요한복음에서도 다른 곳에서는 베드로가 예수께 묻는 것을 고려하면 이런 베드로의 모습은 특이하다. 베드로의 눈짓이 무엇을 의미하는 것인지 알아챈 그 제자는 누운 채 그대로 예수에게 조용히 묻는다.

예수 역시 조용한 음성으로 그 제자에게 누가 자신을 배신하게 될 것인지를 말해준다(26절). 여기서도 유다의 이름을 말하는 대신에 상징적인 행동을 통해서 배반자를 암시한다. 예수가 떡 조각을 주어서 분명하게 지목하자 사탄이 유다의 속으로 들어갔다(27절). 예수의 수난과 십자가는 사탄이 유다 안에서 일으킨 사건이다. 물론 사탄은 하나님의 도구로 사용되었을 뿐이다. 하나님은 예수의 십자가 죽음을 위하여 사탄을 사용하셨다. 그리고 사탄은 이 일을 위하여 유다를 사용하였다.

6:70~71의 해설에서도 말했듯이, 가룟 유다의 행위는 신비에 속한다. 예수가 유다에게 떡 조각을 건넨 것은 배신의 계획을 포기하라는 마지막 호소라고 해석하면서 유다가 원했으면 사탄이 자기 안으로 들어오는 것을 막을 수 있었고, 그래서 예수를 배신하지 않을 수도 있었다고 해석하는 사람도 있지만,[130] 그러나 그것은 유다의 선택과 결정에 맡겨질 일이 아니다. 하나님이 예수의 십자가 죽음을 위하여 유다를 사용하셨다. 우리가 분명히 알 수 없고, 말할 수 없는 것은, 왜 하나님이 이처럼 부정적인 차원에서 유다를 선택해서 사용하였느냐 하는 것이다. 그것은 누구도 답할 수 없는 신비이다.

28~29절에 의하면, 27절에서 예수가 유다에게 "네가 하는 일을 속히 하라"고 하신 말씀의 의미를 함께 식사를 하던 어느 제자도 이해하지 못했다. 배신자에 대해서 미리 암시를 받은 "사랑하시는 제자"도 미쳐 그가 유다일 것으로 생각하지 못한 것 같다. 그래서 그들은 예수의 말씀을 오해한다. 유

---

130) F. F. Bruce, 「요한복음」, 504~505.

다가 제자 공동체의 회계를 담당하고 있었기 때문에 유월절 행사에 필요한 물건을 사오라거나 가난한 사람들을 구제하라고 지시하는 것으로 오해한 것이다.

드디어 유다가 예수와 제자들을 떠나갔다(30절). 이제부터 유다는 예수의 제자 공동체에 속하지 않고, 오직 사탄의 종으로 활동한다. 유다가 나간 시점이 "밤"이었다. 사탄의 종은 어둠의 자기 세상으로 떠난 것이다. 빛이신 예수는 낮에 일한다(9:4; 11:9). 밤에는 빛이 없어 실족하게 된다(11:10). 유다는 빛이신 예수를 믿지 못하였기 때문에, 빛의 아들이 되지 못하고(12:36), 빛이신 예수가 없는 사탄의 "밤"으로 떠나갔다. 이제 그는 어둠에 붙잡혀, 어둠의 일을 하게 될 것이다(12:35).

3) 13:31~35 새 계명을 주다

31 그가 나간 후에 예수께서 이르시되 지금 인자가 영광을 받았고 하나님도 인자로 말미암아 영광을 받으셨도다 **32** 만일 하나님이 그로 말미암아 영광을 받으셨으면 하나님도 자기로 말미암아 그에게 영광을 주시리니 곧 주시리라 **33** 작은 자들아 내가 아직 잠시 너희와 함께 있겠노라 너희가 나를 찾을 것이나 일찍이 내가 유대인들에게 너희는 내가 가는 곳에 올 수 없다고 말한 것과 같이 지금 너희에게도 이르노라 **34** 새 계명을 너희에게 주노니 서로 사랑하라 내가 너희를 사랑한 것 같이 너희도 서로 사랑하라 **35** 너희가 서로 사랑하면 이로써 모든 사람이 너희가 내 제자인 줄 알리라

유다가 예수를 배신하기 위하여 나갔다(31절). 이제 드디어 그동안 "아직 오지 않았다"고 말씀하던(2:4; 7:30; 8:20) 바로 그때가 "지금" 시작되었다. 예수의 수난과 죽음이 시작된 것이고, 동시에 예수와 하나님이 영광을 받을 때가 시작된 것이다. 인자와 하나님이 이미 영광을 "받았다"라고 과거 시제로 말하는 것은, 확정적인 사건을 표현하는 방식이다. 앞으로 일어날 일이지만, 지금의 시점에서 너무도 확실한 사건일 경우에 과거 시제를 사용한다(17:4 참조). 하나님은 "인자로 말미암아" 영광을 받으셨으니, 하나님도 "자기로

말미암아" 인자를 영화롭게 하신다(32절). 이처럼 하나님과 예수는 서로를 영화롭게 한다. 하나님과 예수는 영광을 주고받는 관계 가운데 있다.

그러나 33절에 의하면, 예수는 아직 세상에 "잠시" 계실 것이다(7:33; 12:35 등 참조).[131] 잠시 후 예수께서 "가는 곳"은 하늘의 아버지이다(7:33). 예수가 세상에 계시는 이 짧은 시간이 지나면, 십자가에서 죽고 부활하셔서 하늘의 아버지께 돌아갈 것이고, 그러면 유대인들과 마찬가지로(7:34; 8:21), 제자들 도 이 세상에 사는 동안에는 예수를 더 이상 찾을 수 없게 될 것이다. 제자들 은 지금 예수와 함께 죽을 수 없기 때문이다.

예수와 함께 죽을 수 없는 제자들은 이 세상에서 사는 동안에 "서로 사랑 해야" 한다(34절). "서로 사랑하라"는 계명은 15:12,17에도 나온다. 여기서는 이 계명을 "새"계명이라고 한다. 무엇이 새롭다는 말인가? 레위기 19:18에 도 이 계명이 있지 않은가? 서로 사랑하라는 계명을 "새"계명이라고 하는 데는 세 가지의 이유가 있다.

이 계명이 "새"계명인 첫 번째 이유는 "내가 너희를 사랑한 것 같이"라는 말에 있다. "같이"(καθως)는 행하고 따라야 할 근거와 모범을 동시에 말한 다. 제자들이 서로 사랑해야 하는 근거는, 그리스도가 그들을 사랑하기 때문 이다. 나를 향한 그리스도의 사랑이 이웃을 향한 나의 사랑의 근거이며 동 시에 모범이다. 발 씻음에서 상징적으로 표현된 예수의 십자가의 죽음에서 하나님의 사랑이 어떤 것인지 분명히 드러났다. 하나님의 사랑을 가장 철저 하게 실천해서 보여준 예수가("내가") 요청한 계명이기 때문에, 이는 "새"계 명이다. 그러므로 이 계명은 레위기에 있는 계명과는 다르다. 레위기가 말 하는 사랑에는 범위와 한계가 있다고 유대인들은 생각하였다. 예를 들어서, 로마 사람들에게 협조하는 유대인들 곧 세리들은 이 사랑의 계명에서 제외 되어야 한다고 그들은 믿었다. 유대인들은 레위기의 사랑의 계명을 죄인에 게는 적용하지 않았다. 그러나 예수가 실천하고 가르친 사랑은 전혀 달랐다.

---

131) 14:19; 16:16~19 등의 "조금 있으면"에 대해서는 14:19의 해설을 참조.

예수는 "원수"를 사랑했고, 또 그런 사랑을 하라고 제자들에게 요청했다. 예수가 요청한 사랑에는 범위와 한계가 없다. 예수가 요청한 사랑의 계명에 대해서는 어떠한 조건과 전제를 붙일 수 없다. 예수가 제자들에게 보여준 사랑이 그러한 범위와 한계가 없고, 조건과 전제가 없는 무한대적인 사랑이다. 예수의 이런 사랑에 근거한 사랑, 예수의 이런 사랑을 본받는 사랑은 "새"사랑이다. 그러므로 예수가 요청한 사랑의 계명은 "새"계명이다. 이는 갈라디아서 6:2가 말하는 "그리스도의 법"과도 일맥상통한다. 자신에게 잘못을 범한 형제에 대해서 용서와 도움을 베푸는 사랑을 실천할 때, 그리스도인은 그리스도의 법을 이룬다. 그리스도의 법, 그리스도가 요청한 사랑의 계명의 토대와 근거는 레위기 19:18이 아니라, 죄인을 위하여 십자가에서 죽은 그리스도의 사랑이다. 예수가 요청한 계명과 레위기의 계명이 형식적으로는 유사할지라도, 근거와 내용에 있어서는 근본적으로 다르다. 그러므로 "사랑하라"고 요청한 예수의 명령은 "새"계명이다.

"새"계명이 되는 두 번째 이유는 아버지 하나님과 일치 가운데 있는 예수의 계명이기 때문이다(10:18; 12:49~50; 14:31; 15:10). 아버지와 아들의 관계는 사랑의 관계다. 제자들이 서로 일치하고 사랑한다면, 그로써 아버지와 아들의 관계를 본받는 것이다(17:11.21.22). "새"계명인 세 번째 이유는 예수로 말미암아 새로운 시대가 시작되었고, 그 새 시대의 삶을 위한 계명이기 때문이다(요일 2:7~8). 제자들은 새로운 시대를 살아가는 사람들이기 때문에, 서로 사랑하는 새로운 삶을 살아야 한다. 요약해서 "새"계명인 이유를 말하자면, 무조건적이고 무한대적인 사랑을 십자가에서 실천한 예수가 요청하기 때문이고, 서로 사랑함으로써 아버지와 예수 사이의 일치관계를 본받기 때문이고, 서로 사랑은 새 시대를 살아가는 제자들의 삶이기 때문이다.

그러므로 제자들의 서로 사랑은, 그들이 더 이상 어둠에 있지 않고, 이제는 빛 가운데 살고 있다는 표식이다. 서로 사랑은 새 사람의 표식이고, 새 시대의 표식이다. 누가 제자이고, 누가 새 시대를 사는 새 사람인지를 판별하는 기준은 사랑이다(35절). 마태복음에서 예수는 제자들이 의("착한 행실")를 행할 때, 세상이 하나님을 알고 영광을 돌리게 된다고 했다면(마 5:16), 요한복음에서 예수는 제자들이 서로 사랑을 실천하면, 그로써 세상의 모든 사람들이 그들의 제자 됨을 알게 된다고 한다.

요한복음의 예수가 공관복음에서와는 달리 원수를 사랑하라고 가르치지 않고, 단지 제자들의 "서로 사랑" 곧 형제사랑을 유난히 강조해서 가르치는 데에는 이유가 있을 것이다. 17장에서 예수가 제자들의 일치를 위하여 기도한다면, 역시 거기에도 이유가 있었을 것이다(17:11, 21, 22).

4) 13:36~38 베드로의 부인을 예고하다

36 시몬 베드로가 이르되 주여 어디로 가시나이까 예수께서 대답하시되 내가 가는 곳에 네가 지금은 따라올 수 없으나 후에는 따라오리라 **37** 베드로가 이르되 주여 내가 지금은 어찌하여 따라갈 수 없나이까 주를 위하여 내 목숨을 버리겠나이다 **38** 예수께서 대답하시되 네가 나를 위하여 네 목숨을 버리겠느냐 내가 진실로 진실로 네게 이르노니 닭 울기 전에 네가 세 번 나를 부인하리라

33절에 나오는 예수의 말씀에 대해서 베드로가 묻는다. 베드로의 물음은 7:35; 8:22에 나오는 유대인들의 질문을 생각나게 한다. 그러나 베드로의 물음은 유대인들의 오해와는 다른 것이다. 예수가 가는 길은 십자가의 길이고, 하늘 아버지께로 돌아가는 길이다. 베드로는 "지금은" 십자가의 죽음에 동참할 수 없다. 그러나 보혜사 성령을 통해서 예수의 인격과 예수가 가신 길을 깨우치고 난 "후에는" 베드로도 예수의 길을 따라갈 수 있다.

그러나 그 이전에 베드로가 하는 용감한 선언(37절)은 상황이 바뀌면 변질될 것이다(38절). 예수와 제자들만 모여 있는 우호적인 분위기 속에서 베드로는 용감하게 주를 따라 죽을 수 있다고 선언하지만, 대제사장 집에서의 위협적인 분위기 속에서 베드로는 주를 모른다고 부인하였다. 예수가 하나님의 아들임을 진정으로 믿지 못하는 사람, 십자가의 고난과 죽음 속에서 예수의 진정한 모습이 밝혀지는 진리를 진정으로 깨우치지 못하는 사람은 상

황과 분위기에 따라서 시시각각 변한다. 교회나 기도원의 뜨거운 집회에서는 진정한 제자처럼 찬양하고 고백하는 것처럼 보이지만, 특정한 이익의 현장이나 위기 앞에서는 제자의 모습을 쉽게 잃어버리는 현대의 많은 그리스도인들에게서 부활 예수를 만나기 이전의 변덕스러운 베드로의 모습을 다시 볼 수 있다. 베드로를 향한 요한복음의 예수께서 하신 말씀은 복음서의 독자들로 하여금 진정한 제자, 진실로 예수를 따르는 것이 무엇인지를 깊이 생각하게 한다.

② 14:1~31 예수의 첫 번째 고별 설교

예수는 제자들과 작별을 해야 할 때가 되었다. 그래서 마지막 식사를 나눈 자리에서 예수는 자신이 가고 난 후에 여전히 세상에서 살아야 할 제자들에게 첫 번째 고별설교를 한다. 특히 13:33과 13:36~38의 말씀은 세상에 남아 있는 제자들에게는 걱정과 두려움을 갖게 하였다. 13:38에서 베드로의 배신과 변덕을 예고하는 예수의 말씀에 대해서 베드로는 더 이상 아무런 대답을 하지 못한다. 베드로만이 아니라 모든 제자들이 예수의 말 앞에서 침묵한다. 세상에 남아서 예수의 제자로서 예수의 뒤를 따라서 산다는 것이 얼마나 힘들고 어려운 것인지, 그들은 잘 알고 있다. 이처럼 의기소침해 있는 제자들에게 예수는 용기와 힘을 불어넣어주어야 했다. 그래서 예수는 고별설교를 한다.

그러나 첫 번째 고별설교는 예수의 일방적인 설교가 아니라, 제자들과 나누는 대화의 형식으로 되어 있다. 도마, 빌립, 가룟 유다가 아닌 다른 유다 등이 예수에게 질문하고, 그에 대해서 예수가 길게 대답하는 형식이다. 먼저 1~4절은 예수의 기조연설이고, 이어서 도마가 묻고(5절) 예수가 대답하고(6~7절), 빌립이 요청하고(8절) 예수가 대답하고(9~21절), 유다가 묻고(22절) 예수가 대답한다(23~31절).

1) 14:1~4 예수의 기조연설 – "근심하지 말라"

1 너희는 마음에 근심하지 말라 하나님을 믿으니 또 나를 믿으라 **2** 내 아버지 집에 거할 곳이 많도다 그렇지 않으면 너희에게 일렀으리라 내가 너희를 위하여 거처를 예비하러 가노니 **3** 가서 너희를 위하여 거처를 예비하면 내가 다시 와서 너희를 내게로 영접하여 나 있는 곳에 너희도 있게 하리라 **4** 내가 어디로 가는지 그 길을 너희가 아느니라

예수가 제자들의 곁을 떠난다고 해서 그들은 "근심할" 필요가 없다(1절). 그들이 하나님과 예수를 믿기 때문이다. 하나님과 마찬가지로 예수가 육신으로는 그들과 함께 할 수 없지만, 제자들을 결코 버려두지 않는다. 이것을 믿는 사람은 근심할 필요가 없다. 그러한 믿음이 없을 때에만 제자들은 근심할 것이다. 예수와 하나님이 나란히 믿음의 대상으로 나온다. 출애굽기 14:31에는 이스라엘이 하나님과 모세를 믿었다는 비슷한 표현이 나오는데, 그 의미는 여기와는 전혀 다르다. 출애굽기는 하나님을 믿는 것은, 하나님이 보낸 모세를 신뢰하는 것이라고 한다. 그러므로 하나님과 모세는 전혀 다른 차원에 있다. 그러나 여기 요한복음에서는 하나님과 예수의 관계가 존재적으로 일치한다. 그러므로 예수와 하나님의 관계는 모세와 하나님의 관계와는 비교될 수 없다. 하나님을 믿는 것은 곧 예수를 믿는 것이고, 예수를 믿는 것은 곧 하나님을 믿는 것이다.

2~3절의 말씀에 의하면, 마치 하늘 아버지의 집에는 수많은 거처들이 있다는 인상을 준다. 예수가 하늘에 가서 제자들을 위한 거처를 마련해 놓고 "다시 와서" 제자들을 그리로 데리고 가겠다고 한다. 이것은 종말에 있게 될 예수의 재림을 말한다고 해석하는 이들도 있다. 그러나 이 본문을 피상적으로 볼 때에만 그런 미래에 일어날 재림으로 읽게 된다. 전통적인 묵시사상의 언어들을 사용하는 이 말씀이 종말에 있게 될 재림을 말하는 것처럼 보이지만, 그 내면의 깊이를 들여다보면 다르다. 이 구절은 12:32의 말씀과 비슷하다. "나의 십자가 죽음을 통해서 너희가 하나님과 영원한 교제를 할 수

있게 해 주겠다."는 말이다. 또 14:18과 같은 말이다. 그러므로 "내가 다시 와서"는 종말 재림이 아니라, 부활과 그 이후 예수가 성령으로서 제자들에게 다시 올 것을 말한다. 요한복음은 전통적인 묵시사상적인 언어들을 사용하면서, 그것을 철저히 그의 현재적인 종말론의 의미로 재해석한다. 예수의 "다시 옴"은 보혜사 성령의 오심을 말하며, 그러므로 이미 현재적인 것이다.

"거처"는 하나님과 함께 나누는 교제, 구원을 말하는 메타포이다. 예수가 그의 십자가 죽음을 통해서 제자들의 "거처를 예비"하였다는 말은, 그들을 죄와 죽음에서 구원하여서 하나님과 교제할 수 있게 했다는 것이다. 십자가에 달린 예수가 "다 이루었다"고 한다면(19:30), 그것은 제자들의 거처를 예비하는 일 곧 구원을 완수했다는 것이다. 그 후 다시 오겠다는 말은 부활을 의미하지만, 그러나 보혜사 성령의 강림을 또한 의미한다. 그러므로 본문의 약속은 미래가 아니라, 이미 부활과 성령강림 사건에서 성취된 현재이다. 부활 예수는 제자들을 자신에게로 초대하여 자신과 영원히 교제할 수 있게 한다. 부활하신 예수는 이제 보혜사 성령으로 제자들에게 오셔서 그들과 함께 교제한다.[132] 예수는 그의 죽음과 부활을 통하여 제자들로 하여금 하나님과 교제하게 하였고, 성령으로 오셔서 그들로 하여금 그러한 교제를 지속하게 한다. 그러므로 예수 그리스도를 믿는 사람은 아버지의 가족으로서 아버지의 집에 머문다. 아버지와 교제는 참되고 영원한 생명이다. 영원한 생명은 이미 지금 여기 그리스도 안에서, 성령 안에서 현재가 되었다.

"나 있는 곳에 너희도 있게 하리라"는 말(3절)은 그리스도인이 죽은 후에 주님과 함께 있을 것이라는 말이 아니라, 12:26과 17:24에서처럼, 이미 지금 여기서 믿음 안에서 그리스도와 교제를 나누는 삶 가운데 있게 하리라는 뜻이다. 예수 안에 있는 사람은 이미 지금 여기서 죽음을 넘어서는 영원한 교제를 그리스도와 나누며 살고 있다. 부르심을 받은 제자들은 예수가 하나님의 아들이며, 십자가의 길을 통하여 하나님께 돌아가신다는 것을 이미 알고

---

132) 12:26,32; 17:24.

있다(4절). 그것을 아는 제자들은 그들도 예수와 더불어 하나님과 영원히 함께 있게 될 것을 믿어야 하며, 그 믿음 안에서 근심할 필요가 없다.

기조연설에서 예수가 단순히 먼 미래의 일만을 말한다면, 어떻게 근심하지 말라고 할 수 있겠는가? 이미 지금 여기서 제자들에게 이루어질 구원을 말하기 때문에, 제자들은 현재적인 삶에서 근심할 필요가 없는 것이다. 하나님의 현재적인 교제의 삶은 영원한 삶이기 때문에, 미래를 향하여 열려있는 삶이지만, 요한복음의 예수가 강조하려는 핵심은 이미 지금 여기에서 구원의 확신에 찬 삶이다.

2) 14:5~7 도마의 질문과 예수의 대답 – "내가 길이요, 진리요, 생명이다."

5 도마가 이르되 주여 주께서 어디로 가시는지 우리가 알지 못하거늘 그 길을 어찌 알겠사옵나이까 **6** 예수께서 이르시되 내가 곧 길이요 진리요 생명이니 나로 말미암지 않고는 아버지께로 올 자가 없느니라 **7** 너희가 나를 알았더라면 내 아버지도 알았으리로다 이제부터는 너희가 그를 알았고 또 보았느니라

제자들은, 예수가 가는 길을 알고 있다. 그 길은 곧 십자가로 가는 길이다(4절). 그러나 도마는 그 길을 모른다고 한다(5절). 4절에서 제자들이 그 길을 이미 알고 있다고 예수가 말씀하셨는데, 도마는 모른다고 한다. 이는 6~7절에 이어지게 될 예수의 대답을 불러오기 위한 질문이다.

6절에서 예수는 요한복음에 반복된 "나는 …이다"는 정형적인 표현을 통하여 자신의 정체를 다시 계시하심으로써, 도마의 물음에 대답한다. 오직 예수만이 하나님께로 가는 길이다. 예수 이외의 다른 길은 없다. "길"과 함께 나란히 언급되는 "진리와 생명"은 "길"을 구체적으로 설명한다. 아버지께로 가는 길은 진리와 생명이다. "예수가 길"이기 때문에, 그 길 외에는 다른 진리와 생명이 없다. 우리는 유일한 길이신 그리스도를 통해서만 진리 그 자체이신 하나님을 만나며, 그럼으로써 생명을 얻는다. 그리스도와 교제하는

사람은 죄의 삯인 죽음을 넘어선다. 오직 예수만이 하나님께 이르는 길이라는 말은 이어지는 "올 자가 없다"는 부정문장을 통하여 더욱 강화된다. 십자가에서 죽으시고 부활하신 예수 그리스도, 그분 외에 아버지께로 갈 수 있는 다른 길은 결코 없다. 그러나 예수가 하나님께로 가는 길을 알려 주는 단순한 안내자라는 뜻이 아니다. 예수 안에서 우리는 하나님을 만나기 때문에, 예수가 곧 하나님이다. 예수 외에 우리 인간에게 계시된 하나님은 없다.

예수의 이러한 절대적 배타성은 기독교가 설 수도 있고 넘어질 수도 있는 시금석이다. 오직 예수만이 하나님 아버지께로 가는 길이고, 오직 예수만이 인간에게 계시된 하나님이라는 절대불변의 진리를 부정하면 기독교는 무너진다. 그러나 본문은 예수의 절대성을 말하는 것이지, 기독교의 절대성을 말하지 않는다. 절대성은 교회에 있는 것이 아니라, 예수 그리스도 곧 20:28에서 도마가 "나의 주 나의 하나님"이라고 고백했던 예수 그리스도에게 있다. 교회의 절대성과 예수 그리스도의 절대성은 분명하게 구별해야 한다. 역사적인 실체로서의 교회는 많은 오류를 범했고 또 범할 수 있다. 예수 그리스도의 절대성은 단순히 요한복음의 주장만은 아니다. 이는 사도행전 4:12과 로마서 10:9 이하에서도 읽을 수 있다. 그러므로 신약성서 전체의 공통된 메시지이다. 오직 "예수가 길이다"라는 믿음이 부정되는 곳에서는 교회가 더 이상 존재할 이유가 없다.

7절의 전반부에 본문비평의 문제가 있지만, P⁶⁶ 사본을 원래의 본문으로 볼 수 있다. 만일 제자들이 예수를 안다면, 아버지도 알 것이다(논리적 미래). 제자들은 예수를 알고 있으며, 그러므로 아버지도 알고 있다. 예수의 죽음과 부활 그리고 성령의 오심 이후("이제부터") 제자들은 하나님과 예수를 알았고, 보았고, 믿었다.

3) 14:8~14 빌립의 요청과 예수의 답변 – "나를 본 자는 하나님을 보았다."

8 빌립이 이르되 주여 아버지를 우리에게 보여 주옵소서 그리하면 족하겠나이다 **9** 예수께서 이르시되 빌립아 내가 이렇게 오래 너희와 함께 있으되 네가 나를 알지 못하느냐 나를 본 자는 아버지를 보았거늘 어찌하여 아버지를 보이라 하느냐 **10** 내가 아버지 안에 거하고 아버지는 내 안에 계신 것을 네가 믿지 아니하느냐 내가 너희에게 이르는 말은 스스로 하는 것이 아니라 아버지께서 내 안에 계셔서 그의 일을 하시는 것이라 **11** 내가 아버지 안에 거하고 아버지께서 내 안에 계심을 믿으라 그렇지 못하겠거든 행하는 그 일로 말미암아 나를 믿으라 **12** 내가 진실로 진실로 너희에게 이르노니 나를 믿는 자는 내가 하는 일을 그도 할 것이요 또한 그보다 큰 일도 하리니 이는 내가 아버지께로 감이라 **13** 너희가 내 이름으로 무엇을 구하든지 내가 행하리니 이는 아버지로 하여금 아들로 말미암아 영광을 받으시게 하려 함이라 **14** 내 이름으로 무엇이든지 내게 구하면 내가 행하리라

도마에 이어서 빌립이 대화에 끼어들어, 예수께 증거를 요청한다(8절). 예수께로 가는 것이 곧 하나님께로 가는 것이라는 사실을 입증해달라고 한다. 예수를 알면 또한 하나님을 안다는 사실을 입증해달라고 한다. 예수를 보는 것은 곧 하나님을 보는 것이라는 사실을 어떻게 입증해야 하는가? 이러한 빌립의 요청은 특히 AD 90년경 요한 공동체가 극심하게 박해를 받으면서 그들에게 제기된 질문으로서, 공동체가 어떤 식으로든 대답을 해 주어야 할 물음이었다. 빌립은 요한 공동체를 대표해서 예수에게 그 답변을 요청한다. 2천 년이 지난 지금도 여전히 사람들은 교회를 향하여 "하나님을 보여 달라"고 같은 질문을 제기하고 있으며, 교회는 그 물음에 답을 해 주어야 할 의무가 있다.

빌립의 요청에 대한 예수의 답변은 형식적으로 9~21절까지 길게 이어진다. 그러나 우리는 14절과 15절 사이를 끊어서 읽을 것이다. 9절의 말씀은 육신으로 계신 예수를 더 이상 보지 못하는 AD 90년 무렵의 요한 공동체와 그 이후 현대에 이르기까지 모든 세대의 교회와 그리스도인의 문제를 말한다. 육신적으로 오랫동안 함께 있었던 사람이라고 해서, 그가 예수의 정체를 알아볼 수 있는 것은 아니다. 제자들도 마찬가지다. 오랫동안 예수와 함께 다녔고, 예수가 행한 숱한 표적들을 보았지만, 그들은 여전히 예수 안에 하

나님이 계신 것을 모른다. 그래서 하나님이신 예수에게 다른 하나님을 보여 달라고 한다. 그렇다면 예수 안에 계신 하나님을 알아볼 수 있는 사람은 누구인가?

10절에 의하면, 예수와 하나님은 존재론적으로 밀접한 교제의 관계 가운데 있다. 그러므로 예수는 독생하시는 하나님이고(1:18), 하나님의 유일한 아들이다(1:14; 3:16,18). 그래서 하나님은 예수 안에 계셔서 일을 하신다. 그러므로 예수의 말은 하나님의 말이다. 10절의 하반부는 "내가 너희에게 이르는 말들은 내 스스로 하는 말들이 아니다. 그러나 아버지께서 내 안에 계셔서 그의 일들을 행하신다."로 두 문장으로 구분해서 번역해야 한다. 우리말 개역성서 본문은 한 문장처럼 되어 있다. 예수 안에서 하나님이 행하시는 일들은 무엇인가? 그것은 우리 안에 믿음을 창조하는 일이다. 예수 안에서 하나님이 말씀하시며, 그 말씀은 듣는 사람들 안에 믿음을 불러일으킨다. 물론 하나님은 예수 안에서 일하심으로써 여러 가지 표적들도 행하신다. 그러나 그 표적들 역시 사람들 안에 믿음을 창조하기 위한 것이다. 이처럼 하나님이 그 안에서 믿음을 창조해 주시는 사람만이 예수 안에 계신 하나님을 볼 수 있다.

11절의 상반절은 "나를 믿어라 곧 내가 아버지 안에 거하고 아버지께서 내 안에 계신다고 한 내 말을 믿어라."로 번역할 수 있다. "그렇지 못하겠거든"은 "내 말을 믿지 못하겠거든"이다. "행하는 그 일로 말미암아 나를 믿으라."는 "너희가 어떻게 믿음에 이르게 되었는지 생각하라."는 말이다. 예수를 통해서 주어진 하나님의 말씀과 예수 안에서 일어난 하나님의 일들이 제자들에게 믿음을 창조해 주었다. 그 점을 생각해 보라고 예수는 제자들에게 권고한다. 그처럼 믿음에 이르게 된 계기와 과정을 깊이 생각해서 깨달을 수 있는 제자들이 -8절에서 빌립이 대표로 물었듯이- 어떻게 다른 증명을 내놓으라고 할 수 있느냐는 되물음이다. 그런 요청은 예수를 하나님의 아들로 믿지 못하는 유대인들이나 할 수 있다. 여기서도 누가 예수 안에 계신 하나님을 볼 수 있는지가 분명해진다. 하나님이 주신 믿음 외에는 예수 안에서 하나님을 볼 수 있는 다른 길은 없다.

12절에서 "진실로 진실로…"로 시작하는 말씀은 새로운 내용으로서, 지금부터 말하려는 "더 큰 일"이다. 예수를 믿는 사람이 예수보다 더 큰 일을 할 수 있다. 왜냐하면 예수가 하나님의 영광을 위하여 그 사람의 기도를 실행해 줄 것이기 때문이다. "나를 믿는 자" 곧 예수를 믿는 사람은 누구인가? 그는 예수의 이름으로 기도하는 사람이다(13~14절). 믿는 자가 행하는 일은 예수가 "행하는" 일이다. "내가 아버지께로 간다."는 "아버지가 아들 안에서 영화롭게 된다."는 말이다(13절). 이처럼 12~14절은 매우 긴밀한 구조로 이루어졌다. 그러므로 우리는 12~14절을 함께 읽어야 한다.

12절이 말하는 예수가 행한 일은 무엇인가? 그것은 단순히 기적을 일으키는 일이 아니라, 사람들로 하여금 믿음을 갖게 하는 일이다. 그렇다면 예수가 행한 일보다 "더 큰 일"은 무엇인가? 그것은 복음을 선포해서 사람들로 믿게 하는 것이다(17:20; 20:21~22 참조). 그러나 예수의 복음을 선포하는 일은, 예수가 "아버지께로 돌아간" 후 곧 십자가의 죽음과 부활 그리고 승천이 있고 난 후에야 비로소 가능하다. 예수가 부활 승천하셔서 아버지께로 돌아간 이후에 제자들은 복음을 선포함으로써 사람들 안에 믿음을 불러일으킬 것이다. 육신의 예수는 소수의 제자들 안에서 믿음을 불러일으켰지만, 부활 승천 이후에 제자들이 복음 선포를 통하여 수많은 사람들로 하여금 믿게 한다면, 그것은 "더 큰 일"이다. 제자들에게는 복음을 선포하여 사람들 안에 믿음을 불러일으키는 "더 큰 일"을 할 수 있는 능력과 사명이 주어졌다.

복음을 선포하여 사람들 안에서 믿음을 불러일으키는 일은 제자들이 하는 일이지만, 그들이 홀로 하는 일이 아니다. 오히려 그 일은 하늘로 올라가셨지만, 성령으로 오셔서 지금도 현재적으로 제자들 속에 살아 행동하시는 그리스도께서 제자들을 통해서 하시는 일이다. 믿는 사람들 속에서 성령으로 살아서 행동하시는 그리스도께서 하나님의 영광을 위하여 믿음의 기적을 일으키신다. 믿는 사람은 기도하는 사람이다. 이때의 기도는, 복음의 선포가 사람들 속에서 믿음을 불러일으킬 수 있게 해 달라는 것이다. 그러므로 "무엇을 구하든지"(13절) 혹은 "무엇이든지"(14절)는 복음을 듣는 사람들 안에 믿음이 창조되는 기적을 뜻한다. 하늘에 계신 그리스도는 이 기도를 들어서, 복음을 듣는 사람들 안에 믿음을 창조한다. 14절은 이 점을 더욱 강조한다. 그러므로 믿음의 제자가 행할 수 있는 "더 큰 일"인 믿음의 창조는 예수와는 상관없이 일어나는 어떤 일이 아니라, 보혜사 성령의 형태로 여전히 믿는 사람과 함께 계셔서 그의 기도를 들어주시는 예수 그리스도께서 행하는 일이다.

4) 14:15~21 보혜사 성령에 관한 첫 번째 말씀

15 너희가 나를 사랑하면 나의 계명을 지키리라 **16** 내가 아버지께 구하겠으니 그가 또 다른 보혜사를 너희에게 주사 영원토록 너희와 함께 있게 하리니 **17** 그는 진리의 영이라 세상은 능히 그를 받지 못하나니 이는 그를 보지도 못하고 알지도 못함이라 그러나 너희는 그를 아나니 그는 너희와 함께 거하심이요 또 너희 속에 계시겠음이라 **18** 내가 너희를 고아와 같이 버려두지 아니하고 너희에게로 오리라 **19** 조금 있으면 세상은 다시 나를 보지 못할 것이로되 너희는 나를 보리니 이는 내가 살아 있고 너희도 살아 있겠음이라 **20** 그 날에는 내가 아버지 안에, 너희가 내 안에, 내가 너희 안에 있는 것을 너희가 알리라 **21** 나의 계명을 지키는 자라야 나를 사랑하는 자니 나를 사랑하는 자는 내 아버지께 사랑을 받을 것이요 나도 그를 사랑하여 그에게 나를 나타내리라

빌립의 요청에 대한 예수의 답변이 계속되고 있다. 15절은 14절과 같은 조건-결과의 형식으로 된 말씀이다. 제자들이 예수를 사랑하는 것은, 16:27에 의하면, 예수가 하나님께로부터 온 것을 믿는 것이다(17:3). 예수가, 하나님이 세상으로 보내신 아들이라는 것을 믿는 것이 예수를 사랑하는 것이다. 예수를 믿는 것은 그를 보내신 하나님을 믿는 것이고,[133] 그러므로 예수를

---

133) 12:44~45; 14:1.

사랑하는 것은 하나님을 사랑하는 것이다. 요한복음에는 어디에도 하나님을 사랑하라는 말이 나오지 않는다. 하나님에 대한 사랑은 항상 예수에 대한 사랑으로 나타난다.[134] 그러므로 예수를 사랑하고 믿는 것은 "구약성서의 제1계명 곧 하나님만을 사랑하라는 계명을 실천하는 것이다."[135] 예수가 하나님이기 때문에, 하나님을 향한 사랑은 예수를 향한 사랑으로 나타난다.

예수를 사랑하는 사람은, 예수가 하나님의 아들이라는 것을 믿는 사람이고, 그러므로 그는 하나님의 아들, 예수의 계명을 지켜야 한다. "나의 계명"을, 13:34~35; 15:12에서처럼, 윤리적인 차원의 형제사랑으로 해석하는 이들도 있다. 그러나 같은 말이 14장의 21.23절에도 나오고, 24절에도 부정적인 표현이지만 동일한 말이 나오는 것으로 볼 때, "나의 계명"은 도덕적인 차원이 아니라, 기독론적인 차원으로 보아야 한다. 15절과 21절은 "내 계명"을 말하고, 23절과 24절은 "내 말"이라고 한다. "내 계명"과 "내 말"은 같다. 요한복음에서 예수의 "말"은 항상 하나님의 계시 곧 예수 자신의 정체를 밝히는 계시의 말씀이다.[136] 그러므로 "내 말"과 같은 차원에서 사용된 "나의 계명"은 형제사랑이라는 윤리적인 차원이 아니라, "나는 …이다"는 형식으로 대표되는 예수의 자기 계시 혹은 자기선포를 말한다(15:10도). 예수를 사랑하는 사람 곧 예수를 하나님의 아들이라고 믿는 사람은 예수의 말씀을 믿는다. 예수의 말씀은 곧 하나님의 말씀이기 때문이다. 그러므로 "내 계명을 지키다"는 예수의 "말씀에 거하는 것" 곧 예수의 신적인 정체를 믿는 것이다. 이처럼 예수의 말씀에 거하면 예수의 진정한 제자가 되며(8:31), 예수의 "말을 지키면 영원히 죽음을 보지 않는다."(8:51)

16절은 요한복음에서 처음으로 보혜사 성령을 말한다. "구하겠으니"는 헬라어로 미래 시제이다. 예수가 십자가에서 죽고 부활하여 영화롭게 된 후

---

134) 14:21.23; 16:27; 5:23도 참조.
135) H.-Chr. Kammler, "Jesus Christus und der Geistparaklet", 93.
136) "말"을 나타내는 헬라어 두 단어가 요한복음에서는 모두 예수의 자기선포 혹은 계시라는 동일한 의미로 사용된다. λογος(5:24; 8:31.37.43.51.52; 12:48; 15:3.20); ρημα(3:34; 5:47; 6:63.68; 8:20.47; 12:47.48; 14:10; 15:7; 17:8).

에야 비로소 보혜사를 보내주시도록 아버지께 구할 것이다. 그러므로 십자가와 부활이 일어나야 성령이 온다. 보혜사 성령을 보내주시는 분은 여기서는 하나님이지만(14:26도), 그러나 15:26; 16:7에 의하면, 그리스도 자신이다. 요한복음이 여러 차례 강조하듯이, 하나님과 그리스도는 존재와 행동의 일치 가운데 있기 때문에,[137] 성령을 보내는 주체를 한번은 하나님으로, 한번은 그리스도라고 말할 수 있다. 아버지가 가지고 있는 것은 모두 아들의 것이다(16:15).

예수는 왜 "또 다른" 보혜사를 말하는가? 육신으로 사는 동안 예수 자신이 다른 보혜사였기 때문에, 성령은 "또 다른" 보혜사이다. "보혜사"는 도움을 주는 사람, 변호인, 대변인 혹은 보호자를 뜻한다. 지금까지는 예수 자신이 직접 제자들과 함께 계셔서 그들을 돕고 보호하였다.[138] "너희와 함께 있음(혹은 너희 안에 거하심)"은 육신의 예수와 보혜사 성령이 제자들과 함께 있는 것을 말한다. 그러나 육신의 예수는 항상 제자들과 함께 할 수 없지만, 보혜사 성령은 언제, 어디에서나 함께 한다. "영원토록"은 항상, 언제나 등으로 이해하는 것이 더 적절하다.[139] 요한복음이 기록될 당시인 AD 90년경에 육신의 예수는 더 이상 제자들과 함께 하지 못하며, 그들의 보호자가 되지 못했다. 더구나 유대교의 극심한 박해를 당하고 있는 상황에서, 육신의 주님과 더 이상 함께 하지 못한 요한 공동체의 제자들은 주님으로부터 버려진 존재들인가? 그래서 그들은 "근심해야" 하는가?(1절) 전혀 그렇지 않다. 육신의 예수가 아닌 성령의 예수가 다른 보호자로서 그들과 함께 한다. "너희"는 열두 제자들이나 육신의 예수를 따라다니던 소수의 제자들만을 말하는 것이 아니라, 예수의 부활 이후 모든 세대의 그리스도인들을 말하며, 역사적으로는 요한 공동체의 그리스도인들이다. 예수는 모든 시대의 그리스도인

---

137) 10:30.38; 14:10.11.20; 17:11.21.22.23 등.

138) 13:33; 14:9.25; 16:4; 17:12 참조.

139) 종말론적인 차원에서 "영원히"를 의미하는 것보다는 "교회의 시대"를 의미하는 것으로 보는 것이 적절하다.

들을 세상에 홀로 버려두지 않고, 성령의 형태로 오셔서 항상, 언제나 그들과 함께 하신다.

17절은 이 다른 보호자를 "진리의 영"이라고 한다. "진리의 영"은 요한복음이 성령을 말할 때 사용하는 전문적인 용어이다.[140] 제자들에게 진리를 증언하고 모든 진리를 가르쳐 주는 것은 영이다. 진리는 예수 자신이다 (14:6). 그러므로 예수가 누구인지를 가르치기 위해서 성령이 왔다. 그래서 성령은 세상에게는 주어지지 않는다. 왜냐하면 세상은 성령을 보거나 알 수 있는 지각이 없기 때문이다. "세상"은 죄와 죽음에 빠진 인간을 말하며 (8:21.24.34 참조), 요한복음에서는 믿지 않는 유대인들이 세상의 대표자이다. 제자들도 원래는 세상에 속하였지만, 하나님이 그들을 선택해서 세상으로부터 해방시켰다. 세상에게는 성령을 보고 알 수 있는 지각이 없다. 니고데모 단락 등에서 반복 사용된 동사 "할 수 없다"(ου δυναται; can not)가 여기서 다시 사용되는 것은 우연이 아니다.[141] 하나님이 선택해서 거듭나게 해 주지 않은 사람은 성령을 알 수 없으며, 그러므로 성령을 받을 수 있는 능력이 없다.

"그러나" 세상과는 달리 "너희"는 성령을 안다. 왜냐하면 성령이 "너희와 함께 거하시고 또 너희 속에 계시기 때문이다." 하나님의 선택을 받은 그리스도인 가운데 계시는 성령은 그리스도인으로 하여금 성령을 알게 한다. 성령과 제자들은 매우 깊고 내밀한 교제를 나눈다. 성령은 인간을 거듭나게 한다(3:3.5.8). 성령이 아니고는 인간은 새롭게 창조될 수 없다. 성령은 인간을 새롭게 창조함으로써, 그로 하여금 예수가 누구인지, 예수가 한 말씀의 의미를 깨닫게 할 것이다.

이어지는 18~24절은 16~17절이 말한 보혜사 성령에 대해서 보다 상세하게 해설한다. 18b절의 "너희에게 오리라"는 말은 28절에도 나오고, 3절과 23

---

140) 14:17; 15:26; 16:13; 요일 4:6; 5:6; 요 4:23.24도 참조.
141) 3:3.5; 6:44.65; 8:43; 12:39 등 참조. 우리말 개역성서는 17절의 이 표현을 "못하다"로 번역한다.

절에도 비슷한 말이 있다. 예수가 부활해서 종말에 재림 예수로 제자들에게 온다는 뜻이 아니라, 예수가 성령의 형태로 모든 시대의 그리스도인들에게 온다는 뜻이다. 물론 예수의 부활도 암시되지만, 핵심은 성령으로 오시는 그리스도에게 있다. 그러나 종말 때에 일어날 재림을 말하지 않는다. "고아와 같이 버려두지 않겠다." 이 말은 여기서 종말의 재림을 말하지 않다는 것을 뒷받침한다. 만일 "오리라"가 종말 때의 재림을 의미한다면, 그때까지 제자들은 고아와 같이 버려지게 될 것이다. 그러나 제자들이 세상을 사는 단 한 순간도 주님으로부터 버림을 받지 않는다. 16절이 말한 것처럼 "영원토록", "항상" 주님은 제자들과 함께 계신다. 세상에 사는 동안에는 육신을 가진 인간의 형태로, 그러나 부활 이후에는 성령의 형태로 주님은 제자들과 "항상" 함께 계신다. 그래서 17절은, 보혜사 성령이 "너희와 함께 거하고", "너희 속에 계시리라"고 한다. 부활 이전과 이후에 예수가 제자들과 함께 하시는 방식이 다를 뿐, 항상 함께 하신다는 점에서는 차이가 없다.

19a절에 의하면, 성령이 주어지지 않는 세상은 예수를 다시는 못 보지만, 성령을 받은 제자들은 예수를 "항상" 본다. 육신으로는 죽었지만 예수는 성령으로 살아 계시기 때문이다. 예수는 십자가에 달려 죽으셨다가 부활하신 후에는 성령의 모습으로 제자들에게 나타날 것이다. "조금 있으면"은 부활과 성령강림 사이의 짧은 시간을 말한다(16:16b,17b,19b도 참조).[142] 성령으로 오시는 그리스도를 세상은 보지 못하지만, 제자들은 본다(17절 참조). 19절의 "나(그리스도)를 보다"와 17절의 "그(성령)를 알다"는 같은 말이다.

그러나 보혜사 성령으로 오신 예수를 보는 것과 부활의 이야기에서(20장) 처음 제자들이 육신으로 부활한 예수를 보는 것은 다르다. 처음 제자들은 육신으로 부활한 예수를 보았지만, 예수의 승천 이후 누구도 그러한 육신적으로 부활한 예수를 볼 수 없다. 그 이후의 그리스도인들은 부활 예수를 목

---

142) 반면에 7:33; 12:35; 13:33; 16:16a,17a,19a 등에 나오는 "조금 있으면"은 예수의 수난에 이르기까지의 시간을 말한다.

격한 제자들의 증언을 들을 수 있을 뿐이다. AD 90년경 복음서가 기록될 당시의 요한 공동체에 속해 있는 그리스도인들 역시 마찬가지이다. 육신으로 부활한 예수를 보았던 제자들의 증언에 의존해서 후대의 모든 그리스도인들은 성령으로 오시는 예수 그리스도를 볼 수 있다. 요한 공동체의 그리스도인들과 그 이후의 모든 그리스도인들은 성령 안에서 부활하신 예수를 보고 그와 긴밀한 교제를 나눈다. 이것이 부활의 증인들인 사도들과 그 이후의 모든 그리스도인들의 근원적인 차이점이다.

19b절에 의하면, 예수는 성령으로 "살아 있고", 제자들은 성령 안에서 "살아 있다." 보혜사 성령은 다시 오신 예수이기 때문에, 예수 안에 있음은 곧 성령 안에 있음이다. 그러므로 20절의 "너희가 내 안에"는 제자들이 성령 안에 있다는 것이고, "내가 너희 안에"는 성령이 제자들 안에 있다는 것이다 (15:4; 17:23.26 참조). 그럴 때 제자들은 살아 있다. 예수는 성령으로 영원히 살아 계시며, 성령 예수 안에서 제자들도 영원히 산다. 11:25~26은 이것을 말하고 있다. 부활이요 생명이신 예수는 영원하며, 예수 안에서 제자들도 영원히 산다. "그 날에" 곧 보혜사 성령이 오시는 날에 제자들은 이 진리를 알게 될 것이다.

19b절에서 "나는 살아 있고"는 현재시제이고, "너희도 살아 있겠음이라"는 미래시제이다. 예수에게는 현재시제를, 제자들에게는 미래시제를 사용하는 것은 예수와 제자들 사이에는 결코 해소될 수 없는 존재론적이고 구원론적인 차이가 있음을 말한다. 예수는 하나님의 아들로서 생명의 근원이다. 예수가 구원행위를 통해서 그의 제자들에게 그의 생명에 참여하게 해줄 때에만 제자들은 생명에 참여한다. 그러므로 제자들은 그들 자신 안에 생명을 가지고 있지 않고, 오직 "예수 안에" 있을 때에만 살 수 있다(1:4 참조). 예수는 "아버지 안에" 있음으로 생명의 근원이며, 제자들은 예수 안에 있음으로 생명에 참여한다. 예수가 아버지 안에 있음은 영원 전부터 영원 후까지 계속될 일치의 관계이고(17:5.24 참조), 제자들이 예수 안에 있음은 오직 예수의 성육신, 십자가, 부활에 근거해서 성립된 관계이다. 그러므로 요한복음에서

구원론과 교회론은 전적으로 기독론에 근거되어 있다. 그러므로 19b절의 "내가 살아 있고 너희도 살아 있겠음이라"는 "내가 살아 있기 때문에 너희도 살 것이다"로 바꾸어 읽어야 한다.[143]

21절의 "나의 계명"에 대해서는 위의 15절의 해설을 참조하라. 요한복음에서 예수는 여러 차례 "나는 …이다"는 자기 계시의 말씀을 하셨고, 이 계시의 말씀을 "지키는 자"는 예수를 하나님의 아들로 믿는 자이다. 예수를 하나님이 보내신 아들로 믿는 자는 예수를 사랑하는 자이며, 예수를 보내신 하나님으로부터 사랑을 받고, 예수의 사랑을 받는다. 예수가 그들을 사랑한다는 표시로서 그들에게 "나타나리라." 이 "나타남"은 부활 예수의 현현이다. 부활 예수가 나타나면, 그를 만나는 모든 사람들은 예수를 믿고 구원을 받게 된다. 그러므로 부활 예수의 "나타남"은 최고의 사랑의 표현이다.

5) 14:22~31 유다의 물음과 예수의 답변 – 보혜사 성령에 관한 두 번째 말씀

22 가룟인 아닌 유다가 이르되 주여 어찌하여 자기를 우리에게는 나타내시고 세상에는 아니하려 하시나이까 **23** 예수께서 대답하여 이르시되 사람이 나를 사랑하면 내 말을 지키리니 내 아버지께서 그를 사랑하실 것이요 우리가 그에게 가서 거처를 그와 함께 하리라 **24** 나를 사랑하지 아니하는 자는 내 말을 지키지 아니하나니 너희가 듣는 말은 내 말이 아니요 나를 보내신 아버지의 말씀이니라 **25** 내가 아직 너희와 함께 있어서 이 말을 너희에게 하였거니와 **26** 보혜사 곧 아버지께서 내 이름으로 보내실 성령 그가 너희에게 모든 것을 가르치고 내가 너희에게 말한 모든 것을 생각나게 하리라 **27** 평안을 너희에게 끼치노니 곧 나의 평안을 너희에게 주노라 내가 너희에게 주는 것은 세상이 주는 것과 같지 아니하니라 너희는 마음에 근심하지도 말고 두려워하지도 말라 **28** 내가 갔다가 너희에게로 온다 하는 말을 너희가 들었나니 나를 사랑하였더라면 내가 아버지께로 감을 기뻐하였으리라 아버지는 나보다 크심이라 **29** 이제 일이 일어나기 전에 너희에게 말한 것은 일이 일어날 때에 너희로 믿게 하려 함이

143) H.-Chr. Kammler, 위의 논문, 107~108.

라 **30** 이 후에는 내가 너희와 말을 많이 하지 아니하리니 이 세상의 임금이 오겠음이라 그러나 그는 내게 관계할 것이 없으니 **31** 오직 내가 아버지를 사랑하는 것과 아버지께서 명하신 대로 행하는 것을 세상이 알게 하려 함이로라 일어나라 여기를 떠나자 하시니라

22절에서 유다는, 주께서 자신을 세상에는 나타내지 않고 제자들에게는 나타내셨는지를 묻는다. 21절의 "나타남"이 부활 예수의 현현이라는 것이 분명해진다. 육신의 예수는 세상 사람들에게 표적을 행하는 등 "세상에" 나타내셨다. 그러나 부활 예수는 자신을 세상에는 나타내지 않았고, 오직 제자들에게만 나타나셨다. 부활 예수의 현현은 세상에게는 받아들일 수 없는 사건이지만, 제자들에게는 믿음을 창조하는 사건이다.

유다의 물음에 대한 예수의 대답인 23~24절은 핵심에 있어서 15절과 21절을 반복한다. "우리"는 하나님과 예수를 한꺼번에 지칭하며, 그럼으로써 하나님과 예수는 분리될 수 없는 존재론적인 연합관계에 있다는 것을 말한다. "내 말이 아니요, 나를 보내신 아버지의 말"이라는 표현도 마찬가지로 예수와 하나님의 연합관계를 말한다. 예수가 계시한 말씀에 따라서, 예수가 하나님의 아들이라는 것을 믿는 것이 "내 말을 지키다"는 것이다. 하나님과 예수가 함께("우리는") 믿음의 사람에게 가서 "거처를 그와 함께 하리라." 임마누엘이다. 성령 안에서 하나님과 예수는 믿는 사람들과 항상 함께 하신다. 그러므로 믿음의 사람들은 결코 고아처럼 버림을 받지 않는다(14:2~3, 18 참조).

25절부터 요한복음의 예수는 두 번째로 보혜사 성령에 관해서 말한다. 25절의 "내가 너희와 함께 있는 동안에, 나는 너희에게 이것을 말하였다."에서 "이것"은 바로 앞에서 한 말(1~24절)을 넘어서, 예수가 지상에서 사는 동안에 하신 말씀 전체를 말한다. 26절에서 보혜사가 생각나게 하는 예수의 말씀은 1~24절뿐만 아니라, 예수가 하신 말씀 전체이며, 그것이 "너희가 들은 내 말"(24절)이다. AD 90년경의 요한 공동체의 그리스도인들은, 오늘의 그리스도인들처럼, 예수로부터 직접 이 말씀을 듣지 못했다. 처음 세대의 제자들만이 예수로부터 직접 말씀을 들었고, 그 이후 다른 세대의 그리스도인들

은 직접 듣지 못했지만, 그들에게는 성령이 예수의 말씀을 들려 주고 깨우쳐 주었다.

그러므로 "아버지께서 내 이름으로 보내실 성령이 내가 한 모든 말을 너희에게 가르치고 기억나게 할 것"이다(26절). 하나님의 말씀이 선포되는 어느 시대, 어느 곳에서나 예수가 하나님의 아들이요 그리스도라는 자기증언을 믿게 하는 것이 성령의 역할이다. 인간이 되신 하나님의 아들이 육신으로 사는 동안에는 직접 제자들에게 말씀하셨다면, 그 이후의 모든 세대의 그리스도인들에게는 성령이 예수의 말씀을 가르치고 기억나게 한다. 요한복음 저자 자신도 성령을 통해서 예수의 말씀을 깨우쳤고, 복음서를 읽는 모든 시대의 그리스도인들도 하늘에 살아 계신 예수 그리스도의 말씀을 현재화하는 성령의 활동을 통해서 듣고 깨우치고 기억한다.

보혜사 성령이 가르치고 생각나게 하는 "모든 것"은 예수가 제자들에게 말한 "모든 것"이다.[144] 그러므로 2:17,22; 12:16 등에서 제자들이 예수의 행동과 말씀을 기억하고 생각한 것은 성령의 활동을 통해서였다. 성령이 활동하기 이전, 곧 예수의 십자가와 부활사건 이전에는 제자들도 예수의 행동과 말씀을 깨우치지 못했고, 그러므로 진정한 믿음에 이르지 못했다.[145] 성령의 활동 없이는 제자들이라도 성경의 말씀이 예수를 가리킨다는 사실이나, 예수 안에서 그 말씀이 실현되었다는 것을 알지 못했다(12:16; 20:9). 구약성경이 예수를 선재하신 하나님의 아들로 고백하고 있다는 사실을 가르쳐준

---

144) 논란이 될 수 있는 것은, "모든 것"이 역사의 예수가 한 말씀이냐 하는 것이다. 다시 말해서 이로써 역사의 예수의 말씀이 성령의 활동을 통해서 요한복음에 그대로 전승되었느냐 하는 것이다. 그렇다면 성령은 요한복음에 나오는 예수의 말씀을 공관복음의 예수의 말씀과 함께 "전승의 연속성"을 보증해준다고 할 수 있다(Schneider, *Johannes* 264). 그러나 요한복음은 "역사의 예수의 ipsissima vox가 아니라, 보혜사 성령 안에서 현재적인 예수 그리스도의 ipsissima vox이다"(Kammler, 112). 요한복음은 역사적 예수의 말씀이라기보다는 예수의 말씀의 형식으로 된 요한복음 저자의 사도적인 그리스도 증언이다. "사도적인 증언은 예수에 관한 인간적인 평가가 아니다. 사도적인 증인은 성령 안에서 현존하는 그리스도께서 그에게 가르쳐준 것만을 말할 수 있다(14:16ff.25f.; 15:26f.; 16:12ff.)."(Hofius, 'Unbekannte Jesusworte', 382 각주 132).

145) 13:36~38; 14:5,9; 16:5,12,17~18,29~32 등 참조.

것도 성령이다(3:14; 8:56; 12:41). 예수의 부활 이후 AD 90년 무렵의 유대인들이 예수를 믿지 못하고 요한 공동체를 박해한 것도, 그들이 성령을 받지 못했기 때문이다. 요한복음에서 보혜사 성령이 하는 일은 오직 하나님의 아들과 그의 가르침을 깨우치고 기억나게 하는 것이다. 성령은, 성경이 예수에 관해서 증언하고 있으며(5:39.46), 예수 안에서 성경 말씀이 실현되었다는 것을 가르친다.[146] 그러므로 성령이 깨우치고 기억나게 하는 내용은 오직 하나님의 아들, 예수 그리스도이다. 성령의 활동은 그 이상을 넘어가지 않는다. 요한복음은 보혜사 성령으로 현존하시는 그리스도의 자기 증언이기 때문에, 성령의 가르치고 생각나게 하는 활동이 없이는 누구도 예수를 바로 이해할 수 없고, 믿을 수 없다.

16~17절은 보혜사를 "진리의 영"이라고 하지만, 여기서는 "성령"이라고 한다. 16절에서는 예수가 아버지께 보혜사를 보내달라고 기도하지만, 여기서는 아버지가 "내 이름으로" 보내신다고 한다. 표현은 다르지만 아버지, 예수, 성령은 뗄 수 없는 연관성 속에 있다. 아버지는 아들 예수와 함께 성령을 보낸다. "아버지께서 보내실" 성령이라는 표현에서 우리는 아버지가 아들을 보내셨다는 요한복음이 자주 사용하는 표현을 상기하게 된다.[147] 아버지가 창조 이전에 선재하던 아들을 세상에 보내셨다면, 동일하게 선재하던 성령을 또한 세상에 보내실 것이다. 창조 이전에 아들이 아버지와 함께 계셨던 것처럼, 성령도 창세 이전에 아버지와 아들과 함께 계셨다. 여기서 우리는 아버지, 아들, 성령의 선재적인 삼위일체를 말할 수 있다. 아버지는 아들을 세상에 보내고, 아들은 세상에 아버지를 계시하였고, 아버지가 보내실 성령은 아들과 그의 가르침을 깨닫고 기억나게 한다.

27절에는 1절의 "너희는 마음에 근심하지 말라"는 말씀이 반복된다. 그

---

146) 19:24.28.36~37.
147) 4:34; 5:24.30; 6:38.39; 7Ⅼ16.18.28.33; 8:26.29; 9:4; 12:44.45; 13:20; 15:21; 16:5 등은 ο πεμψας με를 말하고, 5:23.37; 6:44; 8:16.18; 12:49; 14:24 등은 ο πεμψας με πατηρ를 말한다. 3:17; 요일 4:9 등은 "보내다"를 위하여 αποστελλειν을 사용하지만, 이는 πεμπειν과 다른 뜻이 아니다(17:18과 20:21을 비교).

러므로 예수의 첫 번째 고별 설교는 근심하지 말라는 말로 시작하고 끝난다. 제자들이 근심하지도 말고, 두려워하지도 말아야 할 이유는, 예수께서 그들에게 "평안"을 주시기 때문이다. 예수께서 약속한 "평안"은 부활 예수에 의해서 실현된다.[148] 예수가 주는 평화는 세상의 평화와는 근본적으로 다르다. 세상의 평화는 전쟁이 없는 상태를 말하지만, 예수의 평화는 인간의 근심과 두려움을 모든 차원에서 극복하는 전체적인 평화이다. 세상의 평화는 인간의 욕심에 의해서 깨지기 쉬운 불완전한 것이지만, 예수의 평화는 예수께서 지키고 인도하는, 그러므로 영원히 깨지지 않는 평화이다.

예수의 평화는 그의 십자가 죽음과 부활 그리고 성령의 오심과 떨어질 수 없다. 십자가와 부활에서 죽음의 세력이 무너지고 생명이 세상에 나타났다. 보혜사 성령이 이 진리를 제자들에게 깨우치고 믿게 한다. 그러므로 예수를 사랑하는 사람 곧 예수의 계시의 말씀을 믿는 사람은, 예수가 십자가에서 죽고 부활하여 하나님께로 가는 것을 슬퍼하지 않고, 도리어 기뻐한다. 예수가 가야 보혜사가 오고, 진리를 깨우치고, 세상의 평화와는 전혀 다른 평화가 그들에게 오기 때문이다. "아버지가 나보다 크시기 때문이다." 예수가 약속한 모든 것은 아버지의 뜻에 따른 것이다. 예수는 아버지에게 완전히 순종하여, 아버지의 말씀을 제자들에게 전하였다. 모든 것의 뿌리는 아버지 하나님께 있다. 그러므로 확실하다.

29절의 말씀은 13:19에도 있다. 십자가와 부활 사건이 있기 전에 미리 말씀하심으로써, 그 일이 일어난 후에 제자들로 하여금 믿게 하려는 것이다. 30~31절의 "세상의 임금"은 12:31에서도 언급되었다. "그는 내게 관계할 것이 없다"는 말은 세상의 임금이 예수를 죽일 수 있는 권한이 없다는 말이다. 예수는 하나님의 아들이다. 그러므로 세상의 임금이 예수에 대하여 어떠한 권리도 가질 수 없다. 그럼에도 불구하고 예수가 그의 손에 넘겨져서 죽게 되는 것은, 아버지의 명에 따라서, 예수와 아버지의 관계를 분명히 세상에

---

148) 20:19, 21, 26.

드러내기 위해서다. 하나님은 예수에게 죽음을 명하셨고, 예수는 아버지를 사랑하기 때문에 아버지의 명에 절대 순종하였다. 세상은 예수의 수난과 죽음에서 그러한 예수의 절대순종을 보게 될 것이다. 그러나 누구도 하나님의 아들, 예수에게 죽음을 강요할 수 없다. 예수는 자기 운명의 주인이지, 운명의 수동적인 피해자가 아니다. 예수가 죽임을 당했다면, 그것은 오로지 하나님을 향한 예수의 사랑 때문에, 예수 스스로 세상의 임금에게 자신을 내맡겼기 때문이다.

"일어나라. 여기를 떠나자"는 첫 번째 고별설교를 마무리하는 말이면서 동시에 이제 아버지의 명령에 순종하여 죽음의 길을 가겠다는 예수의 당당한 표현이다. 이로써 예수는 제자들과의 이별을 말한다.

3 15:1~16:23 예수의 두 번째 고별 설교

첫 번째 고별설교에 이어서 아무런 연결표현도 없이 곧바로 두 번째 고별 설교가 시작된다. 첫 번째 고별설교에서도 그렇듯이, 여기서도 예수가 없는 AD 90년 무렵에 요한복음이 기록될 때, 요한 공동체의 그리스도인들이 어떻게 예수 그리스도 안에 머물면서 갖은 박해와 어려움을 극복해야 하는지를 읽어내야 한다.

1) 15:1~11 "나는 참 포도나무이다."

1 나는 참포도나무요 내 아버지는 농부라 2 무릇 내게 붙어 있어 열매를 맺지 아니하는 가지는 아버지께서 그것을 제거해 버리시고 무릇 열매를 맺는 가지는 더 열매를 맺게 하려 하여 그것을 깨끗하게 하시느니라 3 너희는 내가 일러준 말로 이미 깨끗하여졌으니 4 내 안에 거하라 나도 너희 안에 거하리라 가지가 포도나무에 붙어 있지 아니하면 스스로 열매를 맺을 수 없음 같이 너희도 내 안에 있지 아니하면 그러하리라 5 나는 포도나무요 너희는 가지라 그가 내 안에, 내가 그 안에 거하면 사람이 열

매를 많이 맺나니 나를 떠나서는 너희가 아무 것도 할 수 없음이라 **6** 사람이 내 안에 거하지 아니하면 가지처럼 밖에 버려져 마르나니 사람들이 그것을 모아다가 불에 던져 사르느니라 **7** 너희가 내 안에 거하고 내 말이 너희 안에 거하면 무엇이든지 원하는 대로 구하라 그리하면 이루리라 **8** 너희가 열매를 많이 맺으면 내 아버지께서 영광을 받으실 것이요 너희는 내 제자가 되리라 **9** 아버지께서 나를 사랑하신 것 같이 나도 너희를 사랑하였으니 나의 사랑 안에 거하라 **10** 내가 아버지의 계명을 지켜 그의 사랑 안에 거하는 것 같이 너희도 내 계명을 지키면 내 사랑 안에 거하리라 **11** 내가 이 것을 너희에게 이름은 내 기쁨이 너희 안에 있어 너희 기쁨을 충만하게 하려 함이라

두 번째 고별설교는 요한복음에 자주 반복되는 예수의 자기 계시 표현 "나는 …이다"로 시작한다. 예수는 "참" 포도나무이다. "참"이라는 단어는 4:23에서는 특정한 장소와 결부된 유대인이나 사마리아인들의 예배와는 다른 "진정한" 예배를 말할 때, 그리고 6:32에서는 모세가 준 광야의 만나와는 다른 하늘에서 내려온 "참" 떡을 말할 때 사용되었다. 이러한 구절들에서 "참"은 구약성서나 유대인들의 이해와 다른 새로운 것을 말한다. 여기서도 예수를 "참" 포도나무라고 함으로써, 구약성서가 이스라엘을 포도나무라도 했던 것(렘 2:21)과 대조하려고 한다. "농부"로 비유되는 하나님께서 이스라엘을 포도나무 곧 구원의 백성으로 심으셨다면, 이제 하나님이 심으신 "참" 구원은 예수 그리스도 안에 있다. 그러므로 "참 포도나무"인 예수 그리스도 안에서 새로운 구원의 백성이 세워진다.

2절은 비유의 말씀이고, 3절은 실제적인 말씀이다. 농부이신 하나님께서 포도나무의 가지들을 "깨끗하게" 하신다. 열매를 맺지 못하는 가지들을 잘라버림으로써, 좋은 가지들로 하여금 더 풍성한 열매를 맺게 하신다. 이것이 포도원 농부의 작업을 비유적으로 말했다면, 3절은 "깨끗하게" 하는 것이 실제로 어떤 의미인지를 밝힌다. 예수께서 주신 말씀 곧 지금까지 행한 "나는 …이다"는 자기 계시의 말씀을 듣고 믿는 것이, 하나님께서 포도나무 가지들을 깨끗하게 하시는 것이다. 하나님의 정지작업을 통해서 제자들은 깨끗해졌고, 그래서 예수를 하나님의 아들로 믿게 되었다. 그러므로 그들은 이

제 풍성한 열매를 맺을 수 있는 능력을 가지고 있으며, 동시에 열매를 맺어야 하는 과제를 갖는다.

4~7절에는 "…안에 거하다"는 표현이 반복된다. 포도나무와 가지의 비유를 통해서 말하고자 하는 핵심이 여기에 있다. 요한복음 저자는 예수의 이 말씀을 자기 공동체의 그리스도인들에게 전하여 읽게 함으로써, 열매를 맺는 진정한 삶이 오직 그리스도 안에서만 가능하다는 것을 가르친다. 포도나무를 많이 기르기 때문에 그들은 이 비유를 너무도 잘 알아들을 수 있었다. 가지들이 나무를 떠나서는 절대로 열매를 맺을 수 없다. "나는 포도나무이다"(5절)가 예수의 정체를 계시하며, "너희는 가지이다"는 그리스도인들의 정체를 밝힌다. 가지는 원래 포도나무의 한 부분이다. 그러므로 가지가 포도나무에서 떨어지는 것은, 마치 소금이 짠 맛을 잃는 것처럼, 원천적으로 불가능한 가능성이다. 가지가 나무에서 떨어지는 일어나서는 안 될 일이 일어나면, 그 가지는 생명을 잃고 말라서 불에 태워질 수밖에 없다. 예수에게서 떨어진 가지들의 운명이 그렇다(6절). 그러나 나무에 붙어 있는 가지들이 맺는 열매는 영생 곧 구원이다. "나무를 떠나서는 너희가 아무 것도 할 수 없다"(5절). 이 말은 예수와 떨어져서는 결코 구원을 받을 수 없다는 말이다. 그러므로 6절은 예수와는 상관없는 사람들의 멸망을 말한다. "불"은 심판을 상징하는 말이다(고전 3:13,15; 계 8:5~8; 9:17~18 등).

7절은 "내 안에 거하다"는 말의 의미를 설명한다. 육신의 예수가 더 이상 계시지 않는 AD 90년의 상황에서 요한 공동체의 그리스도인들은 어떻게 예수 안에 거할 수 있는가? 예수 그리스도와 그리스도인들은 어떻게 내밀한 교제를 나누는가? "내 말" 곧 예수의 자기 계시의 말씀이 예수 그리스도와 그리스도인들을 나무와 가지처럼 하나로 묶는 역할을 한다. 예수 안에 거하는 것은 예수의 말씀을 믿는 것이다(8:31). 예수의 말씀을 믿는 사람 안에 예수가 성령으로 거하신다. 그러므로 말씀 안에서 예수와 그리스도인은 내밀한 교제를 하며, 그러한 교제에서 응답받는 기도를 할 수 있다. "무엇이든지 원하는 것"은, 14:1~14에서처럼, 구원과 생명을 말한다. 이것을 물질이나 세상적인 것으로 보면서, 그런 세상적인 차원에서 "기도는 만사를 해결"한다는 식으로 해석하는 것은 본문에 대한 주석에도 합당하지 않을 뿐만 아니라, 신학적으로 적절하지 않다. 그런 식의 해석은 믿음을 왜곡시키는 결과를 가져올 수 있다.

그리스도인들이 구원과 풍성한 생명의 열매를 맺으면 하나님께서 영광을 받으신다(8절). 하나님은 예수 그리스도를 통해서도 영광을 받으시고 (13:31~32), 풍성한 열매를 맺는 구원의 삶을 사는 그리스도인들을 통해서도 영광을 받으신다. 포도원의 농부이신 하나님은, 가지들이 포도나무에 붙어 있으면서 주렁주렁 열매가 풍성하게 열리면 기뻐하시며 영광을 받으신다. 그럼으로써 제자가 비로소 제자로 드러난다.[149] "제자가 되리라"는 표현을, 열매를 맺으면 제자가 된다는 식의 조건-결과로 이해해서는 안 된다. 먼저 제자로 부르심을 받은 사람은 열매를 맺고 하나님께 영광을 돌림으로써 제자로 드러나게 된다. 그러므로 열매 맺음과 제자 됨은 조건과 결과가 아니라, 순서를 바꾸어서 이해해야 한다. 열매 맺음은 이미 제자로 부르심을 받은 사람이 사는 방식이다. 은혜로써 제자로 부르심을 받은 사람은 구원의 풍성한 삶으로써 제자의 본질을 드러낸다.

9~10절은, 제자가 누구인지를 계속해서 설명한다. 예수가 먼저 사랑하여서 제자로 불렀다. 제자로 부름을 받을 만한 가치가 있기 때문에, 그들을 제자로 부른 것이 아니고, 전적으로 예수의 사랑으로 그들은 제자가 되었다. 그러므로 그는 예수의 사랑 안에 거해야 한다. 9~10절에는 "사랑 안에 거하다"는 말이 반복된다. 아버지-예수-제자들이 사랑의 연쇄 고리 안에 있다. 아버지는 아들을 사랑했고, 아들은 제자들을 사랑했다. 아들을 통하여 아버지의 사랑을 받은 제자들은 그리스도의 사랑 안에 거해야 한다. 먼저 사랑을 받았기 때문에, 사랑 안에 거해야 한다. 말씀 안에서 그리스도와 제자들이 교제하는 것은 곧 사랑 안에서 교제하는 것이다. 그리스도는 제자들을

---

149) 8:31; 13:35.

사랑해서 목숨을 내어주기까지 했으며, 그 사랑을 받은 제자들은 그리스도의 사랑 안에서 생명의 풍성함을 누린다.

사랑 안에 거하는 구체적인 방법은 "계명을 지키는 것"이다.[150] 이미 7절이 말했듯이, 예수와 제자들을 묶어주는 띠는 예수의 말씀이다. 예수에게 주어진 하나님의 계명은 죄인을 위하여 십자가에서 죽어 하나님의 영광을 드러내라는 것이다. 예수는 하나님의 계명을 충실하게 순종하여 십자가를 짊으로써 하나님의 사랑 안에 거할 것이다. 그처럼 제자들도 "내 계명" 곧 예수가 가르친 말씀을 지키며, 그에 따라서 살아감으로써 예수에 대한 사랑을 실천해야 한다. 그러므로 예수가 가르친 계명은 두 가지이다. 하나는 예수께서 하신 자기 계시의 말씀을 철저히 믿는 것이고(14:15), 다른 하나는 제자들끼리 서로 진실하게 사랑하는 것이다(15:12). 믿음과 사랑, 이 둘은 결코 떨어질 수 없다.

11절은 14:28~29과 유사한 말씀이다. 고별설교에서 예수는 "기쁨"을 자주 말한다(16:20~24). 마지막 기도에서도 "기쁨"을 말한다(17:13). 예수의 기쁨은 아버지께로 돌아가는 것이고, 보혜사 성령이 제자들에게 오는 것이다. 보혜사 성령으로 다시 오셔서 제자들과 영원토록 항상 함께 하시는 것이 예수의 기쁨이다. 제자들은 부활 예수를 만남으로써 기쁨으로 충만해진다(20:20). 또한 성령 안에서 예수와 교제함으로써 예수의 기쁨이 제자들에게 충만해진다. 이처럼 예수의 기쁨이 제자들에게 전염되어 "충만하게" 되는 것을 예수는 바란다.

2) 15:12~17 "서로 사랑하라!"

12 내 계명은 곧 내가 너희를 사랑한 것 같이 너희도 서로 사랑하라 하는 이것이니라 **13** 사람이 친구를 위하여 자기 목숨을 버리면 이보다 더 큰 사랑이 없나니 **14** 너희는 내가 명하는 대로 행하면 곧 나의 친구라 **15** 이제부터는 너희를 종이라 하지

---

150) 14:15, 21, 23.

아니하리니 종은 주인이 하는 것을 알지 못함이라 너희를 친구라 하였노니 내가 내 아버지께 들은 것을 다 너희에게 알게 하였음이라 **16** 너희가 나를 택한 것이 아니요 내가 너희를 택하여 세웠나니 이는 너희로 가서 열매를 맺게 하고 또 너희 열매가 항상 있게 하여 내 이름으로 아버지께 무엇을 구하든지 다 받게 하려 함이라 **17** 내가 이것을 너희에게 명함은 너희로 서로 사랑하게 하려 함이라

11절로 포도나무의 말씀을 마무리한 예수는 나무에 붙어 있는 가지들인 제자들이 서로 사랑하라고 한다. 첫 구절(12절)과 마지막 구절(17절)이 "서로 사랑하라"는 교훈을 말한다.

예수의 계명은 제자들이 서로 사랑하는 것이다(12절). 서로 사랑 안에서 제자가 비로소 제자로 드러난다. 그러므로 서로 사랑은 제자들의 존재방식 이다(15:8). 제자들의 서로 사랑은 예수의 사랑에서 근거와 모범을 갖는다 (13:35). "내가 너희를 사랑한 것 같이"는 제자들이 서로 사랑해야 하는 이유 가 무엇이며 또 어느 정도로 서로 사랑해야 하는지를 말한다. 예수가 먼저 제자들을 사랑했기 때문에, 제자들은 서로 사랑해야 하며, 제자들 서로간의 사랑은, 예수가 제자들을 사랑해서 십자가에서 죽기까지 했던 그런 정도까 지 실천하는 사랑이다.

13절은 예수가 실천했고, 또 제자들이 서로를 향하여 실천해야 할 사랑의 정도, 사랑의 크기를 말한다. 예수는 친구를 위하여 자기 목숨을 버리는 사 랑을 실천했다. 예수는 제자들을 대신하여 그들의 죄를 속하기 위하여 죽으 셨다. 13:1의 "끝까지 사랑하시니라"가 예수의 목숨을 내어놓은 친구사랑이 다. 제자들은 예수의 "자기 사람들"이고 "친구"이다. 이러한 예수의 사랑은 친구들에게 새로운 생명을 주었다. 예수 안에서 새 생명을 받은 친구들은 서로 사랑을 실천해야 할 사명을 받았다. 예수는 자신의 사랑을 본받는 사 랑을 제자들끼리 실천하기를 원한다. 그러한 사랑을 실천할 때, 예수의 "친 구"라는 제자들의 본질이 드러난다(14절).

15절에 의하면, 제자들을 종에서 친구로 격상시킨 예수는 "아버지께 들 은 것"을 그들에게 "다" 말해 주어 "알게 하였다." 요한복음에서 "알다"는

"믿다"와 동의어이다. 예수를 통하여 이제 제자들은 아브라함처럼 하나님의 뜻을 알게 되었고(창 18:17), 모세처럼 하나님과 친구로 대화할 수 있게 되었다(출 33:11).

종에서 친구로의 신분의 변화는 전적으로 예수에 의해서 일어난 은혜의 사건이다(16절). 제자들이 예수를 선택한 것이 아니고, 예수가 제자들을 선택하였다(6:70; 13:18). 선택은 사명과 과제를 낳는다. 새로운 신분은 그에 적절한 행동을 요구한다. 새로운 관계는 그에 해당하는 의무를 부여한다. 친구로 부르심을 받은 제자들의 과제는 "열매를 맺는" 것이다. 포도나무인 예수 안에 항상 머물면서 구원, 믿음 그리고 사랑의 열매를 맺게 하기 위하여 예수는 제자들을 부르셔서, 아버지에게 들은 모든 것을 알려 주었다. 예수가 하나님의 아들임을 믿고 영생을 얻는 것이 그들이 맺어야 할 열매이다 (20:31). 그렇게 구원을 받은 생명 가운데 살아갈 때 진정한 기도가 가능하고 또 응답을 받는다.

17절은 12절을 반복한다. 그럼으로써 한 그루의 포도나무 예수에 붙어 있는 가지들은 서로가 같은 운명을 가지고 있다는 사실을 분명히 알아야 한다. 그럴 때에만 가지들은 서로 사랑할 수 있고, 또 세상의 미움을 극복할 수 있다.

3) 15:18~25 "세상이 너희를 미워하면…"

18 세상이 너희를 미워하면 너희보다 먼저 나를 미워한 줄을 알라 **19** 너희가 세상에 속하였으면 세상이 자기의 것을 사랑할 것이나 너희는 세상에 속한 자가 아니요 도리어 내가 너희를 세상에서 택하였기 때문에 세상이 너희를 미워하느니라 **20** 내가 너희에게 종이 주인보다 더 크지 못하다 한 말을 기억하라 사람들이 나를 박해하였은 즉 너희도 박해할 것이요 내 말을 지켰은즉 너희 말도 지킬 것이라 **21** 그러나 사람들이 내 이름으로 말미암아 이 모든 일을 너희에게 하리니 이는 나를 보내신 이를 알지 못함이라 **22** 내가 와서 그들에게 말하지 아니하였더라면 죄가 없었으려니와 지금은 그 죄를 핑계할 수 없느니라 **23** 나를 미워하는 자는 또 내 아버지를 미워하느니라 **24**

내가 아무도 못한 일을 그들 중에서 하지 아니하였더라면 그들에게 죄가 없었으려니와 지금은 그들이 나와 내 아버지를 보았고 또 미워하였도다 **25** 그러나 이는 그들의 율법에 기록된 바 그들이 이유 없이 나를 미워하였다 한 말을 응하게 하려 함이라

12~17절의 첫 구절과 마지막 구절이 "서로 사랑하라"는 말로 시작하고 끝나듯이, 이 단락을 시작하고 끝내는 18절과 25절이 모두 "미움"을 말한다.

제자들이 서로 사랑해야 할 이유는, 그들이 한 포도나무에 붙어 있는 가지들이기 때문일 뿐만 아니라, 동시에 그들이 세상에 함께 처해 있는 공동의 상황에도 있다. 그들은 모두 세상으로부터 미움과 박해를 함께 받고 있다. 여기서 세상을 대표하는 이들은 예수의 계시 말씀을 거부한 유대인들이다. 그들은 예수를 미워했을 뿐만 아니라, 그의 제자들까지도 미워하고 유대교에서 추방하였다(9:22; 12:42; 16:2). 이러한 박해의 상황에서 보혜사 성령이 제자들을 돕게 될 것이다.[151] 이러한 세상의 미움 속에서도 제자들 안에 예수의 기쁨이 충만해지기를 예수는 바란다(15:11). 세상으로부터 오는 미움에 직면해서 제자 공동체는 그런 미움을 어떻게 이해하고 이겨낼 수 있는가? 그들은 그 원인을 알아야 한다.

세상은 제자들을 미워하기 이전에 먼저 예수를 미워하였다(18절). 세상에서 미움을 받은 것에서도 제자들은 예수의 뒤를 따른다. 예수와 제자들의 공동적인 운명이다. 교회와 믿음의 토대가 되는 예수가 믿지 않는 세상으로부터 미움을 받았다는 사실에서 우리는 세상과 예수, 세상과 교회, 세상과 믿음은 근본적으로 함께 할 수 없다는 것을 안다. 그러므로 그리스도인이면서 세상으로부터 미움을 받지 않는다면, 그것이 도리어 기이한 일이다.

19절은, 세상이 예수와 제자들을 미워하는 이유를 말한다. 세상과 제자들은 근원과 소속이 다르기 때문이다. 세상은 죽음에 속하고, 예수와 제자들은 하늘의 생명에 속한다. 같은 저자가 기록한 요한1서 4:13~14은 그 이유를,

---

151) 막 13:11; 마 10:20; 눅 21:12~15도 참조.

제자들이 "사망에서 옮겨 생명으로 들어갔기" 때문이라고 한다. 제자들은 세상에서 옮겨 예수에게 속한 사람들이다. 소속과 근원이 다르기 때문에 세상은 예수를 미워했고, 또 제자들을 미워한다.

13:16의 말씀을 다시 반복하면서 20절은 예수를 따르는 제자들이 세상에서 박해를 받는 것은 어쩔 수 없는 것이라고 한다. 주인인 예수를 박해한 세상이 종들인 제자들을 박해하는 것은 너무도 당연한 것이다. 세상이 "내 이름으로" 곧 예수의 이름으로 제자들을 박해할 것이다(21절). 그러므로 제자들이 박해를 받는 이유는 오로지 예수를 믿는다는 것 하나 때문이다. 세상은 예수를 보내신 분 곧 하나님을 알지 못하기 때문이다(21절). 하나님은 예수를 세상에 보내셨고, 예수 안에 계셔서 말씀하시지만, 그것을 모르기 때문에, 세상은 예수와 제자들을 박해한다. 요한복음에서 세상의 대표자들인 유대인들은 구약성서에 근거해서 하나님을 안다고 하면서도 실상은 하나님을 모르고 있다. 그러므로 예수를 미워하면 곧 하나님을 미워하는 것이다(23절). 그러나 그러한 박해 속에서도 제자들은 그들이 전한 "말" 곧 복음을 받아들이는 사람들을 만나는 선교적인 기쁨도 누릴 것이다(20b절). 그러므로 세상에는 예수에 대한 두 종류의 사람들이 있다. 이에 대해서는 1:11~12의 해설을 보라.

세상이 믿지 아니하는 "죄"를 핑계할 수 없는 것은, 예수가 세상에 오셔서 계시의 말씀을 하셨고(22절) 또 표적행위들을 하였기 때문이다(24절). 예수의 말씀과 행위는 세상의 본질을 드러낸다. 예수의 말씀과 행위는 듣는 사람의 정체를 드러낸다. 하나님이 선택한 사람들은 예수의 말씀과 행위를 듣고 봄으로써 믿음의 사람이라는 정체가 드러난다. 반대로 그렇지 못한 사람들은 예수를 거부함으로써 죄인으로 판명된다. 그러므로 예수가 하나님의 아들이라는 계시의 말씀과 행위를 세상 사람들이 믿지 않았기 때문에, 그들의 믿지 않음에 근거해서 죄인으로 규정되는 것이 아니다. 그들은 죄인이기 때문에, 믿지 않는다. 죄인들은 예수의 분명한 계시활동을 보았으면서도 믿지 않고, 도리어 미워한다. 이처럼 예수의 계시활동은 죄인들의 핑계거리를 없애버린다(24절).

25절은 세상을 대표하는 유대인들이 예수를 "이유 없이" 미워한 것을 구약성서에 기록된 예언의 성취라고 하면서도, 어떤 특정한 성경의 구절을 인용하거나 말하지 않는다. 유대인들의 믿지 않음은 이사야의 예언에 따른 것이라는 12:39~40을 여기서 참조할 수 있다. 여기서는 시편 35:19이나 69:4의 말씀을 생각할 수도 있다. 이 시편들은 "까닭 없는" 미움을 말한다(시 109:3의 "까닭 없이"도 참조). 마태복음 15:36; 27:34도 시편 69편의 말씀을 예수의 수난에 적용한다. 세상이 예수를 미워한 것은 어떠한 정당한 이유가 있어서가 아니다. 유대인들이 예수를 미워하고 죽인 것은, 예수에게 그런 대접을 받아야 할 어떠한 이유가 있어서가 아니다. 그러므로 예수에 대한 세상의 미움은 세상의 "죄"를 드러내는 것밖에는 아무것도 아니다. 그들이 죄인이기 때문에 예수를 미워한다. 그 이상의 다른 이유가 없다. 그러나 하나님은 세상의 이유 없는 미움을 도리어 이용해서 예수를 십자가에 죽게 하심으로써 세상을 구원하려는 뜻을 실현하셨다.

4) 15:26~27 세 번째 보혜사 말씀

26 내가 아버지께로부터 너희에게 보낼 보혜사 곧 아버지께로부터 나오시는 진리의 성령이 오실 때에 그가 나를 증언하실 것이요 **27** 너희도 처음부터 나와 함께 있었으므로 증언하느니라

14:16~21; 14:25~26에 이어서 예수는 여기서 세 번째로 보혜사 성령을 말한다. 세상으로부터 오는 미움과 박해를 제자들은 어떻게 이겨낼 수 있는가? 보혜사 성령이 아니고는 제자들의 인내와 힘만으로는 이겨낼 수 없다.

14:16,26에서는 아버지가 보혜사를 보낸다고 했지만, 여기서는 예수가("내가") 보혜사를 제자들에게 보낸다. 보혜사를 보내는 사역이 아버지와 아들의 공동 활동이다. 마치 아들이 아버지로부터 나오듯이,[152] 그렇게 보혜사는 "아버지께로부터" 나온다. 그러므로 아들과 보혜사는 모두 아버지로부

터 나온다. 그런 점에서 아들과 성령은 동일한 본질을 가지고 있지만, 아들이 성령을 보낸다는 점에서는 구분된다. 그것은 마치 아버지와 아들이 동일한 본질을 가지지만, 아버지가 아들을 보낸다는 점에서 구분되는 것과 같다.

보혜사가 와서 해야 할 사명은 예수를("나를") 증언하는 것이다. 다시 말해서 이미 14:26에서 말했듯이, 보혜사는 예수 그리스도가 누구인지를 가르치고 생각나게 한다. 세상에 계시는 동안에 예수는 자기 자신에 관해서 증언하였다.[153] 그러므로 요한복음에서 지상에서 살았던 예수와 보혜사 성령은 모두 예수 그리스도를 증언한다. 예수는 자기 자신을 증언하고, 성령은 그 예수를 증언한다. 그러나 하나님도 예수를 증언한다.[154] 그러므로 아버지, 아들, 성령이 모두 예수 그리스도를 증언한다. 더 나아가서 요한복음에서는 예수가 행한 일들,[155] 성경말씀,[156] 세례 요한[157]도 예수를 증언하고, 사마리아 여인(4:39)과 사랑하는 제자(19:35) 그리고 요한 공동체까지도[158] 예수를 증언한다. 그러므로 요한복음에서 모든 "증언"의 유일한 내용은 예수 그리스도이다. 보혜사가 예수 그리스도를 증언한다는 말은 14:26의 "가르치고 생각나게 하다"와 같은 말이다. 예수 그리스도를 하나님의 아들로 믿고 선포하는 모든 행위는 보혜사 성령의 증언활동이다. 그러므로 보혜사는 "진리의 영"이다.

27절에 의하면, 보혜사와 같이 "너희도" 예수 그리스도를 증언하는데, 그 이유는 그들이 "처음부터"($\alpha\pi'$ $\alpha\rho\chi\eta\varsigma$) 예수와 함께 있었기 때문이다. 주석적으로 논란이 되는 것은, "너희"가 누구냐 하는 것이다. 해석의 열쇠는 "처음부터"를 어떻게 이해할 것이냐에 있다. 세 가지의 해석이 가능하다.[159]

---

152) 8:42; 13:3; 16:27.28.30; 17:8 등.
153) 3:11.32.33; 8:14.18; 18:37 등.
154) 5:37; 8:18.
155) 5:36; 10:25.
156) 5:39.46.
157) 1:7.8.15.32.34; 3:26; 5:33; 10:41.
158) 3:32; 15:27.
159) H.-Chr. Kammler, 위의 논문, 119~122.

1) 말 그대로 "처음부터"를 엄격히 시간적이고 연대적으로 해석한다. 그러면 누가복음 1:2의 "처음부터"와 같이 지상 예수의 공생애 활동 시작부터를 의미한다. 그러면 "너희"는 예수가 공생애를 시작하던 "처음부터" 예수의 말씀과 행동을 목격한 베드로처럼 예수가 직접 선택해서 함께 한 소수의 제자들을 말한다. 그러나 요한복음에서 제자들은 예수의 공생애를 목격한 사람들만이 아니라, 예수의 부활을 믿고 증언하는 사람들이다(15:8). "너희"와 "처음부터"를 연결해서 말하는 16:4을 참조할 수 있다. 27절(απ' αρχης)과 16:4(εξ αρχης)은 "처음부터"를 각기 달리 표현한다. 더구나 16:4은 미완료 동사(ημην)를 말하는 데 반해 27절은 현재 동사(εστε)를 사용한다. 만약 27절이 말하는 "너희"가 역사의 예수가 선택한 소수의 제자들만을 의미했다면, 현재 동사보다는 16:4처럼 미완료를 사용해야 했을 것이다. 그러므로 27절의 "처음부터"와 "너희"는 단순히 역사적인 차원에서 베드로와 같이 일회적인 소수의 제자들만을 의미하지 않는다.

2) 6:64의 의미에서 이해하면, "처음부터"는 태초부터 혹은 영원 전부터를 의미할 수 있다. 그렇다면 "너희"는 6:70이나 13:18의 의미에서 예수께서 영원 전부터 자기 제자로 선택한 사람들이다(요일 1:1; 2:13,14의 "태초부터"와 같은 의미). 이 경우의 제자들은 역사적으로 예수가 직접 선택한 제자들을 포함해서, 어느 장소, 어느 시대에나 예수가 영원 전부터 선택한 모든 그리스도인들을 말한다.

3) 요한1서 2:7,24; 3:11; 요한2서 5:6 등에 나오는 "처음부터"와 같이 "부활 때부터"로 이해할 수 있다. 이는 "처음부터" 들은 말씀은 부활의 증인들이 공동체를 처음 설립할 때부터 선포했던 말씀이다.

2)와 3)의 해석을 함께 묶어서 보면, "너희"와 "처음부터"는 예수의 부활 이후에 형성된 요한 공동체를 가리킨다. 10:14~16,27~29 등이 말하는 "내 양" 그리고 15:16,19이 말하는 "내가 택한 너희"가 그들이다. 이러한 "너희"는 역사적으로 과거의 실체인 12제자들보다는 복음서가 기록될 현재 제자들로 살아가는 요한 공동체의 그리스도인들이며, 더 나아가서 모든 시대의

그리스도인들이다. 그리스도인들은 "처음부터" 곧 영원 전부터 하나님의 섭리 속에서 선택되었고, 역사의 예수의 "처음부터" 증언된 제자들로부터 그리스도에 관해서 들었고, 부활 예수가 보내준 보혜사 성령을 받은 "처음부터" 예수를 하나님의 아들로 믿고 증언한다. 보혜사 성령은 진리가 되는 예수 그리스도를 증언할 뿐만 아니라, 선택된 사도들과 모든 그리스도인들에게 진리를 깨닫게 하고 증언하게 하며, 그래서 교회 공동체를 세운다. 성령 안에서 처음 제자들, 요한 공동체 그리고 모든 시대의 그리스도인들이 다 함께 그리스도의 증인들이다. 보혜사 성령 안에서 모든 그리스도인들은 세상의 미움을 이겨내며, 증인의 사역을 온전히 감당한다.

5) 16:1~15 "진리의 성령이 오시면"

15:1로부터 시작된 두 번째 고별설교가 16장에서도 계속된다.

1~6절 회당으로부터 축출

1 내가 이것을 너희에게 이름은 너희로 실족하지 않게 하려 함이니 **2** 사람들이 너희를 출교할 뿐 아니라 때가 이르면 무릇 너희를 죽이는 자가 생각하기를 이것이 하나님을 섬기는 일이라 하리라 **3** 그들이 이런 일을 할 것은 아버지와 나를 알지 못함이라 **4** 오직 너희에게 이 말을 한 것은 너희로 그 때를 당하면 내가 너희에게 말한 이것을 기억나게 하려 함이요 처음부터 이 말을 하지 아니한 것은 내가 너희와 함께 있었음이라 **5** 지금 내가 나를 보내신 이에게로 가는데 너희 중에서 나더러 어디로 가는지 묻는 자가 없고 **6** 도리어 내가 이 말을 하므로 너희 마음에 근심이 가득하였도다

예수는 제자들에게 "이것을" 곧 세상이 그들을 미워할 것을 미리 말씀하셨다. 세상의 미움과 박해로 인하여 적지 않는 그리스도인들이 "실족할" 수 있는 상황을 전제하고, 그래서 신앙을 버릴 수 있는 가능성을 미리 차단하기

위해서 예수는 그것을 미리 말씀하였다. 믿지 않는 세상을 대표하는 유대교인들은 제자들을 회당에서 추방하고, 심지어 죽이려고까지 할 것이며, 더구나 그런 박해활동을 하나님을 섬기는 행위라고 생각할 것이다. 실제로 그렇게 행동했던 대표적인 사람이 회심하기 이전의 바울이었다. 갈라디아서 1:13~14; 빌립보서 3:6 등에 의하면, 바울은 유대교에 대한 열심으로써 교회를 박해하였다. 교회를 박해하는 것은 유대교의 율법에 의거해서 하나님께 충성하고 헌신하여 싸우는 행위였다. 바울이 그렇게 교회를 박해한 것은, 하나님을 바로 알지 못했고 또 예수가 하나님의 아들이라는 것을 알지 못했기 때문이다. 바울이 행했던 그러한 박해는 요한 공동체가 활동할 AD 90여년 무렵에도 유대교인들에 의해서 여전히 계속되고 있었다. 회심하기 이전의 바울과 같은 생각을 가지고 교회를 박해하던 유사 바울들이 많이 있었다. 이러한 박해에 직면한 그리스도인들은, 예수께서 그것을 미리 예고하셨다는 사실을 상기하면서 그 박해를 이겨내야 한다.

1절이 말한 "이것을" 예수가 육신으로 제자들과 함께 있는 동안에는 말할 필요가 없었다. 육신의 예수가 그들을 보호하고 인도하였기 때문이다. 그러나 이제 육신의 예수는 십자가에서 죽고 아버지께로 돌아가야 한다. "나더러 어디로 가는지 묻는 자가 없다"는 말은(5절) 13:36이나 14:5를 참고할 때, 특이한 인상을 줄 수 있다. 이미 베드로와 도마가 예수께 "어디로 가시는지"를 물었기 때문이다. 그러나 여기서 사용된 시제가 현재시제("묻다")라는 점을 고려하면, 과거의 질문이 아니라, 지금의 상황에서 묻는 자가 없다는 뜻이다. 더구나 "어디로 가시느냐"라고 물었던 제자들도 아직은 예수가 어디로 가는지, 왜 가야 하는지 등에 대해서 제대로 알지 못하고 있다.

그러므로 6절에 의하면, 제자들은 예수가 곧 아버지께로 돌아가는 것을 이해하지 못하고 근심하고 있다. 아버지께로 돌아가는 것은 십자가의 죽음이지만, 그것은 예수가 영광을 받는 것이다. 아버지가 그에게 맡긴 사명을 완성하는 것이기 때문이다. 그러나 제자들은 십자가가 가져올 구원의 의미를 아직 이해하지 못한다. 그들은 근심과 슬픔에 잡혀서 "예수 그리스도를

바라보는 것이 아니라, 자기 자신들"만을 보고 있다.[160] "근심"은 예수의 수
난에 직면한 직계 제자들의 근심일 뿐만 아니라, 예수를 눈으로 더 이상 볼
수 없는 부활절 이후 초대교회와 모든 시대 그리스도인들의 근심이기도 하
다(20~22절도 참조). 외적으로는 유대교의 박해로 인한 근심이고, 내적으로
는 육신의 예수를 더 이상 볼 수 없고, 다만 믿음의 증인들의 증언으로만 들
을 수 있기 때문에 생긴 근심이다.

한편으로는 박해의 상황이고, 다른 한편으로는 눈으로 확실하게 볼 수 없
는 불확실한 믿음의 상황을 초대교회와 요한 공동체는 어떻게 대처했을까?
16:7~11은 바로 이 물음에 대한 답변이다.

7~11절 네 번째 보혜사 말씀

7 그러나 내가 너희에게 실상을 말하노니 내가 떠나가는 것이 너희에게 유익이라
내가 떠나가지 아니하면 보혜사가 너희에게로 오시지 아니할 것이요 가면 내가 그를
너희에게로 보내리니 **8** 그가 와서 죄에 대하여, 의에 대하여, 심판에 대하여 세상을
책망하시리라 **9** 죄에 대하여라 함은 그들이 나를 믿지 아니함이요 **10** 의에 대하여라
함은 내가 아버지께로 가니 너희가 다시 나를 보지 못함이요 **11** 심판에 대하여라 함
은 이 세상 임금이 심판을 받았음이라

예수가 십자가에 달려 죽고 부활 승천해서 아버지께로 돌아가는 것이 제
자들에게는 "유익"하다(7절). "유익"은 11:50에 한 번 더 사용된다. 대제사장
가야바가 자신도 제대로 모른 채 깊은 구원의 의미를 말하면서, 한 사람의 죽
음이 많은 사람을 살리는 "유익"이 된다고 한다. 예수의 죽음은 아버지께로
돌아감이고, 그것은 사람들에게 구원을 가져오기 때문에 "유익"하다. 11:50
은 간접적으로 예수의 죽음의 유익을 말하고, 16:7은 직접적으로 말한다.

보혜사 성령이 오기 위해서는 예수가 가야 한다(7:39). 예수가 아버지께로

---

160) R. Bultmann, *Johannes*, 430.

돌아가지 않으면 성령이 오지 않는다. 인간 예수와 성령 예수는 동시에 활동하지 않고, 각기 연속적으로 활동하기 때문이다. 여기서도 15:26처럼 "내가" 곧 부활 승천하신 예수가 보혜사를 보낸다. 그러므로 예수가 가야만 보혜사를 보낼 수 있다. 그러므로 예수가 세상을 떠나서 하늘의 아버지께로 되돌아간다고 해서, 예수가 교회를 버려두는 것이 아니며(14:18), 오히려 예수는 보혜사 성령으로 교회에 다시 와서 모든 그리스도인들과 영원히 함께 계신다. 그런 점에서 부활절 이후의 그리스도인들은 육신으로 계시는 동안 예수가 선택해서 함께 다녔던 제자들보다 결코 못하지 않으며, 그러므로 그들을 "질투할 필요가 없고," 더 나아가서 예수의 직계 제자들을 능가하고 있다고 말하는 이도 있다.[161] 왜냐하면 부활 이전의 제자들은 예수가 진정 누구인지 바로 깨닫지 못했지만, 부활 이후의 성도들이 성령을 통해서 예수를 바로 알고 고백할 수 있게 되었기 때문이다. 그래서 보혜사 성령이 교회로 하여금 세상의 한가운데서 그리고 그 세상에 맞서서 예수를 증언할 수 있게 도와준다(15:26~27). 그러므로 예수가 떠나는 것에 대해서 교회는 "근심"이 아니라 오히려 "유익"을 말해야 하며, 기뻐해야 한다(14:28). 눈으로는 볼 수 없지만 사도적인 증언을 믿음으로써 예수를 "나의 주, 나의 하나님"이라고 고백하는 곳에서는(20:28) 근심이 아니라, 기쁨이 넘쳐난다(20:20). 성령은 십자가에서 완성된 그리스도의 구원사역의 진정한 의미를 깨닫게 하고, 믿게 하여, 구원에 참여하게 한다.

8절은 보혜사 성령이 와서 할 일이 무엇인지를 설명한다. 보혜사가 오면, 그는 죄, 의, 심판이 무엇인지를 분명하게 밝힐 것이다. "책망하다"로 번역된 헬라어(ελεγχειν)에 대한 두 가지의 해석이 있다. 하나는 세상의 죄를 객관적으로 폭로하고 책망함으로써 예수 그리스도를 믿고 고백하게 하여 구원에 참여하게 하는 보혜사의 활동을 말한다는 해석이고,[162] 다른 하나는 세

---

161) H.-Chr. Kammler, 위의 논문, 127.
162) C. K. Barrett, 「요한복음(II)」, 336~337.

상의 죄를 객관적으로 폭로하고 입증할 뿐이고, 죄를 깨닫고 고백하여 구원에 참여하게 하는 것은 아니라는 해석이다.[163] 전자의 해석은, 세상은 하나님을 떠난 존재이지만, 결국은 구원에 참여하게 된다고 하고, 후자의 해석은, 세상은 하나님을 떠난 존재로 확증될 뿐, 구원에 대해서는 말하지 않는다고 한다. 이런 두 가지 해석 중에서 어느 것이 더 타당한 것이냐를 결정하기 위해서는 "세상"을 어떻게 이해하느냐가 중요하다.

헬라어 ελεγχειν은 3:20과 8:46 등에 두 번 더 사용된다. 우리말 개역성경은 3:20에서 이 동사를 "드러나다"로 번역하고, 8:46에서는 "책잡다"로 번역한다. 두 곳에서 이 동사는 객관적으로 죄를 확증하는 의미로 사용되었고, 주관적인 인식이나 고백 등의 의미로는 사용되지 않았다. 보혜사를 말하는 맥락에서 "세상"은 매우 부정적인 의미로 자주 사용되었다. 14:17에서 세상은 보혜사를 알 수도 없는 부정적인 존재다. 14:19에서 제자들과 달리 세상은 보혜사로 다시 오실 그리스도를 볼 수 없다. 15:26~27의 보혜사 약속이 주어지게 된 배경이 되는 15:18~25에서 세상은 예수를 미워하고 제자들을 미워한다. 미워한다는 말은 박해하고 죽이려고 한다는 말이다. 16:11에서 세상은 심판의 대상이다. 16:20~22에서 세상과 제자들은 정반대로 맞서 있다. 이런 점들로 볼 때, 세상과 보혜사는 긍정적인 관계가 아니다. 그러므로 8절에서 보혜사 성령은 세상의 죄를 들추어내서 확증할 뿐이고, 세상의 구원에 대해서는 역할하지 않는다. 보혜사 성령은 부활절 이후 제자들의 설교를 통해서 세상의 죄를 들추어내서 폭로한다. 근본적으로 세상은 하나님을 떠난 존재이다. 성령 안에서 제자들은 이러한 세상의 본질을 꿰뚫어 보며, 그럴 때 세상으로부터의 박해를 이해하고 견딜 수 있는 힘을 얻는다.

9~11절은 8절이 말한 세 가지를 하나씩 구체적으로 해설한다. 먼저 보혜사는 세상의 "죄"가 무엇인지를 밝힌다(9절). 8절의 "세상"이 여기서는 "그

---

163) R. E. Brown, *John II*, 705.711; J. Gnilka, *Johannes*, 123; R. Schnackenburg, *Johannes III*, 146~147; J. Becker, *Johannes II*, 592~593; H.-Chr. Kammler, 위의 논문, 128~129.

들" 곧 세상 사람들이다. 그들이 예수를 믿지 않은 것이 죄이다. 그러므로 "죄"는 도덕적으로 잘못된 행위를 넘어서 더 근본적인 것이다. "죄"는 예수 그리스도를 하나님의 아들로 믿지 않는 "불신앙이며, 그런 불신앙으로부터 유래하는 삶의 자세, 불신앙으로 규정된 세상의 전체적인 모습"[164]이다. 죄는 인간의 존재와 본질을 결정하고 지배하는 치명적인 힘으로서, 죄에 붙잡히면 인간 스스로의 힘으로는 벗어날 수 없고, 결국은 죽는다.[165]

요한복음과 유대교는 "죄"를 전혀 다르게 이해한다. 요한복음은 하나님이 예수 그리스도 안에 나타나 있기 때문에 예수를 믿지 않으면 하나님을 믿지 않은 "죄"가 된다고 한다. 예수를 거부하는 것은 곧 하나님을 거부하는 것이다.[166] 반대로 유대교는 그런 주장을 하는 예수를 신성모독의 죄인으로 죽이려고 한다. 유대교는 예수를 하나님의 아들로 믿는 것이 하나님에 대해서 죄를 짓는 것이라고 한다.[167] 이 두 가지의 정반대적인 "죄" 이해 중에서 어느 것이 옳으냐는 보혜사 성령이 오셔서 판결을 할 것이다. 보혜사의 판결에 의하면, 예수를 하나님의 아들로 믿지 않는 것이 "죄"이다.

보혜사가 하는 두 번째 역할은 세상에 대해서 "의"를 확증하는 것이다(10절). "의"는, 예수가 아버지께로 가는 것과 제자들이 예수를 더 이상 보지 못하는 것이다. 그러므로 9절의 죄와 마찬가지로 "의"도 도덕적인 차원이 아니라, 예수 그리스도와 관련된 것이다. 예수를 죄인으로 몰아서 십자가에 죽여 버린 세상이 분명히 알아야 할 "의"는 예수가 살아났고, 아버지께로 올라가서 지금도 살아 계신다는 것이다. 하늘 아버지께로 올라가셨기 때문에 세상은 예수를 볼 수 없지만, 그는 분명히 살아 계신다. 예수의 십자가만을 보면, 예수는 실패하였고, 결국 비참하게 죽어 버린 것처럼 보인다. 그래서 세상은 예수의 죽음에서 예수가 궁극적으로 패배했고, 세상과 죽음이 최후의

---

164) R. Bultmann, *Johannes*, 434.
165) 8:21,24,34.
166) 3:19~20.36; 5:23; 7:28~29; 8:19.42; 12:44~45; 14:1.7; 17:3 등.
167) 8:59; 9:34; 10:31.33 등.

승리자라고 생각한다. 그러나 하나님은 예수를 다시 살리고 아버지께로 올림으로써 십자가에서 죽은 예수가 옳았음을 인정하시며, 패배자는 예수가 아니라, 죽음과 세상이라는 것을 만천하에 선포한다. 이것이 바로 보혜사 성령이 확증하는 "의(義)"이다. "내가 아버지께로 가고 너희가 나를 더 이상 보지 못한다."는 바로 예수의 부활과 올라감을 말한다. 아버지가 예수의 승리와 의를 최종적으로 선언하였다. 세상에 대해서 의를 확증하되, 예수를 보지 못하게 되는 사람이 "너희" 곧 제자들이라고 한다. 왜냐하면 세상은 십자가, 부활, 승천을 통해 하나님이 예수의 "의"를 확증하는 성령의 활동을 알지 못하기 때문이다. 이러한 성령의 활동을 아는 사람들은 오직 "너희" 곧 제자들 뿐이다.

비슷한 사상이 디모데전서 3:16에도 나온다. 이는 모두 이사야 53:11을 배경으로 이해할 수 있다. 하나님께서 많은 사람들을 위하여 고난당한 하나님의 종을 의롭다고 하신다. 십자가에서 죽은 예수를 하나님께서 직접 부활과 승천을 통해서 의롭다고 인정하고 선포한다. 그러므로 예수는 비참한 죽음으로 끝난 실패자가 아니라, 죄, 죽음, 마귀를 이기고 궁극적인 승리자가 되었다는 것을 하나님이 확인해준다. 그러므로 예수의 십자가 죽음은 세상의 본질이 죄라는 것을 폭로하고, 예수의 부활은 죽음이 최후의 승자가 아니라는 것을 선포하고, 예수의 승천은 예수만이 영원한 승리자라는 것을 확인한다. 보혜사 성령이 바로 이 진리를 제자들에게 확증해준다.

세 번째로 보혜사 성령은 세상의 심판을 확증한다(11절). "심판"(κρισις) 혹은 "심판하다"(κρινειν)는 요한복음에 부정적인 의미로 자주 사용된다.[168] 예수를 하나님의 아들로 믿지 않는 사람들만 심판을 받고, 믿는 사람들은 심판을 받지 않는다. 그러므로 믿지 않는 사람들에게 예수는 심판자로 나타나지만, 믿는 사람들에게는 구원자로 나타난다. "이 세상의 임금"은 예수를 십자가에 처형한 죽음의 세력이며, 그 처형에 참여한 로마와 유대교의 지도자

---

168) 3:17~19; 5:22, 24, 27, 29, 30; 8:13, 15, 16, 26; 12:31, 47, 48; 16:8, 11, 9:39에는 κριμα가 사용된다.

들과 유대군중들은 죽음의 세력이 사용한 하수인들이다(8:44). 그들은 예수를 십자가에 처형하고 승리자가 된 것처럼 생각했지만, 예수가 부활하고 승천하여 하나님으로부터 의로운 승리자로 인정을 받음으로써, 실상은 패배자로 심판을 받았다.

그들은 이미 "심판을 받았다($\kappa\epsilon\kappa\rho\iota\tau\alpha\iota$)." 현재완료형 동사가 사용된 것은 우연이 아니다. 이는 16:33에서 예수가 "내가 세상을 이겼다($\nu\epsilon\nu\iota\kappa\eta\kappa\alpha$)"라고 한 것이나 19:30에서 "다 이루었다($\tau\epsilon\tau\epsilon\lambda\epsilon\sigma\epsilon\tau\alpha\iota$)"고 한 것과 같은 완료형이다. 이러한 현재완료형 동사들은 요한복음의 현재적 종말론을 드러낸다. 영원한 생명, 마귀의 패배, 그리고 믿지 않는 사람들에 대한 심판은 예수의 재림과 함께 있을 미래의 최후심판 때에 일어나는 것이 아니라, 지금 여기서 예수의 계시 말씀과의 만남으로써 이미 일어났다. 예수의 십자가, 부활, 승천을 통해서 하나님은 "이 세상의 임금"과 그의 하수인들을 이미 패배자로 심판했다. 예수의 십자가, 부활, 승천에 관한 복음은 성령의 능력 안에서 선포되며, 이 말씀을 듣고도 믿지 않는 모든 사람들은 믿지 않음으로 인하여 이미 심판을 받았다. 예수 사건에서 단번에 그리고 유일회적으로 일어난 이 세상 임금과 그 하수인들에 대한 심판은 복음을 통해서 모든 시대 모든 사람들에게 거듭 반복해서 선포된다. 복음의 선포는 중립적인 것이 아니다. 보혜사 성령 안에서 일어난 복음의 선포에서 심판과 구원이 일어난다.

요한복음에서 보혜사를 말하는 네 번째 단락인 16:7~11은 세상에 대한 성령의 역할을 세 가지로 말한다. 세 가지 중에서 핵심은 두 번째 "의"에 있다. 예수의 부활과 승천에서 하나님은 예수를 의롭다고 확증했으며(10절), 그러므로 예수의 "의"는 그를 죽음으로 심판한 세상의 "죄"를 고발할 뿐만 아니라(9절), 죽어야 할 이들은 예수가 아니라, 예수를 죽음으로 몰아간 세상의 임금과 그 하수인들이라는 것을 확인한다(11절). 이러한 성령의 활동은 예수 그리스도의 복음 선포를 통해서 지금도 계속된다.

12~15절 다섯 번째 보혜사 말씀

12 내가 아직도 너희에게 이를 것이 많으나 지금은 너희가 감당하지 못하리라 **13** 그러나 진리의 성령이 오시면 그가 너희를 모든 진리 가운데로 인도하시리니 그가 스스로 말하지 않고 오직 들은 것을 말하며 장래 일을 너희에게 알리시리라 **14** 그가 내 영광을 나타내리니 내 것을 가지고 너희에게 알리시겠음이라 **15** 무릇 아버지께 있는 것은 다 내 것이라 그러므로 내가 말하기를 그가 내 것을 가지고 너희에게 알리시리라 하였노라

7~11절의 네 번째 보혜사 말씀은 세상을 향한 보혜사의 역할을 말한다면, 다섯 번째의 말씀은 제자들을 향한 보혜사의 역할을 말한다. 네 번째 말씀에서 보혜사는 세상의 "죄"를 확증하는 역할을 하지만, 다섯 번째 말씀에서 보혜사는 제자들에게 그리스도의 인격과 죽음이 가져오는 구원에 관해서 가르친다.

제자들이라도 예수의 십자가와 부활 사건 이전에는 세상과 마찬가지로 예수가 하신 계시의 말씀을 이해할 수 없다(12절).[169] "지금"은 예수의 부활 사건이 일어나기 이전이다(13:7). 예수의 부활이 일어나고 성령이 오기 이전에는 예수와 함께 다니던 제자들이라도 예수의 행위와 말씀을 전혀 이해하지 못한다.[170] 그런 점에서 제자들이나 니고데모나 별 차이가 없다. 니고데모도 예수의 말씀 앞에서 "어떻게"를 반복하며 이해할 수 없는 무능을 반복해서 드러낸 바 있다(3:4,9).

그러나 예수의 부활 이후에 "진리의 영"이 와서 제자들의 몰이해와 무지를 제거하고, 그들을 진리 가운데로 인도할 것이다(13절). "진리"는 예수 그리스도이다(14:6; 8:32도 참조). 그러나 이 진리에 "모든"이 덧붙여짐으로써, 성령이 예수 그리스도의 계시 외에 무언가를 더 보충하거나 혹은 예수 그리

---

169) 14:5과 7:35~36 및 8:21~22을 비교.
170) 십자가와 부활 이전 제자들의 무지와 몰이해에 대해서 말하는 2:22; 12:16; 13:6~10,36~38; 14:5,8,22; 16:17~18,25,29~33 등 참조.

스도의 계시를 능가하는 진리를 계시할 것이라고 해석하는 이들도 있지만,[171] 그런 해석은 적절하지 않다. 14:26이 분명히 밝혔듯이, 보혜사는 예수가 한 "모든" 말씀을 기억나게 한다.[172] 그러므로 "모든 진리"는 예수가 행위와 말씀을 통해서 드러낸 계시의 전체를 말한다. 보혜사는 예수가 하신 말씀을 능가하는 다른 계시의 말씀을 하지 않는다. 예수가 하신 말씀은 아버지의 온전한 계시의 말씀이기 때문에, 다른 계시의 말씀으로 보충될 필요가 없다. 예수의 인격 자체가 다른 보충이 필요 없는 온전한 하나님의 계시이기 때문이다. 다만 16:25이 말하듯이, 부활 이전의 예수의 말씀과 행위는 제자들에게 수수께끼처럼("비유로") 이해하기 힘들었지만, 부활 이후 예수는 하나님에 관하여 성령 안에서 "밝히" 말씀하신다. 예수의 말씀을 이해할 수 없었던 것은 그의 말씀이 난해해서가 아니라, 제자들이 듣고 이해할 능력이 없었기 때문이고, 성령이 오면 그들에게 이해능력을 주어서 예수의 모든 계시행동과 말씀을 이해할 수 있게 한다. 성령은 이해할 수 없는 이들을 이해하는 사람들로, 믿을 수 없는 이들을 믿는 사람들로 변화시킨다. 그러므로 성령 안에 있는 사람들은 예수가 창세 이전에 계셨던 하나님의 아들이고, 나사로를 살리고, 부활하여 하나님의 우편으로 승천하셨다는 것을 쉽게 이해할 수 있다.

보혜사는 "모든 진리"를 스스로 말하는 것이 아니고, 그가 "들은 것"을 말한다. 14절과 15절이 말하는 "내 것"도 같은 의미이다. 보혜사가 가르치고 기억나게 하는 것은 예수가 한 말 곧 "내 것"이다. 보혜사가 가르치는 것은 예수와 무관한 어떤 것이 아니라, 항상 예수가 하신 말씀이나 행동과 연관된다. 성령론은 기독론으로부터 독립할 수 없다. 보혜사 성령과 예수와의 관계는 예수와 아버지의 관계와 같다. 예수가 스스로 말하는 것이 아니라, 그를 보내신 아버지가 명령하신 것을 말하듯이(12:49),[173] 그렇게 성령도 스스

171) J. Becker, *Johannes II*, 595~596.
172) 15:15b; 17:6~8,14,26 등 참조.
173) 그 외에도 3:11,32; 5:19,30; 7:17~18; 8:26,28,38,40; 14:10; 15:15 등도 참조

로 말하지 않고, 예수에게서 "들은 것"을 말한다. 세상은 "스스로"(αφ´ εαυτο υ) 말하고(7:18a), 마귀는 "제 것으로"(εκ των ιδων) 말하지만(8:44), 예수와 성령은 오직 하나님과 하나님의 아들로부터 들은 것을 말한다. 예수가 하나님으로부터 들은 것을 말한다는 말은 예수와 하나님의 일치를 강조하는 말이고(10:30), 성령이 예수로부터 들은 것을 말한다는 말은 성령과 예수의 뗄 수 없는 관계를 말한다.[174)]

보혜사는 "장래 일"(τα ερχομενα)을 알려 주면서 제자들을 진리 가운데로 인도한다. "장래 일"이 무엇인가? 예수의 재림과 종말에 일어날 여러 사건들인가? 보혜사가 미래의 종말에 일어날 그런 사건들을 미리 제자들에게 알려 주는가? 그러나 요한복음은 어디서도 예수의 미래 재림에 관하여 말하지 않는다. 14:2~3,23 등에서도 전통적인 묵시문학적인 표현들을 철저히 현재적으로 해석한다. 요한복음에서 보혜사 성령의 사역은 예수의 인격과 행위 및 계시의 말씀을 깨우치고 알리는 것에 집중되어 있으며, 미래의 사건들에 대한 예언과는 관련이 없다. 오직 기독론과의 연관 속에서만 보혜사 성령을 말하는 요한복음이 여기서 갑자기 미래의 종말사건과 성령을 연결시킨다면 일관성이 없다. 그러면 "장래 일"이 미래 종말사건을 말하지 않는다면, 무엇을 말하는가? τα ερχομενα가 18:4에도 나온다. 18:4에서는 "당할 일"로 번역된 이 표현은 곧 닥쳐올 십자가 죽음과 부활 및 아버지께로 되돌아가는 것을 말한다. 여기 13절에서도 같은 것을 말한다. 그러므로 "장래 일"은 미래 종말에 일어날 일이 아니라, 본문 순서상 18장 이하에서 일어나게 될 예수의 십자가, 부활, 승천을 말한다. 그것은 성령이 예수께 "들은 것"

---

174) 8:14a,18a 등에서 예수가 "나를 위하여 증언한다."고 말한다면, 그런 점에서 예수와 성령의 차이를 말할 수 있다. "나는 …이다"는 말씀에서 보듯이, 예수는 자기 자신을 계시말씀의 내용이라고 말할 수 있지만, 성령은 그렇지 않고 오직 예수 그리스도의 인격과 활동을 말한다. 요한복음에서 육신의 예수가 자신을 계시하는 말씀과 부활 이후 성령이 예수에 관해서 말한 것은 같다. 보혜사 성령이 생각나게 하고 깨우치게 한 계시의 말씀을 요한복음은 육신의 예수의 입에서 나온 말씀이 되게 하였다. 요한복음에서는 성령론이 기독론의 옷을 입고 나타났다고 할 수 있다.

이고,[175] 14절과 15절이 말하는 "내 것"이다. 십자가와 부활 사건 이전에 제자들은 세상과 마찬가지로 예수의 십자가, 부활, 아버지께 돌아감 등에 대해서 전혀 모르고 있었지만, 성령이 와서 그것을 그들에게 알리게 될 때, 비로소 그들은 예수께서 그들을 위하여 가신 그 길의 깊고 진정한 의미를 깨닫게 될 것이다. 그것이 보혜사의 사명이다(14:25~26). 그때에야 비로소 이러한 예수 사건이 제자들에게 "유익한" 것으로 드러나게 된다(16:7).

14~15절에서도 부활절 이후 성령이 와서 깨우치고 알려 주는 내용은 철저히 예수 그리스도에 관한 것이다. 먼저 보혜사는 예수의 "내 영광"을 나타낼 것이고, "내 것"을 알릴 것이다. 보혜사의 활동은 오직 그리스도의 영광을 나타내는 데 집중할 것이다. 성육신하여 인간으로 사신 예수가 하나님의 아들이라는 사실을 밝힘으로써 예수의 영광을 나타낸다. 요한복음에서 예수의 영광을 나타내시는 분은 하나님이다.[176] 하나님은 예수의 십자가 죽음, 부활 그리고 승천 등에서 예수의 영광을 나타내실 것이고, 부활절 이후에는 성령이 그것을 나타낸다.

성령이 예수의 영광을 "너희"에게 나타낸다. "너희"는 아버지와 아들에 의해서 구원 받을 하나님의 백성으로 선택된 사람들이다. 예수의 십자가와 부활에서 객관적으로 일어난 구원은 보혜사 성령을 통해서 그들의 구원이 된다. 보혜사는 그들에게 예수 그리스도의 십자가와 부활을 믿게 함으로써, 거기서 일어난 구원을 그들의 구원이 되게 한다. 그러므로 예수 사건에서 일어난 객관적인 구원은 성령을 통해서 믿는 사람들의 주체적인 구원으로 체험된다.

---

175) 13절의 "들은 것을 말하며(και) 장래 일을 너희에게 알리시리라."에서 중간에 있는 και는 설명하는 의미를 가지고 있다. 그러면 "들은 것을 말하는데 곧 장래 일…"로 번역할 수 있다. 그러므로 "장래 일"은 앞에 나오는 "들은 것"을 해설한다.

176) 8:54; 7:39; 12:16,23,28; 13:31~32; 17:1,5 등.

요한복음의 보혜사 성령

"보혜사" 성령은 신약성서에서 오직 요한복음에만 나오고, 그것도 14~16장에만 집중적으로 나온다. 14~16장은 예수가 제자들을 떠나서 하늘 아버지께로 돌아가기 직전에 제자들에게 하는 고별설교이다. 예수는 고별설교에서 보혜사에 관하여 다섯 차례 말씀하였다.[177] 예수께서 말씀하신 보혜사 성령을 바로 이해하기 위해서는 고별설교라는 문맥을 고려해야 한다. 왜 예수는 다른 곳에서는 전혀 말하지 않았던 보혜사를 고별설교에서만 집중적으로 말할까? 요한복음은 예수의 고별설교 안에서 보혜사 성령을 집중적으로 언급함으로써 무엇을 말하는가? 예수와 보혜사 성령은 어떤 관계가 있는가?

1. 보혜사 용어의 의미

14:26; 15:26; 16:7에서 보혜사는 "성령"이다. 보혜사 성령은 세상에서 살고 있는 제자 공동체 안에서 특정한 역할을 행한다. 요한1서 2:1에 보혜사가 한 번 더 사용되는데, 이때 보혜사는 하나님의 최후심판대 앞에서 우리 죄인들을 위하여 대언하시는 "예수 그리스도"이다. 그러나 요한복음은 최후심판에서가 아니라, 오히려 지금 세상의 한복판에서 제자들과 함께 하는 성령을 보혜사라고 한다.

"보혜사"로 번역된 헬라어(παρακλητος; 라틴어로는 advocatus)는 "옆에"를 의미하는 전치사(παρα)와 "부름을 받은 사람"을 의미하는 수동태형 명사(κλητος)의 합성어이다. 그러므로 보혜사는 "부름을 받아 옆에서 돕는 자"이다. 부름을 받은 사람은 그를 부른 사람 곁에서 돕는다. 그러므로 παρακλητος는 1) 다른 사람을 위하여 등장하는 사람 곧 조력자, 중재자, 대변인 그리고 2) 법정에서의 변호인 등을

---

177) 14:16~17; 14:26; 15:26~27; 16:7~11; 16:13~15.

의미한다. 알렉산드리아의 필로는 대변인, 참모, 충고자 등의 의미로 이 단어를 사용했다. 히브리어나 아람어를 사용하던 유대교에서 이 단어는 외래어이며, 한 유대문헌에서 이 개념은 "하나님의 법정에서의 변호인"을 말한다.[178] 보혜사 성령은 세상에서 살고 있는 제자들의 곁으로 와서 그들을 돕는 성령이다.

2. 보혜사 성령과 예수 그리스도[179]

고별설교를 고려하면, 요한복음에서 보혜사 성령은 하나님께로 돌아가는 예수 그리스도와 깊은 연관이 있다. 부활 이후 성령을 보내시는 분은 하나님과 부활 승천하신 그리스도이다. 보혜사의 활동은 예수의 십자가 죽음, 부활 그리고 아버지께로 돌아간 후에 시작한다. 그러므로 보혜사의 활동은 예수 사건보다 시간적으로 나중이다. 보혜사는 오직 하나의 목표와 의미를 가지고 있는데, 그것은 예수 그리스도의 인격적인 비밀 그리고 예수의 인격과 사역에서 일어난 구원을 선택 받은 사람들에게 깨닫고 믿게 해 주는 것이다. 그러므로 보혜사 성령, 그리스도의 말씀, 믿음 등은 떨어질 수 없는 관계이다. 보혜사가 아니고는 누구도 그리스도의 말씀을 믿을 수 없다. 보혜사는 성령의 방식과 형태로 제자들과 함께 계시는 부활 승천하신 예수 그리스도의 현존이다. 부활 승천하신 예수 그리스도의 또 다른 존재 방식인 보혜사 성령은 다음과 같은 일을 한다.

1) 적대적인 세상의 한복판에 살고 있는 제자들과 항상 함께 있으면서 그들을 돕는다. 2) 제자들을 가르치는 선생이다. 3) 제자들로 하여금 예수에 관해서 증언하게 한다. 그러므로 제자들은 죽은 예수를 증언하는 것이 아니라, 지금도 그리고 영원히 살아 계신 그리스도를 증언한다. 4) 제자들과 함께 계시며 세상을 심판한다. 그러므로 보혜사 그리스도의 현존은 세상에는 죽음의 심판을 의미하지만, 믿음의 사람들에게는 영원한 생명을 의미한다. 5) 그리스도에 관한 완전한 진리를 밝혀준다.

---

178) 선조들의 어록 4:11.
179) 특히 H.-Chr. Kammler, 위의 논문, 182~184 참조.

이처럼 보혜사 성령은 부활 승천하신 그리스도의 또 다른 존재방식이다. 십자가 사건 이전의 예수는 육신적인 방식으로 활동하였다면, 부활 승천 이후에는 영적인 방식으로 계속 살아있다. 그러나 보혜사 성령은 처음부터 아버지와 아들과 함께 있는 신적인 인격이다. 보혜사 성령은 세상에 사셨던 예수의 인격과 사역을 대체하거나 질적으로 능가하지 않으며, 또한 거꾸로 성령의 존재와 사역이 부활 승천하신 그리스도에 의해서 간과되지 않는다. 성령은 인격적인 독자성을 유지하지만, 그러나 성령은 인간 예수와 동일한 부활 승천하신 그리스도를 영화롭게 하는 것 외의 다른 것을 하지 않는다. 그리스도가 십자가에서 객관적으로 "다 이루어" 놓은 구원사역을 성령은 사람들 개개인의 주체적인 믿음의 사건이 되게 한다. 예수는 십자가에서 하나님의 구원사역을 이루었고, 보혜사 성령은 예수가 행한 구원사역을 선택받은 사람들로 하여금 깨닫고 믿고 고백하게 한다.

3. 보혜사 성령과 요한복음

요한복음에서 예수는 보혜사 성령으로 제자들과 영원히 함께 하시는 예수 그리스도이다. 보혜사 성령의 존재 방식으로 제자들에게 와서 말씀하시는 분은 예수 그리스도이다. 요한복음은 보혜사 성령이 깨우쳐준 예수 그리스도의 말씀이고, 그러므로 보혜사 성령이 아니고는 누구도 요한복음을 예수 그리스도가 계시한 하나님의 말씀으로 읽을 수 없고, 믿을 수 없다. 이처럼 성령, 말씀, 믿음의 관계에 집중하기 때문에 요한복음에는 특별하고, 신비하며, 기적적이고 카리스마적인 성령의 은사에 관한 어떠한 언급도 없다. 요한복음에서는 그러한 은사들을 주는 것이 성령의 활동으로 나타나지 않는다. 오히려 요한복음에서 성령의 활동은 말씀과 결합되어 있으며, 그러므로 성령이 주는 은사는 신학적으로 책임적인 가르침과 예수 그리스도에 대한 올바른 신앙고백이다.

요한복음의 저자는 그의 복음을 부활하신 그리스도가 보혜사 성령을 통해서 깨우쳐 주신 진리라고 이해한다. 이 복음은 십자가와 부활 이전에 예수가 계시해 준 것이지만, 그 때에는 제자들도 예수의 계시말씀의 진정한 의미를 알지 못했다. 십자가와 부활 사건 이후 보혜사 성령이 와서 비로소 예수 그리스도의 복음의 내용과 의미를 요한복음 저자에게 깨닫게 해 주었고, 그는 그것을 그의 복음서에 기록하였다. 그러므로 요한복음이 말하는 복음의 진리는 그 역사성에서 검증되거나 확증되는 것이 아니다. 예수 그리스도가 누구인지, 그리고 그의 십자가 사건이 갖는 구원의 의미가 무엇인지는 부활하신 예수가 그의 소수 제자들에게만 가르쳐 주었지만, 그러나 보혜사 성령을 통해서 요한 공동체에게 깨우쳐 주었다.

AD 90년 이후 요한 공동체의 그리스도인들은 육신적으로는 예수와 함께 하지 않았지만, 보혜사 성령을 통해서 "처음부터 그리스도와 함께 있다."(15:27) 그렇다고 해서 그들이 처음 제자들이 전해준 "사도적인" 선포와 무관하게 그리스도를 알고 믿는 것은 아니다. 사도적인 제자들은 부활 예수로부터 직접 복음을 받았고, 특별한 방식으로 보혜사 성령을 통해서 깨우침을 받았다. 요한복음이 전하는 복음의 출처라고 할 수 있는 "사랑하는 제자"의 증언이 바로 그런 사도적인 선포에 속한다.

요한복음의 보혜사 성령 이해에는 근본적으로 부활절 이후 곧 육신적인 예수와 함께 있지 못한 초대교회의 문제가 들어 있다. 교회는 하늘 아버지께로 돌아가신 예수에 의해서 버림을 받은 것이 아니다. 이 세상에 남겨진 교회에는 여전히 돕는 분이 있으며, 그분이 요한복음이 말하는 예수 그리스도, 요한복음에서 말씀하시는 예수 그리스도이다. 그러므로 요한복음은 보혜사 성령을 통해서 말씀하시는 예수 그리스도의 복음이다. 그러므로 진리의 복음을 읽고, 듣고자 하는 사람은 요한복음을 읽어야 한다. 그러나 보혜사 성령이 아니고는 누구도 요한복음을 하나님의 진리로 읽을 수 없다.

6) 16:16~24 "너희 근심이 도리어 기쁨이 되리라."

16 조금 있으면 너희가 나를 보지 못하겠고 또 조금 있으면 나를 보리라 하시니 **17** 제자 중에서 서로 말하되 우리에게 말씀하신 바 조금 있으면 나를 보지 못하겠고 또 조금 있으면 나를 보리라 하시며 또 내가 아버지께로 감이라 하신 것이 무슨 말씀

이냐 하고 **18** 또 말하되 조금 있으면이라 하신 말씀이 무슨 말씀이냐 무엇을 말씀하시는지 알지 못하노라 하거늘 **19** 예수께서 그 묻고자 함을 아시고 이르시되 내 말이 조금 있으면 나를 보지 못하겠고 또 조금 있으면 나를 보리라 하므로 서로 문의하느냐 **20** 내가 진실로 진실로 너희에게 이르노니 너희는 곡하고 애통하겠으나 세상은 기뻐하리라 너희는 근심하겠으나 너희 근심이 도리어 기쁨이 되리라 **21** 여자가 해산하게 되면 그 때가 이르렀으므로 근심하나 아기를 낳으면 세상에 사람 난 기쁨으로 말미암아 그 고통을 다시 기억하지 아니하느니라 **22** 지금은 너희가 근심하나 내가 다시 너희를 보리니 너희 마음이 기쁠 것이요 너희 기쁨을 빼앗을 자가 없으리라 **23** 그 날에는 너희가 아무 것도 내게 묻지 아니하리라 내가 진실로 진실로 너희에게 이르노니 너희가 무엇이든지 아버지께 구하는 것을 내 이름으로 주시리라 **24** 지금까지는 너희가 내 이름으로 아무 것도 구하지 아니하였으나 구하라 그리하면 받으리니 너희 기쁨이 충만하리라

예수는 지금까지 이별의 아픔에 직면한 제자들에게 보혜사 성령의 오심과 역할을 말했다면, 이제부터는 다시 만남의 기쁨을 말한다. "다시 보리라." 이 말이 지금부터는 중요하다.

16~18절에는 "조금 있으면", "지금" 그리고 "그때 혹은 그날"이 반복되며, 그 시간과 연관되어 근심과 기쁨이 대조된다. 조금 있으면 제자들이 예수를 보지 못한다. 그러나 조금 있으면 그들은 예수를 볼 것이다. 이는 이미 14:19에서 예수께서 하신 말씀이다.[180] 그러나 제자들은 이 말씀을 이해하지 못한다. 사실 이것은 AD 90년경을 살아가는 요한 공동체 그리스도인들의 의문이다. 육신으로 계시지 않는 예수를 어떻게 다시 볼 수 있다는 말인가?

예수는 제자들 사이에 일어나는 의문을 "아신다."(19절). 예수가 그들의 말을 들어서 안 것이 아니라, 하나님의 아들로서 초자연적인 능력으로 그들의 마음에 있는 의문을 알았다(30절 참조). 이어 20~24절에서 예수는 "조금 있으면 너희가 나를 보지 못하고"와 "조금 있으면 나를 보리라"는 16절의 말씀의 진정한 뜻을 설명한다. "조금 있으면" 제자들은 예수의 죽음으로 인하여 "곡하고 애통하며 근심할 것"이다. 그러나 예수를 죽인 세상은 "기뻐

---

180) 16:10; 17:11도 참조.

하리라." 예수의 죽음을 두고 제자들과 세상은 전혀 다른 반응을 할 것이다. 그러나 그러한 반대적인 반응은 제자들도, 세상도 예수의 진정한 죽음의 의미를 알지 못하기 때문이다. 죽음의 진정한 의미를 깨우치고 예수의 부활을 경험하게 될 때, 제자들의 "근심은 도리어 기쁨이 되리라." 이러한 깨우침과 변화는 보혜사 성령에 의해서 제자들에게 일어난다.

21절은 제자들의 근심과 기쁨을 여인의 해산하는 고통과 이어지는 출산의 기쁨에 빗대어 설명한다. 해산의 고통과 출산의 기쁨을 대비하는 것은 구약성서에서 볼 수 있다(사 26:6~19; 66:7~14). 예수의 십자가 죽음은 해산의 고통처럼 제자들에게는 힘겨운 사건이지만, 곧 이어질 예수의 부활은 모든 고통을 잊게 만들기에 충분한 기쁨을 줄 것이다. 이제 십자가와 부활의 사건이 일어날 "그 때가 이르렀다."

이별의 순간인 "지금은" 제자들이 근심할 것이다(22절). 십자가 죽음의 때이다. 이때에 제자들은 근심한다. 그러나 "내가 다시 너희를 보리니" 제자들은 누구도 빼앗을 수 없는 기쁨으로 채워질 것이다. 제자들이 예수를 보는 것보다 "내가" 곧 예수가 제자들을 보러 오신다는 것이 중요하다. 예수는 부활하셔서 제자들에게 올 것이고, 승천하신 후에는 보혜사 성령으로 제자들에게 올 것이다. 부활 예수와 보혜사 성령이 제자들에게 주는 기쁨은 누구도 빼앗을 수 없는 기쁨이다. AD 90년경에 살던 요한 공동체의 그리스도인들이 알아야 할 것은, 부활 예수가 처음 제자들을 찾아가서 다시 만나주셨듯이, 그렇게 보혜사 성령의 모습으로 예수는 그들을 찾아가서 만나주실 것이라는 사실이다.[181]

23a절의 "그날에"는 보혜사 성령이 오셔서 예수에 관한 모든 것을 가르쳐 깨닫게 해 주시는 날이다. 그러므로 그때에 제자들은 아무것도 물을 필요가 없다. 그러나 이 말은 보혜사 성령이 온 이후 그리스도인이 예수에 관

---

181) 그러므로 14:18에서처럼 여기서도 종말 때의 재림을 말하지 않는다. U. Schnelle, Johannes, 245.250~252는 14:18; 16:22.25~26 등에서 종말의 재림에 관한 언급을 본다. 더구나 그는 253쪽에서 예수의 고별설교의 근본적인 구도를 결정하는 것이 재림이라고까지 말한다.

해서 연구할 필요가 없다는 뜻이 아니다. 그 날에는 17~18절과 같은 물음을 하지 않게 되리라는 뜻이다. 성령을 받은 사람은 초자연적인 능력으로 모든 것을 알게 된다는 식으로 이해해서는 안 된다.

23b~24절이 말하는 아버지께 무엇이나 구하면 주시리라는 기도에 대해서는 14:13~14; 15:7.16의 해설을 참조하라. 기도는 하나님과 믿음의 사람들이 예수 그리스도 안에서 갖는 교제의 방식이다. 보혜사 성령이 오기 이전에는("지금까지") 제자들의 몰이해 속에서 하나님과의 교제가 불가능했고, 진정한 기도를 하지 못했지만, 성령이 온 지금부터 제자들은 예수 그리스도 안에서 하나님과 온전한 교제를 하기 때문에, 기도한다. 무엇을 기도할 것인가? 기도의 구체적인 내용들이 중요한 것이 아니라, 하나님과의 올바르고 온전한 관계가 중요하다. 하나님과 바른 관계를 가지는 사람은 올바른 기도를 할 수 있고, 그런 기도는 반드시 응답을 받는다. 그래서 그는 근심이 변하여 구원의 기쁨으로 충만해진다.

7) 16:25~33 "내가 세상을 이겼다."

25 이것을 비유로 너희에게 일렀거니와 때가 이르면 다시는 비유로 너희에게 이르지 않고 아버지에 대한 것을 밝히 이르리라 **26** 그 날에 너희가 내 이름으로 구할 것이요 내가 너희를 위하여 아버지께 구하겠다 하는 말이 아니니 **27** 이는 너희가 나를 사랑하고 또 내가 하나님께로부터 온 줄 믿었으므로 아버지께서 친히 너희를 사랑하심이라 **28** 내가 아버지에게서 나와 세상에 왔고 다시 세상을 떠나 아버지께로 가노라 하시니 **29** 제자들이 말하되 지금은 밝히 말씀하시고 아무 비유로도 하지 아니하시니 **30** 우리가 지금에야 주께서 모든 것을 아시고 또 사람의 물음을 기다리시지 않는 줄 아나이다 이로써 하나님께로부터 나오심을 우리가 믿사옵나이다 **31** 예수께서 대답하시되 이제는 너희가 믿느냐 **32** 보라 너희가 다 각각 제 곳으로 흩어지고 나를 혼자 둘 때가 오나니 벌써 왔도다 그러나 내가 혼자 있는 것이 아니라 아버지께서 나와 함께 계시느니라 **33** 이것을 너희에게 이르는 것은 너희로 내 안에서 평안을 누리게 하려 함이라 세상에서는 너희가 환난을 당하나 담대하라 내가 세상을 이기었노라

예수가 세상에서 "아버지에 대한 것"을 밝혔지만, 그때에는 예수의 말씀이나 행위가 세상 사람들에게 뿐만 아니라, 제자들에게도 이해하기 어려운 "비유"로 들렸다. "비유"로 번역된 헬라어 단어는 수수께끼 같은 말을 뜻한다. 특히 16절의 예수의 말씀에 대한 17~18절에 나오는 제자들의 반응에서 제자들이 예수의 말을 이해하지 못하고 있는 것을 본다. 그러나 "때가 이르면" 예수는 제자들에게 이해하기 어려운 수수께끼 같은 말로 "아버지에 대한 것"을 가르치지 않고 "밝히 이르리라." 제자들에게 하나님에 관하여 밝히 말씀하시는 분은 보혜사 성령이다(12~13절). 그러므로 육신의 예수가 가르친 말은 제자들에게 수수께끼처럼 이해할 수 없게 들렸지만, 보혜사 성령으로 오신 예수는 제자들이 이해할 수 있도록 "밝히" 말씀하신다. 그래서 제자들은 예수의 말씀과 행위를 밝히 이해하게 되어, 하나님을 분명하게 알게 되리라(23절 참조). 육신의 예수가 행한 말씀은 부활 이후 성령에 의해서 깨달아질 것이다.

26~27절은 23~24절에처럼 다시 예수의 이름으로 아버지께 구하는 기도에 대해서 말한다. 아버지에 대한 모든 것이 밝히 알려지게 되는 "그 날에" 곧 보혜사 성령으로 진리를 깨우친 그날에 제자들은 아버지께 직접 기도할 수 있다. 그러나 그들은 여전히 "예수의 이름으로" 기도한다. 예수로 말미암아 그리고 성령 안에서 제자들은 하나님과 직접적인 교제를 할 수 있게 되었다. 예수가 제자들을 위하여 하나님께 기도할 필요가 없을 정도로 하나님과 제자들의 직접적인 교제가 가능해진 것이다. 그러나 이로써 로마서 8장 34절, 히브리서 7장 25절 등이 말하는 예수의 중보적인 역할을 부정하는 것이 아니라, 예수를 통해서 제자들은 하나님과 직접 교제할 수 있는 신분으로 변화되었다는 사실을 강조한다.

이러한 신분으로의 변화는, 제자들이 예수를 사랑하고, 예수가 하나님께로부터 오신 분이라는 것을 믿었기 때문이다. 그러나 제자들의 믿음이 하나님의 사랑을 받는 조건이나 전제가 되는 것은 아니다. 요한복음에서 믿음은 인간이 충족해야 할 조건이 아니라, 하나님이 주시는 선물이기 때문이다. 27

절은 예수와 제자들 사이의 사랑과 믿음의 교제는 곧 하나님과 나누는 사랑과 믿음의 교제라는 사실을 말한다. 하나님과 예수는 믿음과 앎의 동일한 대상이기 때문이다(14:1; 17:3). 믿음을 통하여 제자들은 하나님과 예수 사이의 친밀한 교제 안으로 들어간다.

28절은 요한복음이 반복하는 핵심적인 주제이다. 예수를 믿고 사랑한다는 것이 무엇을 의미하는가? 그것은, 예수가 하나님 아버지께로부터 세상으로 오셨고, 또 세상을 떠나서 아버지께로 되돌아가신다는 것을 믿는 것이다. 예수는 창조 이전부터 하나님과 함께 계셨던 분이지만, 하나님을 떠나 인간이 되어서 세상으로 왔고, 하나님이 맡기신 사명을 십자가에서 완성하고, 다시 영원 전부터 가지고 있던 그 자리 곧 아버지의 곁으로 되돌아갔다. 이러한 예수의 오심과 가심에서 인간구원의 위대하고 거룩한 사역이 완성되었다. 이것이 요한복음이 말하는 믿음의 내용이다. 이 믿음 안에서 제자들은 하나님과의 깊고 친밀한 교제에 들어간다.

29~30절에서 제자들은 예수의 말씀에 대한 믿음을 고백한다. "하나님께로부터 나오신" 예수는 모든 것을 아시는 분이며(2:24~25 참조) 또 어느 누구의 물음에 의해서 수동적으로 말씀하시는 분이 아니다. 모든 사람을 꿰뚫어 알고 계시는 예수는 스스로 상황을 주도하면서 말씀하신다. 제자들의 이러한 고백은 보혜사 성령을 받은 사람들의 고백이다. 부활절 이후에 성령을 받은 그리스도인들이 그렇게 고백할 것이다. 육신의 예수나 성령의 예수가 하시는 말씀의 내용은 동일하나, 육신의 예수가 말씀하실 때에는 그것을 듣는 제자들의 이해력이 없었으나, 보혜사 성령이 오셔서 그들에게 이해력을 주심으로써 그들을 변화시켰다. 그래서 그들은 깨우치고, 고백할 수 있게 된다.

그러나 믿음은 감당해야 할 고난의 몫이 있으며, 세상에서 계속적으로 지켜져야 한다. 믿음의 사람들이 세상에서 사는 동안 믿음은 항상 도전 받는다. 믿음은 어떤 물질처럼 영원히 소유할 수 있는 것이 아니다. 더구나 예수의 십자가 사건 이전의 시점에서 볼 때, 제자들의 믿음은 아직 온전한 것이 아니다. 그러므로 31~32절에서 예수는 한편으로는 제자들의 믿음을 칭찬하지만, 그러나 다른 한편으로는 그들의 믿음에 닥쳐올 시련을 말한다. 예수의 수난이 시작되면 제자들은 예수를 떠나서 "각각 제 곳으로 흩어지고" 말 것이다. 베드로의 담대한 대답에 대한 예수의 반응을 여기서 상기할 수 있다 (13:37~38). 제자들은 믿는다고 하지만, 성령이 오기 이전의 시점에서 볼 때, 아직은 예수를 제대로 이해하지도 못하고, 믿지도 못한다. 그러므로 그들은 수난에 직면해서 예수를 홀로 두고 각자의 살 길을 찾아서 흩어지고 말 것이다. 진정한 믿음은 십자가를 통과해야 밝혀질 수 있다. 그것은 제자들이나 요한 공동체 그리스도인뿐만 아니라, 모든 시대의 그리스도인들에게도 마찬가지이다.

그러나 수난 속에서 예수는 혼자이지 않고, 아버지와 함께 하신다. 예수는 그의 삶 전체를 걸쳐서 아버지와 함께 하기 때문에, 십자가에서도 아버지는 예수와 함께 하신다(8:16, 29). 그러므로 공관복음에서 십자가에 달린 예수가 했던 "나의 하나님, 나의 하나님, 어찌하여 나를 버리셨나이까?"와 같은 절규(막 15:34)가 요한복음에는 없다. 요한복음에서 십자가는 단순히 수난과 버림의 비극적인 사건이 아니라, 아버지와 아들이 함께 영광을 받는 사건이다.

33절로써 제자들에게 주는 예수의 고별설교는 마무리된다. 그러므로 예수가 제자들에게 "이르는 이것은" 고별설교 전체를 의미할 수 있다. 만일 "이것이" 32절의 말씀만을 의미한다면, 제자들이 예수를 혼자 두고 각기 자기 길을 갈 것이라는 사실을 미리 말하심으로써, 나중에 스승을 배신하였다는 사실을 깨닫는 순간 제자들로 하여금 마음의 평안을 얻게 하려고 미리 말씀하였다는 뜻으로 볼 수 있다. 그러나 고별설교 전체의 맥락에서 보면, 육신의 예수를 더 이상 볼 수 없는 제자들이 보혜사 성령의 깨우침으로 세상에서 평안을 누리도록 예수가 고별설교를 했다.

세상의 한복판에서 믿음을 지키며 살아야 하는 제자들은 세상의 미움과 박해를 각오해야 한다(15:18~20). 그러나 제자들은 어떠한 보호막도 없이 세상에 고아처럼 버려진 것이 아니다(14:18). 세상을 이기신 예수께서 보혜사 성령으로 오셔서 제자들과 함께 계시면서, 그들을 인도하실 것이다. 그러므로 세상의 환란 중에서도 제자들은 "내 안에서" 곧 예수 안에서 평안을 누릴 수 있다. 예수는 십자가와 부활을 통해서 세상을 이겼다. 16:10에서 밝혔듯이, 십자가에서 세상은 예수를 죽이고 승리한 듯했지만, 그러나 그것은 세상의 착각이었고, 실제로 세상은 죽음의 세력이라는 자기 정체를 드러냈고, 결국 부활을 통해서 세상의 패배는 확정되었다. 보혜사 성령이 와서 "의"의 진리를 제자들에게 깨우치고, 그래서 세상의 박해 속에서도 세상의 패배당한 정체를 바로 알기 때문에, 제자들은 예수 안에서 세상을 두려워하지 않는 진정한 평안을 가질 수 있다. 누가 이미 패배당한 세상을 두려워하랴? 부활신앙으로 무장한 바울이 "사망아, 너의 승리가 어디 있느냐? 사망아, 네가 쏘는 것이 어디 있느냐?"라고 죽음의 세력을 비웃듯이, 예수 안에서 믿음의 사람은 박해하는 세상을 비웃을 수 있다. 같은 저자가 기록한 요한1서 5:4~5은 다음과 같이 말한다. "무릇 하나님께로부터 난 자마다 세상을 이기느니라. 세상을 이기는 승리는 이것이니, 우리의 믿음이니라. 예수께서 하나님의 아들이심을 믿는 자기 아니면 세상을 이기는 자가 누구냐?"

요한복음에서 예수는 육신으로는 더 이상 함께 하지 못하면서, 믿음을 지키기 위하여 세상의 박해를 받고 있는 공동체에게 세상을 두려워하지 않는 힘과 용기를 주기 위하여 고별설교를 한다. 그러므로 육신의 예수와 함께 하지 못하는 모든 시대의 그리스도인들도 요한복음을 읽으면서 요한 공동체와 동일한 믿음의 힘과 용기를 받고 세상을 이기고 주님이 주시는 평화를 누릴 수 있다.

4 17:1~26 예수의 고별기도

제자들이 이 세상에서 고난을 당할 것이지만, 용기를 잃지 말라는 격려와 위로의 말씀으로 예수는 고별설교를 마친다(16:33). 예수가 "세상을 이겼기" 때문에, 제자들은 용기를 잃어서는 안 된다. 예수는 십자가와 부활을 통해서 세상을 이겼다. 17:1은 "이 말씀을 하시고…"라고 하면서 예수의 기도를 시작한다. 기도를 마치고 수난의 길로 들어서는 18:1도 역시 "이 말씀을 하시고…"로 시작한다.

기도의 구조

기도는 크게 둘 혹은 세 부분으로 나뉜다. 먼저 1~5절에서 예수는 자기 자신을 위하여 기도하고, 이어서 6~26절은 "내게 주신 사람들" 곧 제자들을 위해서 기도한다. 동일한 표현과 내용으로 되어 있는 1~5절과 24~26절은 기도의 앞과 뒤에서 틀을 형성한다.

기도를 시작하는 1~5절은 자신을 영화롭게 해 달라는 아들의 기도이다. 여기서는 영화롭게 하다, 영생, 알다 등이 반복된다. 십자가에 달려서 영화롭게 된 예수는 만민(헬라어: 모든 육체) 중에서 선택을 받은 사람들에게 영생을 준다. 영생은 유일하게 참되신 하나님과 하나님이 보내신 예수를 아는 것이다. 그런데 아들이 영화롭게 되는 것은, 그가 창세 이전에 아버지와 함께 가지고 있던 영광에로 되돌아가는 것이다.

기도를 마무리하는 24~26절에서 예수는, 택함을 받은 자들이 아버지가 아들에게 주신 영광을 보게 해 달라고 기도한다. 그런데 아들의 영광은 창세 이전에 아버지가 아들을 사랑하셔서 주신 그 영광이다. 1~5절에서와 같이 여기서도 아들의 창세 이전의 영광을 말한다. 아버지를 알지 못하는 세상은 2절의 모든 육체(만민)이다. 여기서도 "알다"라는 주제가 다시 등장한다. 택함을 받은 사람들은 아버지와 아들의 관계를 안다. 그러므로 그들은 아들이 있는 곳에 함께 있어야 한다. 아들과 함께 있는 것은 곧 영생이다.

언어적 특성

17장의 기도에 가장 자주 등장하는 단어는 "주다"($\delta\iota\delta\omega\mu\iota$)이다. 그러나 이 단어가 사용되는 맥락에 따라서 의미가 다르거나 혹은 이중적이다.

1) 아버지가 아들에게 주고, 다시 아들이 제자들에게 주었다는 연쇄 형식의 표현이 있다. 2절에 의하면, 아버지는 아들에게 영생의 권세를 주었다. 그래서 아들은 제자들에게 영생을 주었다. 8절에 의하면, 아버지는 아들에게 말씀을 주었고, 아들은 제자들에게 그 말씀을 주었다(14절도 참조). 22, 24절에 의하면, 아버지가 아들에게 영광을 주었다(5절도 참조). 그래서 아들은 제자들에게 영광을 주었다(22절). 이처럼 아버지 → 아들 → 제자들 사이의 주고받음을 말한다. 그러나 아버지가 아들에게 주는 것과, 아들이 제자들에게 주는 것은 차원이 다르다. 그래서 11~12절에서는 아버지가 아들에게 이름을 주었는데, 아들은 제자들에게 이름을 주었다는 말이 없다. "이름"을 주고받음은 본질의 공유를 말한다. 아버지와 아들은 신적인 본질을 공유하지만, 아들과 제자들은 그렇지 않다. 아들이 제자들에게 아버지의 이름을 "주었다"고 하는 대신에 "나타냈다"($\epsilon\phi\alpha\nu\epsilon\rho\omega\sigma\alpha$)고 하거나(6절) 혹은 "알게 했다"($\epsilon\gamma\nu\omega\rho\iota\sigma\alpha$)고 한다(26절). 그러므로 아들이 제자들에게 "주었다"는 말은, 제자들이 이전에는 알지 못했던 것을 비로소 "계시했다" 혹은 "알려 주었다"는 뜻이다. 그러나 아버지가 아들에게 준 것은, 아들이 그 이전에는 가지고 있던 것을 돌려 주었다는 뜻이다. 5, 24절에 의하면, 아버지가 아들에게 준 영광을 아들은 창세 이전부터 가지고 있었다. 그러므로 아버지와 아들은 존재에서 하나이다. 아버지와 아들의 이러한 존재적 일치는 아들을 향한 아버지의 사랑으로 나타난다(24절).

2) 4절에 의하면, 아버지는 아들에게 행하라고 일을 주었다. 물론 이 일은 아들이 십자가에서 이루신 인류구원의 사역을 말한다. 이때 "주다"는 사명

을 부여했다는 의미이다(4:34; 5:36).

3) 2.6.9.24절에 의하면, 아버지가 아들에게 선택 받은 사람들을 주었다. 하나님은 선택 받은 사람들을 아들의 소유물로 주었다. 아버지가 선택해서 아들에게 준 제자들은 아들의 소유이다. 아들은 그들의 주인이다.

4) 7절에 의하면, 아들이 가지고 있는 것 모두는 아버지가 아들에게 주신 것이다. 이때의 모두(παντα)는 앞에서 말한 모든 것을 포함한다. 그러므로 오직 아들 안에서만 아버지를 볼 수 있고 만날 수 있다. 아버지께로 갈 수 있는 아들 외의 다른 길은 없다.

누구의 기도인가?

물론 예수의 기도이다. 그러나 역사의 예수인가? 아니면 부활 승천하신 예수인가? 1.5.13.19절 등은 십자가 사건과 아버지께로 돌아가는 것이 임박해 있다고 한다. 그러므로 역사의 예수의 기도이다. 그러나 4.11a.12.24절 등은 십자가 사건을 이미 과거의 사건으로 회상한다. 그러므로 이 기도는 십자가에 달려 죽었다가 부활하셔서 하늘에 계신 예수의 기도이다. 그러므로 이 기도는 역사의 예수의 기도이면서 동시에 하늘에 계신 예수의 기도이다. 역사적인 측면에서 과거와 미래가 뒤섞여 있다.

1~5절 "나를 영화롭게 하소서."

1 예수께서 이 말씀을 하시고 눈을 들어 하늘을 우러러 이르시되 아버지여 때가 이르렀사오니 아들을 영화롭게 하사 아들로 아버지를 영화롭게 하옵소서 **2** 아버지께서 아들에게 주신 모든 사람에게 영생을 주게 하시려고 만민을 다스리는 권세를 아들에게 주셨음이로소이다 **3** 영생은 곧 유일하신 참 하나님과 그가 보내신 자 예수 그리스도를 아는 것이니이다 **4** 아버지께서 내게 하라고 주신 일을 내가 이루어 아버지를 이 세상에서 영화롭게 하였사오니 **5** 아버지여 창세 전에 내가 아버지와 함께 가졌던 영화로써 지금도 아버지와 함께 나를 영화롭게 하옵소서

"하늘"은 하나님이 계시는 곳이다(1:51; 12:28). 인간이 되기 이전에 예수도 그곳에 계셨었고(1:1), 이제 예수가 다시 그곳으로 되돌아간다. 이제 그 "때가 이르렀다." 예수가 십자가와 부활을 통해서 하늘로 돌아간다. 그러므로 이제 예수가 십자가에 달려 죽어야 할 때가 드디어 왔다. 아버지가 아들을 십자가에 달려 죽게 한 후, 죽음에서 부활시킴으로써 "아들을 영화롭게 한다." 십자가와 부활을 통해서 아버지는 아들을 영화롭게 하고, 그럼으로써 아들은 아버지를 영화롭게 한다. 십자가에서 아버지와 아들이 함께 영화롭게 된다. 먼저 십자가에서 아버지가 아들을 영화롭게 한다. 아들의 십자가 죽음은 -19:30이 "다 이루었다"고 말하듯이- 하나님을 대적하는 모든 세력들에 대한 승리이다(16:33 참조). 부활은 아들의 승리를 하나님께서 선언하고 확인하는 것이다. 하나님은 아들을 십자가에서 죽게 해서 그 사명을 이루게 하심으로써 아들을 영화롭게 한다. 다른 한편 아들은 십자가에서 아버지를 영화롭게 한다. 아버지가 아들에게 부과한 사명(4절)을 아들은 십자가에서 성취함으로써 아버지를 영화롭게 한다.

아들이 아버지를 영화롭게 하는 것은, 아버지가 아들에게 모든 육체("만민")에 대한 권세를 주셨기 때문이다(2절). 아들은 이 권세를 아버지가 "아들에게 주신 모든 사람"에게 영생을 주기 위하여 사용한다. 여기서 인간은 "만민"과 "아버지가 아들에게 주신 사람"으로 나뉜다. "만민"으로 번역된 헬라어 표현을 직역하면 "모든 육체"이다. 이는 25절의 "세상"($\kappa o \sigma \mu o \varsigma$)과 같은 의미이다(3:16도 참조). 아버지는 아들에게 세상 곧 만민을 다스리는 권세를 주셨다. 그러나 아들은 아버지로부터 받은 권세를 오직 아버지가 아들에게 주신 사람들을 구원하는 데 사용한다. 보편적 사고(만인을 향한 하나님의 사랑)가 곧바로 예정적인 사고(오직 택함을 받은 사람들만을 향한 예수 그리스도의 사랑)로 제한되는 것은 요한복음의 특징이다(3:16). 아버지는 만민을 사랑하지만, 아들은 아버지가 그에게 주신 사람들만을 사랑하여 구원한다. 아들은 영생을 주는 권세를 가지고 있기 때문이다.[182] 아들은 그에게 주어진 권세를 선택받은 사람들에게 영생을 줌으로써 실천한다. 이러한 권세를 실천하는 장소는 십자가이다. 아들은 십자가에서 아버지가 그에게 준 사람들에게 영생을 준다. 그러므로 아들은 십자가에서 아버지를 영화롭게 한다.

영생이 무엇인가? 3절은 이 물음을 설명한다. 예수가 자기 자신을 마치 제3자처럼 "그가 보내신 자 예수 그리스도"라고 부른다. 영생은 유일하게 참되신 하나님과 그가 보내신 예수 그리스도를 아는 것이다. "안다"는 구약성서의 히브리어(야다)의 의미에서 지식적인 차원뿐만 아니라, 남녀 사이의 성적인 교제와 같이 가장 친밀한 교제까지를 뜻한다. 이는 14:1의 "하나님과 나를 믿다"와 동일한 의미이다.[183] 영생은 하나님과 그리스도를 알고 친밀하게 교제를 나누는 삶이다(20:31). 이것이 곧 믿음이다. 믿음은 입술의 열매가 아니라, 삶 전체를 바쳐서 하나님 그리고 하나님이 보내신 그리스도와 가장 친밀하게 교제하는 것이다. 이것이 "앎"이고, 영생이다.

하나님을 아는 것과 예수 그리스도를 아는 것은 같다. 그러므로 예수 그리스도는 하나님이다. 예수 그리스도를 알면, 하나님을 안다. 예수 그리스도를 믿으면, 하나님을 믿는다. 예수 그리스도와 교제를 나누면, 하나님과 교제를 나눈다. 하나님처럼 예수 그리스도는 사람들에게 영생을 줄 수 있는 권세를 가지고 있다. 그러므로 예수 그리스도는 피조물이 아니라, 창조주이다. 창조주 하나님만이 인간을 구원하여 영생을 줄 수 있기 때문이다. 요한1서 5:20이 말하듯이, 예수 그리스도는 참 하나님이고 영생이다.

4절에 의하면, 아버지께서 아들에게 맡기신 "일"을(4:34; 5:36) 아들은 십자가에서 "이루었고"(19:30), 그래서 아버지를 "영화롭게 하였다." 이것은 "이 세상에서" 일어났다. 아버지가 아들에게 준 "일"은 아들의 성육신으로부터 시작해서 십자가의 죽음으로 완성된 예수의 모든 활동이다. 성육신은 십자가의 죽음에서 완성된다. 그러므로 예수의 죽음은 성육신과 마찬가지로 하나님 아버지의 섭리 속에서 일어난 일이지, 결코 우발적이거나 우연한

---

182) 4:14; 5:26~27; 10:28; 12:40~50 참조.
183) 14:7; 16:3도 참조.

사건 혹은 인간이 예수에게 행한 원치 않는 비극이 아니다.

십자가에서 죽고 부활하심으로써 예수는 "창세 전에 아버지와 함께" 가지고 있던 그 자리로 돌아간다(5절). 인간이 되기 이전에 예수가 어디에 있었는지, 그리고 아버지와 함께 무엇을 했는지에 대해서는 로고스 송가가 말한다(특히 1:1~3). 12:41에 의하면, 이사야는 하늘의 보좌에 있는 아들의 영광을 보았다. 세상이 창조되기 이전에 아들은 로고스로서 하나님께 함께 계시면서, 하나님과 함께 세상을 창조하였다. 하나님과 동일한 신적인 본질을 가지고 계셨던 아들 예수가 이제 아버지의 사명을 완수하고 원래의 자리로 돌아간다. 하나님의 아들이 나사렛 사람 예수가 됨으로써 창조 이전에 가지고 있던 영광이 변질되거나 버려진 것이 아니다. 사람이 되신 아들 안에는 항상 하나님의 영광이 있었다(1:14.18). 감추어진 상태 그대로 예수 안에 남아 있었던 이 영광이 십자가에서 죽고 아버지께로 돌아감으로써 드러나게 되며, 그래서 아들 예수가 "영화롭게" 된다.

6~23절 아버지가 주신 사람들을 위한 예수의 기도

6 세상 중에서 내게 주신 사람들에게 내가 아버지의 이름을 나타내었나이다 그들은 아버지의 것이었는데 내게 주셨으며 그들은 아버지의 말씀을 지키었나이다 **7** 지금 그들은 아버지께서 내게 주신 것이 다 아버지로부터 온 것인 줄 알았나이다 **8** 나는 아버지께서 내게 주신 말씀들을 그들에게 주었사오며 그들은 이것을 받고 내가 아버지께로부터 나온 줄을 참으로 아오며 아버지께서 나를 보내신 줄도 믿었사옵나이다 **9** 내가 그들을 위하여 비옵나니 내가 비옵는 것은 세상을 위함이 아니요 내게 주신 자들을 위함이니이다 그들은 아버지의 것이로소이다 **10** 내 것은 다 아버지의 것이요 아버지의 것은 내 것이온데 내가 그들로 말미암아 영광을 받았나이다 **11** 나는 세상에 더 있지 아니하오나 그들은 세상에 있사옵고 나는 아버지께로 가옵나니 거룩하신 아버지여 내게 주신 아버지의 이름으로 그들을 보전하사 우리와 같이 그들도 하나가 되게 하옵소서 **12** 내가 그들과 함께 있을 때에 내게 주신 아버지의 이름으로 그들을 보전하고 지키었나이다 그 중의 하나도 멸망하지 않고 다만 멸망의 자식뿐이오니 이는 성경을 응하게 함이니이다 **13** 지금 내가 아버지께로 가오니 내가 세상에서 이 말을

하옵는 것은 그들로 내 기쁨을 그들 안에 충만히 가지게 하려 함이니이다 **14** 내가 아버지의 말씀을 그들에게 주었사오매 세상이 그들을 미워하였사오니 이는 내가 세상에 속하지 아니함 같이 그들도 세상에 속하지 아니함으로 인함이니이다 **15** 내가 비옵는 것은 그들을 세상에서 데려가시기를 위함이 아니요 다만 악에 빠지지 않게 보전하시기를 위함이니이다 **16** 내가 세상에 속하지 아니함 같이 그들도 세상에 속하지 아니하였사옵나이다 **17** 그들을 진리로 거룩하게 하옵소서 아버지의 말씀은 진리니이다 **18** 아버지께서 나를 세상에 보내신 것 같이 나도 그들을 세상에 보내었고 **19** 또 그들을 위하여 내가 나를 거룩하게 하오니 이는 그들도 진리로 거룩함을 얻게 하려 함이니이다 **20** 내가 비옵는 것은 이 사람들만 위함이 아니요 또 그들의 말로 말미암아 나를 믿는 사람들도 위함이니 **21** 아버지여, 아버지께서 내 안에, 내가 아버지 안에 있는 것 같이 그들도 다 하나가 되어 우리 안에 있게 하사 세상으로 아버지께서 나를 보내신 것을 믿게 하옵소서 **22** 내게 주신 영광을 내가 그들에게 주었사오니 이는 우리가 하나가 된 것 같이 그들도 하나가 되게 하려 함이니이다 **23** 곧 내가 그들 안에 있고 아버지께서 내 안에 계시어 그들로 온전함을 이루어 하나가 되게 하려 함은 아버지께서 나를 보내신 것과 또 나를 사랑하심 같이 그들도 사랑하신 것을 세상으로 알게 하려 함이로소이다

기도의 핵심은, 하나님이 선택해서 아들에게 준 사람들이 선물로 받은 구원에 머물게 하여 달라는 것이다. 십자가에 달려 죽으시고 부활 승천하신 그리스도가 그들을 위하여 기도하는 한 그들의 구원은 확실하다. 그러므로 예수의 기도는 응답이 확실한 기도이다.

6절의 "세상 중에서"는 2절이 말한 "만민"과 같은 뜻이다. 예수는 만민 중에서 오직 하나님께서 선택해서("아버지의 것") 자기에게 주신 사람들에게만 아버지의 "이름"을 드러내 보이셨다. "이름"은 본질을 말한다. 예수는 하나님의 본질을 제자들에게 계시하였다. 예수는 감추어져 있던 하나님을 제자들에게 보여 주었다(1:18). 26절에서 예수는 다시 한 번 이름의 계시를 말한다. 십자가에 죽고 부활 승천하신 그리스도는 감추어진 하나님의 계시이다. 그러나 모든 사람들을 위한 것이 아니라, 오직 하나님께서 예수에게 주신 사람들만을 위한 계시이다. 이들은 하나님의 말씀을 받아서 지켰다. "지키다"는 완료형인데, 이는 과거 사건을 말하는 것이 아니라, 아주 확실한 것

을 말한다. 그러므로 하나님이 선택하셔서 예수에게 주신 사람들이 하나님의 말씀을 지키는 것은 지극히 당연하다.

7~8절은 제자들의 앎과 믿음을 말한다. 6절의 "지키다"가 여기서는 "알다"와 "믿다"로 표현된다. 예수와 아버지 사이의 일치를 제자들은 알았다. 그리스도의 계시를 받아들임으로써 그들은 예수와 아버지 사이의 일치를 깨우쳤다. 예수의 자기 증언이 하나님의 말씀이며 진리이다. 그러므로 예수의 자기증언을 받아들이면 하나님을 안다. 제자들은 예수의 자기 증언을 받아들임으로써 예수가 아버지께로부터 왔으며, 아버지가 예수를 보냈음을 믿었다. 6~8절은 3절이 말하는 것을 반복한다. 영생은 하나님과 아들의 일치를 믿는 것이다. 제자들이 이미 진리를 알고 믿었다는 것은, 그들이 벌써 보혜사 성령 안에 있다는 뜻이다. 그러므로 예수의 기도는 부활절 이후 그리고 보혜사 성령이 온 이후의 기도이다. 부활 승천하신 예수의 기도이다.

2절과 6절에서처럼, 9절부터 예수는 세상과 제자들 사이를 더 분명하고 철저하게 구분한다. 요한복음 17장의 예수는 세상 곧 하나님께 속하지 않은 사람들을 위하여 기도하지 않고, 오로지 하나님께 속한 사람들만을 위해서 기도한다. 오직 "아버지의 것"인 제자들만이 예수의 중보기도의 대상이다.

"아버지의 것"과 "내 것"은 동일하다(10절). 아버지가 선택해서 아들에게 준 제자들은 아버지의 것이면서 동시에 아들의 것이다. 그럼으로써 아들과 아버지 사이의 가장 긴밀한 관계를 다시 말한다. 아들은 존재와 본질 그리고 신성에 있어서 아버지와 함께 한다. 그리스도 외의 다른 하나님을 알지 못한다고 한 루터의 말은 옳다. 우리는 그리스도 안에서만 하나님을 만난다. 믿음의 사람들은 그리스도 안에서 하나님의 영광을 보고 믿음으로써 그리스도를 영화롭게 한다.

11a절은, 예수가 왜 이러한 기도를 드리는지 그 이유를 말한다. 예수는 더 이상 "세상" 곧 믿지 아니한 사람들 속에 있지 않고, 아버지께로 돌아가지만, 제자들은 여전히 믿지 아니하는 사람들 속에서, 그들의 박해를 받으면서 살아야 한다. 이는 AD 90년 무렵 요한 공동체의 상황이고, 그 이후 모든

교회의 상황이다.

그러한 박해의 상황에 직면해 있는 제자들을 위하여 예수는 기도한다(11b절). "이름"은 신적인 본질을 말한다. 그러므로 이름은 영광과 같은 의미이다. 하나님이 아들에게 그의 이름을 주었다면, 그것은 아버지와 아들이 신적인 본성을 함께 나누고 있기 때문이다. 제자들은 그리스도와 교제를 나눔으로써 보전된다. 그리스도와의 교제 안에서 제자들은 아버지와 아들이 하나가 되듯이 그렇게 서로 하나가 된다. 아들과 아버지가 하나이다(10:30). 두 인격이 동일한 신성을 가진 본질에서 일치한다. 그러나 제자들 사이의 하나됨은 아들과 아버지 사이의 신적 본질에서의 일치와는 다르다. 제자들 사이의 일치는 10:16이나 11:52이 말한다. 그러므로 제자들의 일치는 복음의 선포를 통하여 일어나는 것으로, 한 목자의 인도를 받는 하나의 양 떼가 되는 것이다. 물론 한 목자는 하나님과의 본질적 일치 가운데 있는 예수 그리스도를 말하며, 하나의 양 떼는 교회 곧 모든 믿음의 사람들이다. 한 목자의 인도하심으로 제자들이 하나의 양 떼가 되어 교제함으로써 박해의 상황을 이겨내고 구원의 공동체로서 "보전된다."

"내가 그들과 함께 있을 때" 곧 예수가 육신으로 살면서 제자들과 함께 있었을 때에는, 그가 아버지의 이름으로 하나님의 사람들을 지켜서 보전했다(12절). 그 중의 단 한 사람도 잃어버리지 않았다. 오직 멸망의 자식으로 예정된 한 사람 가룟 유다만이 멸망의 길을 갔다. 이는 성경을 응하게 함이다(13:18도 참조). 이 성경은 시편 41:9을 말한다.

13절에서 제자들 안에 충만해져야 하는 예수의 기쁨은, 선택받았다는 확신의 기쁨이다. 선택을 받은 사람들은 예수의 기도를 읽음으로써 선택과 구원의 확신을 갖게 된다. 제자들을 위하여 십자가에서 죽으신 예수가 하늘에 영원히 살아 계셔서 그들을 위하여 중보기도를 하고 있다. 그러므로 제자들은 예수의 기도 가운데서 영원히 변치 않는 믿음의 교제를 나누고 있음을 확신한다. 제자들은 박해의 상황 속에서도 근심하지 않고, 도리어 기뻐한다. 예수는 제자들이 이러한 기쁨으로 충만해지기를 기도한다.

14절의 "아버지의 말씀을 주었다"는, 예수가 하나님을 계시했다는 말이다. 그래서 제자들은 아버지와 아들을 안다. 그러나 아버지와 아들을 알지 못하는 세상은 그들을 미워한다. 이는 AD 90년경 요한 공동체의 기독교인들이 믿음 때문에 세상 사람들로부터 미움을 받아야 했던 역사적인 상황이다. 아들이 세상에 속하지 않듯이, 제자들도 세상에 속하지 않았다. 그들은 아들에게 속한 사람들이기 때문이다. 존재의 다름으로 인하여 세상은 제자들을 미워한다. 그러나 제자들은 구원의 확신 속에서 예수의 기쁨으로 충만해져서 그러한 박해를 이겨내야 한다.

제자들은 세상에서 여전히 살아야 한다(15절). 그들은 여전히 박해와 미움의 이 세상에서 살아야 한다. 그리스도를 믿는 믿음을 가졌다고 해서 현실의 힘겨운 상황과 조건에서 벗어나는 것은 아니다. 믿음은 환상이나 마약일 수 없고, 현실도피일 수도 없고, 세상의 한복판에서 감당해야 할 짐을 지고 사는 것이다. 그러므로 예수는 힘든 현실 가운데서 제자들이 믿음에서 타락하는 "악에 빠지지" 않도록 기도한다.

그러나 제자들은 세상을 떠나지 않고, 세상 속에서 살지만, 세상에 속하지는 않아야 한다(16~17절). 제자들의 뿌리는 세상에 있는 것이 아니라, 오로지 하나님께 있다. 제자들은 세상과는 구별되지만, 세상에서 살면서 세상을 이겨야 한다. 그러나 그들 자신의 힘이 아니라, 하나님의 도우심으로 이겨낼 수 있다. "진리"는 예수 그리스도이다(8:32; 14:6). 그러므로 "아버지의 말씀"은 예수의 자기 증언이며, 예수 이후로는 교회의 설교를 통하여 듣는 복음이다. 그리스도인들은 진리이신 그리스도와의 교제 가운데 있어야 세상에 살면서 세상에 동화되는 악에 빠지지 않고, 도리어 세상에서 구별되는 존재로서 "거룩해진다." 그래야 그들은 하나님의 진리 가운데서 보전될 수 있다. 교회와 그리스도인들은 선포된 하나님의 말씀을 통해서만 거룩하게 보전된다. 말씀 안에서만 교회는 교회가 되고, 성도는 성도가 된다. 하나님의 보호는 말씀을 통해서 실현된다.

예수가 하나님의 진리를 계시하셨듯이, 제자들은 예수의 말씀과 진리를 전달해야 한다. 그 일을 위하여 예수는 제자들을 세상에 보냈다(18절). 그러므로 그들은 그리스도 안에서 깨우친 말씀을 세상에 전달하는 사명을 갖는다. 세상은 하나님을 거부하였지만, 그 세상을 향하여 하나님이 아들을 보내신 것처럼, 그렇게 예수는 자기를 버린 세상으로 제자들을 보낸다. 그러므로 그리스도인들은 세상을 외면하거나 도피하는 것이 아니라, 자신들을 박해하는 세상으로 가서 진리를 전파해야 한다.

예수가 자신을 거룩하게 한다는 것은(19절), 자신을 십자가에서 희생의 제물로 하나님께 바친다는 말이다. 여기에는 출애굽기 13:2(LXX)과 신명기 15:19이 서 있다. 예수는 자기 사람들을 위하여 자발적으로 목숨을 제물로 바침으로써 자신을 거룩하게 했다. 이러한 대리사상은 6:51; 10:11; 15:13에서도 찾을 수 있다. 이러한 구약성서의 제의적인 용어를 통해서 대리사상은 속죄사상으로 연결된다. 예수는 자신의 목숨을 자기 사람들을 대리해서 내놓음으로써 그들의 속죄를 이루었다. 19절의 "나"와 "진리"는 예수를 말하는 같은 말이다. 그러므로 예수는 제자들이 십자가에서 죽은 자신을 통하여 거룩하게 되도록 기도한다. 그리스도의 희생을 통해서 세상과는 구별되는 거룩한 사람들이 됨으로써 제자들은 세상을 향하여 진리를 증언할 수 있다.

20~21절에서 예수의 기도는 역사적인 차원에서 열한 명의 제자들("이 사람들")을 넘어서 후대의 모든 믿는 사람들("그들로 말미암아 나를 믿는 사람들")로 시각이 넓어진다. 이것은 9절 말씀을 보다 정확하게 해설하는 것이다. "믿는 사람들"은 20:29가 말하는 것처럼 예수를 보지 않고 믿는 사람들이다. 요한복음은 부활의 처음 증인들과 그 이후 세대의 모든 믿음의 사람들을 구분한다. 처음 증인들은 부활 예수를 보고 믿는 사람들이고, 그 이후의 믿는 사람들은 직접 보지 않고 처음 증인들이 선포한 복음을 통하여 예수 그리스도를 믿는 사람들이다. 예수는 이들을 위해서도 기도한다.

모든 시대, 모든 장소의 믿음의 사람들은 그리스도와의 교제 안에서 하나가 되어야 한다. 그럴 때 세상이 아버지와 아들을 믿는다(21절). "세상"은 17장의 기도에서 반복되는 말로써 하나님을 믿지 않는 사람들이다. 믿음의 사람들이 온전한 교제를 나누고, 교회들이 서로 일치를 이루게 될 때, 세상의 회심이 이루어질 수 있다. 그렇다면 세상이 믿음을 갖지 못한 것은 교회들이 하나가 되지 못하기 때문인가? 본문은 교회와 그리스도인들의 하나 되지 못함을 꾸짖는 것이 아니라, 교회와 그리스도인들을 통하여 복음이 선포되는 원리를 말한다. 그러나 하나가 되지 못하는 교회를 향한 꾸짖음을 간접적으로 읽을 수 있다.

22절은 6a절이나 8a절처럼 하나님이 "내게 주신" 것을 내가 "그들에게" 주었다고 한다. 하나님은 그의 영광을 예수에게 주셨고, 예수는 그것을 제자들에게 주었다. 영광을 함께 소유하는 것은, 신적인 본질을 함께 나눈다는 뜻이다. 그러므로 하나님과 예수는 아버지와 아들로서 신적인 본질을 공유한다. 아들이 제자들에게 "주었다"는 말은, 제자들이 이전에는 알지 못했던 것을 비로소 "계시했다" 혹은 "알려 주었다"는 뜻이다. 그러나 아버지가 아들에게 준 것은, 아들이 그 이전에는 가지고 있는 것을 주었다는 뜻이다. 아버지가 아들에게 준 영광을 아들은 창세 이전부터 가지고 있었기 때문이다 (5.24절). 제자들은 이제 그리스도 안에서 하나님의 영광에 함께 참여하는 존재가 되었다. 이처럼 동일한 존재로 변화되었다는 의식을 모든 그리스도인들이 하게 될 때, 그들은 하나의 양 떼가 된다. 제자들의 분열은 변화된 자기 존재에 합당하지 않다.

23절에서 예수는 다시 한 번 제자들의 하나 됨을 기도한다. 그리스도는 믿음의 사람들 가운데 계신다. 그리스도 안에 아버지가 계시기 때문에, 결과적으로 믿음의 사람들 안에 하나님이 계신다(14:23 참조). "어떤 사람 안에 거하다"는 말은 그 사람의 인격의 중심에 자리를 잡는다는 말로써, 그 사람의 주인이 된다는 의미이다. 그러므로 그리스도가 믿음의 사람들 안에 거하신다는 것은, 그리스도가 그들의 주인이 된다는 말이다. 하나님이 그리스도의 아버지이듯이, 그렇게 그리스도가 그들 모두의 주인이 될 때, 그들은 한 목자의 인도를 받은 하나의 양 떼가 된다. 주인이 되시는 그리스도는 그들로 하여금 그의 말씀을 선포하도록 세상에 파송한다. 그럼으로써 믿지 않는 세상 사람들로 하여금 예수는 하나님이 보내신 분이며, 하나님은 믿음의 사람들을 사랑하고 계심을 알게 하려는 것이다. 한 목자의 인도를 받는 하나의 양 떼로서의 교회의 일치는 복음을 세상에 전하는 전제이다. 하나가 되지 못하는 교회는 온전하지 못한 교회이며, 그러므로 복음전파의 사명을 온전히 수행할 수 없다.

24~26절 "나의 영광을 그들로 보게 하소서"

24 아버지여 내게 주신 자도 나 있는 곳에 나와 함께 있어 아버지께서 창세 전부터 나를 사랑하시므로 내게 주신 나의 영광을 그들로 보게 하시기를 원하옵나이다 **25** 의로우신 아버지여 세상이 아버지를 알지 못하여도 나는 아버지를 알았사옵고 그들도 아버지께서 나를 보내신 줄 알았사옵나이다 **26** 내가 아버지의 이름을 그들에게 알게 하였고 또 알게 하리니 이는 나를 사랑하신 사랑이 그들 안에 있고 나도 그들 안에 있게 하려 함이니이다

예수는 하나님께 기도하지만, 이 기도는 동시에 제자들을 향한 예수의 소원이다. 예수는, 제자들이 자신이 있는 곳에 함께 있어서, 아버지가 창세 이전에 그에게 준 영광을 보기를 소원한다. "내게 주신 자"는 모든 그리스도인들이고, "나 있는 곳"은 하나님의 품이다(1:18). 세상이 창조되기 이전부터 아들은 아버지의 품 안에 있었다. 아버지와 아들은 사랑으로 하나이다. 믿음의 사람들은 이러한 예수의 영광을 보았다(1:14). 예수의 처음 제자들은 예수 안에서, 그가 행한 표적 안에서(2:11) 영광을 보았지만, 그 이후의 모든 그리스도인들은 복음 곧 말씀 안에서 예수의 영광을 본다. 그러므로 "보다"는 실제로는 "듣다"를 말한다. 그리스도인들은 복음의 진리 안에서 예수와 함께 교제하며, 예수의 영광에 참여한다. 그러므로 예수의 소원이 재림 때에야 이루어질 것으로 이해하는 것[184]은 요한복음의 신학에 합당한 것은 아니

---

184) U. Schnelle, *Johannes*, 259.

다. 오히려 지금 보혜사 성령 안에서 예수의 기도는 이루어진다(6:37; 12:46; 14:3). 제자들은 복음 안에서 예수의 영광을 보고 듣고 믿음으로써 예수와 더불어 지금 여기서 교제한다.

25절은 세상과 예수, 믿음의 사람들을 날카롭게 대조한다. 세상과 선택을 받은 제자들은 전혀 다르다. 세상은 하나님을 모른다. 그러나 예수는 하나님을 안다. 그리고 택함을 받은 사람들은, 하나님이 예수를 보냈다는 것 곧 예수의 신적인 본질을 안다(1:11; 14:17 참조). 세상은 하나님과 아들 그리고 성령에 대해서 마음의 문을 굳게 닫고 있다. 이처럼 닫힌 마음이 불신 세상의 특성이다. 이러한 세상 한가운데서 하나님, 아들, 성령을 향하여 마음을 열고 믿음으로 받아들이는 것은 하나님이 주신 최고의 선물이고 기적이다.

17장의 기도를 마무리하는 26절은 과거동사와 미래동사를 사용해서 예수가 제자들에게 이미 행한 일과 앞으로 행할 일을 말한다. 예수는 그들에게 하나님의 이름을 알려 주었고 또 지속적으로 알려 주실 것이다. "이름"은 아버지의 존재와 본질을 말한다. 그러므로 예수의 과거, 현재 그리고 미래 사역은 오로지 아버지의 존재와 본질을 알려 주는 것이다. 그러한 사역을 통해서 예수는 제자들 안에 하나님의 영원한 사랑이 있게 하고, 또한 예수 자신도 그들 안에 있게 하려고 한다. 제자들 안에 있는 하나님의 사랑과 예수는 그들을 세상 속에서 지키고 인도한다. 하나님의 사랑은 영원한 사랑이기 때문에, 하나님의 사랑은 그들을 영원히 지키고 인도한다. 에베소서 1:4이 말하듯이, 하나님의 사랑이 창세 이전부터 그리스도 안에서 믿음의 사람들 안에 있다. 그리스도 안에서 하나님의 사랑은 성도들을 선택하고, 용서하고, 하나가 되게 하여 끝내 구원에 이르게 한다.

17장은 기도의 형식으로 된 수난이야기

17장의 기도는 십자가에 달려서 하나님의 사명을 완수하고, 하나님께로 돌아가신 예수 그리스도의 기도이다. 그러므로 응답이 확실한 기도이다. 예수의 기도가 있기 때문에 제자들은 세상의 염려 가운데서 불안해 할 필요가 없다. 하나님을 믿고 예수를 믿음으로써 구원의 확신 속에서 평안을 누릴 수 있다(14:1~4).

17장의 기도는 예수의 죽음의 의미를 밝힌다. 예수의 죽음은 세상으로부터 아버지에게로 돌아가는 것이다. 이미 16:32이 이 "때"를 언급하는데, 이 "때"에 예수는 홀로이다. 아버지만이 십자가에서 예수와 함께 계신다. 제자들과의 대화는 이미 16장으로 끝났다. 이제부터 예수는 아버지와만 대화한다. 이제부터 시작되는 예수의 수난사건에 제자들은 능동적이고 적극적으로 참여하지 못한다. 수난사건은 오직 하늘의 아버지와 예수 사이에 일어나는 사건이다. 제자들은 단지 예수가 하는 기도의 수혜자이며 또한 십자가 사건의 수혜자들이다. 그러므로 18~19장의 수난사건을 말하기 이전에 17장의 기도가 나오는 것은 우연이 아니다. 17장의 기도는 18~19장의 수난사건을 앞당겨 말한다. 예수가 받는 수난의 결정적인 사건은 인간의 어떠한 참여도 허락하지 않고, 오직 하나님과 예수 사이에 일어난다. 십자가 사건은 우리 없이(extra nos) 일어난 사건이지만, 그러나 우리를 위한(pro nobis) 사건이다. 17장은 이것을 기도의 형식으로 말한다.

제4장 18:1~20:29

예수가 영광을 받다
(수난, 죽음, 부활, 현현)

1 18:1~19:42 예수의 수난과 죽음

요한복음은 지금까지 여러 차례에 걸쳐서 예수의 수난과 죽음을 암시하고, 예고하였다.[185] 또한 유대인들은 지속적으로 예수를 죽이려고 하지만,[186] 하나님이 계획하신 때가 아직 이르지 않았기 때문에, 예수를 죽일 수 없었다.

요한복음은 예수의 활동 초기부터 수난과 죽음에 초점을 맞추고 있다는 것은 예루살렘 성전 정화사건을 -공관복음과는 달리- 공생애의 맨 처음으로 배열하고 있는 사실에서도 분명해진다(2:13~22). 나사로의 부활사건(11:1~44), 예수의 발에 향유를 붓는 사건(12:1~8), 그리고 제자들과의 마지막

---

185) 1:11.29.36; 2:1.4; 3:14; 6:51; 7:6; 8:21; 10:11.15.17; 11:13; 12:16; 15:3 등.
186) 5:18; 7:32; 8:59; 10:31; 11:46~53 등.

식사자리에서 발을 씻어주는 사건(13:1~11)도 예수의 수난과 죽음을 미리 암시한다. 그러므로 요한복음은 처음부터 예수의 길을 죽음으로 가는 길이라고 한다. 이처럼 요한복음 전체를 꿰뚫고 있는 예수의 수난과 죽음이라는 주제가 이제부터 본격적으로 다루어진다.

요한복음의 수난 이야기는 다음과 같은 구조와 순서로 진행된다.

18:1~11	예수가 체포되다
18:12~27	예수는 대제사장들에게 심문을 받고, 베드로는 예수를 부인하다
18:28~19:16a	예수가 빌라도에게 심문을 받고, 사형 판결을 받다
19:16b~37	예수가 십자가에 달려서 죽다
19:38~42	예수의 시체가 십자가에서 내려져서 무덤에 묻히다

이러한 요한복음의 수난사는 공관복음의 그것과 비교해 보면, 매우 독자적이다. 예수의 수난과 죽음을 말하기 위해서 요한복음이 활용한 전승은 마가복음이 활용한 전승과는 접촉점을 별로 보여 주지 않지만, 누가복음의 특수 자료와는 상당한 접촉점을 보여준다.

1) 18:1~11 예수가 체포되다

1 예수께서 이 말씀을 하시고 제자들과 함께 기드론 시내 건너편으로 나가시니 그 곳에 동산이 있는데 제자들과 함께 들어가시니라 **2** 그 곳은 가끔 예수께서 제자들과 모이시는 곳이므로 예수를 파는 유다도 그 곳을 알더라 **3** 유다가 군대와 대제사장들과 바리새인들에게서 얻은 아랫사람들을 데리고 등과 횃불과 무기를 가지고 그리로 오는지라 **4** 예수께서 그 당할 일을 다 아시고 나아가 이르시되 너희가 누구를 찾느냐 **5** 대답하되 나사렛 예수라 하거늘 이르시되 내가 그니라 하시니라 그를 파는 유다도 그들과 함께 섰더라 **6** 예수께서 그들에게 내가 그니라 하실 때에 그들이 물러가서 땅에 엎드러지는지라 **7** 이에 다시 누구를 찾느냐고 물으신대 그들이 말하되 나사렛 예

수라 하거늘 **8** 예수께서 대답하시되 너희에게 내가 그니라 하였으니 나를 찾거든 이 사람들이 가는 것은 용납하라 하시니 **9** 이는 아버지께서 내게 주신 자 중에서 하나도 잃지 아니하였사옵나이다 하신 말씀을 응하게 하려 함이러라 **10** 이에 시몬 베드로가 칼을 가졌는데 그것을 빼어 대제사장의 종을 쳐서 오른편 귀를 베어버리니 그 종의 이름은 말고라 **11** 예수께서 베드로더러 이르시되 칼을 칼집에 꽂으라 아버지께서 주신 잔을 내가 마시지 아니하겠느냐 하시니라

"이 말씀을 하시고." 제자들에게 한 고별설교(14~16장)와 그들을 위한 기도(17장)를 마치시고 예수는 제자들과 더불어 기드론 시내의 건너편 동산으로 간다(1절). 예수와 제자들은 그곳에서 자주 모임을 가졌기 때문에, 가룟 유다도 그곳을 잘 알고 있다(2절).

유다의 안내를 받은 "군대" 곧 로마 군인들과 산헤드린의 아랫사람들 곧 성전경비병들이 함께 예수를 체포하러 온다(3절). 다른 복음서에서는 유대 군병들이 예수를 체포하지만(막 14:43), 요한복음에서는 유대 군병들과 로마 군인들이 함께 예수를 체포한다. 이들은 이방인과 유대인을 대표하는 사람들로서 17장 등에서 여러 차례 언급된 "세상"의 대리인들이다. "세상"이 예수를 죽이기 위해서 체포하러 온 것이다. 10:15~16; 11:50~52에 따르면, 예수는 이방인과 유대인으로 구성된 양 떼를 위하여 십자가에 달려 죽는다. 그러므로 자신을 죽이려고 오고 있는 유대인-이방인으로 구성된 "세상"을 위하여 예수는 죽는다.

예수는 자신이 어떤 일을 당할 것인지 "다 아신다."(4절) 하나님의 아들 예수는 이미 모든 상황을 알고 계시며, 그러므로 상황의 수동적인 피해자가 아니라, 적극적이고 능동적인 주체자로서 수난의 길을 간다.

그러므로 예수는 자기를 찾는 사람들에게 "내가 그니라"라고 당당하게 자신을 밝힌다(5절). 이러한 당당한 예수의 자기 현시 앞에서 가룟 유다가 할 수 있는 일은 아무것도 없다. 예수를 체포하러 온 군인들이 "땅에 엎드러진다."(6절). 이러한 군인들의 모습은 신의 현현 앞에 인간이 유일하게 취할 수 있는 태도이다. 주객이 전도되었다는 말은 이를 두고 하는 말이다. 체포

하러 온 군인들은 꺼꾸러지고, 오히려 예수는 당당하다. 군인들이 예수를 체포하는 것이 아니라, 예수가 스스로를 그들에게 맡긴다. 하나님의 아들 예수의 허락이 없이는 무기를 든 군인들이라도 예수를 어찌할 수 없다.

"이 사람들이 가는 것을 용납하라"(8절)는 예수의 말씀에서 예수의 수난과 죽음이 제자들을 위하여 대리적인 수난과 죽음이라는 사실이 밝혀진다. 예수는 양 떼를 위하여 자신의 목숨을 기꺼이 바치는 선한 목자이다(10:11). 공관복음에서 제자들은 체포당한 예수를 버려두고 도망가지만, 요한복음에서는 예수가 제자들에게 가라고 한다.

9절에 의하면, 예수의 이러한 대리적인 수난은 예수 스스로 한 말씀의 성취이다.[187] 하나님이 아들 예수에게 주신 사람들은 단 한 사람의 예외도 없이 예수에 의해서 철저히 보존된다. 그러므로 누구도 그들을 예수에게서 빼앗아갈 수 없다. 비슷한 확신을 바울은 로마서 8:39에서 고백한다. 누구도 "우리를 우리 주 예수 그리스도 안에 있는 하나님의 사랑에서 끊을 수 없다."

공관복음도 칼을 빼서 대제사장의 종의 귀를 잘라버린 사건에 관해서 말하지만(막 14:47), 그런 행위를 한 사람의 이름이 베드로이고, 대제사장의 종의 이름이 말고라고 밝히는 것은 요한복음뿐이다(10절). 누가복음에서처럼 여기서도 종의 오른편 귀를 잘라버린다. 그러나 누가복음에서는 예수가 종의 귀를 치유해 주는데, 여기서는 그런 언급은 없다.

베드로는, 예수가 스스로 감당해야 할 수난의 사명을 몰랐기 때문에 폭력을 사용해서 막아보려고 한 것이다(11절). 그러나 아버지의 뜻에 따라서 아들이 감당해야 할 그 수난을 가로막을 수 있는 사람은 없다. 그것은 로마 군인이나 유대 군인들뿐만 아니라, 베드로도 마찬가지이다. 요한복음은, 예수가 어쩔 수 없이 운명에 이끌리어 수난의 길을 가는 것이 아니라, 하나님의 뜻에 순종하여 능동적이고 적극적으로 그 길을 가고 있다는 사실을 거듭 강조한다.

---

187) 6:39; 10:28; 17:12.

2) 18:12~27 예수는 대제사장들 앞에서 심문을 받고, 베드로는 예수를 부인하다

12 이에 군대와 천부장과 유대인의 아랫사람들이 예수를 잡아 결박하여 **13** 먼저 안나스에게로 끌고 가니 안나스는 그 해의 대제사장인 가야바의 장인이라 **14** 가야바는 유대인들에게 한 사람이 백성을 위하여 죽는 것이 유익하다고 권고하던 자러라 **15** 시몬 베드로와 또 다른 제자 한 사람이 예수를 따르니 이 제자는 대제사장과 아는 사람이라 예수와 함께 대제사장의 집 뜰에 들어가고 **16** 베드로는 문 밖에 서 있는지라 대제사장을 아는 그 다른 제자가 나가서 문 지키는 여자에게 말하여 베드로를 데리고 들어오니 **17** 문 지키는 여종이 베드로에게 말하되 너도 이 사람의 제자 중 하나가 아니냐 하니 그가 말하되 나는 아니라 하고 **18** 그 때가 추운 고로 종과 아랫사람들이 불을 피우고 서서 쬐니 베드로도 함께 서서 쬐더라 **19** 대제사장이 예수에게 그의 제자들과 그의 교훈에 대하여 물으니 **20** 예수께서 대답하시되 내가 드러내 놓고 세상에 말하였노라 모든 유대인들이 모이는 회당과 성전에서 항상 가르쳤고 은밀하게는 아무 것도 말하지 아니하였거늘 **21** 어찌하여 내게 묻느냐 내가 무슨 말을 하였는지 들은 자들에게 물어 보라 그들이 내가 하던 말을 아느니라 **22** 이 말씀을 하시매 곁에 섰던 아랫사람 하나가 손으로 예수를 쳐 이르되 네가 대제사장에게 이같이 대답하느냐 하니 **23** 예수께서 대답하시되 내가 말을 잘못하였으면 그 잘못한 것을 증언하라 바른 말을 하였으면 네가 어찌하여 나를 치느냐 하시더라 **24** 안나스가 예수를 결박한 그대로 대제사장 가야바에게 보내니라 **25** 시몬 베드로가 서서 불을 쬐더니 사람들이 묻되 너도 그 제자 중 하나가 아니냐 베드로가 부인하여 이르되 나는 아니라 하니 **26** 대제사장의 종 하나는 베드로에게 귀를 잘린 사람의 친척이라 이르되 네가 그 사람과 함께 동산에 있는 것을 내가 보지 아니하였느냐 **27** 이에 베드로가 또 부인하니 곧 닭이 울더라

예수를 체포하기 위하여 나타났던 이방인과 유대인의 대리자들이 예수를 결박하여 대제사장 안나스에게 끌고 간다. 14절의 가야바의 권고에 대해서는 11:49의 해설을 참조하라. 기원후 18년부터 37년까지 대제사장 직에 있던 가야바는 죄인들을 위한 예수의 대리적인 죽음을 부지불식간에 언급한다.

베드로의 부인은 공관복음에도 나오지만, 그와 함께 등장하는 "또 다른 제자"에 관한 언급(15절)은 요한복음에만 나온다. 요한복음 저자의 정체를

밝히는 데 중요한 표현인 "예수가 사랑하는 제자"가 여기서 말하는 "또 다른 제자"와 동일인물인지 정확하게 알 수 없지만, 베드로와 함께 언급되는 것으로 볼 때, 동일인물로 볼 수 있다("사랑하는 제자"에 대해서는 415~416쪽을 참조). 그는 체포되어 끌려가는 예수를 따라서 대제사장의 집안으로 들어갈 수 있을 정도로 대제사장과 깊은 교분이 있는 사람이다. 그러나 이 "다른 제자"는 베드로를 데리고 들어오는 역할을 할 뿐이고, 베드로의 부인 이야기에서는 아무런 역할을 하지 않는다.

예수는 먼저 현직 대제사장 가야바의 장인이었던 안나스에게 끌려가서 심문을 받는다(12~14절). 기원후 6년부터 15년까지 대제사장의 직에 있었던 안나스는 두 가지 질문을 예수에게 한다. 하나는 "그의 제자들"에 관한 것이고, 다른 하나는 "그의 교훈"에 관한 것이다(19절). 공관복음에서는 대제사장이 예수에게 메시아냐고 묻고, 예수는 "내가 그이다"라고 대답한다(막 14:61~62). 그러나 요한복음에서는 대제사장이 예수의 메시아 신분에 대해서 묻지 않고, 그 대신에 그의 제자들과 교훈에 대해서 물었다. 예수가 로마에 저항하기 위해서 자신이 메시아라고 주장하며 주변에 추종자들을 모았다는 의심 때문이다.

안나스의 물음에 대해서 예수는 직접 대답하는 대신에 회당이나 성전에서 모든 유대인들 앞에서 그가 공개적으로 말하고 행동했다는 사실을 지적하며,[188] 대제사장의 물음은 부적절한 것이라고 일축해버린다(20~21절). 예수는 공개적으로 분명하게 자신의 정체를 밝혔다. 그럼에도 불구하고 예수의 정체를 묻는다면, 그것은 불신앙의 표출일 뿐이다(10:24~25). 그래서 예수는 다시 답변해야 할 필요성을 느끼지 못한다. 안나스가 알고 싶다면, 재판의 규정에 따라서 예수의 공개적인 말씀을 들은 증인들을 불러서 그들에게 물어보면 될 것이다. 이처럼 예수는 대제사장의 심문 앞에서도 수동적인 태도를 보이지 않고, 오히려 당당하고 적극적이다. 경비병의 부당한 폭력행위

---

188) 6:59; 7:14, 28; 8:20.

에 의해서도 예수는 수동적으로 끌려가지 않고, 당당하게 맞선다(22~24절).

25~27절에서 초점은 예수의 재판으로부터 다시 베드로에게 옮겨간다. 불을 쬐고 있는 사람들이, 베드로가 예수의 제자라고 추궁하자 베드로는 연속적으로 부인한다. 베드로는 "나는 아니다(ουκ ειμι)"라고 말하며 부인한다. 베드로의 부인은 "내가 그니라"(εγω ειμι)는 18:5.8에 나오는 예수의 말씀을 정면으로 뒤집은 것이다. 예수는 자신을 체포하러 온 사람들에게 자신의 정체를 당당히 밝히며 제자들을 보내줄 것을 요청하지만, 베드로는 자신이 살기 위하여 예수의 제자라는 신분을 극구 부인한다. 제자들을 위하여 죽음을 선택한 예수와 스스로 살기 위하여 예수를 부인하는 베드로의 모습이 극명하게 갈리고 있다. 예수가 체포될 당시에 칼을 빼서 저항했던 모습과 스스로 살기 위하여 부인하는 베드로의 모습에서 우리는 연약한 인간의 혼란스러운 자화상을 본다.

3) 18:28~38a 빌라도의 심문

28 그들이 예수를 가야바에게서 관정으로 끌고 가니 새벽이라 그들은 더럽힘을 받지 아니하고 유월절 잔치를 먹고자 하여 관정에 들어가지 아니하더라 **29** 그러므로 빌라도가 밖으로 나가서 그들에게 말하되 너희가 무슨 일로 이 사람을 고발하느냐 **30** 대답하여 이르되 이 사람이 행악자가 아니었더라면 우리가 당신에게 넘기지 아니하였겠나이다 **31** 빌라도가 이르되 너희가 그를 데려다가 너희 법대로 재판하라 유대인들이 이르되 우리에게는 사람을 죽이는 권한이 없나이다 하니 **32** 이는 예수께서 자기가 어떠한 죽음으로 죽을 것을 가리켜 하신 말씀을 응하게 하려 함이러라 **33** 이에 빌라도가 다시 관정에 들어가 예수를 불러 이르되 네가 유대인의 왕이냐 **34** 예수께서 대답하시되 이는 네가 스스로 하는 말이냐 다른 사람들이 나에 대하여 네게 한 말이냐 **35** 빌라도가 대답하되 내가 유대인이냐 네 나라 사람과 대제사장들이 너를 내게 넘겼으니 네가 무엇을 하였느냐 **36** 예수께서 대답하시되 내 나라는 이 세상에 속한 것이 아니니라 만일 내 나라가 이 세상에 속한 것이었더라면 내 종들이 싸워 나로 유대인들에게 넘겨지지 않게 하였으리라 이제 내 나라는 여기에 속한 것이 아니니라 **37** 빌라도가 이르되 그러면 네가 왕이 아니냐 예수께서 대답하시되 네 말과 같이 내

가 왕이니라 내가 이를 위하여 태어났으며 이를 위하여 세상에 왔나니 곧 진리에 대하여 증언하려 함이로라 무릇 진리에 속한 자는 내 음성을 듣느니라 하신대 **38a** 빌라도가 이르되 진리가 무엇이냐 하더라

안나스에게서 예수를 인도받은 현직 대제사장 가야바는 예수를 심문하지 않고, 새벽에 빌라도에게로 보낸다(28절). 로마시간에 의하면, "새벽"은 아침 6시 무렵이다. 예수는 빌라도가 집무하는 관청으로 끌려간다. 그러나 그를 끌고 간 유대인들은 관청 안으로 들어가지 않는다. 율법의 정결규정에 의하면, 이방인의 집에 들어가면 제의적으로 부정해지고, 그러면 유월절 잔치에 참여할 수가 없기 때문이다. 그러므로 유대인들은 유월절 정결규정을 철저하게 지키면서도 정작 참된 유월절 희생양인 예수를 이방인에게 넘겨버리는 어리석음을 범하고 있다. 유대인들은 부정해지지 않기 위해서 빌라도의 관청에 들어가지 않고 예수를 그에게 넘겨주었지만, 빌라도의 죄보다도 그를 넘겨준 유대인들의 죄가 훨씬 크다(19:11 참조).

유대인들이 예수의 죄를 고발함으로써 재판이 시작된다. 30절에서 유대인들은 예수가 "행악자"라고 소리 높여 고발한다. 그러나 예수는 어떠한 악행을 범한 적이 없다(18:23). 유대교 지도자들은 예수가 하나님의 아들이라고 주장했다고 고발하지만(19:7), 그런 주장은, 예수가 행악자라는 고발과는 전혀 다르다. "하나님의 아들"이라는 주장은 유대법에 의해 죄가 될 수 있지만, "행악자"는 로마법에 의거한 죄인일 수 있다. 그러나 빌라도는, 예수가 로마법에 의한 죄인이 아니라는 것을 알았기 때문에, 31절에서 유대인의 법에 따라서 처리하라고 한다. 유대인의 법에 의하면, 스스로를 하나님과 동일시한 예수는 돌에 맞아서 죽어야 한다. 율법을 어기고 하나님을 모독한 죄인은 돌로 쳐 죽이게 되어 있기 때문이다. 그러나 로마가 지배하는 시대에 유대인들에게는 사형을 집행할 수 있는 권한이 주어져 있지 않았다. 그러므로 예수는 돌에 맞아서 죽는 대신에 다른 형태의 죽음을 죽어야 한다. 32절의 복음서 저자의 해설에 의하면, 예수가 어떤 죽음을 죽어야 할 것인지를 그 자신이 이미 말했다. 예수의 죽음은 예수가 한 말의 실현이다. **12:32~33**

에서 예수는 그의 죽음에 대해서 말하였다. 그에 의하면, 예수는 십자가에서 죽어야 한다. 예수는 반드시 십자가에 달려서 죽어야 한다. 이러한 십자가 죽음의 신학적인 의미를 가장 깊게 발견한 것은 사도 바울이다. 이처럼 요한복음과 바울의 신학은 매우 유사하다.

이에 빌라도는 관청 안으로 들어가서 예수를 심문한다(33절). "네가 유대인의 왕이냐?" 빌라도가 예수께 물은 첫 번째 질문이다. 이것은 유대인들이 예수를 고발한 죄목이다. 이런 죄목은 로마 총독에게는 황제에 대한 반역으로 받아들일 수 있다. "유대인의 왕"이라는 칭호에는 정치적인 차원과 신학적인 차원이 있다. 정치적인 차원에서 예수는 유대인의 왕이 아니지만, 신학적인 차원에서는 -나다나엘이 예수를 "이스라엘의 왕"이라고 고백했듯이- 유대인의 왕이다(1:49; 12:13도 참조).

빌라도가 "유대인의 왕"이라는 말이 갖는 신학적인 의미를 제대로 이해하고 있을 리가 없다고 여겼기 때문에, 예수는 빌라도에게 오히려 반문한다(34절). 누가 빌라도에게 "유대인의 왕"에 대한 정보를 제공하였는가? 빌라도에게 그런 정치적인 죄목으로 예수를 고발한 것은 유대교 지도자들이다. 빌라도는 그들이 그런 죄목으로 예수를 고발할 만한 어떤 정치적인 행위를 예수가 행했느냐에 대해서만 관심이 있을 뿐이다.

예수는 빌라도에게 자신이 누구이며, 그의 나라가 어떤 것인지를 말한다(36절). 예수는 이 세상의 정치적인 기준에 따른 왕이 아니다. 만일 예수의 나라가 이 세상에 있는 나라였다면, 자신이 그렇게 무력하게 잡혀오지 않았을 것이다. 그의 왕국은 이 세상에 속한 왕국이 아니라, 하나님의 왕국이다. 예수는 그에게 속한 사람들을 구원하여 그의 왕국의 백성이 되게 한다. 그러므로 그의 왕국은 예수의 구원을 통해서 이루어진다. 예수의 왕 되심도 그러한 구원활동에 근거된다. 12:12~18에서 예수의 왕국은 나사로의 부활과 연결되어 있다. 이스라엘의 진정한 왕은 잃어버린 사람들을 찾아서 구원하는 왕이다. 잃어버린 사람들 -유대인이건 이방인이건 상관없이- 을 찾아서 구원하기 위하여 예수는 죽음의 길을 가고 있다.

왕은 왕이지만, 그의 왕국이 이 세상에 속한 것이 아니라는 예수의 대답은 빌라도에게 혼란을 가져왔다. 그래서 빌라도는 "네가 왕이냐?"하고 재차 묻는다(37a절). 이에 예수는 "네 말이 옳다. 내가 왕이다"라고 긍정한다. 예수는 하늘나라의 왕이다. 이것이 진리이다. 예수는 진리를 증언하기 위하여 세상에 왔다. 예수가 증언한 진리는 14:6에 응축되어 있다. "나는 길이요, 진리요 생명이다." 하나님께 속한 사람들은 이 진리의 말씀을 듣고 구원을 받는다. 이에 빌라도는 "진리가 무엇이냐?"라고 묻는다(38a절). 이는 철학적인 물음이 아니다. 오히려 빌라도가 어떤 인물인지를 신학적으로 드러내는 질문이다. 그러므로 이 물음은 37절의 "진리에 속한 자"와 연결해서 읽어야 한다. 빌라도는 진리에 속한 인물이 아니다. 만일 그가 진리에 속한 인물이었다면, "진리가 무엇이냐?"는 물음을 제기하지도 않았을 것이고, 오히려 예수의 음성을 듣고 "당신이야말로 길이요, 진리요, 생명이다"라고 고백했을 것이다. 그러나 그런 고백은 믿음의 사람들의 입에서만 나올 수 있다. 빌라도는 "진리가 무엇이냐?"라고 물음으로써, 진리에 속한 사람이 아니라는 자기 본질을 드러낸다.

4) 18:38b~40 빌라도가 예수의 무죄를 확인하다

38b 이 말을 하고 다시 유대인들에게 나가서 이르되 나는 그에게서 아무 죄도 찾지 못하였노라 **39** 유월절이면 내가 너희에게 한 사람을 놓아 주는 전례가 있으니 그러면 너희는 내가 유대인의 왕을 너희에게 놓아 주기를 원하느냐 하니 **40** 그들이 또 소리 질러 이르되 이 사람이 아니라 바라바라 하니 바라바는 강도였더라

빌라도는 예수의 무죄를 확인한다. "유대인의 왕"이라는 고발 죄목이 정치적인 차원이 아니라, 유대교의 종교적인 차원의 것이라는 사실을 확인한다. 그래서 빌라도는 유월절 명절의 특별 사면권을 예수에게 적용해서 석방하려고 한다. 빌라도의 사면 제안을 유대인들은 거부하고, 오히려 예수 대신에 강도 바라바를 사면하라고 요구한다. 아버지의 아들이라는 의미의 이름

을 가진 바라바는 "강도"이다. 아마도 그는 로마에 저항했던 정치적인 반역자였던 것으로 보인다. 예수와 바라바는 둘 모두 아버지의 아들이지만, 그러나 전혀 다른 길을 가는 정반대의 인물이다. 유대교 지도자들은 자기들에게 구원을 가져다 줄 진정한 왕이신 예수를 죽이라고 아우성치고, 반대로 정치적으로나 법적으로 "강도"의 길을 갔던 바라바를 놓아달라고 요구한다. 정치적으로나 종교적인 이권에 눈이 멀어버린 인간은 진리와 거짓을 서슴없이 뒤바꿔버린다. 그래서 진리를 죽이고, 거짓을 두둔한다. 그러나 하나님은 그들의 그러한 악한 행동까지도 생명을 살리는 데 활용한다.

5) 19:1~7 "보라, 이 사람이다(ecce homo)."

1 이에 빌라도가 예수를 데려다가 채찍질하더라 **2** 군인들이 가시나무로 관을 엮어 그의 머리에 씌우고 자색 옷을 입히고 **3** 앞에 가서 이르되 유대인의 왕이여 평안할지어다 하며 손으로 때리더라 **4** 빌라도가 다시 밖에 나가 말하되 보라 이 사람을 데리고 너희에게 나오나니 이는 내가 그에게서 아무 죄도 찾지 못한 것을 너희로 알게 하려 함이로라 하더라 **5** 이에 예수께서 가시관을 쓰고 자색 옷을 입고 나오시니 빌라도가 그들에게 말하되 보라 이 사람이로다 하매 **6** 대제사장들과 아랫사람들이 예수를 보고 소리 질러 이르되 십자가에 못 박으소서 십자가에 못 박으소서 하는지라 빌라도가 이르되 너희가 친히 데려다가 십자가에 못 박으라 나는 그에게서 죄를 찾지 못하였노라 **7** 유대인들이 대답하되 우리에게 법이 있으니 그 법대로 하면 그가 당연히 죽을 것은 그가 자기를 하나님의 아들이라 함이니이다

무죄를 확신하면서도 아우성치는 유대인들의 여론에 밀린 빌라도는 예수를 고문한다. 군인들은 예수에게 왕이 쓰는 면류관을 가시로 만들어 씌우고, 역시 왕이 입는 자색 옷을 입히고 손으로 때리며 "유대인의 왕이여, 평안하라"고 외치며 조롱한다. "왕이여, 평안하라"는 왕에게 드리는 신하들의 충성 인사이다. 우리 식으로 하자면, "상감마마 만수무강하소서"이다. 이처럼 예수는 달리는 더 심하게 표현할 수 없는 역설과 조롱 속에서 왕으로 경배를 받는다(1~3절).

빌라도가 예수를 채찍질하게 하고 조롱하게 한 것은, 그럼으로써 성난 유대인들을 무마하고 예수를 석방하려는 의도 때문으로 보인다. 그래서 빌라도는 고문을 당하고 조롱거리가 된 예수를 데리고 밖으로 나와서 유대인들에게 예수의 무죄를 다시 한 번 확인한다. 4절에서 빌라도는 먼저 혼자 나가서 예수가 이제 곧 나타나게 될 것을 선언하고, 이어서 5절에서 가시관을 쓰고 자색 옷을 입은 예수가 나타나자, 빌라도는 "보라, 이 사람이다"라고 유대교 지도자들에게 예수를 소개한다. 빌라도가 유대인의 왕, 예수를 유대인들에게 소개하는 이 모습은 참혹한 역설이다. 창세 이전부터 하나님과 함께 계셨고, 하나님과 신성을 공유하셨던 로고스가 사람이 되어서 세상의 왕, 구세주로 왔다. 바로 "이 사람"이 예수 그리스도이다. 하나님의 아들, 진정한 왕이신 예수가 가시관을 쓰고 자색 옷을 입고 조롱거리가 되어 빌라도의 소개로 등장한다. 이는 십자가에서 수치스럽고 비참하게 죽은 예수가 영원한 하나님의 아들이라는 역설이다. "보라. 이 사람을." 죄인들에 의해서 짓밟히고 조롱당하는 그래서 이렇게 비참하게 이글어진 인간 안에서 영원한 하나님의 아들과 그의 영광을 보라! 하나님의 아들을 죽이려고 아우성치는 죄인들의 죄를 대신 짊어지고 죽어가는 "이 사람을 보라."

참혹한 역설 속에서 왕으로 소개된 예수에게 유대교의 지도자들과 그들을 따르는 무리들은 "십자가에 못 박으소서"를 연발하며 환호한다(6절). 원래는 왕에게 바쳐야 하는 기쁨과 충성의 환호여야 하는데, 아우성은 십자가에 죽이라는 무서운 역설적인 외침으로 왜곡되어 나타난다. 빌라도는 예수에게서 어떠한 죄도 찾지 못했다는 사실을 18:38; 19:4에 이어서 세 번째로 확인하면서도 유대교 지도자들의 아우성에 눌려 예수를 그들의 손에 맡기려고 한다. 요한복음은 예수를 죽이라고 아우성치는 사람들을 "대제사장과 아랫사람들"이라고 한다. 그럼으로써 예수의 죽음의 책임은 유대인 전체에게 있는 것이 아니라, 전적으로 대제사장과 그를 따르는 이들에게 있다는 것을 분명히 한다. 바리새인들도 예수에게 적대적이고, 그래서 그를 죽이려고 했지만,[189] 그러나 예수의 수난과 죽음에 직접 간여하지 않는다. 예수의 수난 이야기에서 바리새인은 단 한 차례 언급될 뿐이다(18:3). 반면에 대제사장과 그를 따르는 사람들이 예수의 재판과 죽음에 직접 간여한다.

7절에서 유대인들이 말하는 그들의 법은 레위기 24:16이다. 그에 따르면 하나님을 모독한 사람은 반드시 죽어야 한다.[190] 신성모독이 예수가 죽은 죄목이다. 그러나 이 죄는 "내가 메시아"라고 주장했기 때문이 아니라, "내가 하나님"이라고 주장했기 때문이다. 유대교 역사에서는 자신을 메시아라고 주장한 사람들이 많이 있었지만, 그들 중 누구도 유대인들에 의해서 신성모독자로 처형되지 않았다. 예수는 자신을 하나님과 동일한 존재라고 했기 때문에 신성모독의 죄를 범했다고 유대인들은 판단한 것이다. 그러므로 예수는 하나님이든지 아니면 하나님을 참칭한 신성모독자이든지 둘 중의 하나이다. 그리스도인들은 예수가 하나님이라고 믿고, 유대인들은 예수가 신성모독자로서 하나님을 참칭한 죄인이라고 믿는다. 빌라도는 이 문제가 정치적인 차원이 아니라 신학적-종교적인 차원의 문제라는 것을 잘 안다. 예수가 하나님의 아들이라는 유대인들의 고발에 대해서 빌라도는 두려워한다.

6) 19:8~16 빌라도의 사형 판결

8 빌라도가 이 말을 듣고 더욱 두려워하여 **9** 다시 관정에 들어가서 예수께 말하되 너는 어디로부터냐 하되 예수께서 대답하여 주지 아니하시는지라 **10** 빌라도가 이르되 내게 말하지 아니하느냐 내가 너를 놓을 권한도 있고 십자가에 못 박을 권한도 있는 줄 알지 못하느냐 **11** 예수께서 대답하시되 위에서 주지 아니하셨더라면 나를 해할 권한이 없었으리니 그러므로 나를 네게 넘겨 준 자의 죄는 더 크다 하시니라 **12** 이러하므로 빌라도가 예수를 놓으려고 힘썼으나 유대인들이 소리 질러 이르되 이 사람을 놓으면 가이사의 충신이 아니니이다 무릇 자기를 왕이라 하는 자는 가이사를 반역하는 것이니이다 **13** 빌라도가 이 말을 듣고 예수를 끌고 나가서 돌을 깐 뜰(히브리 말로 가바다)에 있는 재판석에 앉아 있더라 **14** 이 날은 유월절의 준비일이요 때는 제육

---

189) 7:32,45,46; 11:47~53 등.
190) 이는 5:18; 8:53; 10:33,36 등에서도 찾을 수 있고, 공관복음에서도 찾을 수 있다(막 14:61~64).

시라 빌라도가 유대인들에게 이르되 보라 너희 왕이로다 **15** 그들이 소리 지르되 없이 하소서 없이 하소서 그를 십자가에 못 박게 하소서 빌라도가 이르되 내가 너희 왕을 십자가에 못 박으랴 대제사장들이 대답하되 가이사 외에는 우리에게 왕이 없나이다 하니 **16** 이에 예수를 십자가에 못 박도록 그들에게 넘겨 주니라

　　예수의 정체에 대해서 의구심이 들고 또 두려워하는 마음을 가진 빌라도는 예수를 관정으로 데리고 가서 다시 묻는다(8~9절). 예수가 "어디로부터 왔느냐" 하는 물음은 요한복음 전체에서 매우 중요하다. 그것은 요한복음에서 예수와 유대인들이 논쟁을 벌이는 핵심적인 주제이다.[191] 로고스 송가(1:1~18)도 근본적으로 예수가 어디에서 온 것인지를 말한다. 예수가 생명의 물이고, 생명의 떡이라는 말씀도, 그가 하늘로부터 오신 분이라는 것을 말한다. 예수는 세상에 속한 존재가 아니고, 하나님께 속한 존재이다. 이것이 요한복음의 중심 메시지이다. 이것을 믿으면 영생에 참여한다(20:31).

　　빌라도의 물음에 예수는 대답하지 않는다. 빌라도의 질문은 18:38에서 그가 "진리가 무엇이냐?"고 묻는 것과 같은 질문이기 때문이다. 예수가 대답해 주어도 빌라도는 이해할 수도, 믿을 수도 없다. 빌라도는 믿지 않는 유대인들과 마찬가지로 땅에 속한 사람이기 때문이다. 하나님이 선택해서 예수에게 보내주신 사람들만이 예수의 정체를 알 수 있고, 믿을 수 있을 뿐이다. 빌라도는 예수의 침묵에 자신의 정치적인 권세를 내세운다(10절). 그는 로마제국의 권세를 이용해서 예수에 대한 처분권이 있다고 믿었다. 예수는 그의 권한을 일단 인정한다. 그러나 그것은 로마제국이 빌라도에게 준 권한이 아니라, "위" 곧 하나님이 그에게 허락한 권한이다(11절). 이로써 예수가 모든 국가권력이 하나님으로부터 왔다는 것을 말하려는 것이 아니다. 오히려 진정한 권력은 하늘에 있다고 함으로써 국가권력의 한계성을 말한다. 예수를 총독에게 고발한 유대교 지도자들이나 빌라도 자신이나 모두 하나님의 섭리 속에서 사용되는 악역을 담당하는 자들에 불과하지만, 그 책임은 유

---

191) 7:27~28; 8:14; 9:29~30.

대교 지도자들에게 더 있다. 빌라도와는 달리 그들은 처음부터 의도적으로 예수를 죽이려고 했다.

예수에게 정치적인 죄를 발견하지 못한 빌라도는 예수를 놓아주고자 하지만, 유대교의 지도자들은 오히려 그런 빌라도를 정치적으로 압박한다 (12~13절). "가이사의 충신"으로 번역된 헬라어 표현은 "가이사의 친구"로 번역하는 것이 더 적절하다. 로마황제와의 특별한 관계에 있는 사람에게 그러한 칭호가 주어졌고, 그런 칭호로 불리는 사람은 더 많은 권력도 갖지만, 동시에 더 큰 충성심을 보여 주어야 한다. 만일 빌라도가 유대인의 왕이라 자처하는 예수를 놓아준다면, "가이사의 친구"라 불리는 그가 황제에 대한 충성심을 가지고 있지 않다는 의심을 살 수 있다. 유대교 지도자들은 이 점을 활용해서 빌라도를 압박한다. 빌라도는 더 이상 어쩔 수 없다는 것을 알고 정식 판결을 내리는 자리에 앉아서 예수에 대한 판결을 내려야 했다.

14절에 의하면, 그 날은 유월절 잔치를 준비하는 날의 여섯 번째 시간이었다. 유대력으로 니산월 14일의 정오 무렵이었다. 이 날에 유대인들은 다음 날에 있게 될 유월절 잔치를 위하여 양을 도살하였다. 그러므로 예수는 유월절의 희생양으로서 죽임을 당한다. 재판장 빌라도는 피고 예수를 "보라. 너희 왕이다"는 말로써 소개하고, 이에 유대인들은 십자가에 못 박아 죽일 것을 요구한다(15절). 그러나 빌라도는 다시 한 번 예수를 "너희 왕"으로 부르며 유대교 지도자들의 의견을 묻는다. 대제사장들이 "가이사 외에는 우리에게 왕이 없다"고 말함으로써 빌라도에게는 달리 판결할 수 있는 여지가 완전히 사라진다. 그들의 이러한 말은 그들 자신의 유일신 신앙을 포기하는 것이었다. 유대인들은 오직 하나님 홀로 그들의 왕이라고 믿었지만, 가이사 외에는 자기들에게 왕이 없다고 함으로써, 그들의 유일신 믿음을 버린 것이다. 자신들의 신앙을 훼손해서라도 그들은 예수를 죽이고 싶었다.

드디어 빌라도는 예수의 십자가 처형을 판결하고, 예수를 유대교 지도자들의 손에 맡긴다(16절). 예수를 넘겨받은 "그들이" 누구인가? 문맥에서는 유대교 지도자들을 말하지만, 앞뒤의 언급으로 보면, 로마의 군인들이다

(23~24절). 실제로는 로마 군인들이 예수를 끌고 가서 처형했지만, 요한복음은 "그들" 곧 유대교 지도자들이 예수를 넘겨받았다고 함으로써 예수 처형의 더 큰 책임이 유대교 지도자들에게 있다는 것을 강조한다.

7) 19:17~37 예수가 십자가에 달려서 죽다

17 그들이 예수를 맡으매 예수께서 자기의 십자가를 지시고 해골(히브리 말로 골고다)이라 하는 곳에 나가시니 **18** 그들이 거기서 예수를 십자가에 못 박을새 다른 두 사람도 그와 함께 좌우편에 못 박으니 예수는 가운데 있더라 **19** 빌라도가 패를 써서 십자가 위에 붙이니 나사렛 예수 유대인의 왕이라 기록되었더라 **20** 예수께서 못 박히신 곳이 성에서 가까운 고로 많은 유대인이 이 패를 읽는데 히브리와 로마와 헬라 말로 기록되었더라 **21** 유대인의 대제사장들이 빌라도에게 이르되 유대인의 왕이라 쓰지 말고 자칭 유대인의 왕이라 쓰라 하니 **22** 빌라도가 대답하되 내가 쓸 것을 썼다 하니라 **23** 군인들이 예수를 십자가에 못 박고 그의 옷을 취하여 네 깃에 나눠 각각 한 깃씩 얻고 속옷도 취하니 이 속옷은 호지 아니하고 위에서부터 통으로 짠 것이라 **24** 군인들이 서로 말하되 이것을 찢지 말고 누가 얻나 제비 뽑자 하니 이는 성경에 그들이 내 옷을 나누고 내 옷을 제비 뽑나이다 한 것을 응하게 하려 함이러라 군인들은 이런 일을 하고 **25** 예수의 십자가 곁에는 그 어머니와 이모와 글로바의 아내 마리아와 막달라 마리아가 섰는지라 **26** 예수께서 자기의 어머니와 사랑하시는 제자가 곁에 서 있는 것을 보시고 자기 어머니께 말씀하시되 여자여 보소서 아들이니이다 하시고 **27** 또 그 제자에게 이르시되 보라 네 어머니라 하신대 그 때부터 그 제자가 자기 집에 모시니라 **28** 그 후에 예수께서 모든 일이 이미 이루어진 줄 아시고 성경을 응하게 하려 하사 이르시되 내가 목마르다 하시니 **29** 거기 신 포도주가 가득히 담긴 그릇이 있는지라 사람들이 신 포도주를 적신 해면을 우슬초에 매어 예수의 입에 대니 **30** 예수께서 신 포도주를 받으신 후에 이르시되 다 이루었다 하시고 머리를 숙이니 영혼이 떠나가시니라 **31** 이 날은 준비일이라 유대인들은 그 안식일이 큰 날이므로 그 안식일에 시체들을 십자가에 두지 아니하려 하여 빌라도에게 그들의 다리를 꺾어 시체를 치워 달라 하니 **32** 군인들이 가서 예수와 함께 못 박힌 첫째 사람과 또 그 다른 사람의 다리를 꺾고 **33** 예수께 이르러서는 이미 죽으신 것을 보고 다리를 꺾지 아니하고 **34** 그 중 한 군인이 창으로 옆구리를 찌르니 곧 피와 물이 나오더라 **35** 이를 본 자가 증언하였으니 그 증언이 참이라 그가 자기의 말하는 것이 참인 줄 알고 너희로 믿게 하려 함이니라 **36** 이 일이 일어난 것은 그 뼈가 하나도 꺾이지 아니하리라 한 성

경을 응하게 하려 함이라 **37** 또 다른 성경에 그들이 그 찌른 자를 보리라 하였느니라

공관복음에서는 구레네 시몬이 예수를 대신해서 십자가를 지고 가지만(막 15:21), 요한복음에서는 예수가 직접 지고 간다. 예수 외에는 누구도 십자가를 대신 질 수 없다. 오직 예수만이 세상의 죄를 짊어지고 해결할 수 있다(1:29). 예수와 함께 처형된 두 사람을 "강도"라고 부르는 마가복음 15:27(마 27:38)과는 달리 여기서는 그냥 "다른 두 사람"이라고만 한다. 또 이들 중의 한 사람이 회개하였다는 누가복음 23:40~43과는 달리 이곳에서는 이들에게는 전혀 관심이 없다. 관심은 오직 그 두 사람의 "가운데"에서 처형된 예수에게만 있다.

빌라도는 12:12~18의 의미에서 예수가 실제로 이스라엘의 왕이라는 사실을 확인할 수밖에 없었다. 빌라도는 "나사렛 예수 유대인의 왕"이라는 팻말을 당시 세계인들의 언어인 히브리어, 라틴어, 헬라어로 써서 붙였다(19~20절). 히브리어는 유대인들의 일상적인 언어이고, 라틴어는 관공서에서 사용하는 공식 언어이고, 헬라어는 무역이나 상행위에서 사용되는 언어였다. 세 언어는 당시 온 세상이 사용하는 언어로 여겨졌기 때문에, 팻말은 온 세상을 향하여 예수가 왕이라는 진리를 선포한다. 역설이지만, 요한복음에서 빌라도는 온 세상을 향해서 예수가 진정한 왕이라는 진리를 전파한 "첫 번째 선교사"가 되었다.[192] 대제사장들이 그런 팻말에 항의하지만, 빌라도는 묵살한다(21~22절). 빌라도의 묵살에는 두 가지 이유가 있다. 하나는 이미 죽어버린 예수를 유대인의 왕이라고 한다고 해서 그것이 로마 황제에 대한 그의 충성심을 의심할 수 있게 하는 이유가 될 수 없기 때문이다. 그러나 그보다 더 본질적인 이유는, 예수가 왕이라는 것은 하나님의 진리이기 때문이다. 이로써 하나님께서 빌라도에게 예수를 재판하게 하시면서 맡긴 사명이 완수되었다. 이 진리를 세상에 선언하기 위하여 빌라도에게 예수를 처형할 수

---

192) U. Schnelle, *Johannes*, 286.

있는 권한이 "위"로부터 주어진 것이다(19:10~11). 그러므로 "나사렛 예수 유대인의 왕"이라는 팻말이 붙은 십자가는 왕이신 예수께서 오르신 보좌이다.

처형된 죄수의 옷을 형을 집행하는 사람들이 나누어 갖는 것이 로마법의 규정이었다. "네" 명의 군인들이 예수를 처형했기 때문에, 예수의 겉옷을 네 개로 나누어가졌다(23절). 그러나 속옷은 나뉠 수 없기 때문에 제비를 뽑아서 군인들 중의 한 사람이 갖는다. 예수는 발가벗겨져서 십자가에 달림으로써 더욱 더 수치스럽고 모욕적인 모습으로 죽어야 했다. 처형되는 죄수에게도 주어져야 할 마지막 존엄성마저 예수에게는 허용되지 않았다. 그러나 이 모든 것은 성경 말씀(시편 21:19 LXX)의 실현이며, 그러므로 하나님의 뜻에 의한 것이다(24절).

25~27절에 의하면, 예수의 십자가 곁에 네 여인들과 "사랑하시는 제자"가 있다. 그것은 놀라운 일이다. 정치적인 사형수를 처형하는데 그와 가까운 사람들의 접근을 허용하는 것은 현실성이 없는 일이다. 요한복음은 어떤 신학적인 메시지를 주고 싶었다.

마가복음 15:40에 의하면, 세 여인들이 "멀리서" 십자가 처형을 바라보고 있었지만, 요한복음에서는 사형을 집행하는 네 명의 군인들에 맞서서 네 명의 여인들을 말하기 위해서, 세 명의 여인들 외에 예수의 어머니를 더 말한다. 십자가에서 죽어가는 예수는 어머니와 "사랑하는 제자"를 연결해준다. 예수에게는 친 동생들도 있었을 텐데, 어머니를 제자에게 부탁하는 것이 특이하다. 이로써 요한 공동체의 출발을 말하려고 하는가? 예수의 어머니는 사랑하는 제자의 어머니가 되고, 이 제자는 그녀를 "그 때부터" 자기의 집에 모셨다. 이렇게 예수의 십자가 죽음에서 믿음의 공동체가 시작되었다. "사랑하는 제자"는 예수의 최후를 목격하고, 예수로부터 마지막 부탁을 받은 유일한 제자이다. 요한 공동체에서 이 제자는 공동체를 세운 교부가 되었고, 그의 증언은 예수에 관한 신적인 권위를 가진 증언이 되었으며, 요한복음 자체가 그의 증언에 근거한 것이다.

생명의 물이신 예수께서 "내가 목마르다"라고 말함으로써 엄청난 역설을 드러낸다(28절). 이는 시편 69:21의 실현을 암시한다. 그러나 단지 성서의 말씀을 실현하기 위하여 목마르지도 않으면서 목마르다고 말한 것은 아니다. 예수는 실제로 엄청난 목마름의 고통 속에서 죽었다. 선재하였던 로고스, 세상의 창조자, 하나님의 아들 예수는 엄청난 고통을 받은 진정한 인간으로서 죽었다. 이것은 요한복음의 신학이 가현설에 반대하고 있다는 확실한 증거이기도 하다. 시편 69:21의 의미에서 예수는 조롱을 받았다(29절). 신 포도주를 먹이는 것은 목말라 죽어가는 자를 위한 자선행위가 아니다. 목말라 죽어가는 사람에게 신 포도주를 먹이는 것은 더 극심한 갈증의 고통을 주는 것이다.

하나님께서 자기에게 맡기신 "모든 일이 이미 이루어진 줄 아신"(4:34; 5:36; 17:4) 예수께서 신 포도주를 마신 후 "다 이루었다"고 외치면서 죽는다(30절). 이로써 죄인을 구원하시려는 하나님의 구원사역이 예수의 십자가에서 완성되었다. 그러므로 가장 처참한 십자가는 가장 위대한 장소가 되었다. 우리말 개역성서 본문이 "영혼이 떠나가다"로 번역한 것은 심각한 오역이다. "예수가 그의 영혼을 내놓았다"라고 번역해야 한다. 예수의 의지와는 상관없이 영혼이 떠나간 것이 아니라, 예수는 마지막 순간에도 그의 영혼을 내놓는 죽음의 주도권을 가지고 능동적이고 적극적으로 죽음의 길을 간다. 그는 자발적으로 자기 목숨을 내어놓았다(10:18). 그러므로 예수의 죽음은 강요된 패배가 아니라, 자기 사명을 성취한 승리이다.

31절에 의하면, 예수가 죽은 때는 안식일 전날 곧 금요일이고, 이날은 유월절 축제 첫날이었다. 신명기 21:22~23에 의하면, 하나님의 저주를 받아서 처형된 후 나무에 매달리게 된 사람의 시체가 밤새도록 나무에 매달려 있지 않게 해야 한다. 죽은 그날 바로 장사하여 하나님이 주신 땅을 더럽히지 않게 해야 한다. 하나님을 모독하는 죄를 지은 사람을 먼저 돌로 쳐서 죽인 후, 그 사실을 공지하기 위하여 나무에 높이 매달아 놓았었기 때문이다. 쿰란 공동체는 신명기 구절을 십자가 처형으로 해석하였다. 그러므로 요한복음에서도 십자가에 처형된 사람은 하나님의 저주를 받은 사람이다. 바울도 갈라디아서 3:13에서 십자가를 그렇게 해석한다. 십자가에서 처형된 사람의 다리를 꺾는 것은, 그로 하여금 빨리 죽게 하기 위한 것이다. 예수와 함께 십자가에 달린 두 사람의 다리는 이처럼 꺾이게 되었지만, 예수는 이미 죽었기 때문에 다리가 꺾이지 않는다(33절).

그 대신 한 군인이 창으로 예수의 옆구리를 찌른다. 그러자 옆구리에서 피와 물이 쏟아져 나왔다(34절). 이 장면은 매우 깊은 신학적인 의미를 나타낸다. 피는 속죄를 가져오고(6:52~59), 물은 정결하게 씻어주고 생명력을 주는 하나님의 영이다(3:5; 4:10,14; 7:37~39). 그러므로 예수의 몸에서 나온 피와 물은 예수의 죽음이 가지고 있는 용서와 구원을 상징적으로 나타낸다. 예수의 피를 통하여 죄를 씻어주는 속죄와 죽음에서 생명으로 옮기는 성령의 거듭나게 하는 활동이 일어났다. 피와 물은, 십자가에서 죽은 예수가 영원한 생명을 주시는 분임을 상징적으로 말한다. 아마도 이것은 세례와 성찬식에 대한 암시일 것이다. 그렇다면 물은 세례를, 피는 성찬식을 암시한다.

예수의 다리가 꺾이지 않고, 그 대신 창으로 옆구리를 찌른 것은 성서 말씀의 성취를 위한 것이다(36~37절). 이는 출애굽기 12:46과 스가랴 12:10의 말씀과 관련된다. 출애굽기 12:46에 의하면, 유대인들은 유월절 양을 먹으면서 뼈를 꺾지 말아야 한다. 그러므로 예수는 진정한 유월절 양이다(1:29). 스가랴 12:10은 유대인들이 "그 찌른 바, 그를 바라보고 그를 위하여 애통하리라"고 한다.

이와 관련하여 35절의 "본 자의 증언"이 중요하다. "본 자"는 26절에서 예수의 십자가 곁에 있던 "사랑하는 제자"라고 할 수 있다. 그는 십자가에서 옆구리가 찔린 예수를 단순한 본 것이 아니라, 진정한 믿음의 눈으로 보았다. 믿음의 눈은 성령을 받은 결과이다. 그러므로 성령을 의미하는 물이 피와 함께 나온다. 37절의 "그들이"는 스가랴서에서는 유대인들이지만, 요한복음에서는 믿음의 눈으로 보는 사람들 곧 요한 공동체의 그리스도인들이다. 믿음이 없이는 예수의 옆구리에서 나온 물과 피의 진정한 의미를 볼 수 없다. 십자가에서 죽은 예수를 믿음으로 "본 자"의 증언은 진리이며, 그 증언이 요한복음의 토대이다. 요한복음이 말하는 그리스도에 대한 증언은 근본적으로 "본 자"의 증언에 근거한 것이며, 그러므로 진리이다. 요한복음 안에서 읽게 되는 그의 증언은 읽는 사람과 듣는 사람에게 믿음을 불러일으키며, 그래서 생명에 참여하게 한다(20:31).

8) 19:38~42 예수의 시체가 무덤에 묻히다

38 아리마대 사람 요셉은 예수의 제자이나 유대인이 두려워 그것을 숨기더니 이 일 후에 빌라도에게 예수의 시체를 가져가기를 구하매 빌라도가 허락하는지라 이에 가서 예수의 시체를 가져가니라 **39** 일찍이 예수께 밤에 찾아왔던 니고데모도 몰약과 침향 섞은 것을 백 리트라쯤 가지고 온지라 **40** 이에 예수의 시체를 가져다가 유대인의 장례 법대로 그 향품과 함께 세마포로 쌌더라 **41** 예수께서 십자가에 못 박히신 곳에 동산이 있고 동산 안에 아직 사람을 장사한 일이 없는 새 무덤이 있는지라 **42** 이 날은 유대인의 준비일이요 또 무덤이 가까운 고로 예수를 거기 두니라

아리마대 사람 요셉은, 마가복음 15:43에서는 공의회의 의원으로 소개되지만, 여기서는 "예수의 제자"라고 한다. 유대교 지도자들이 두려워서 공개적으로 믿음을 고백하지 못한 그가 예수의 시신을 공동묘지에 버려지지 않고, 개인의 무덤에 안장되도록 배려한다.

일찍이 예수를 찾아와서 깊은 대화를 나누었고(3:1~21), 대제사장과 바리새인들 앞에서 예수를 편들었던(7:50~51) 니고데모가 "몰약과 침향" 섞은 것을 100리트라를 가져와서 요셉과 함께 예수를 장례한다. 이것을 시신을 싸는 세마포 안에 넣으면 시신이 부패하면서 나는 냄새를 막을 수 있다. 100리트라는 대략 30kg이 넘는 엄청난 양이며, 당시 가격으로는 약 30,000데나리온에 해당하는 값비싼 것이었다. 하루 품삯이 1데나리온이었던 것을 고려하면, 10여 년의 품삯에 해당하는 큰돈이었다. 이것은 왕의 장례에 사용되는 것에 버금가는 분량이다. 그러므로 아리마대 요셉과 니고데모는 예수를 왕으로 장례한 것이다. 예수가 십자가에 처형되었던 동산 안에 누구도 사용한

적이 없는 새 무덤이 있었고, 이곳에 예수의 시신을 장례했다는 것도 그들이 예수의 명예를 존중하였다는 표식이다. 더구나 유월절 준비일이라서 예수의 시신을 멀리 옮길 수 있는 시간적인 여유도 없었다. 그들은 없는 시간이지만 최대한의 예의를 다해서 예수를 매장하였다. 예수가 살아 있는 동안에는 공개적으로 믿음을 고백하지 못했던 요셉과 니고데모는 예수의 죽음 이후에 행동을 통하여 그들의 믿음을 고백한 것이다.

주제해설 12

요한복음의 수난 이야기에 나타난 신학적인 주제들

1. 예수는 자발적으로 죽음의 길을 간다

요한복음에서 예수의 수난은 강요된 것이 아니다. 예수 자신이 자발적으로 수난의 길을 간다. 하나님의 아들인 예수는 누군가에 의해서 강요를 받는 대상이 아니라, 스스로 자기 행동을 결정한다. 그러므로 그는 스스로 죽음의 길을 간다(10:18; 11:7~16; 13:1; 13:26~27 등을 참조). 18:1~11도 이러한 의미를 분명히 한다. 19:17에 의하면, 예수는 "자기의 십자가"를 지고 간다. 그러므로 공관복음과는 달리 예수의 십자가를 대신 지고 가는 사람이 없다. 예수는 죄인을 대신해서 죽음의 길을 가지만, 인간은 누구도 예수를 대신할 수 없다. 19:30에서 그는 "그의 영혼을 내놓으셨다."(우리말 개역성서는 "영혼이 떠나가다"로 오역). 이런 말씀들은 모두 예수가 자발적으로 죽음의 길을 가고 있다는 것을 분명히 드러낸다. 예수는 비극적 운명의 희생자가 아니다. 예수는 자기 죽음의 주도권을 가지고, 스스로 죽음의 길을 간다.

2. 예수는 죄가 없다

예수는 죄가 전혀 없는 분으로서 죽음의 길을 간다. 예수의 무죄를 확인해 주는 사람은 역설적으로 빌라도 총독이다(18:38; 19:4.6). 예수는 로마법이나 유대법에 의거해서도 죄가 없지만, 예수는 하나님의 아들이기 때문에, 그에게는 어떤 차원에서도 죄가 없다. 죄가 없는 분이기 때문에, 그의 죽음은 인간에게 구원을 가져다줄 수 있다.

3. 예수의 죽음은 대리적인 속죄의 죽음이다

11:50에서 예수의 죽음을 바라보면서 가야바의 입을 통하여 역설적으로 제기된 이 주제는 18:12~14에 다시 반복되고, 18:8~9에서도 다시 읽을 수 있다. 그리고 18:39~40에서 예수가 죽음의 길을 가는 대신에 바라바가 살림을 받는다. 이는 특히 예수가 유월절 어린 양으로 죽었다는 말에 분명하게 나타난다. 이는 이미 1:29에 언급된 바 있고, 수난 이야기에서 더 분명히 언급된다. 예수는 니산월 14일에 죽었다(19:31). 이날은 유월절을 준비하기 위하여 양을 도살하는 날이다. 19:36은 출애굽기 12:46의 실현이다. 그러므로 예수의 죽음은 유월절 희생양의 죽음이다. 이로써 예수의 죽음은 죄인을 대리하는 속죄의 죽음으로 밝혀진다. 그러므로 앞에서 말했듯이, 예수는 죄가 전혀 없는 분으로서, 죄인을 대신하여 죽어 용서와 구원을 가져온다.

4. 예수의 죽음은 구약성서의 말씀의 실현이다

19:24.28.36.37에 의하면, 예수의 수난이 구약성서 말씀의 실현이다. 그리고 18:9.32에 의하면, 예수의 죽음은 예수가 이미 이전에 자기 죽음에 대해서 한 말씀의 실현이다. 그런 점에서 예수의 말씀과 구약성서에 예언된 하나님의 말씀은 반드시 실현되어야 하는 동일한 존엄성을 갖는다.

5. 십자가에서 죽은 예수는 왕이다

죽음에 이르는 예수의 수난은 예수가 실제로는 왕이라는 사실을 분명히 한다. 예수의 수난 이야기는 구약성서와 고대 오리엔트의 왕의 즉위식에 있는 4가지 요소들에 빗대어 말함으로써, 예수가 왕이라는 것을 드러낸다. 진정한 왕이신 예수가 치욕의 십자가에서 죽는 것은 최대의 역설이다. 그러므로 예수가 왕이라는 주제는 역설로써만 이야기될 수 있다.

1) 먼저 왕을 선언한다(18:33~38). 고대 오리엔트에서는 왕으로 등극하게 될 분이 누구인지를 선언함으로써 왕위 즉위식이 시작된다. 요한복음에서는 예수가 스스로를 왕으로 선언한다. 예수 외에는 누구도 그를 왕으로 인정할 수 없었기 때문에, 스스로 자신을 왕으로 선언한다. 하나님이신 그 자신 외에는 그를 왕으로 선언할 자가 없다. 33절에서 빌라도가 "네가 유대인의 왕이냐?"라고 묻는다. 이 물음에 대해서 예수는 "나는 왕"이라고 대답한다. 그리고 36절에서 그는 좀 더 구체적으로 그의 왕권을 설명한다. 예수는, 구약성서가 말하는 "야웨가 왕이다"라는 의미에서 왕이지, 유대인들의 메시아 기대에 따른 정치적인 메시아 왕이 아니다.

2) 즉위식의 두 번째 요소는 왕에게 왕관을 씌우고 경배하는 것이다(19:1~3). 군인들은 예수에게 가시관을 씌우고 왕이 입는 자색 옷을 입힌다. 그리고 그들은 예수 앞에 가서 무릎을 꿇고 인사를 하며 그를 때린다. 역설적이고 무서운 왜곡으로 나타나기는 하지만, 예수가 왕이라는 진리를 그렇게 드러낸다.

3) 왕의 즉위식의 세 번째 요소는 새로 등극한 왕이 백성들 앞에 나타나고 백성들은 환호성을 지르는 것이다(19:4~16). 이 모습도 역시 역설적이고 무서운 왜곡의 형태로 나타난다. 빌라도는 예수를 인도하여 백성들에게 보이면서 "보라 이 사람이다(ecce homo)"라고 한다. 비슷한 모습을 13~16절에서도 볼 수 있다. "보라 너희 왕이다"(14절). 백성들의 환호는 어떻게 나타나는가? 6절과 15절에서 백성들은 "그를 십자가에 못 박으소서"라고 아우성친다. 이 역시 무섭게 일그러진 환호이다.

4) 왕의 즉위식의 마지막은 새로 등극한 왕이 왕좌에 앉는 것이다(19:17~22). 새로 등극한 왕이 앉아야 할 보좌는 십자가이다. 19:20에 의하면, 십자가 위에 히브리어, 라틴어, 헬라어 등으로 "유대인의 왕"이라는 팻말이 붙는다. 이 세 언어는 당시의 모든 세계를 포괄하는 언어이다. 그러므로 예수가 왕이라는 사실을 전 인류에게 알린다. 예수는 온 세상, 모든 인류의 왕이다.

예수의 수난 사화는 이처럼 고대 오리엔트의 왕위 즉위식의 절차에 따라서 이루어졌다. 예수가 왕이라는 것을 역설적으로 드러낸다. 예수가 18:36~37에서 말하듯이, 그의 왕국은 이 세상에 있지 않기 때문에, 그것을 알지 못하는 사람들은 진정한 왕이신 예수를 희롱하고 저주한다. 예수가 온 세상의 왕이라는 사실을 확신하는 믿음의 눈을 가진 사람들은, 이러한 희롱과 저주가 왕에 대한 얼마나 무서운 역적행위에 해당하는 것인지를 잘 안다.

6. 십자가에 달려 죽으신 예수는 승리자다

예수는 "내가 세상을 이겼다"고 했다(16:33). 물론 예수는 한 인간으로 세상을 살았던 예수이면서, 십자가에 달려 죽으신 예수다. 예수는 십자가에서 세상에 대한 승리를 거두었다. 그러므로 십자가에서 그는 "다 이루었다"라고 말할 수 있었다(19:30). 그러므로 십자가에서 예수는 영광을 받는다.

7. 전대미문의 역설이다

이미 앞에서 말한 여러 가지 요소들 속에 역설은 분명히 드러나 있다. 몇 가지를 더 말할 수 있다. 하늘의 진리는 역설이라는 방식으로만 이야기할 수밖에 없다.

1) 먼저 십자가에서 죽은 예수는 승리자이다. 그 당시의 세계에서 십자가에서 죽는다는 것은 더할 나위 없는 수치스러운 일이다. 그러므로 로마 시민권을 가진 사람은 십자가 처형을 할 수 없게 했다. 왕이신 예수가 가장 수치스러운 죽음을 죽었다. 부활이요 생명이신 예수가 죽음의 길을 가셨다. 이렇게 가장 치욕스러운 죽음 안에서 생명의 승리가 나타났다. 죽음으로써 죽음이 극복되고, 죽음에서 생명이 나타나고, 가장 낮아짐으로써 가장 높아지는 역설을 예수의 죽음에서 본다.

2) 18:20~24; 19:10~11에서 우리는 심판자와 심판의 대상이 뒤바뀌는 역설을 본다. 세상이 모욕하고 처형한 그 예수가 오히려 세상의 심판자이다. 세상을 심판하실 그가 세상의 대표자들에 의해서 심판을 받았다.

3) 19:5에서 빌라도는 예수를 비꼬면서 유대인의 왕이라고 하지만, 그러나 그것은 진리를 말하는 역설이다.

4) 19:28,34에서 예수는 "목마르다"고 외치지만, 그러나 그는 생명의 물이다.

그러므로 그의 몸에서 피와 물 곧 생명이 나온다. 생명의 물이신 예수가 목마르다고 외치는 것은 역설이다.

② 20:1~29 예수의 부활과 현현

예수의 부활 그 자체는 언급되지 않는다. 단지 빈 무덤이 발견되었다고 함으로써 예수가 부활했다는 사실을 전제한다.

1) 20:1~10 빈 무덤의 발견

1 안식 후 첫날 일찍이 아직 어두울 때에 막달라 마리아가 무덤에 와서 돌이 무덤에서 옮겨진 것을 보고 **2** 시몬 베드로와 예수께서 사랑하시던 그 다른 제자에게 달려가서 말하되 사람들이 주님을 무덤에서 가져다가 어디 두었는지 우리가 알지 못하겠다 하니 **3** 베드로와 그 다른 제자가 나가서 무덤으로 갈새 **4** 둘이 같이 달음질하더니 그 다른 제자가 베드로보다 더 빨리 달려가서 먼저 무덤에 이르러 **5** 구부려 세마포 놓인 것을 보았으나 들어가지는 아니하였더니 **6** 시몬 베드로는 따라와서 무덤에 들어가 보니 세마포가 놓였고 **7** 또 머리를 쌌던 수건은 세마포와 함께 놓이지 않고 딴 곳에 쌌던 대로 놓여 있더라 **8** 그 때에야 무덤에 먼저 갔던 그 다른 제자도 들어가 보고 믿더라 **9** (그들은 성경에 그가 죽은 자 가운데서 다시 살아나야 하리라 하신 말씀을 아직 알지 못하더라) **10** 이에 두 제자가 자기들의 집으로 돌아가니라

안식일이 지난 첫 번째 날 이른 새벽에 마리아가 무덤을 막고 있는 돌이 치워진 것을 발견하고, "베드로와 예수께서 사랑하시던 그 다른 제자"에게 보고한다. 이런 황당한 보고를 받은 두 제자들이 동시에 달음질하여 무덤에 가지만, 사랑하는 제자가 무덤에 먼저 도착해서 그 안에 세마포가 놓여 있는 것을 보지만 무덤 안으로 들어가지 않는다. 그보다 늦게 베드로가 무덤에 도착했고, 제일 먼저 무덤에 들어가서 세마포와 수건을 본다. 그런 후에야 사랑하는 제자가 베드로를 따라서 무덤에 들어와 베드로가 본 것을 함께 본

다. 그런데 베드로가 믿었는지 여부는 전혀 말하지 않고, 오직 사랑하는 제자가 믿었다고만 한다.

6~7절에 의하면, 베드로는 두 번째로 무덤에 도착하지만, 가장 먼저 무덤 안으로 들어가서 상황을 목도하지만, 아무런 말을 하지 않는다. 베드로는 벌어진 상황을 이해하지 못한 것 같다. 마태복음 27:64; 28:13에 의하면, 사람들이 예수의 시체를 훔쳐갔다고 한다. 그러나 베드로는 그렇게 생각할 수 없었지만, 상황파악이 제대로 되지 않았다. 나사로의 부활과 비교해 보자. 나사로는 부활한 후 얼굴과 수족을 베로 동인 채로 무덤에서 나왔고, 예수의 명령에 의해서 비로소 그 묶인 수건에서 풀려나 활동하였다. 그러나 나사로와는 달리 예수는 그 스스로 매인 수건과 세마포를 풀고 부활하였다. 예수는 죽음의 표식을 스스로 벗어던져 버렸다. 예수는 생명 자체이기 때문이다. 베드로가 본 세마포와 수건은 죽음의 증거가 아니라, 생명의 표식이다. 그러나 이 점을 베드로는 아직 이해하지 못하고 있다.

그러나 8절에 의하면, 사랑하는 제자는 베드로를 뒤따라 무덤에 들어가서 함께 세마포와 수건을 보았고, 예수가 부활하였다는 것을 믿었다. 그러나 9절에 의하면, 두 제자들 모두가 예수가 살아나야 한다는 (구약)성서의 말씀을 아직 이해하지 못한다. 그렇다면 사랑하는 제자는 어떻게 믿음에 이르게 되었는가? 그는 성서의 말씀을 아직 이해하지 못하고 있음에도 불구하고, 믿었다. 어떻게 그런 일이 가능한가? 이에 대한 해답은 2:18~32에서 찾을 수 있다. 사랑하는 제자는 빈 무덤을 보고서 2:19에 나오는 예수의 말씀을 기억해낸 것이다. 그는 구약성서의 말씀을 아직 이해하지 못했지만, 예수가 하신 말씀을 기억했고 또 믿었다. 오직 예수의 말씀만이 예수의 부활을 믿는 신앙을 가능하게 하고, 그럴 때 비로소 구약성서도 이해할 수 있다. 빈 무덤을 봄으로써 그에게 믿음이 생겨났지만, 그러나 도마에게 한 부활 예수의 말씀을 이 대목에서 미리 앞당겨 들어야 한다. "나를 본 고로 믿느냐 보지 못하고 믿는 자들은 복되다." 빈 무덤만을 보면, 누가 시체를 도둑질해갔다고 생각할 수도 있다. 구약성서의 말씀을 통해서도 부활신앙에 이를 수 없다. 오직 예수의 말씀을 통해서만 그의 부활을 믿을 수 있다. 부활하신 예수만이 자신의 부활을 증언할 수 있고 또 믿게 할 수 있기 때문이다.

초대교회의 일반적인 견해에 의하면, 베드로가 최초의 부활증인이다. 요한복음도 그것을 받아들이지만, 그러나 베드로보다는 오히려 "사랑하는 제자"에게 초점을 맞춘다. 19:26에 의하면, "사랑하는 제자"는 예수의 마지막 부탁을 받은 사람이고, 19:35에 의하면, 그는 예수의 십자가 죽음을 직접 "본 자"이고, 20:8~9에 의하면, 그는 예수의 빈 무덤에서 예수의 말씀을 기억해 내고 예수의 부활을 제일 먼저 믿은 사람이다. 그러므로 "사랑하는 제자"의 증언에 기초해서 기록된 요한복음의 메시지는 진리이며, 이 진리를 믿는 사람은 영생을 얻는다.

2) 20:11~18 부활 예수가 막달라 마리아에게 나타나다

11 마리아는 무덤 밖에 서서 울고 있더니 울면서 구부려 무덤 안을 들여다보니 **12** 흰 옷 입은 두 천사가 예수의 시체 뉘었던 곳에 하나는 머리 편에, 하나는 발 편에 앉았더라 **13** 천사들이 이르되 여자여 어찌하여 우느냐 이르되 사람들이 내 주님을 옮겨다가 어디 두었는지 내가 알지 못함이니이다 **14** 이 말을 하고 뒤로 돌이켜 예수께서 서 계신 것을 보았으나 예수이신 줄은 알지 못하더라 **15** 예수께서 이르시되 여자여 어찌하여 울며 누구를 찾느냐 하시니 마리아는 그가 동산지기인 줄 알고 이르되 주여 당신이 옮겼거든 어디 두었는지 내게 이르소서 그리하면 내가 가져가리이다 **16** 예수께서 마리아야 하시거늘 마리아가 돌이켜 히브리 말로 랍오니 하니 (이는 선생님이라는 말이라) **17** 예수께서 이르시되 나를 붙들지 말라 내가 아직 아버지께로 올라가지 아니하였노라 너는 내 형제들에게 가서 이르되 내가 내 아버지 곧 너희 아버지, 내 하나님 곧 너희 하나님께로 올라간다 하라 하시니 **18** 막달라 마리아가 가서 제자들에게 내가 주를 보았다 하고 또 주께서 자기에게 이렇게 말씀하셨다 이르니라

두 제자들이 떠난 후에도 여전히 무덤 밖에서 울며 무덤을 들여다보던 마리아는 흰 옷을 입은 두 천사들이 예수의 시신이 있던 머리 쪽과 다리 쪽에 앉아 있는 것을 본다. "흰 옷"은 하늘의 세계를 상징하기 때문에, 흰 옷을 입은 두 천사들이 나타났다는 것은 세상적인 지각을 넘어서는 사건이다. 그러

나 마리아는 천사들을 사람들로 알았다. 마리아는 아직 예수의 부활을 알지 못하였기 때문에, 누군가가 예수의 시신을 옮긴 것으로 여겼다. 부활 예수가 그녀에게 나타났지만, 아직 그녀는 그를 알아보지 못하고, 동산지기로 착각한다. 예수가 "누구를 찾느냐?"라고 묻지만, 여전히 그를 알아보지 못한 마리아는 그에게 예수의 시신의 행방을 묻는다. 첫 물음에서 여전히 목소리를 알아보지 못한 그녀에게 예수는 "마리아야"하고 이름을 부르면서 드디어 자신의 정체를 드러낸다. 10:1~6에 나오는 목자와 양의 비유를 기억나게 한다. 목자는 양의 이름을 불러 인도하며, 양들은 그의 음성을 알기 때문에 목자를 따라간다. 자신의 이름을 부르는 목자의 음성을 듣고 마리아는 예수를 알아본다. 마리아는 일반적인 호칭인 "랍비"보다는 더 신앙고백적인 의미가 담긴 "랍오니"라고 예수를 부름으로써 부활 예수에 대한 믿음을 고백한다.

이러한 고백과 함께 마리아는 예수를 잡으려고 한 것 같다. 그러나 17절에서 예수는 "나를 붙들지 말라. 내가 아직 아버지께로 올라가지 아니하였다"고 한다. 지금 예수는 부활과 승천 사이에 있다. 죽은 자들로부터 부활하였지만, 그러나 아직 아버지께로 올라가지는 않았다. 이 중간 사이에 예수가 만난 유일한 인물은 막달라 마리아이다. 이제 곧 예수는 아버지께로 올라간다. 그래야 제자들에게 나타나게 될 것이다. 예수는 십자가에 달려 죽고 매장된 후, 부활하고, 이어서 아버지께로 돌아가고, 그리고 하늘로부터 제자들에게 나타날 것이다. 이러한 일련의 순서는 공관복음에서와는 다르다. 요한복음에서는 오직 이곳에서만 예수가 제자들을 "내 형제들"이라고 부른다. 마리아는 예수의 제자들에게 가서 예수께서 부활하여서 아버지 하나님께로 올라간다는 소식을 전하라는 사명을 받는다. 그러나 8절에 의하면, 마리아보다 앞서 "사랑하는 제자"는 예수의 부활을 믿었다. 마리아는 제자들에게 가서 "내가 주를 보았다"고 말하며 예수가 부탁한 소식을 전한다.

3) 20:19~23 부활 예수가 제자들에게 나타나서 사명을 부여하다

19 이 날 곧 안식 후 첫날 저녁 때에 제자들이 유대인들을 두려워하여 모인 곳의 문들을 닫았더니 예수께서 오사 가운데 서서 이르시되 너희에게 평강이 있을지어다 **20** 이 말씀을 하시고 손과 옆구리를 보이시니 제자들이 주를 보고 기뻐하더라 **21** 예수께서 또 이르시되 너희에게 평강이 있을지어다 아버지께서 나를 보내신 것 같이 나도 너희를 보내노라 **22** 이 말씀을 하시고 그들을 향하사 숨을 내쉬며 이르시되 성령을 받으라 **23** 너희가 누구의 죄든지 사하면 사하여질 것이요 누구의 죄든지 그대로 두면 그대로 있으리라 하시니라

"이 날 곧 안식 후 첫날"의 새벽에 예수는 부활했지만(20:1), 부활 예수가 제자들에게 나타난 것은 그날 "저녁 때"였다(19절). 그 사이에 빈 무덤이 발견되고, 예수가 마리에게 나타났고, 다시 하늘의 아버지에게로 올라갔다가 이제 저녁에 제자들에게 나타났다. 이는 14:18~19에 나오는 약속이 실현되는 순간이다. "너희에게 평강이 있을지어다."에 대해서는 14:27을 참조하라.

예수가 제자들에게 준 이 평화는 십자가에서 이루어진 것이다(20절). 바울은 이것을 평화 외에도 화해라고도 했다(고후 5:18~21). 부활하신 분, 승천하신 분은 십자가에 달리신 바로 그분이다. 십자가는 역사의 한순간에 일어난 과거의 사건이 아니라, 예수 그리스도의 영원한 현재사건이다. 지금도 살아 계신 예수 그리스도는 십자가에 달리신 예수 그리스도이다. 언제, 어디에서나 우리가 만나는 예수 그리스도는 양손에 못을 박힌 자국과 옆구리에 창을 찔린 상처를 가지고 계시는 분이다. 십자가의 흔적이 없는 예수는 신약성서의 예수가 아니다. 부활 예수를 본 제자들이 기뻐한다. 이는 16:16~23; 17:13 말씀의 실현이다.

부활 예수는 십자가에 달려 죽으신 자신의 메시지를 세상에 전파하기 위하여 제자들을 보낸다(17:18 참조). 그들을 향하여 숨을 내쉬는 것은(22절), 그들에게 복음 선포의 자격과 권리를 부여하는 제스처이다. 숨을 내쉬는 것은 생명을 전달하는 것이다(창 2:7; 겔 37:9; 지혜서 15:11 참조). 그리스도의 죽음에 근거해서 새로운 생명을 제자들에게 부여함으로써, 제자들은 그 새 생명 가운데서 세상에게 복음을 전파할 수 있게 되었다.

"성령을 받으라."(22b절)에 대해서는 15:26과 16:7을 읽어보라. 그에 의하면 예수는 십자가에 죽고 아버지께로 가서 제자들에게 성령을 보내시겠다고 약속했다. 부활 예수가 제자들에게 와서 그 약속을 실현한 것이다. 성령을 받음으로써 제자들은 스스로의 힘으로 도저히 할 수 없는 일을 할 수 있게 된다(23절). 그들은 사람들의 죄를 사할 수도 있고, 그대로 남아있게 할 수도 있다. 마태복음 18:18에 비슷한 말씀이 있다. 이것은 가톨릭교회가 행하는 고해성사와 사죄선언을 말하는 것이 아니라, 복음의 선포를 말한다. 제자들은 영생의 말씀을 선포함으로써 세상 속에서 선택을 받은 사람들과 그렇지 못한 사람들을 구분한다. 선택을 받은 사람들은 제자들의 복음 선포를 통하여 죄 사함을 받게 되고, 그렇지 못한 사람들은 여전히 죄 가운데 있게 된다. 16:7~11에 의하면, 보혜사 성령이 죄, 의, 심판이 무엇인지를 깨우치고 세상을 책망할 것이다. 보혜사 성령은 제자들을 통해서 그 일을 한다.

4) 20:24~29 부활 예수가 도마에게 나타나다

24 열두 제자 중의 하나로서 디두모라 불리는 도마는 예수께서 오셨을 때에 함께 있지 아니한지라 **25** 다른 제자들이 그에게 이르되 우리가 주를 보았노라 하니 도마가 이르되 내가 그의 손의 못 자국을 보며 내 손가락을 그 못 자국에 넣으며 내 손을 그 옆구리에 넣어 보지 않고는 믿지 아니하겠노라 하니라 **26** 여드레를 지나서 제자들이 다시 집 안에 있을 때에 도마도 함께 있고 문들이 닫혔는데 예수께서 오사 가운데 서서 이르시되 너희에게 평강이 있을지어다 하시고 **27** 도마에게 이르시되 네 손가락을 이리 내밀어 내 손을 보고 네 손을 내밀어 내 옆구리에 넣어 보라 그리하여 믿음 없는 자가 되지 말고 믿는 자가 되라 **28** 도마가 대답하여 이르되 나의 주님이시요 나의 하나님이시니이다 **29** 예수께서 이르시되 너는 나를 본 고로 믿느냐 보지 못하고 믿는 자들은 복되도다 하시니라

부활 예수가 열두 제자들 중의 한 사람인 도마에게 나타난다. 도마는 19~23절에서 부활 예수가 제자들에게 나타났을 때 함께 있지 않았다. 나머지 10명의 제자들이 그에게 주님을 보았다고 한다. 이것은 부활증인들의 증

언이다. 그러나 도마는 그들의 증언만으로는 예수의 부활을 믿을 수 없다. 자신이 직접 못 자국과 창 자국에 손을 넣어서 확인하지 않는 한 믿을 수 없다. 듣는 것으로는 믿을 수 없고, 보아야만 믿을 수 있다고 한다. 25b절에서 "믿지 아니하겠노라"는 너무 의미가 약한 번역이다. 헬라어 표현(ου μη πιστ ευσω)은 "나는 절대로 믿을 수 없다"는 강한 의미를 가진 표현이다. 눈으로 직접 보지 않고는 절대로 믿을 수 없다고 한다. 예수가 부활했다는 눈에 보이는 증거를 대라는 말이다. 이러한 도마의 요구는 첫 번째 부활증인들을 제외한 모든 시대의 그리스도인들의 요구이기도 하다. 처음 부활 증인들 이후 모든 시대의 사람들은 부활하신 예수를 본 사람이 없고, 또 결코 볼 수도 없다.

도마의 이러한 불신앙이 과연 어떻게 극복될 수 있는가? 부활 예수가 그에게 나타나서 손을 못 자국과 창 자국에 넣어보라고 하면서, 믿음 없는 자가 되지 말고 믿는 자가 되라고 한다(27절). 그러나 정작 도마가 못 자국과 창 자국에 손을 넣었다는 말은 없다. 예수의 소리를 듣고 도마는 곧바로 예수를 향하여 "나의 주, 나의 하나님"이라는 신앙을 고백한다. 이는 시편 35:23에서 인용한 고백이다. 이로써 도마는 예수가 하나님이심을 고백한 것이다(6:69; 11:27). 부활 예수를 보고 도마는 믿음의 사람이 되었다.

29절에서 예수는 도마에게 "너는 나를 본 고로 믿느냐"고 되묻고, 이어서 "보지 못하고 믿는 자들은 복되다"고 한다. 이는 도마 개인을 향한 책망이 아니라, 이후 모든 시대의 그리스도인들을 향한 가르침이다. 보고 믿은 것은 단지 도마뿐만 아니라, 나머지 제자들에게도 마찬가지였다(19~23절). 여기서 예외인 사람은 사랑하는 제자이다. 그는 보지 않고도 믿었다(20:8). 그런 의미에서 이 사랑하는 제자의 믿음은 이후 모든 시대의 그리스도인들의 전형이고 모범이다. 처음 제자들처럼 부활 예수를 본 사람은 그 이후 아무도 없다. 그 이후의 모든 그리스도인들은, 17:20의 말씀대로, 이 증인들의 말을 통하여 예수의 부활을 믿는다. 로마서 10:10에서 바울이 말한 대로, 믿음은 복음의 메시지를 들음으로써 생겨난다. 그러므로 믿음을 불러일으키는 인간의 유일한 기관은 귀라고 루터는 말했다.

복음서의 마무리
복음서 해석의 원리

30 예수께서 제자들 앞에서 이 책에 기록되지 아니한 다른 표적도 많이 행하셨으나 **31** 오직 이것을 기록함은 너희로 예수께서 하나님의 아들 그리스도이심을 믿게 하려 함이요 또 너희로 믿고 그 이름을 힘입어 생명을 얻게 하려 함이니라

예수와 동행했던 처음 제자들 이후의 사람들은 예수의 부활을 목격한 사람들의 증언을 들음으로써 믿음을 갖는다. 요한복음이 그러한 증언이다. 요한복음은 예수의 부활을 목격하고 믿은 제자의 증언이다. 그러므로 요한복음을 읽고 듣는 사람은, 예수가 하나님의 아들, 그리스도라는 사도적인 증언을 믿게 되며, 그래서 영생의 축복에 참여한다. 요한복음 저자는, 자기 공동체의 그리스도인들이 그의 복음서를 읽으면서, 예수가 하나님의 아들, 그리스도이심을 믿고, 영생을 얻게 하려고 복음서를 기록하였다. 그러나 30~31절에는 주석적으로 깊이 생각해야 할 문제가 있다.[193]

---

193) 이에 대해서는 특히 H.-Chr. Kammler, 위의 논문, 191~211 참조.

30~31절이 복음서의 결론이라면, 31절의 "오직 이것"($\tau\alpha\upsilon\tau\alpha\ \delta\varepsilon$)이 무엇을 의미하는가? "이것"이라는 지시대명사가 가리키는 것은 문맥상 30절의 "표적"($\sigma\eta\mu\varepsilon\iota\alpha$)이다. 그렇다면 여기서 저자는 자기 복음서의 내용을 "오직 이것" 곧 표적을 기록한 것이라고 한다. 요한복음에서 표적은 예수 안에 나타난 하나님의 영광을 드러내는 중요한 역할을 한다. 그러나 요한복음에서는 표적사건들과 함께 예수의 자기 계시의 말씀들이 오히려 더 중요하다. 그런데 왜 이 결론 부분에서는 "표적"만을 기록해서 믿음을 갖게 하고 생명에 참여하게 할 것이라고 하는가? 요한복음은 세상에서 예수가 행한 7개의 표적들을 말하지만, 그보다 질적으로나 양적인 측면에서 예수의 말씀을 더 강조한다. 더구나 "표적"이라는 말은 12:37에 마지막으로 언급되고, 그 이후 13:1~20:29에는 전혀 나오지 않고 있다가, 다시 20:30~31에 나온다. 그러므로 요한복음의 결론인 20:30~31이, 예수가 하나님의 아들임을 믿고 생명을 얻게 하기 위하여 예수의 말씀이 아니라, "오직 이것"(표적)을 기록했다고 말한다면, 그것은 기이한 일이다.[194]

30절이 "표적"을 "제자들 앞에서" 행한 것이라고 한다면, 그것은 2~11장의 상황과는 다르다. 2~11장에 나오는 11개의 표적들은 모두가 "제자들 앞에서"가 아니라, 모든 사람들이 볼 수 있게 "세상 앞에서" 행한 것이기 때문이다.

더 심각한 물음은, 표적들에 관한 기록을 읽는 사람들이 예수를 하나님의 아들, 그리스도로 믿을 수 있는가 하는 것이다. 표적이 믿음을 불러 올 수 있는가? 30~31절에 의하면, 믿음을 갖게 하기 위하여 "오직 이것"(표적)을 기록했다고 말함으로써, 표적이나 그에 관한 증언이 믿음을 불러오는 것처럼 말한다. 그러나 요한복음은 전체적으로 표적이 믿음을 갖게 한다고 말하지

---

194) 요한복음 저자가 소위 "세메이아" 자료를 사용해서 복음서를 기록한다는 가설을 주장하는 사람들은, 30~31절이 원래는 그 자료의 마무리였는데, 저자가 그의 복음서 마무리로 활용했다고 한다. R. Bultmann, *Johannes*, 541; J. Becker, *Johannes II*, 756; R. Schnackenburg, *Johannes III*, 401 등 참조. 그러나 이러한 자료설은 많은 문제가 있어서 근래에는 받아들이지 않는 경향이 강하다. Kamller의 논문 외에도, U. Schnelle, *Johannes*, 310~311 참조.

않는다. 요한복음에 의하면, 믿음을 불러오는 것은 표적이 아니라, 예수의 계시적인 말씀이다. 로마서에서 바울이 말한 것처럼(롬 10:17), 요한복음에서도 믿음은 말씀을 들음으로써 생겨난다.[195] 표적행위를 보고 많은 사람들이 예수를 믿었다는 말은 요한복음에서는 실제로 전혀 믿지 않았다는 뜻이다.[196] 표적이 믿음을 가져오는 것이 아니라, 먼저 믿음이 있어야 표적의 진정한 의미를 알아볼 수 있다. 믿음이 없는 사람이 예수의 표적들을 아무리 많이 본다고 해도 그 표적을 통해서 믿음을 가질 수 없다. 예수께서 부르셔서 믿음을 가진 사람들이 예수가 행한 표적에서 하나님의 영광을 보고(2:11; 11:40 참조), 예수가 하나님의 아들이며 생명의 수여자라는 것을 믿는다. 그러므로 요한복음에 의하면, 표적이 믿음을 불러오는 것이 아니라, 먼저 믿음으로 부르심을 받은 사람이 표적의 진정한 의미 곧 예수가 하나님의 아들이라는 진리를 볼 수 있다. 그렇다면 예수가 하나님의 아들, 그리스도이심을 믿게 하려고 "오직 이것"(표적)을 기록했다는 30~31절을 어떻게 이해해야 하는가?

우선 결론부터 말한다면, 20:30~31이 말한 "표적"은 1~11장에 나오는 표적들을 말하지 않는다. 1~11장의 표적들은 지상의 예수가 모든 사람들 앞에서 공개적으로 행한 사건들이지만, 여기서 말하는 표적은 오직 "제자들 앞에서"만 행했다. 오직 제자들 앞에서만 행한 표적은 부활 예수의 현현 사건이다. 요한복음의 저자는, 부활 예수가 요한복음에 기록된 것 외에도 제자들 앞에 나타난 더 많은 현현사건들이 있지만, 현재 기록된 것만으로도 예수가 하나님의 아들, 그리스도이심을 믿게 하는 데 충분하다고 여겼다. 세상 사람들 앞에서 행한 지상 예수의 표적사건들은 보는 사람들에게 믿음을 불러일으키지 못했지만, "제자들 앞에" 나타난 부활 예수의 현현은 제자들로 하여금, 도마처럼, 부활 예수를 "나의 주, 나의 하나님"으로 믿고 고백하게 한다.

---

195) 4:26~29, 41~42, 50; 5:24; 6:68~69; 9:35~38; 11:25~27; 20:16, 18, 29 등.
196) 2:23; 4:39; 7:31; 8:30; 10:42; 11:45; 12:11, 42.

진정한 믿음은 부활 예수를 만남으로써만 생겨난다는 것은 신약성서 전체의 공통적인 가르침이다. 그러므로 부활 예수의 현현이야말로 예수가 하나님의 아들이라는 진리를 가르치고 믿게 하는 가장 중요한 "표적"이다.

그렇다면 복음서 저자는 부활 예수의 현현을 왜 "표적"이라고 했을까? 여기에 대해서는 두 가지를 말할 수 있다. 첫째, 현상적인 측면에서 볼 때, 부활 예수의 현현은 시간과 공간을 넘어서는 기적적인 현상이라는 점에서는 2~11장에 나오는 표적들과 같다. 둘째, 내용적으로 볼 때, 지상 예수가 행한 표적이나 부활 예수의 현현은 모두가 예수가 누구인지를 드러낸다. 지상 예수의 표적 사건들도 예수 안에 있는 하나님의 영광을 드러낸다(1:11; 11:4,40). 그러므로 예수 안에 하나님이 계심을 드러낸다. 예수가 하나님의 아들이라는 것을 드러낸다. 그러므로 요한복음에서 7개의 "나는 …이다"는 계시의 말씀과 표적들은, 예수가 하나님의 아들이라는 진리를 말한다. 부활 예수의 현현도 마찬가지로 예수가 하나님의 아들이심을 드러내기 때문에, "표적"이다.

그러나 세상 사람들 앞에서 행한 지상 예수의 표적들은 그들로 하여금 믿음을 갖게 하지 못했지만, "제자들 앞에" 나타난 부활 예수의 현현은 제자들에게 믿음을 갖게 하였다. 요한복음은 부활 예수의 현현을 목격하고 예수가 하나님의 아들, 그리스도이심을 분명하게 믿은 사도적인 제자의 증언이다. 누구든지 이 사도적인 증언을 듣고, 동일한 믿음에 이르게 되는 사람은 영원한 생명에 참여한다. 예수가 하나님의 아들, 그리스도이심을 믿지 못하는 사람은 요한복음의 일부라도 이해하거나 받아들일 수 없다. 그런 점에서 30~31절은 예수의 부활에 관한 증언의 마무리이면서 동시에 요한복음 전체를 바르게 읽고 해석할 수 있는 해석학적인 원리로서 복음서를 마무리하는 말씀이다.

복음서의 후기

부활 예수의 갈릴리 현현

20:30~31로써 복음서는 마무리되었다. 20장까지의 복음서를 기록한 저자 외의 누군가가 나중에 21장을 첨가하였다. 이것은 학자들의 공통적인 견해이다. 21장은 언어적으로도 20장까지와는 많은 차이를 드러낸다. 21장에 있는 24개의 단어들은 20장까지는 전혀 사용된 적이 없는 것들이다. 20장에서는 부활 예수가 예루살렘에서 제자들에게 나타났는데, 21장에서는 아무런 연결사도 없이 갑자기 갈릴리에서 제자들에게 나타났다고 한다. 20:21~23에서 부활 예수는 예루살렘에서 제자들에게 나타나서 성령을 부어주고, 죄 용서의 권능을 부여하며 파송한다. 그러나 21장은 그런 것을 전혀 모르는 것처럼 제자들이 다시 갈릴리로 돌아가서 과거의 어부 직업에 종사하고 있는 것을 전제한다. 더구나 20:21~23에서는 모든 제자들에게 파송과 죄 사함의 권능이 부여되는데, 21장에서는 주로 베드로에게만 집중해서 목양의 사명을 위임하는 것처럼 보인다. 요한복음 1~20장에서는 제자들이 어부의 직업을 가지고 있었다는 사실 자체가 언급되지 않는다. 20:29에 의하

면, 그 이후로는 부활 예수를 보고 믿는 것이 아니라, 안 보고 믿어야 한다고 했는데, 21장에서는 다시 부활 예수의 현현을 말한다. 또한 21:20~24는 "사랑하는 제자"와 베드로를 엮어서 말한다는 점에서는 20장까지와 유사한 듯 보이지만, 그러나 중요한 점에서 차이를 드러낸다. 1~20장까지에서 베드로는 "사랑하는 제자"에게 밀리는 듯 하는 인상을 강하게 풍기지만, 21장에서는 오히려 베드로에게 초점이 더 맞춰진 듯하다. 1:40~42를 보면, 베드로는 첫 번째로 부르심을 받은 제자가 아니라, 그의 형제 안드레에 의해서 안내를 받는다. 20장의 현현 이야기에서도 베드로가 첫 번째로 부활 예수의 현현을 경험하는 제자로 나타나지 않는다. 그러나 21장에서는 베드로가 어느 다른 제자들보다도 중심에 서 있다. 21장에서 베드로는 예수의 양들을 치는 목자의 사명을 위임 받는다. 예수가 선한 목자이기 때문에, 베드로가 예수의 직무를 대신하는 영광을 얻는다. 21장에서는 베드로에 비하면 "사랑하는 제자"가 밀리고 있다. 21:24에 의하면, 요한복음 1~20장을 기록한 사람은 "사랑하는 제자"이다. 그러므로 21장을 나중에 첨가한 사람 스스로 1~20장과 21장을 구분한다.

이처럼 언어적으로 보거나 내용적으로 볼 때, 21장은 1~20장이 기록된 후에 다른 사람에 의해서 기록되어 첨가된 것이 분명하다. 그는 20장의 현현 이야기를 다른 복음서들의 현현 이야기와 비교했을 때, 갈릴리 현현 이야기가 빠진 것을 알고, 다른 복음서들을 참조하여 21장의 갈릴리 현현 이야기를 첨가하였을 것이다.

❶ 21:1~14 부활 예수가 디베랴 호수에 나타나다

1 그 후에 예수께서 디베랴 호수에서 또 제자들에게 자기를 나타내셨으니 나타내신 일은 이러하니라 **2** 시몬 베드로와 디두모라 하는 도마와 갈릴리 가나 사람 나다나엘과 세베대의 아들들과 또 다른 제자 둘이 함께 있더니 **3** 시몬 베드로가 나는 물고

기 잡으러 가노라 하니 그들이 우리도 함께 가겠다 하고 나가서 배에 올랐으나 그 날 밤에 아무 것도 잡지 못하였더니 4 날이 새어갈 때에 예수께서 바닷가에 서셨으나 제자들이 예수이신 줄 알지 못하는지라 5 예수께서 이르시되 얘들아 너희에게 고기가 있느냐 대답하되 없나이다 6 이르시되 그물을 배 오른편에 던지라 그리하면 잡으리라 하시니 이에 던졌더니 물고기가 많아 그물을 들 수 없더라 7 예수께서 사랑하시는 그 제자가 베드로에게 이르되 주님이시라 하니 시몬 베드로가 벗고 있다가 주님이라 하는 말을 듣고 겉옷을 두른 후에 바다로 뛰어 내리더라 8 다른 제자들은 육지에서 거리가 불과 한 오십 칸쯤 되므로 작은 배를 타고 물고기 든 그물을 끌고 와서 9 육지에 올라보니 숯불이 있는데 그 위에 생선이 놓였고 떡도 있더라 10 예수께서 이르시되 지금 잡은 생선을 좀 가져오라 하시니 11 시몬 베드로가 올라가서 그물을 육지에 끌어 올리니 가득히 찬 큰 물고기가 백쉰세 마리라 이같이 많으나 그물이 찢어지지 아니하였더라 12 예수께서 이르시되 와서 조반을 먹으라 하시니 제자들이 주님이신 줄 아는 고로 당신이 누구냐 감히 묻는 자가 없더라 13 예수께서 가셔서 떡을 가져다가 그들에게 주시고 생선도 그와 같이 하시니라 14 이것은 예수께서 죽은 자 가운데서 살아나신 후에 세 번째로 제자들에게 나타나신 것이라

디베랴 호수는 갈릴리 호수의 다른 이름이다. "세베대의 아들들"이라는 표현은 요한복음에서 여기에만 나온다. 부활 예수가 갈릴리 호수에서 7명의 제자들에게 현현하셨다. 나머지 제자들은 어디로 갔을까? 20장에서 예수의 빈 무덤을 제일 먼저 들어갔던 베드로가 여기서 "물고기를 잡으러" 가고, 다른 6명의 제자들도 베드로를 따라간다. 과거의 어부 직업으로 되돌아갔다는 말은, 그들이 예수의 부활을 아직 알지도 못하고 믿지 못하고 있다는 뜻이다. 그러므로 21장은 20장의 부활 예수의 현현을 전혀 고려하지 않는 별도의 이야기이다. 숙련된 어부 출신인 그들은 그날 밤에는 아무것도 잡지 못했다.

밤이 새도록 아무것도 잡지 못한 허탈한 새벽에 제자들은 호숫가에 서 계시는 부활 예수를 알아보지 못한다. 요한복음에서는 처음으로 사용되는 호칭인 "얘들아"를 사용해서, 부활 예수는 제자들을 부르며 고기를 잡았느냐고 묻고, 아직 부활 예수인줄 모르는 제자들은 "없다"고 무심하게 대답한다. 그러자 부활 예수는 그물을 배의 "오른편"에 던지라고 지시하고, 제자들은

아무런 대꾸나 의구심도 없이 그대로 그물을 던진다. 그랬더니 그물을 들수 없을 정도로 많은 고기가 잡혀서 올라왔다. 이야기는 실제 상황을 묘사하는 데는 전혀 관심이 없다. 예수는 뭍에 있고 제자들은 뭍에서 상당한 거리에 있다(8절). 그런데도 예수와 제자들 사이에 아무런 문제가 없이 대화가 진행된다. 제자들이 누구인지도 모르는 사람의 지시에 따라서 그물을 내리는 것도 그렇고, 뭍에 계시는 예수의 지시를 받고 제자들이 다시 호수의 깊은 곳으로 배를 몰고 다시 나가서 고기를 잡았다는 말도 그렇다.

더구나 7절에는 2절에 언급되지도 않았던 "사랑하는 제자"가 갑자기 배에 나타나서 베드로에게 주님이라고 가르쳐준다. "사랑하는 제자"는 2절이 말한 세베대의 아들들 중의 한 사람인가? 그렇다면 왜 2절에서는 그냥 세베대의 아들들이라고 하고, 여기서 갑자기 "사랑하는 제자"라고 하는가? 어쨌든 20:8에 의하면, 사랑하는 제자가 예수의 부활을 믿었기 때문에, 그가 베드로에게 주님이라고 가르쳐 주는 것은 적절하다. 그의 가르침을 받고서야 비로소 베드로는 허겁지겁 바다로 뛰어들어 예수께로 간다. 20장에서 분명히 "나의 주, 나의 하나님"이라고 고백한 도마가 고기 잡는 배에 있었지만, 예수를 알아보지 못한다.

누가복음 24장 13절 이하에 나오는 엠마오 제자들의 이야기처럼, 예수는 제자들과 식사를 한다. 제자들은 배에서 아직 올라오지 않았는데 이미 뭍에는 불이 지펴 있었다. 누가 불을 지폈고, 생선과 떡을 가져왔는지도 언급되지 않는다. 생선과 떡이 이미 준비되어 있다고 한 후에 갑자기 예수께서 잡은 생선을 가져오라고 하고, 베드로가 비로소 배에 가서 그물을 올리니 153 마리의 고기가 잡혔다고 한다(11절). 예수께서 제자들에게 떡과 생선을 가져다주시지만, 제자들이 먹었다는 기록은 없지만(12절), 15절을 볼 때, 함께 식사를 한 것으로 보인다.

153이라는 숫자에 대한 다양한 해석들이 있다. 그물은 보편적인 교회를 상징하고, 그 안에 잡힌 153마리의 물고기들은 그리스도인들을 상징한다고 보는 해석이 가장 설득력 있다. 그러면 한 그물에 잡힌 153마리의 물고기는 하나의 교회 안에 있는 많은 그리스도인들의 일치를 상징한다. 이는 17장에 있는 예수의 기도에서도 중요한 주제였다. 물론 왜 하필이면 153이라는 숫자냐 하는 물음에는 분명한 대답은 없다. 헬라의 동물학자가 153마리의 다양한 종류의 물고기들이 있다고 한 말에서 유래했다는 견해도 있고, 1부터 17을 합한 수가 153이라는 견해도 있다. 21장의 저자는 이 숫자를 전승에서 발견해서 이곳에 사용한 것으로 보인다. 비슷한 이야기가 누가복음 5:5에도 나오는데, 이곳은 부활 예수의 현현과는 전혀 다른 맥락이고 또 153이라는 숫자 대신에 "잡은 것이 심히 많다"라고만 한다.

부활하신 예수의 갈릴리 현현을 세 번째라고 한다(14절). 20:19~23이 첫 번째 현현이고, 20:24~29가 두 번째 현현이라면, 이번이 세 번째 현현인 셈이다. 그러나 첫 번째와 두 번째 현현에서 이미 부활 예수를 만났던 제자들이 세 번째 현현에서는 예수를 전혀 알아보지 못했다는 것은, 21장이 20장과는 별도의 현현 이야기라는 것을 말한다.

② 21:15~19 부활 예수와 베드로 - "네가 나를 사랑하느냐?"

15 그들이 조반 먹은 후에 예수께서 시몬 베드로에게 이르시되 요한의 아들 시몬아 네가 이 사람들보다 나를 더 사랑하느냐 하시니 이르되 주님 그러하나이다 내가 주님을 사랑하는 줄 주님께서 아시나이다 이르시되 내 어린 양을 먹이라 하시고 **16** 또 두 번째 이르시되 요한의 아들 시몬아 네가 나를 사랑하느냐 하시니 이르되 주님 그러하나이다 내가 주님을 사랑하는 줄 주님께서 아시나이다 이르시되 내 양을 치라 하시고 **17** 세 번째 이르시되 요한의 아들 시몬아 네가 나를 사랑하느냐 하시니 주께서 세 번째 네가 나를 사랑하느냐 하시므로 베드로가 근심하여 이르되 주님 모든 것을 아시오매 내가 주님을 사랑하는 줄을 주님께서 아시나이다 예수께서 이르시되 내 양을 먹이라 **18** 내가 진실로 진실로 네게 이르노니 네가 젊어서는 스스로 띠 띠고 원하는 곳으로 다녔거니와 늙어서는 네 팔을 벌리리니 남이 네게 띠 띠우고 원하지 아니하는 곳으로 데려가리라 **19** 이 말씀을 하심은 베드로가 어떠한 죽음으로 하나님께 영광을 돌릴 것을 가리키심이러라 이 말씀을 하시고 베드로에게 이르시되 나를 따르

라 하시니

아침 식사 후에 예수는 베드로를 "요한의 아들 시몬"이라고 부른다. 베드로를 이렇게 부르는 것도 요한복음에서는 이곳뿐이다. 세 번이나 예수는 베드로를 그렇게 부른다. 예수와 베드로의 대화에는 다른 제자들이 끼어들 여지가 없다. 예수는 세 번이나 베드로를 부르면서 "네가 나를 사랑하느냐?"고 묻고, 그에 베드로가 세 번 대답한다. 예수의 물음은 세 번 모두 동일하지만, 그에 대한 베드로의 대답은 매번 고조되어 간다.

먼저 예수는 베드로에게 "이 사람들보다 더" 사랑하는지를 묻는다(15절). "이 사람들"은 함께 있는 다른 제자들이기 때문에, 예수의 물음은 다른 제자들에 비교해서 베드로의 특별한 지위를 강조한다. 세 번이나 예수가 물은 것은, 베드로가 세 번이나 예수를 부인했던 것(18:17.25.27)과 연관이 있어 보인다. 13:36~38에서 베드로는 예수를 따라서 목숨을 버리겠다고 했지만, 예수는 세 번 부인할 것이라고 예고하였다. 부활 예수가 베드로에게 세 번째로 "나를 사랑하느냐"고 묻자 베드로는 "근심하였다." 세 번 부인할 것이라는 예수의 예고와 그에 따른 자신의 세 차례에 걸친 부인을 기억했기 때문이다(막 15:72). 그러나 18~19절에서 예수는 베드로에게 그의 뒤를 잇는 선한 목자의 직분을 감당하게 될 것을 예고한다. 그럼으로써 세 번 부인했던 베드로는 완전하게 복권된다. 부활 예수는 인간적으로 실패한 제자에게 찾아오셔서 그를 다시 세워주시고 자신의 뒤를 잇는 은혜를 베풀었다. 이는 마치 다마스쿠스 도상에서 부활 예수를 만난 바울과 비교된다. 부활 예수를 만나고, 그로부터 사도로 부르심을 받은 바울은 그때를 회상하면서 "만삭되지 못하여 난 자 같은 내게도 보이셨다."고 하면서, 그것은 "하나님의 은혜"라고 고백하였다(고전 15:8~10). 인간적으로 실패한 베드로나 바울에게 부활 예수는 찾아오셔서 만나주시고, 그들의 잘못을 용서하시고, 다시 세워서 사도의 직분을 맡겨서 죽기까지 충성하는 목자가 되게 하였다.

예수가 베드로에게 "나를 사랑하느냐?"고 세 번 물으면서, 처음 두 번은 헬라어 아가파오(αγαπαω)를 사용하고, 세 번째는 필레오(φιλεω)를 사용했다. 그러나 베드로는 세 번 모두 φιλεω를 사용해서 대답한다. αγαπαω가 하나님의 사랑이고, φιλεω는 친구들 사이의 사랑이기 때문에, 전자가 후자보다 훨씬 지고한 사랑을 의미하며, 그래서 예수가 세 번째로는 φιλεω를 사용한 것은 베드로에 대한 사랑을 격하했기 때문에, 베드로가 근심한 것이라고 해석하는 이들도 있다. 어떤 동사를 사용했거나 상관없이 예수는 베드로에게 "내 양을 먹이라"는 동일한 명령을 한다. 그리고 요한복음은 "사랑하다"를 말하면서, 위의 두 헬라어 동사를 날카롭게 구분하지 않고 교차해서 사용하는 경향이 있다(3:35와 5:20; 11:3과 11:5; 14:24와 16:27을 비교). "내 양을 먹이라"는 예수의 명령에도 각기 다른 헬라어 동사들이 사용된다. 첫 번째와 세 번째에는 보스코(βοσκω)를 사용하고, 두 번째는 포이마이노(ποιμαινω)를 사용한다. 이들 사이에도 의미상의 차이가 없다. 예수는 "양"을 말할 때에도 한 번은 아르니아(αρνια)를, 두 번은 프로바타(προβατα)를 사용한다. 저자는 이러한 다양한 단어들 사이의 의미를 구분하려는 것이 아니다. 문필가로서 동일한 의미를 말하는 다양한 단어들을 사용하여 말할 뿐이다. 그러므로 이러한 단어들의 변화에서 특별한 메시지를 찾아내려는 것은 적절하지 않다.

18~19절에서 예수는, 베드로가 어떤 죽음을 통하여 예수의 뒤를 이어 선한 목자의 역할을 감당할 것인지를 예고한다. 요한복음이 기록될 당시에는 이미 베드로가 오래 전에 순교하였기 때문에, 저자나 독자들의 입장에서 예수의 예고는 이미 일어난 사건에 대한 예고로 들린다. 젊은이는 자기의 삶을 스스로 선택하고 살아갈 수 있지만, 늙으면 다른 사람에 의해서 이끌려 살아가게 된다. 부활 예수는 이러한 일반적인 격언을 들어서 베드로의 죽음을 말한다. AD 64년 무렵 네로 황제에 의해서 순교를 당한 베드로가 격언 속의 늙은 사람의 모습과 흡사했을 것이다. 그런 점에서 예수의 죽음과 베드로의 죽음은 매우 유사하다(12:33).

베드로에게 "목자"의 사명이 위임되었다. 그가 해야 할 일은 하나님께서 예수에게 주신 양들을 "먹이는" 일이다. 위에서 말했듯이, "먹이다"를 말하는 두 헬라어 동사는 의미상의 차이가 없지만, 구분하자면, $\beta o \sigma \kappa \omega$는 음식을 먹이는 것을 말하고, $\pi o \iota \mu \alpha \iota \nu \omega$는 이끌어 길을 안내하는 것을 의미한다. 요한복음 10장에 의하면, 예수는 자기 양들을 먹이고 보호하고 인도하기 위하여 기꺼이 목숨을 버리는 선한 목자이다. 부활 예수는 그러한 목자의 사명을 베드로에게 위임하였다. 초대교회의 지도자들을 "목자"라고 부른 것은 결코 우연이 아니다(엡 4:11; 행 20:28~29; 벧전 5:2~4). "목자"는 단순히 법적인 권한을 행사하는 직분이 아니라, 양 떼를 위하여 자기 목숨을 기꺼이 버리는 희생을 감수해야 하는 직분이다.

3 21:20~23 "사랑하는 제자"

20 베드로가 돌이켜 예수께서 사랑하시는 그 제자가 따르는 것을 보니 그는 만찬석에서 예수의 품에 의지하여 주님 주님을 파는 자가 누구오니이까 묻던 자더라 **21** 이에 베드로가 그를 보고 예수께 여짜오되 주님 이 사람은 어떻게 되겠사옵나이까 **22** 예수께서 이르시되 내가 올 때까지 그를 머물게 하고자 할지라도 네게 무슨 상관이냐 너는 나를 따르라 하시더라 **23** 이 말씀이 형제들에게 나가서 그 제자는 죽지 아니하겠다 하였으나 예수의 말씀은 그가 죽지 않겠다 하신 것이 아니라 내가 올 때까지 그를 머물게 하고자 할지라도 네게 무슨 상관이냐 하신 것이러라

2절에 언급된 다른 제자들은 전혀 관심의 대상이 아니다. 그들에 대한 대략적인 언급은 14절까지이고, 15절부터는 오로지 베드로와 부활 예수 사이의 대화가 있을 따름이다. 이 단락에서도 "사랑하는 제자"는 대화의 상대방으로 나오지 않고, 베드로와 예수의 대화의 내용으로 나올 뿐이다.

베드로는 13:23~26을 상기하면서 자신의 운명 외에도 "사랑하는 제자"의 운명이 어찌 될 것인지를 예수께 묻는다(20절). 그러나 13장에서는 베드로가 침묵하고 "사랑하는 제자"와 예수가 대화를 하는 데 반하여, 여기서는 그 제자가 침묵하고 베드로와 예수가 그에 관한 대화를 나눈다. 예수는, 베드로에

게 이 제자의 운명에 관여할 필요가 없고, 단지 자신이 해야 할 일만 잘하라고 한다. 베드로가 해야 할 일은 예수를 따르는 것이다. "나를 따르라"는, 19절에 의하면, 예수를 따라 순교하기까지 선한 목자의 사명을 감당하는 것이다.

예수는, 자신이 "올 때까지" 사랑하는 제자가 죽지 않고 "머물러" 있게 할 수도 있다. 예수의 재림 때까지 사랑하는 제자가 죽지 않고 살아있을 것이라고 확정적으로 말하지 않고, 조건 형식으로 말하는 것은, 요한복음 21장이 기록될 당시에 이 "사랑하는 제자"는 이미 죽은 후였기 때문이다. 요한 공동체 안에는 이 제자가 예수의 재림 때까지는 죽지 않을 것이라고 예수께서 말씀하셨다는 소문이 있었지만, 그는 결국 죽었다. 그러므로 23절은, 예수께서 "그가 죽지 않겠다고 하신 것이 아니라"고 수정함으로써 그런 소문이 잘못된 것이라고 한다.[197]

초대교회 성도들, 그리고 당연히 요한 공동체 성도들은 베드로와 "사랑하는 제자"의 운명에 관해서 많은 이야기를 하였다. 요한복음이나 21장이 기록될 당시에 베드로는 이미 순교했다. 베드로의 순교 죽음은 부활 예수에 의해서 이미 사전에 예고된 것이라고 그들은 생각했다. 그러나 "사랑하는 제자"는 베드로와 달리 순교하지 않았다. 그러나 그 역시 복음서가 기록될 당시에는 이미 죽었다. 베드로의 순교 죽음이나 "사랑하는 제자"의 죽음은 각기 다른 방식으로 일어났지만, 모두가 주님의 뜻 안에서 일어난 것이다. 어느 것이 더 훌륭하고, 어느 것이 덜 훌륭한 죽음이냐 하는 논란은 의미가 없다. 그러므로 순교의 죽음을 당한 베드로가 "사랑하는 제자"보다 더 권위 있는 제자라고 여길 수 있다는 생각을 막으려는 의도가 21장을 기록한 사람에게 있었던 것 같다. "사랑하는 제자"가 요한 공동체와 요한복음의 토대가 되는 제자였기 때문에, 요한 공동체는, 이 제자의 권위가 베드로보다 못하다는 생각을 그대로 방치할 수 없었을 것이다.

---

197) 예수의 말씀에 대한 오해와 그에 따른 수정은 요한복음에 자주 나타나는 현상이다(2:19~22; 11:49~51; 12:5~6 등).

4 21:24~25 후기 편집자(들)의 마지막 말

24 이 일들을 증언하고 이 일들을 기록한 제자가 이 사람이라 우리는 그의 증언이 참된 줄 아노라 **25** 예수께서 행하신 일이 이 외에도 많으니 만일 낱낱이 기록된다면 이 세상이라도 이 기록된 책을 두기에 부족할 줄 아노라

21장을 기록한 저자는 24~25절에서 독자들에게 요한복음과 "사랑하는 제자"의 관계를 해설함으로써 요한복음의 최종 형태를 마무리한다. 그에 따르면, "사랑하는 제자"는 "이 일들" 곧 예수 사건에 관하여 증언했을 뿐만 아니라, 요한복음 1~20장을 기록했다. 그러므로 요한복음은 예수 사건의 진정한 목격자이며, 예수가 특별히 사랑하셨던 제자에 의해서 기록된 사도적인 권위를 가진 복음서이다. "우리는" 곧 21장을 기록한 사람과 그가 속한 요한 공동체의 그리스도인들은 그의 증언이 기록된 요한복음의 내용이 "참" 곧 진리라고 믿는다.

24절은 "우리가 아노라"라고 하는 데 반하여 25절은 "나는 아노라"라고 한다. 복수에서 단수로의 이러한 변화가 왜 일어난 것인지 확실하게 말할 수 없다. "우리"는 요한 공동체에 속한 그리스도인들을 말하고, "나"는 21장의 저자인가? 혹은 24절과 25절의 저자가 서로 다른가? 그러므로 21장의 편집자가 한 사람이 아니라, 여러 사람인가? 확실한 정체를 알 수 없는 "나"는, 20:30의 말씀을 더욱 과장해서, 예수께서 행하신 일이 너무 많아서 모두 기록하기에는 "세상"이 좁을 것 같다는 말로써 복음서를 마무리한다.

요한복음에 대하여

    1522년에 종교개혁자 마르틴 루터는 그의 독일어 번역 신약성서 서문에서 말했다. 신약성서에서 "요한복음과 성 바울의 서신들, 특히 로마서, 갈라디아서, 에베소서 그리고 베드로전서 등이 가장 귀중한 책들이다 … 이들을 매일 읽어서 일용할 양식처럼 숙지해야 한다."

    루터의 판단기준은 그 문서가 그리스도 중심적이냐 하는 것이다. "왜냐하면 이러한 문서들에서 당신은 그리스도의 행위나 기적들보다는 그리스도가 어떻게 죽음과 지옥을 극복하셨는지가 강조되어 있음을 발견하기 때문이다." 루터는 공관복음과 요한복음을 비교해서 이렇게 말한다. "나는 그리스도의 행위와 말씀 중 어느 것 하나를 선택해야 한다면, 나는 기꺼이 말씀을 선택할 것이다. 왜냐하면 그의 행위는 나를 도울 수 없지만, 그의 말씀은 나를 도울 수 있기 때문이다." 그러나 우리는 루터의 견해에 전적으로 동의하는 것은 아니다. 공관복음도 단순히 예수의 행위만 기록하고 있지 않고, 많은 말씀들도 기록하고 있으며, 또 그리스도 중심적이다. 그러나 공관복음에 비해서 요한복음이 그리스도의 행위보다는 말씀에 집중하고 있는 것은 사실이다.

1. 요한복음도 "복음서"이다

요한복음은 공관복음과 같은 "복음서"이다. 복음서는 마가에 의해서 처음으로 기록된 독특한 문헌 유형으로서, 사도행전 10:37 이하에 있는 도식에 따라서, 예수와 세례자 요한의 만남으로부터 시작해서 갈릴리 활동을 거쳐 수난과 십자가에 관해 증언하고 부활에 관한 보도로 끝을 맺는다. 요한복음이 이와 같이 공관복음과 같은 "복음서"라는 사실에서 영지주의 복음서들과는 근본적으로 다르다.

영지주의라는 종교적-정신적 운동은 초대교회에 대단히 큰 영향을 끼쳤다. 영지주의의 가르침의 근본은 "자기인식을 통한 구원"이다. 인간은 신적인 세계에서 온 신적인 존재였는데, 어떤 무서운 타락으로 인해서 이 세계 안으로 떨어져서 자기의 신적인 본질을 잊고 육신의 종이 되었다. 그러므로 자신이 하나님의 한 부분, 곧 신적인 존재라는 사실을 깨달음(영적 지식 곧 영지)으로써 정신적-영적으로 원래의 존재로 되돌아가고, 죽음 이후에는 완전히 신적인 존재가 된다. 이것이 영지주의 구원론의 핵심이다. 이러한 영적인 깨달음을 위해서 어떤 계시자에 의해서 "영지"가 전달되어야 한다. 기독교 영지주의는, 이 계시자가 예수라고 믿었다. 그러므로 영지주의 복음서들은 육신으로 오셔서 활동하신 예수에 대해서는 침묵하는 대신에 주로 부활한 그리스도의 긴 말씀으로 이루어져 있다(도마복음서). 그러나 요한복음은 영지주의 복음서가 아니다. 복음서의 서두에 "말씀이 육신이 되어 우리 가운데 사셨다"(1:14)고 분명히 말한다. 요한복음은 영지주의 복음서들처럼 하늘의 음성에 관해서 증언하는 것이 아니라, 우리의 구체적인 세계 안으로 육신을 입고 오신 사람 예수를 하나님으로 증언한다. "하나님이 죽을 육신이 되셨다"는 것이 요한복음의 핵심 메시지이다.

2. 요한복음과 공관복음

마태, 마가, 누가의 복음서는 그 내용과 구도에 있어서 매우 유사하지만, 요한복음은 매우 다른 구도를 보여준다.[198] 예수의 생애와 활동무대에 있어서 큰 차이를 보인다. 공관복음에서 예수는 공생애의 대부분을 갈릴리에서 활동하다가 생애 마지막 한 번 예루살렘에서 일주일 활동하고, 거기서 죽는다. 예수의 공생애 기간도 1년 남짓밖에 되지 않는다. 반면에 요한복음에서 예수는 예루살렘을 네 차례나 여행하고(2:13, 5:1, 7:10, 12:12), 공생애 대부분을 예루살렘에서 활동한다. 세 번의 예루살렘 여행이 유월절 행사 참석이기 때문에(12:12만 아니다), 공생애는 적어도 2년 이상이다. 갈릴리에서의 활동은 2:1~11의 가나 혼인잔치 참석과 4:43~54의 왕의 관리의 아들 치유사건 이후에는 오직 6장의 오병이어 사건밖에는 없다. 후대의 첨가부분인 21장에 갈릴리가 다시 언급되기까지 예수는 오로지 예루살렘과 그 주변에서만 활동한다. 4장의 사마리아 활동이 유일한 예외인데, 이것도 공관복음에는 없는 이야기이다.

이러한 차이는 신학적인 차이에서 온 것이다. 공관복음에서 예수는 하나님 나라를 선포하고 가르치는데, 요한복음에서 예수는 오로지 자기 자신이 누구인지만을 가르친다. 예수는 창조 이전부터 하나님과 신성을 함께 가지고 계시던 분이며, 하나님이 그를 세상에 보내셔서 하나님을 계시하게 하신 분이다. 하나님이 보내신 예수 외의 다른 진리의 계시자가 없다. 그러므로 오직 예수 안에만 생명이 있으며, 예수에 대해서 어떤 태도를 가지느냐에 따라서 이미 지금 인간의 영원한 운명이 결정된다. 요한복음은 이 메시지를 전한다. 그러나 이 메시지는 유대인들에 의해서 격렬하게 거부를 당한다. 유대교의 지도부가 있는 예루살렘에서 예수는 자기 정체를 밝히는 계시행

---

198) 공관복음과 요한복음의 더 많은 차이들에 대해서는 조경철, 「신약성서가 한눈에 보인다」, 157~159 참조.

위와 말씀을 하고, 그로 인하여 그들과 충돌한다. 유대교로부터의 거부와 박해는 요한복음을 이해하는 데 매우 중요한 요인이다.

3. 요한복음의 저술 의도

1) 목회적인 저술의도(20:30~31)

복음서의 저술 의도는, "예수가 하나님의 아들 그리스도이심을 믿고 생명을 얻게 하려함"이다. 그러나 "믿게 하려 함이요"를 어떻게 이해하느냐에 따라서 의견이 갈린다. 목적 문장($\iota\nu\alpha$ 문장)의 동사 "믿다"($\pi\iota\sigma\tau\epsilon\upsilon\epsilon\iota\nu$)의 가정법을 단순과거로 읽느냐 아니면 현재로 읽느냐? 사본들의 증거도 반반이다. 만일 과거 가정법으로 읽는다면, "너희들이 믿게 하도록 하기 위함이다"로 이해할 수 있고, 이는 믿음이 없는 사람들을 그리스도인으로 얻으려는 선교적인 의도라고 할 수 있다. 반대로 현재 가정법으로 읽으면, "너희가 믿고 또 지속적으로 그 믿음 안에 거하도록 하기 위함이다"로 이해할 수 있으며, 이는 이미 믿음 안으로 들어온 그리스도인들을 격려하고 신앙을 굳게 하려는 목회적인 의도를 말한다. 두 번째 경우가 요한복음 전체에 더 합당한 것 같다. 요한복음은 선교에 대해서는 별로 말하지 않는다. 요한복음은 거짓된 구원의 길을 방어하면서 그리스도인들의 믿음을 굳게 하려고 기록되었다.[199]

2) 잘못된 가르침과 박해에 대한 방어의도

요한복음의 주장은 대단히 배타적이고 절대적이다. 기독교의 절대성이

---

199) 박익수, "요한복음의 서언, 본문 전체의 진술 구조, 그리고 결어에 나타난 저자의 기록 목적 -예수, 그 분이 그리스도요 하나님의 아들입니다(요 20:31)", 65~71 참조. 박익수는 이 논문에서 필자와는 달리 요한복음의 저술 목적을 선교적인 것으로 본다. 그는 목회적인 목적도 함께 고려할 것을 제안한다. 그러나 그는 요한복음에 있는 논쟁적인 차원을 전혀 고려하지 않는다. 최홍진, "요한복음의 기록목적에 관한 연구", 73~106은 요한복음의 기록목적을 바로 밝히고 있지만, 여기서도 논쟁적인 차원이 뚜렷이 부각되지 않는다.

아니라, 예수 그리스도의 절대성이다. 진정한 구원의 길은 오직 예수 안에만 있다. 예수 그리스도의 배타적 절대성은 "나는…이다"는 요한복음의 전형적인 표현 속에 잘 드러나 있다. "나" 아닌 다른 구원의 길은 없다. 다른 구주가 있을 수 없다. 구주는 오직 예수 그리스도뿐이다. 이러한 신학은 그것을 부정하려는 세력들과의 싸움에서 더욱 배타적으로 강화되었다.

a) 세례자 요한의 제자들과의 논쟁

예수의 제자들과 요한의 제자들 사이에는 커다란 긴장관계가 있었다. 사도행전 19장에 의하면, 요한의 제자들이 예수의 제자들보다도 먼저 에베소에 들어가서 선교를 했다. 요한복음은 요한으로 하여금 "나는 아무것도 아니다. 오직 예수만이 전부이다"라는 메시지를 계속해서 말하게 한다. 이는 요한을 신봉하는 무리들을 향해서 전하는 메시지이다, "요한이 아니라, 오직 예수만이 구주이다." 그러나 요한의 제자들에게는 적대적이지는 않았다. 예수 그리스도의 증언자로서 요한의 역할을 요한복음은 인정한다.

b) 유대교와의 논쟁

요한과 그의 제자들에 대한 비난을 요한복음에서는 찾을 수 없다. 그러나 예수를 거부하는 유대인들에 대해서는 달랐다. 5~12장과 8:42,44은 그들을 마귀의 자식으로까지 격렬하게 비난한다. 10:8,10,12절이 말하는 도둑과 강도도 그들을 말한다. 유대인들과의 논쟁은 "율법"을 "너희들의 율법"이라고 한 데에서도 분명히 드러난다(8:17; 10:34). 왜 이처럼 치열한 전선이 형성되었을까? 여기에는 역사적 원인과 신학적 원인이 있었다.

i) 역사적 원인

요한복음이 기록될 AD 90년 무렵에 유대교와 기독교 공동체 사이에는 적대감이 팽배해 있었다. 당시에는 소수 그룹이었던 기독교 공동체는 다수 그룹이었던 유대인 공동체들로부터 갖은 박해를 당했다. 요한복음이 "세상"

을 말할 때에는, 그들을 박해한 "세상"이었다. 그리스도인들을 박해하는 유대인들이 다수를 이루어 살아가는 세상은 그들에게는 적대적인 세상으로 보였다(15:18.21; 16:1~4; 9:22.34; 12:42). 이러한 역사적인 박해의 체험이 유대교와 벌이게 된 논쟁의 원인이었다.

ii) 신학적 원인

유대교인과 기독교인 중 누가 과연 이스라엘의 성서인 구약성서를 바르게 이해하고 있는가? 누가 과연 이스라엘의 하나님을 바르게 알고 믿는가? 이것이 요한 공동체가 제기하는 물음이었다. 대답은 당연히는 기독교인들이다(5:46~47; 8:42; 15:21; 16:3). 그러므로 예수를 믿지 않는 유대인들은, 그들이 하나님의 말씀이라고 믿는 성경의 의미도 제대로 모를 뿐만 아니라, 하나님도 제대로 알지 못하는 사람들에 불과하다. 그들은 구약성서에 까막눈이다. 어디에 유대교인들의 그런 무지함의 원인이 있는가? 그들은, 구원이 율법에 있다고 생각했기 때문이다. 그러므로 복음서는 그 서두에서 율법은 모세를 통해서 왔고, 은혜와 진리는 예수 그리스도를 통해서 왔다고 분명히 밝힌다(1:17). 요한복음에 의하면, 구약성서에는 구원이 없고, 단지 하나님의 뜻이 계시되어 있다. 그 뜻을 어기는 사람에게는 모세를 통한 질책이 있다. 구원은 오직 예수 그리스도 안에만 있다. 율법에는 없다. 이 점에서 요한복음은 바울 서신들과 일치한다. 율법은 그리스도 안에서 끝이 났다(롬 10:4). 그리스도인들이 지켜야 하는 것은 율법의 계명들이 아니라, 그리스도의 새 계명이다(13:34~35; 15:12 이하).

3) 요한 공동체 내부의 논쟁

위에서 말한 두 가지 전선은 공동체 밖의 세력과 형성된 것이었다면, 공동체 내부에서도 갈등과 긴장이 있었다. 물론 이러한 내부적인 갈등은 요한 서신들에 분명히 나타나고 있고, 요한복음에는 암시되어 있을 뿐이다. 내부적인 전선은 영지주의적인 신학을 가진 사람들과 그에 반대하는 복음서 저자 사이에 형성된 것이다. 복음서 저자는 그의 문서를 공관복음과 같은 복음서로 저술함으로써 영지주의적인 주장을 거부한다. "말씀이 육신이 되어 우리 가운데 거하시매, 우리가 그의 영광을 보니 아버지의 독생자의 영광이요, 은혜와 진리가 충만하더라."(1:14). 하나님과 신성을 공유하시며 창조 이전부터 계시던 예수는 단지 사람처럼 나타나신 것이 아니라, 아예 "육신"이 되셨다. 우리와 모든 조건에서 똑같은 사람이 되셨다. 그러나 그 안에 하나님의 영광이 여전히 충만하다. 오로지 사람이 되신 하나님의 아들 안에만 구원과 생명이 있다.

이처럼 요한복음은 여러 가지 싸움 속에 서 있는 교회와 성도들에게 예수 이야기를 한다. 유대교로 대표되는 세상의 박해와 미움, 잘못된 가르침을 통한 믿음과 진리의 왜곡이라는 현상을 보면서 복음서 저자는 성도들로 하여금 참된 믿음에 머물도록 격려하고 힘을 주려고 한다. 그러기 위해서 그는 "오직 예수"를 배타적이고 절대적인 표현 방법으로 말해야 했다.

4. 편집의 문제

지금의 요한복음은 한 사람에 의해서 단번에 기록된 문헌이 아니라, 상당한 과정을 거쳐서 지금의 형태에 이르는 저술 혹은 편집의 역사를 가지고 있다.

1) 복음서에는 어울리지 않는 낯선 단락이 있다
7:53~8:11이다. 이 단락은 앞 뒤 문맥이나 복음서 전체의 분위기에 전혀 어울리지 않는다. 이 단락은 원래의 복음서에 속하지 않는다. 이 단락은 가장 오래된 사본들에는 없고, 단지 후대의 사본들에만 있다. 그러나 누가, 언제, 왜 이 단락을 지금의 위치에 편집했는지 알 수 없다.

2) 21장은 후대의 첨가이다

20:30~31로 원래의 복음서가 끝난다. 21장은 누군가가 나중에 첨가했다. 원래의 복음서를 기록한 저자 이외에 지금의 복음서를 편집한 손길이 있었다.

a. 21장에서는 부활하신 예수의 현현 장소가 갈릴리인 반면에, 20장에서는 예루살렘이다. 21:2에는 세베대의 아들들이 언급되고 있는데, 이들은 복음서의 앞부분(20장까지)에서는 전혀 언급되지 않는다.

b. 21장은 언어적으로도 앞부분과 다르다. 21:10의 $\alpha\pi o$용법은 20장까지는 전혀 찾을 수 없다. 21장은 $\epsilon\pi\iota\sigma\tau\rho\alpha\varphi\epsilon\iota\varsigma$를 사용하는데, 복음서는 $\sigma\tau\rho\alpha\varphi\epsilon\iota\varsigma$를 사용한다(1:38; 20:16). 같은 뜻을 말하기 위해서 복음서 기자는 단순동사형을 사용하는데, 21장의 저자는 복합동사형을 사용한다.

c. 21장에 언급되는 예수가 사랑하는 제자에 관한 진술에 대해서 "우리는 그의 증거가 참인 줄 아노라"(24절)라고 한다. 저자가 자기 자신에 관해서 이렇게 말할 수 없다. 다른 사람들이 그에 관해서 말하는 것이다. 21:23은 그 제자의 죽음을 전제한다. 그러므로 21장은 복음서 저자의 죽음을 알고 있는 후대의 누군가가 기록한 것이다.

5. 저자는 누구인가?

1) 사본의 상황

파피루스 66(200년경)과 75(3세기)에는 $\epsilon\nu\alpha\gamma\gamma\eta\lambda\iota o\nu$ $\kappa\alpha\tau\alpha$ $I\omega\alpha\nu\nu\eta\nu$(요한에 따른 복음)이라는 제목을 달려 있다. 그러나 이 제목은 처음부터 있었던 것은 아니고, 후대의 어느 필사가가 달아놓은 것이다. 그는 요한을 이 복음서의 저자로 생각했다. 이 요한이 어떤 요한인지에 대해서도 아무 말이 없다.

2) 고대교회의 증언

AD 180년경에 살았던 교부 이레네우스는 "이단자들에 대하여"라는 글에서, 주의 품에 안겨 있었던 제자 요한이 에베소에 머물고 있는 동안에 요한복음을 저술했다고 한다. 그에 따르면 복음서의 저자는 복음서가 말하고 있는 "주의 사랑하는 제자"(13:23)로서 세베대의 아들 요한이다. 이레네우스는 그의 이러한 주장이 AD 156년에 순교를 당했으며, 세베대의 아들 요한의 제자로 알려진 스미르나의 폴리캅에게서 나온 것이라고 밝힌다.

사도 요한이 아니라, 장로 요한이 저자라는 주장도 있다. AD 265~340년에 살았던 오이셉은 교회사를 저술했는데, 여기서 그는 AD 130년경에 살았던 교부 파피아스의 말을 인용한다: "장로(Presbyter) 제자가 있었다. 나는 안드레, 베드로, 빌립, 요한 혹은 주의 다른 제자들이 말씀한 것과 장로 요한이 말씀한 것을 연구했다." 오이셉은 파피아스가 두 사람의 요한을 말하고 있다는 점을 지적한다. 오이셉은 두 요한 모두 아시아에서 살았으며, 죽어서 에베소에 묻혔다고 하면서, 제자 요한은 복음서의 저자이고, 장로 요한은 계시록의 저자라고 했다. 그러나 파피아스는 요한복음의 저자에 대해서는 한마디도 하지 않는다. 어떤 이들은 오이셉과는 달리 이 장로 요한이 복음서의 저자라고 추측하기도 한다. 물론 이러한 가설들은 모두 확실하지 않다. 그러나 이러한 자료들은 고대 교회에서도 요한복음의 저자 문제가 논란거리였다는 것을 보여준다.

3) 복음서 자체의 증언

고대 교회의 전통보다 더 중요한 것은 요한복음 자체의 언급이다. 요한복음에서 우리는 저자가 누구인지를 알아낼 수 있는가?

a. 언어와 문체: 요한복음은 매우 강한 셈어적인, 즉 아람어적인 특징이 드러나는 헬라어를 사용한다. 그러므로 저자는 아람어를 모국어로 사용하는 유대인이었다.

b. 19:35도 저자가 누구인지 말하지 않는다. 예수의 죽음을 "본 자"가 누구인가? 이 구절은 복음서의 저자를 말하는 것이 아니라, 단지 19:26~27에 나오는 "사랑하는 제자"가 예수의 죽음에 관하여 증언한 것이 참되다고 말

할 뿐이다.

4) 21장의 증언

21:24에 의하면, 이 일들에 관해서 기록하여 증언하는 사람은 "제자"이다. 이 구절에 의하면, 요한복음은 사랑하는 제자에 의해서 기록되었다. 그러나 그 사랑하는 제자가 누구인가? 13:23에 의하면, 그는 최후의 식사 때에 주님의 품에 안겨있는 사랑 받는 제자이다. 19:26~27에 의하면, 예수께서 어머니를 그에게 부탁한다. 20:2 이하에 의하면, 그는 빈 무덤에 관하여 증언하는 최초의 사람이며, 예수의 부활을 믿은 첫 번째 사람이다. 18:15~16에 의하면, 체포당한 예수의 뒤를 베드로와 함께 따랐던 "다른 제자"가 사랑하는 제자와 동일시된다(20:3,8을 참조).

그렇다면 이 사랑하는 제자는 누구인가? 요한복음이 말하는 "사랑하는 제자"는 이상적인 제자로 고안된 인물이라는 주장도 있지만, 이 사람은 실제 인물이다. 1~20장에 따르면, 그는 예수로부터 커다란 신뢰를 받았던 제자이며, 베드로의 동료이다. 그러나 그의 이름은 전혀 언급되지 않는다. 21장에 의하면, 그는 요한 공동체에 예수에 관한 증언을 전해준 위대한 스승이었다. 그러나 이상하게도 여기서도 그의 이름은 언급되지 않는다.

사랑하는 제자가 세베대의 아들 요한인가? 복음서는 그렇게 말하지 않지만, 고대 교회가 그렇게 주장했다. 그 주장의 근거는 이렇다. 공관복음에 의하면, 예수의 사랑을 가장 많이 받았던 세 명의 제자들이 베드로, 요한, 야고보였다. 그 중에서 야고보는 일찍 순교했다. 나머지 두 제자들은 요한복음에서 베드로와 "다른 제자"라고 일컫는 제자이다. 이 "다른 제자"가 "사랑하는 제자"이고, 세베대의 아들 요한이다.

그러나 이에 반대하는 의견도 만만치 않다. 19:26에 따르면, 사랑하는 제자가 홀로 여인들과 함께 예수의 십자가 처형을 목격한다. 그러나 공관복음에 따르면 모든 제자들이 도망한다. 그렇다면 19:26의 사랑하는 제자는 12제자들 중의 한 사람이 아니다. 18:15에 체포된 예수의 뒤를 베드로와 함께 따랐던 "다른 제자"가 대제사장을 아는 사람이라고 하기 때문에, 그는 예루살렘 사람이 분명하다. 그러나 세베대의 아들들은 갈릴리 사람들이다. 요한이 갈릴리 출신임에도 불구하고 그가 썼다는 요한복음이 예수의 갈릴리 활동보다는 예루살렘 활동에 주로 관심을 기울여서 기록하고 있다는 점도 특이하다. 바로 이 점도 갈릴리 출신인 세베대의 아들 요한이 복음서의 저자라는 주장을 의심하게 만든다.

예수의 목격자가 요한복음의 저자일 수 있을까? 나사렛 예수와 함께 살던 유대인 목격자가 예수를 영원하신 하나님의 아들로, "나의 주, 나의 하나님"으로 말한다. 이것은 매우 중대한 신학적인 판단이다. 인간 예수를 어떤 인물로 보느냐가 결정적으로 중요하다. 예수를 단지 보통 인간으로나 인간 중에서 가장 위대한 인간으로 보느냐 아니면 하나님의 영원한 아들로 보느냐? 요한복음의 저자는 예수를 단순한 인간 -그가 아무리 위대한 인간일지라도- 으로 보지 않는다. 어떻게 한 인간을 "나의 주, 나의 하나님"이라고 말할 수 있겠는가? 요한복음 저자는 한 인간의 위대한 생애를 목격하고 기록한 것이 아니라, 그가 하나님의 아들이라는 확실한 믿음을 가지고 복음서를 기록한다. 요한복음에서는 저자가 지상 예수의 목격자냐 아니냐는 중요하지 않고, 오로지 예수가 하나님의 아들이라는 믿음이 중요하다. 이 믿음으로부터 출발해서 그는 하나님의 아들이 사람이 되셨다고 말한다. 그러나 이 믿음은 부활하셔서 영원한 하나님의 아들로 그에게 나타난 예수 그리스도에 의해서 생겨난다. 요한복음의 저자가 지상 예수의 목격자인지에 대해서는 확실한 것을 말할 수 없다. 그럴 수도 있고, 그렇지 않을 수도 있다.

5) 저자의 익명성은 신학적인 현상이다

우리는 저자를 알 수 없다. 그리고 알 필요도 없다. 저자는, 21장에 의하면, 예수 사건의 목격자이다. 그러나 신문기자와 같이 목격한 사건을 객관적으로 보도했다는 뜻이 아니라, 요한복음 1:14의 영적인 의미에서 목격자이다. 본다는 것은 곧 깨닫고 믿는다는 것이다.

저자의 이름을 아는 것은 전혀 중요하지 않다. 복음서는 오직 한 사람, 곧 예수 그리스도의 인격과 활동에 집중되어 있다. 오직 예수의 말씀만이 영원한 생명의 말씀이다. 저자의 말들은 오직 예수를 증언할 뿐이다(6:68). 이는 세례자 요한도 마찬가지이다: "그는 흥해야 하겠고 나는 쇠하여야 하리라"(3:29~30). 복음서를 기록했던 시대는 어떤 사람이 복음을 말하느냐가 중요한 시대가 아니라, 그가 말한 내용이 무엇이냐가 중요했던 시대였다. 복음이 아니라, 그 복음을 말하는 사람이 중심이 될 때, 그것은 우상이 된다. 고린도 교회에서처럼 바울 파, 게바 파, 아볼로 파로 나뉘는 것은 우상 숭배의 죄이다. 루터 교회, 칼빈 교회, 웨슬리 교회라는 말에서도 루터, 칼빈, 웨슬리가 중심이 되는 것이 아니다. 루터와 칼빈 그리고 웨슬리가 재발견해낸 복음, 예수 그리스도가 유일한 중심이다. 그렇지 않다면 그 위대한 교부들은 모두 우상이 되고 말 것이다. 그러므로 복음서 저자의 익명성은 신학적인 의미를 갖는다.

6. 저작시대와 장소

1) 저작 시대

AD 125년경에 애굽에서 기록된 것으로 알려진 파피루스 75 사본은 요한복음 18장을 알고 있다. 그렇다면 이미 AD 125년 이전에 요한복음은 애굽에 알려져 있었다. 요한복음이 누가복음을 알고 있었다면 80년 이전에 기록되지 않았다. 9:22; 12:42; 16:2에는 예수를 메시아로 고백하는 사람은 회당에서 추방될 것이라는 유대 관헌의 선언이 있다. 이는 AD 90년경에 살았던 랍비 가말리엘 2세의 기록과 연관된다. 가말리엘 2세는 유대교의 18기도문에 그리스도인 이단자들에 대한 저주의 기도를 삽입하였다. 그리스도인들은 유대교의 예배에 참석할 수 없었다. 요한복음에서 바리새인들은 관료적인 권한을 가지고 있는데, 이러한 현상은 예수 당시에는 가능하지 않았고, AD 70년 예루살렘의 파괴 이후 유대교가 바리새인 중심으로 재편되면서 비로소 가능해졌다. 요한복음의 그리스도인들은 대다수가 유대 그리스도인들로서 유대교에 의해서 이단자로 낙인이 찍혀서 회당에서 쫓겨났다. 회당으로부터의 축출은 그 당시 절대 다수였던 유대인들에게 왕따를 당하는 것으로서 소수의 그리스도인들로서는 현실적인 생활에 커다란 위협을 받을 수밖에 없었다. 이러한 어려움 때문에 축출의 위기에 처한 많은 그리스도인들이 그리스도의 믿음을 버릴 위험에 처할 수 있었다. 이에 요한복음은 그러한 위기에 봉착한 그리스도인들에게 믿음 안에 머물도록 격려하고 촉구하려는 의도로 기록되었다. 그러므로 요한복음은 AD 90년보다 이전에 기록되지 않았고, AD 100년 이후에 기록되지도 않았다. AD 90~100년에 기록된 것으로 볼 수 있다.

2) 저작 장소

소아시아의 에베소이거나 혹은 시리아를 저작 장소로 보려는 두 개의 상이한 주장이 있다. 요한복음에서 랍비, 메시아, 게바, 골고다 등과 같은 셈어 단어들이 헬라어로 번역되고 있는 것으로 볼 때 시리아가 저작 장소는 아닐 것으로 보인다. 셈어 영역인 시리아에서는 그런 번역이 필요하지 않았을 것이기 때문이다. 요한복음은 세례자 요한을 숭배하고 따르는 것에 대해서 강하게 반대하는데, 이것도 에베소를 생각나게 한다. 사도행전 19장에 의하면 에베소에는 요한을 메시아로 추종하는 사람들이 있었다. 역시 소아시아에서 기록된 요한계시록에 의하면, 소아시아의 유대교는 그리스도인들을 회당에서 추방하는 박해를 하였다. 그러므로 에베소가 저작 장소였을 것으로 추정할 수 있다. 이곳에 요한 공동체가 있었을 것이다.

7. 요한복음의 신학적인 특성

1) 요한복음은 오직 하나의 주제 곧 기독론을 말한다

공관복음의 예수는 하나님 중심의 메시지 곧 하나님 나라를 선포하고, 바울의 서신은 그리스도 중심 곧 십자가에서 죽고 부활하신 예수 그리스도를 선포한다면, 요한복음의 예수는 그 자신을 선포의 핵심내용으로 삼는다. 요한복음에서 예수는 다른 어느 누구가 아닌 자기 자신을 선포하며, 그 자신과의 만남에서 인간의 구원과 멸망이 결정된다고 말한다.

요한복음의 예수가 자기 자신을 선포의 내용으로 삼고 있다는 사실은 다음의 7개의 "나는 …이다(εγω ειμι)" 말씀 속에서 분명히 드러난다(6:35; 8:12; 10:7,9; 10:11,14; 11:25; 14:6; 15:1,5). 예수를 만나고, 알고, 믿는 것이 인간의 영원한 운명을 결정한다. 그러므로 요한복음은 예수 그리스도를 그의 인격(기독론)과 행위(구원론)로 서술한다. 기독론과 구원론은 뗄 수 없이 매우 밀접하게 결합되어 있다. 그러나 기독론이 우선이고, 구원론은 기독론에서 나오는 결과이다. 예를 들어서 1:14는 기독론이고, 1:16은 그로부터 나오는 구원론이다.

"나는 …이다" 표현들 속에서는 항상 예수가 누구이고, 그가 왜 오셨고, 무엇을 행하셨는지, 그와 아버지 하나님과의 관계는 어떤 것인지 등이 핵심 주제이다. 예수의 행적들은 그의 인격을 보여 주는 표징이다. 그의 행위들은 그의 영광을 드러낸다. 다른 말로 하면, 요한복음의 유일한 주제는 예수 그리스도 안에 나타난 하나님의 현존, 하나님의 영광이다.

그러므로 모든 이야기, 대화, 연설 등은 직접 혹은 간접적으로 "나는 …이다"는 말씀과 연결해서 해석된다. 예를 들어서, 4장의 사마리아 여인과의 대화는 "나는 생명의 물"이라는 진리를 말하기 위한 것이다. 3장의 니고데모 이야기나 6장의 오병이어 사건 그리고 9장의 소경치유 사건 등도 모두가 하늘에서 내려온 생명의 떡, 그리고 세상의 빛이라는 예수의 인격을 드러내며, 11장의 나사로의 부활은 예수가 부활이요 생명이라는 정체를 밝히는 데 목표가 있다. 예수가 과거에 누구였느냐(역사의 예수)가 아니라, 예수는 지금 누구이며 또 미래에 누구일 것인가가 핵심이다. 과거에 대한 회상이 아니라, 영원한 것에 대한 통찰이 중심이다.

2) 요한복음의 기독론의 특징

요한복음의 기독론은 예수를 하나님이라고 고백하는 도마의 고백에서 분명히 드러난다(20:28). 로고스 송가에서 예수를 세상 창조 이전에 하나님과 함께 계시면서 세상을 창조하시는 사역에 동참하신 분으로 노래하고 있는 점에서도 분명해진다. 요한복음은 서두와 마지막에서 이처럼 예수를 하나님과 동일한 분으로 고백한다. 예수가 자신을 하나님과 하나라고 밝힐 때마다(5:18; 10:30; 17:11, 21), 그것은 유대인들에게 신성모독으로 들렸고, 그래서 그들은 예수를 죽이려고 한다. 예수와 하나님이 하나라는 높은 차원의 기독론과 그로 인한 유대인들과의 충돌은 아직 공관복음이나 바울의 서신들에서는 분명하게 드러나지 않는다.

요한복음이 이처럼 예수를 하나님과 하나라고 선포하고 있는 반면에, 다른 한편으로는 예수를 하나님이 보내신 사자(使者)라고 말한다. 고대 세계에 일반적으로 잘 알려진 모델에 따라서 요한복음은 다음과 같은 단계로 예수를 하나님의 사자로 그리고 있다.[200]

a) 사자는 보냄을 받았다. 보내신 분은 하나님이고, 보냄을 받은 사자는 예수이다. 그러므로 요한복음에서 예수는 하나님을 "나를 보내신 아버지"라고 부른다. 이 경우 사자인 예수는 이 세상에 오기 전부터 하나님과 함께 있었던 선재하신 분이다.

b) 사자는 자신이 하나님의 보냄을 받은 사자라는 사실을 입증해 보여야 할 사명을 갖는다. 세례자 요한이 그에 관하여 증언한다. 그리고 5:31 이하에 의하면(8:13 이하도 참조), 예수 자신의 말과 행적과 하나님의 말씀 그리고 (구약)성서가 정당성을 입증해 주는 증거이다.

c) 사자는 자신을 소개해야 한다. "나는 …이다"는 전형적인 어투를 사용해서 예수는 자신이 하나님으로부터 온 사자임을 소개하고 선언한다.

---

200) 게르트 타이센, 「그리스도인 교양을 위한 신약성서. 역사. 문학. 종교」, 노태성 역(서울: 다산글방 2005년), 194~195 참조.

d) 사자는 특별한 임무와 사명을 가지고 보냄을 받았다. 12:50은 생명을 계시하는 임무를 그리고 다른 한번은 사랑의 계명을 명령하는 임무를 말한다.

e) 사자는 임무를 수행한 후 자신을 보낸 분에게로 돌아간다. 요한복음의 예수는 이 점을 여러 차례 반복해서 말한다(20:17 등).

f) 사자는 자신을 보낸 분에게 임무수행에 관해서 보고한다. 17장에서 예수는 대제사장 기도를 통하여 하나님 아버지께 임무수행을 보고한다(17:4).

이처럼 요한복음은 예수를 두 가지 차원에서 설명한다. 한편으로는 하나님으로부터 보냄을 받은 사자로서 하나님께 예속되는 분으로, 다른 한편으로는 하나님과 동등한 신적인 본질을 가진 분으로 예수를 소개한다. 이러한 요한복음의 기독론은 지상 예수의 선포나 최초의 예수 공동체가 전해준 전승에 근거하지 않는다. 요한복음의 기독론은 부활하셔서 승천하신 영광의 그리스도께서 성령 안에서 스스로를 계시해 주셨다는 데에 근거해 있다. 예수는 그의 고별설교에서 여러 번 보혜사 성령을 약속한다(14:16~17,26; 15:26~27; 16:7~11; 16:12~15). 보혜사 성령을 어떻게 이해하느냐가 복음서 전체의 이해를 결정한다. 요한복음의 기독론은 성령론적인 기독론이다.

14:26("보혜사 곧 아버지께서 내 이름으로 보내실 성령 그가 너희에게 모든 것을 가르치시고 내가 너희에게 말한 모든 것을 생각나게 하시리라.")에는 성령의 두 가지 기능이 나타난다. 하나는 예수가 누구였고 무엇을 가르쳤는지를 기억나게 하며, 다른 하나는 지금 예수가 누구이신지를 완전히 알려 줄 것이다. 성령이 없이는 누구도 예수를 알 수 없다.

15:26~27("내가 아버지로부터 너희에게 보낼 보혜사 곧 아버지로부터 나오시는 진리의 성령이 오실 때에 그가 나를 증거하실 것이요. 너희도 처음부터 나와 함께 있었으므로 증거하느니라.")에서는 예수 자신이 진리의 영을 보낸다. 예수 자신이 성령의 형태로 제자들에게 오실 것이다. 그러면 제자들이 예수에 관해서 증언할 수 있는 능력을 받는다. 누가복음처럼 "목격자"가 중요한 것이 아니라(눅 1:2), 요한복음에서는 "성령 받음"이 중요하다. 역사적인 목격자가

아니라, 성령의 가르침과 조명을 받는 것이 중요하다. 성령을 받은 사람은 누구든지 "우리는 그의 영광을 보았다"고 말할 수 있다.

16:13("그러나 진리의 성령이 오시면 그가 너희를 모든 진리 가운데로 인도하시리니 그가 자의로 말하지 않고 오직 듣는 것을 말하시며 장래 일을 너희에게 알리시리라.")에 따르면, 성령이 제자들을 완전한 진리에로 인도할 것이다. 그러므로 성령이 없이는 예수를 알 수 없다. 성령 안에서만 제자들은 예수를 온전히 알 수 있다. 그러므로 복음서 저자는, 성령이 인도해 주는 완전한 진리가 요한복음 안에 계시되어 있다고 한다. 예수에 관해서 진리의 영이 가르쳐준 완벽한 진리가 바로 요한복음이다.

그러므로 요한복음의 저자는 그의 복음을 단순히 역사의 예수에 대한 목격에 근거하지 않는다. 오히려 성령이 그에게 진리이신 예수를 가르쳐준 것을 기록한다. 성령의 깨우침을 통해서 그는 지상 예수, 현존하시는 예수, 미래에 다시 오실 예수를 바라보고 기록한다.

8. 요한복음과 해석학

요한복음에서 예수가 하신 말씀이나 행동은 역사의 예수가 말한 그대로, 행한 그대로가 아니다. 그것은 복음서 저자에게 보혜사 성령이 깨우쳐준 그리스도에 관한 증언이다. 이 증언이 예수의 1인칭 단수 형식으로 나타난다.

요한복음의 예수의 말씀은 단순히 과거에 사셨던 인간 예수의 말씀이 아니라, 지금도 그리고 영원히 살아 계신 하나님의 아들 예수의 말씀이다 (6:68). 하나님의 아들은 역사적으로 사셨던 예수, 십자가에 달려 죽으시고 부활하신 예수와 떨어질 수 없는 관계 속에 서 있다. 어쨌든 요한복음은 과거 한 인물의 말씀이 아니라, 지금 살아서 성령을 통해서 활동하시는 그리스도의 말씀이다. 역사적인 것만이 진리라는 생각은 잘못이며, 오히려 진리를 왜곡할 수 있다. 진리는 역사적이기 때문에 참된 것이 아니라, 진리이기 때문에 참되다. 말씀이 진리인가 아닌가는 그 말씀이 역사적인가 아닌가에서 결정되는 것이 아니다.

그렇다면 요한복음은 왜 예수가 "나는 …"으로 말씀하시는 "역사적인" 형식을 사용하는가? 저자의 증언이 예수의 말씀처럼 보이게 하려고 곧 "역사적으로" 가장하기 위해서 그런 것이 아니다. 예수 그리스도가 성령을 통해서 실제로 저자에게 자신을 계시해 보이셨다. 이런 계시에 근거해서 저자는 예수 그리스도의 말씀과 행동을 기록한 것이다. 복음서 저자는 자기의 증언을 나중에 예수의 말씀으로 옮긴 것이 아니라, 성령을 통해서 처음부터 그렇게 예수를 알았다. 그러므로 복음서는 예수에 관한 저자의 평가가 아니라, 그리스도께서 성령 안에서 그에게 보여준 그리스도를 증언하는 말씀이다.

진리와 역사의 중요한 문제가 제기된다. 참된 것은 항상 역사적인 것인가? 역사적인 것이어야만 참된 것인가? 물론 요한복음이 기록될 1세기 사람들은 그런 물음을 묻지 않았다. 이 물음은 현대인의 것이다. 역사적인 것만이 진리라는 주장은 잘못이다. 더 나아가서 역사적이 아닌 것은 참되지 않다는 주장은 단연코 거부되어야 한다. 만일 역사적인 것만이 참된 진리라고 한다면, 신약성서는 결코 진리가 아니다. 수많은 예들 중에서 몇 가지만 들어보자. 요한복음 4:43~54와 누가복음 7:1~10; 마태복음 8:5~13을 비교해 보자. 분명히 이들 이야기의 배후에는 하나의 역사적 사건이 있었다. 그러나 현재 복음서들이 말하는 내용은 다르다. 만일 실제로 역사적으로 일어난 것만 진리라고 한다면, 이 세 복음서의 기록 중 어느 하나만 진리이고 나머지는 진리가 아니어야 한다. 요한복음은 예수가 니산월 14일 12시 이후에 죽었다고 하지만, 공관복음은 니산월 15일 오전 9시에 죽었다고 한다. 어느 죽음이 역사적 사실에 부합한가? 역사적인 것만이 참되다면, 어느 것 하나는 진리이고, 다른 하나는 진리가 아니어야 한다. 요한복음의 저자는 역사적인 것만 진리라는 현대인의 질문을 알지도 못했고, 의식하지도 않았다. 요한복음에서 말씀하시는 예수는 결코 역사의 예수가 아니다. 요한복음의 말씀에는 역사적 사실과 부합하지 않은 것도 많다. 요한복음은 저자 요한이 기록한 것이지만, 단순히 인간 요한의 머리와 입에서 나온 것이 아니라, 예수 그리스도를 만나서 그로부터 계시를 받은 말씀이다. 요한이 하나님의 아들이라고 굳게 믿는 예수의 말씀이다. 하나님의 아들 예수가 저자에게 성령으로 말씀을 계시해 주었다. 저자는 그런 말씀을 기록한 것이다. 여기에 역사성은 진리의 기준이 되지 못한다. 과거에 살았거나 일어난 인물이나 사건이 기준이 되는 것이 아니라, 요한이 성령 안에서 현재적으로 고백하고 만난 예수 그리스도가 바로 진리의 기준이다. 현재 하나님의 아들로 믿고 고백하는 예수 그리스도의 말씀이기 때문에 요한복음은 진리이다.

요한복음의 신학은 오늘의 우리에게도 심각한 해석학적인 물음을 제기한다. 요한복음이 성령의 조명을 받은 그리스도 증언이라면, 오늘 우리도 성령의 조명을 받아서 또 다른 복음서를 기록할 수 있는가? 그렇다면 계속해서 또 다른 복음서들이 기록되어야 하지 않겠는가? 이단 종파들의 교주들이 가끔씩 나타나서 영을 통하여 계시를 받은 내용이라고 하면서 어떤 책이나 글을 내놓고 그것을 신봉할 것을 요구하는 것도 비슷한 사례가 아닌가?

그럴 수 없다. 왜냐하면 오늘 우리가 받는 성령과 요한복음 저자가 받은 성령은 동일하면서도 다르기 때문이다. 저자는 계시의 말씀을 주시는 예수 그리스도와 직접 결합된 성령을 받았다. 그러므로 부활 예수께서 직접 그에게 성령을 통하여 말씀하셨다. 그러나 오늘 우리가 받은 성령은 예수와 직접 결합된 성령이 아니라, 신약성서 안에 기록된 사도적인 증언과 결합된 성령이다. 우리가 체험하는 성령은 우리에게 신약성서로 주어진 사도적인 증언 안에서 체험하는 성령이다. 그러므로 모든 설교나 말씀은 항상 신약성서의 사도적인 증언에 근거되어야 한다. 이것을 무시한 직접적인 성령 체험을 말하는 것은 열광주의와 이단의 위험에 빠진다. 이것은 신약성서에 대한 기독교의 해석학적인 원칙이다. 기독교 신학은 교파나 학자들 사이의 차이를 뛰어넘어서 다음과 같은 세 가지 성서해석학의 원리로부터 출발해야 한다.

첫째, 하나님이 예수 그리스도 안에서 자신을 계시하셨다.

둘째, 이 계시는 오직 사도적인 증언에 의해서만 참되게 전승되었다.

셋째, 이 사도들의 참된 계시 증언은 오직 신약성서의 거룩한 문서들에 기록되었다.

이 원리를 인정한다면, 모든 교회의 신학과 설교는 신약성서의 사도적인 계시 증언에 근거해야 한다. 그리고 이 성서에 증언된 계시를 읽기 위해서는 헬라어와 같은 언어적인 능력 및 해석학적인 지식이 요구된다. 이 원리는 다음과 같은 도표로 표현될 수 있다.

①	②	③	④
예수 그리스도	사도들의 증언	신약성서 정경문헌들	교회의 전승과 교리
인물 속에 계시된 진리/하나님	사도적인 전승 속에 있는 진리	문서화 된 예수 그리스도 정경의 수집과 종결	정경에 근거된 증언의 확대/신앙고백들

①에 대해서

하나님은 예수 그리스도 안에서 자신을 드러내셨다. 하나님이 한 사람으로 나타난 것이다. 우리가 기독교 신학과 교리 혹은 선포의 진리나 핵심을 말한다면, 우리는 항상 한 사람 예수 그리스도를 말한다. 기독교가 말하는 모든 것이 진리는 아니다. 오로지 예수 그리스도, 그분의 인격과 말씀 그리고 행위만이 진리이다. 하나님은 예수 그리스도 안에서 사람들을 만난다.

②에 대해서

하나님이 예수 그리스도 안에 나타났다는 사실은 특별한 증인들에 의해서 증언되었다. 이 증인들을 우리는 사도라고 부른다. 이들은 부활하신 예수 그리스도께서 직접 만나서 증인으로 부르시고, 증언의 사명을 위임하신 소수의 사람들이다. 예수 그리스도는 그들에게 그 자신의 인격에 관한 비밀을 가르쳐 주셨다. 바울도 이 사도에 속하며, 사도들 중에서는 오직 그만이 직접 기록한 문서들을 남겨놓았다. 신약성서의 다른 문헌들은 사도들에 의해서 직접 기록된 것이 아니라, 사도들 주변 사람들이 사도들에게서 들은 것을 기록한 것으로 사도들의 간접적인 증언이다. 이러한 사도적인 증언의 핵심은 예수 그리스도이다. 예수 그리스도가 사도적인 전승으로 전해진 복음의 내용이다. 신약성서에 기록된 모든 것이 진리는 아니다. 그러나 예수 그리스도의 인격과 말씀 그리고 그의 행위에 관하여 말하는 것은 진리이다. 사도들이 말한 모든 것이 진리는 아니지만, 예수 그리스도에 관한 그들의 증언은 진리이다. 예를 들어서, 바울이 예배를 드릴 때 여자들은 머리에 수건을 써야 한다고 한 말은 진리가 아니다. 바울은 그 말을 예수 그리스도를 통하여 뒷받침할 수 없다. 이 점에 대해서는 우리가 바울을 비판할 수 있고, 반대도 할 수 있다. 그러나 예수 그리스도를 믿음으로써 죄인이 의롭게 된다는 바울의 말은 비판하거나 거부할 수 없는 진리이다. 물론 신약성서에는 그리스도에 관한 다양한 증언들이 있지만, 그러나 예수 그리스도가 단순히 한 인간이었다고 말하는 성서의 문헌은 없다. 예수 그리스도가 하나님의 아들이라는 점에서는 모든 사도적인 증언들은 일치한다.

③에 대해서

사도적인 증언을 우리는 오직 신약성서 문헌들 안에서만 들을 수 있다. 신약성서는 사도적인 증언들의 수집이다. 신약성서 이외의 다른 교회 전승들에서는 사도적인 증언을 직접 들을 수 없다. 물론 이 점에 대해서 가톨릭교회와 정교회는 개신교회와는 다른 의견을 가지고 있다. 개신교회 안에서도 외경 등과 같은 문서들을 관심을 기울이는 사람들이 있지만, 어쨌든 신약정경 안에서 사도적인 증언을 뒷받침하는 데 외경 문서들이 도움을 줄 수 있지만, 신약정경의 사도적인 증언을 부정하거나 의심하는 데 그런 문서들을 사용하지 않는다. 신약성서 안에 있는 모든 문장들이 진리라고 말할 수 없다. 어느 문장이 진리를 말하고 있으며, 어느 문장이 진리를 말하지 않고 있느냐에 대한 판단 기준은 역시 예수 그리스도이다. 예수 그리스도는 정경 속의 정경이다. 예수 그리스도를 증언하는 이들도 사람이기 때문에, 그들의 말에는 오류가 있을 수 있다. 그러므로 신약성서의 말씀들은 비판적으로 읽혀져야 한다. 그 비판의 기준은 역시 예수 그리스도이다.

④에 대해서

신약성서의 정경이 확정된 이후에도 교회 전통에는 많은 교리와 신앙고백들이 형성되었다. 루터교회의 하이델베르크 신앙고백이나 개혁교회의 웨스트민스트 신앙고백 그리고 감리교회의 교리적인 선언 등이 그런 것들이다. 그러나 그 모두는 독자적인 생명력을 가질 수 없고, 항상 신약성서에 근거되어야만 생명력을 갖는다. 이는 성서주의(Biblizismus)를 말하는 것이 아니고, 성서의 핵심에 근거되어야 한다는 말이다. 성서에 기록된 모든 말씀이 하나님의 진리라고 한다거나 혹은 성서에 기록된 그대로 지금도 반복될 수 있다고 생각하면, 그것은 성서주의이다. 예를 들어서, 사도행전 8장에 의하면, 세례를 받은 후에 안수를 하자 성령을 받았는데, 그것이 지금도 그렇게 일어나야 한다고 생각하면 성서주의이다. 만일에 사도행전 8장에서 세례를 행한 그 사도가 지금 여기에 있다면, 동일한 일이 일어날 수도 있을 것이다. 그러나 지금은 그런 사도가 존재하지 않는다. 사도는 역사적으로 일회적인 존재일 따름이다. 사도는 더 이상 존재하지 않지만, 사도적인 증언을 계속 전하는 후계자들은 지금도 존재한다. 교회의 역사에서 형성되어 고백되는 신앙고백들은 비록 문자 그대로 신약성서에 들어 있는 것은 아니지만, 그 내용과 핵심은 항상 신약성서에 근거되어야 한다. 교회는 신앙고백이나 교리를 독창적으로 만들 수는 없고, 단지 이미 신약성서 안에 주어진 내용을 각 시대의 언어로 바꾸어 표현할 수 있을 뿐이다. 교회는 진리를 창조할 수 없고, 신약성서에 계시된 진리를 오로지 비판적으로 해석하고 표현할 수 있을 뿐이다.

9. 요한복음이 현대인에게 주는 어려움

요한복음이 증언하는 예수는 초자연적인 영역에서 사는 것처럼 보인다.

공관복음에서 볼 수 있는 예수와는 많은 점에서 다르다. 가난한 사람이나 곤경에 처한 사람들에게 다가가서 그들을 도와주는 그런 예수의 모습은 요한복음에는 없다. 병자들을 치유하고, 배고픈 사람들에게 오병이어의 기적을 행하고, 죽은 나사로를 살려내기는 하지만, 그것들도 곤경에 처한 사람들을 돕기 위한 것이 아니라, 그런 표적행위들을 통해서 예수 자신이 누구인지를 드러내기 위한 것이다. 그러므로 요한복음의 예수는 항상 자기 자신에게만 관심을 가지고 있다. 그의 모든 말씀들도 그의 정체를 밝히는 것이고, 그가 행한 표적들도 그의 영광을 드러내는 데 목적이 있다.

요한복음은 인간을 분명하게 두 부류로 나눈다. 친구가 아니면 원수이다. 그것도 존재론적으로 그렇게 규정한다. 요한 공동체에 속한 사람들은 항상 예수의 친구이며, 그들을 반대하는 사람들은 원수이다. 요한복음은 오로지 친구들에게만 관심을 가지고 있을 따름이다. 인간을 친구-원수의 두 부류로 나누기 때문에, 친구가 아닌 적들(특히 유대인들)을 심지어 마귀의 자식들이라고까지 부정한다. 극단적인 이중예정론으로까지 발전할 여지가 있는 요한복음의 이러한 견해에 대해서 현대인들은 큰 어려움을 가질 수 있다. 신약성서의 문서들 중에서 요한복음은 가장 매력적이고 심오한 구원의 신학을 전개하지만, 동시에 많은 사람들에게 어려운 문제도 안겨 준다.

1. 요한복음 주석/강해

Barrett, C. K., *Das Evangelium nach Johannes*, KEK Sonderband, Göttingen 1990 (「요
　　한복음」 I,II, 국제성서주석 한국신학연구소 1984/1985).

Barth, K., *Erklärung des Johannes-Evangeliums*, Ges.Ausg. 9, Zürich 1976.

Bauer, W., *Das Johannesevangelium*, HNT 6, Tübingen 3.Aufl., 1933.

Beasley-Murray, G. R., *John 1~21*, WBC 36, Dallas: Word Books 1987(이덕신 역, 「요
　　한복음」, 서울: 솔로몬 2001).

Becker, J., *Das Evangelium nach Johannes*, ÖTK 4/1.2, Gütersloh, 3.Aufl. 1991.

Billerbeck, P. -Strack, H., *Kommentar zum Neuen Testament aus Talmud und
　　Midrasch*, 6Bde. München 3.Aufl. 1961.

Blank, J., *Das Evangelium nach Johannes*. 3Bde. Geistliche Schriftauslegung 4, 1~3,
　　Düsseldorf 1977/1981.

Blum, E. A., *John*, Wheston: Sp Publications 1983(「요한복음」, 임성빈 역, 서울: 두란
　　노 1994).

Brown, R. E., *The Gospel According to John*, AncB.29/A.B, New York 1966/1970.

Bruce, F. F., *The Gospel of John: Introduction, Exposition and Notes*, Grand Rapids
　　1983(「요한복음」, 서문강 역, 서울: 도서출판 로고스 1996).

Bultmann, R., *Das Evangelium nach Johannes*, KEK. 21.Aufl. Göttingen 1986(「요한복
　　음서 연구」, 허혁 역, 서울: 성광문화사 1979).

Calvin, J., *Auslegung des Johannes-Evangeliums*, Übers. M. Trebesius/H. C. Petersen,
　　Neukirchen-Vluyn 1964.

Haenchen, E., *Johannesevangelium. Ein Kommentar*, Tübingen 1980.

Lindars, B., *The Gospel of John*, London 1972.

Moloney, F. J., *The Gospel of John*, Collegeville: the Liturgical Press 1998.

Morris, L., *The Gospel According to John*, 2.Aufl. London 1974.

Newbigin, L., *The Light Has Come: An Exposition of the Fourth Gospel*, Grand
　　Rapids: Wm. B. Eerdmans Publisching 1982 (「레슬리 뉴비긴의 요한복음강
　　해」, 홍병룡 옮김, 서울: Ivp 2001).

O' Day, G. R., *The Gospel of John. The New Interpreter's Bible*, Nashville 1995.

Pfitzner, V. C., *The Gospel according to St. John*(「키로 주석 요한복음」, 지미숙 옮김, 서울: 컨콜디아사 1993).

Schnackenburg, R., *Das Johannesevangelium*. HThK IV, 4Bde. Freiburg u.a. 1965/1971/1975/1984.

Schneider, J., *Das Evangelium nach Johannes*, Berlin 1976.

Schnelle, U., *Das Evangelium nach Johannes*, Leipzig 1998.

Schulz, S., *Das Evangelium nach Johannes*, 4.Aufl. Göttingen 1983.

Sloyan, G. S., *John*, John Knoc Press 1988(「요한복음」, 김기영 역, 서울: 장로교출판사 2000).

Thyen, H., *Das Johannesevaangelium*, Tübingen 2005.

Wengst, K., *Das Johannesevaangelium*. 1.Teilband: Kapitel 1~10, 2.Teilband: Kapitel 11~21, Stuttgart 2000/2001.

Wilckens, U., *Das Evangelium nach Johannes*, Göttingen 1998.

김동수, 「요한신학의 렌즈로 본 요한복음」, 서울: 솔로몬 2006.

김세윤, 「요한복음강해」, 서울: 두란노 2003.

목회와신학 편집부 엮음, 「요한복음: 어떻게 설교할 것인가」, 서울: 두란노아카데미 2007.

박수암, 「요한복음」, 서울: 대한기독교서회 2003.

이상훈, 「요한복음」, 대한기독교서회 창립100주년기념 성서주석 35, 서울: 대한기독교서회 1993.

2. 요한복음에 관한 기타 문헌

Betz, O., *Der Paraklet. Fürsprecher im häretischen Spätjudentum, im Johannes-Evangelium und in neu gefundenen Schriften*, Leiden 1963.

Bittner, W. J., *Jesu Zeichen im Johannesevangelium*, WUNT II/26, Tübingen 1987.

Blank, J., *Krisis. Untersuchungen zur johanneischen Christologie und Eschatologie*, Freiburg 1964.

Hahn, F., "Das Glaubensverständnis im Johannesevaangelium", E. Grässer/O. Merk (hg.), *Glaube und Eschatologie*, FS W. G. Kümmel, Tübingen 1985, 51~69.

Hofius, O. " 'Der in des Vaters Schoβ' Joh 1,18", in: a.a.O., in: ders.-Kammler, H.-Chr., *Johannesstudien*, Tübingen 1996, 24~32.

_____. "Die Sammlung der Heiden zur Herde Israels(Joh 10,16; 11,51)", in: a.a.O., 81~86.

_____. "Struktur und Gedankengang des Logos-Hymnus in Joh 1,1~18, in: a.a.O., 1~23.

_____. "Das Wunder der Wiedergeburt. Jesu Gespräch mit Nikodemus Joh 3,1~21", in: a.a.O. 33~80.

Kammler, H.-Chr., "Jesus Christus und der Geistparaklet. Eine Studie zur Verhältnisbestimmung von Pneumatologie und Christologie", in: Hofius, O.-ders., *Johannesstudien*, Tübingen 1996, 87~190.

_____. "Die 'Zeichen' des Auferstanden. Überlegungen zur Exegese von Joh 20,30+31", in: a.a.O., 191~211.

Käsemann, E., "Aufbau und Anliegen des johanneischen Prologs." in: ders., *Exegetische Versuche und Besinnungen II*, Göttingen 1965, 155~180.

_____. *Jesu letzter Wille nach Johannes 17*, 4.Aufl. Tübingen 1980.

Lichtenberger, H., "Täufergemeinden und frühchristliche Täuferpolemik im letzten Drittel des 1.Jahrhunderts", in: ZThK 84(1987), 36~57.

Lindemann, A., "Gemeinde und Welt im Johannesevangelium". in: D. Lührmann/G. Strecker(Hg.), *Kirche*(FS G. Bornkamm), Tübingen 1980, 133~161.

Meeks, W. A., "요한 분파주의에 있어서 하늘로부터 온 사람", 김형동 역, 「신약논단」 18권 1호(2011년 봄), 323~373.

Pokorny, P., "Der irdische Jesus im Johannesevangelium", in: NTS 30(1984), 217~227.

김동수, 「요한복음의 교회론」, 서울: 대한기독교서회 2005.

_____. "요한복음에 나타난 선교와 '일치'", 「신약논단」12권 3호(2005년 가을), 623~643.

김득중, 「요한의 신학」, 서울: 컨콜디아사 1994.

김문경, "요한복음에서 하나님의 구원과 예정", 「신약논단」11권 2호(2004년 여름), 331~354.

_____. 「요한신학연구」, 서울: 한국성서학연구소 2004.

김문현, "요한복음에 나타난 유대인들, 그들은 누구인가? -5장, 6장, 그리고 8장을 중심으로 한 샘플분석(test cases)", 「신약논단」18권 2호(2011년 여름), 481~520.

_____. "요한복음의 인물 연구 역사와 방법론 고찰", 「신약논단」15권 3호(2008년 가을), 769~804.

김현태, "요한복음서의 선한 목자 모티프 연구", 「신약논단」11권 1호(2004년 봄), 35~62.

박영진, "요한복음 4장 22절에 나타난 '유대인' 의 의미", 「장신논단」41(2011년), 63~87.

박익수, "요한복음의 서언, 본문 전체의 진술 구조, 그리고 결어에 나타난 저자의 기록 목적-예수, 그 분이 그리스도요 하나님의 아들입니다(요 20:31)", 「신학과 세계」45호(2002년 가을), 65~71.

배재욱, "요한복음의 중생", 「신약논단」10권 2호(2003년 여름), 327~365.

서동수, "요한복음, 반유대주의 신학인가?", 「신약논단」15권 1호(2008년 봄), 69~103.

유은걸, "요한복음의 죄 이해", 「신약논단」18권 1호(2011년 봄)131~161.

윤철원, "요한복음 해석과 유대교 문제의 중요성", 「신약논단」17권 3호(2010년 가을), 597~621.

임진수, "나사로의 부활의 의미와 구원론", 「신약논단」11권 2호(2004년 여름), 355~383.

"니고데모와 하나님 나라", 「신약논단」13권 3호(2006년 가을), 631~661.

_____. "요한복음의 세상(κοσμος)이해", 「신학과 세계」 47호(2003년 봄), 173~194

_____. "요한복음의 오병이어 사건과 그 해석", 「신약논단」9권 4호(2002년 겨울), 865~896.

_____. "요한복음의 인자(ο υιος του ανθρωπου) 기독론 연구", 「신학과 세계」62호(2008년 여름), 65~93.

정창욱, "요한복음에 사용된 '믿다' 동사 용법의 독특성", 「신약논단」16권 1호(2009년 봄), 67~104.

조경철, "요한복음의 로고스 송가(1:1~18) 연구", 「신학과 세계」67호(2010년 봄), 131~160.

차정식, "감내와 초월 사이의 수난 -요한복음의 수난신학-", 「신약논단」9권 3호(2002년 가을), 637~669.

최홍진, "요한 공동체와 제자들을 위한 예수의 기도", 「신약논단」10권 3호(2003년 가을), 653~688.

_____. "요한복음의 기록목적에 관한 연구", 「신학이해」29집(2005년), 73~106.

현경식, "요한복음의 '피스튜오(pisteuo)' 연구", 「신약논단」9권 4호(2002년 겨울), 897~923.